AF618271

Die 5 Leben der Hilma af Klint

DIE 5 LEBEN DER

HILMA AF KLINT

PHILIPP DEINES

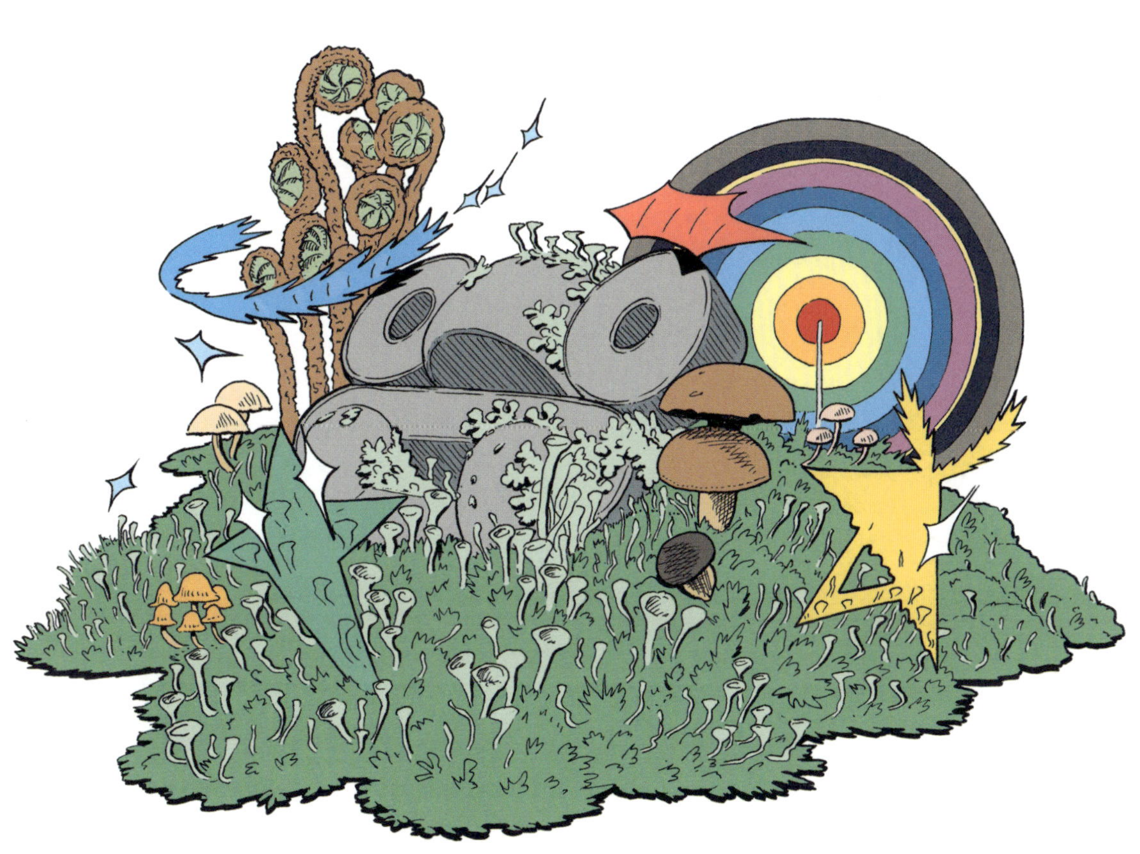

HATJE CANTZ

I. Die Suche beginnt

Hilma af Klint war 44 Jahre alt, als sie ihr Leben auf den Kopf stellte und die akademische Malerei, in der sie ausgebildet war, hinter sich ließ. Ihre Suche nach einer neuen Kunst, nach neuen Formen und Gedanken begann jedoch schon viel früher. Deren Anfänge führen in die Zeit zurück, als sie selbst noch ein Teenager war.

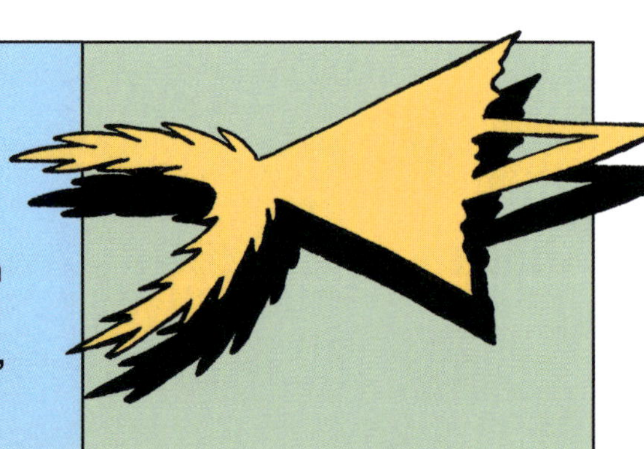

Gustaf af Klint (1858–1927)
Hilmas Bruder. Er war das älteste Kind der af Klints. Was aus ihm wurde? Er ging zur schwedischen Marine und wurde Offizier. Wie seit Generationen alle Männer in der Familie.

Hilma af Klint (1862–1944)
Die Heldin dieser Geschichte. Sie erfand die Malerei neu. Für ihre abstrakten Werke gab es keine Vorbilder, nur gute Geister, die ihr zur Seite standen. Sie machten ihr Mut, Wege zu gehen, die zuvor noch niemand gegangen war.

Ida af Klint (1860–1938)
Die größere Schwester von Hilma war zwei Jahre älter. Sie kämpfte für die Rechte der Frauen und war Mitglied einer Organisation, die sich für das Frauenwahlrecht einsetzte. Außerdem arbeitete sie in einem Museum, heiratete und gründete eine Familie.

Hermina af Klint (1870–1880)
Von Hilmas geliebter kleiner Schwester gibt es nicht einmal ein Foto. Sie starb früh und plötzlich, kurz vor Hilmas achtzehntem Geburtstag. Ihr Tod beschäftigte die Künstlerin ein Leben lang.

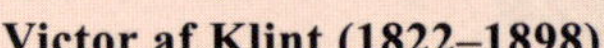

Victor af Klint (1822–1898)
Hilmas Vater war der Grund, warum Hilma in einer Kaserne geboren wurde. Victor af Klint leitete damals die Kadettenschule auf Schloss Karlberg bei Stockholm und wohnte dort einige Jahre mit der ganzen Familie. Er dachte liberal und ermöglichte seinen Töchtern Ida und Hilma eine umfassende Ausbildung.

Mathilda af Klint (1830–1920)
Sie war Hilmas Mutter. Ihre Familie stammte aus Finnland und gehörte dort zur schwedischen Minderheit. Im Alter erblindete sie. Hilma lebte mit ihrer Mutter zusammen und kümmerte sich um sie.

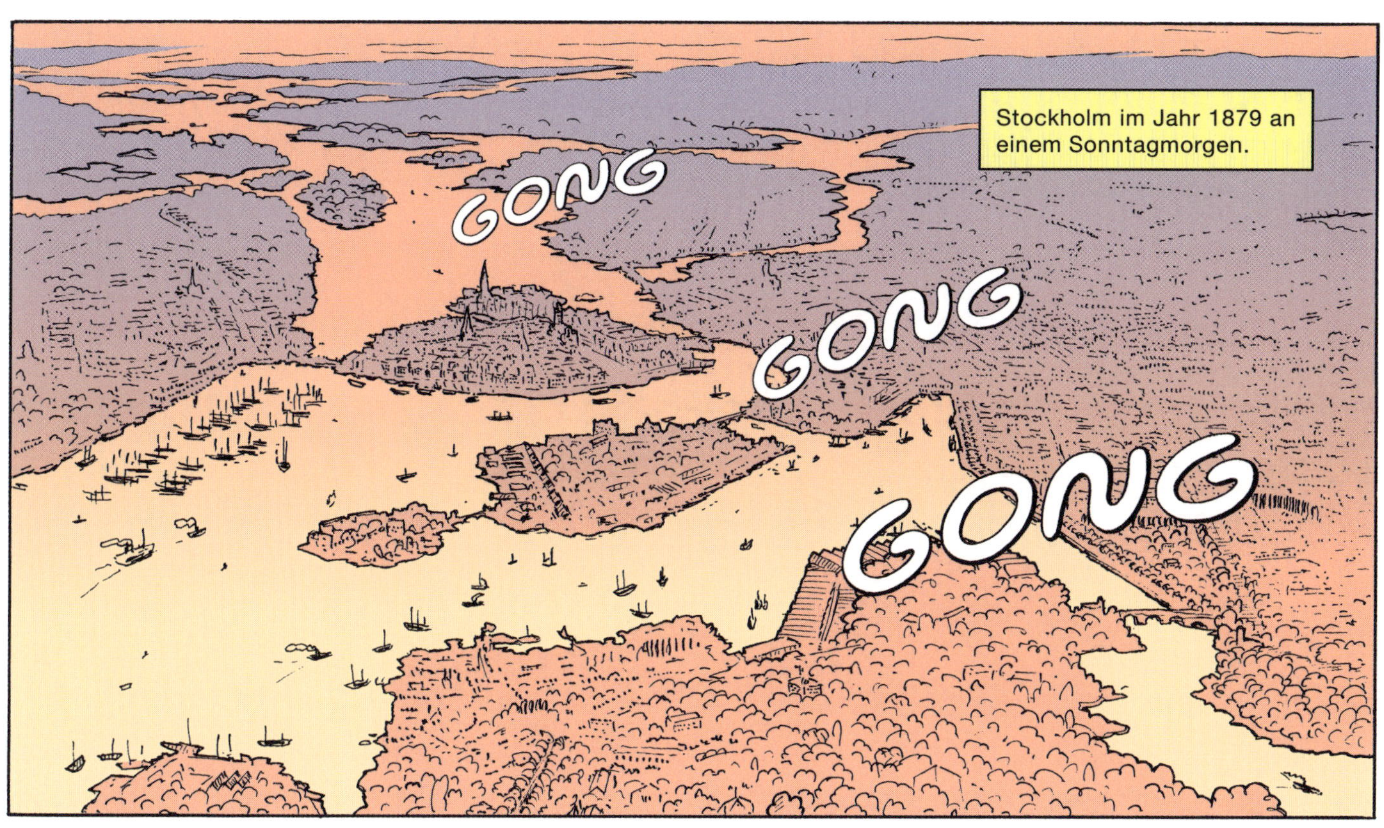
Stockholm im Jahr 1879 an einem Sonntagmorgen.
GONG
GONG
GONG

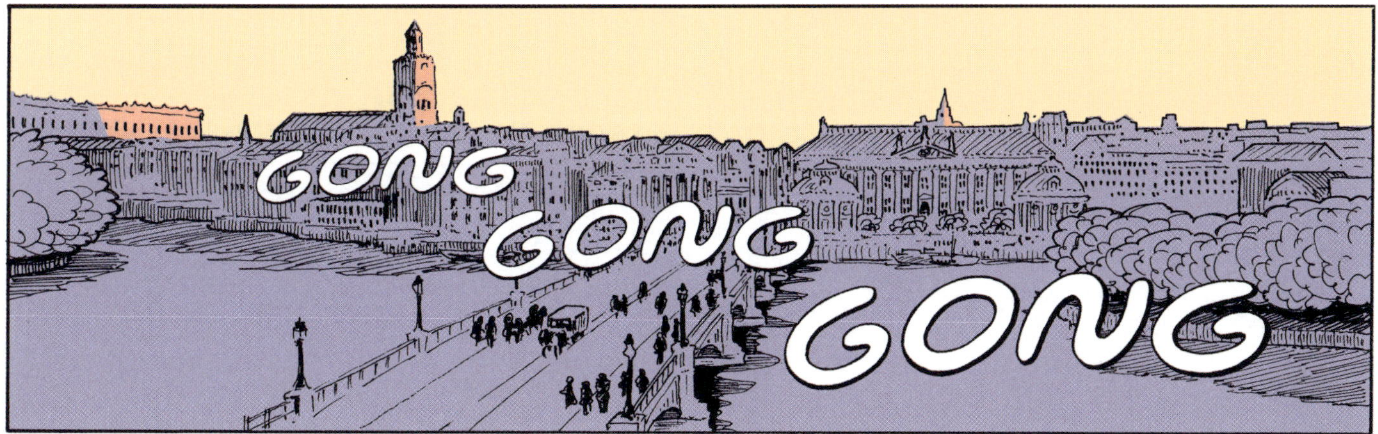
GONG
GONG
GONG

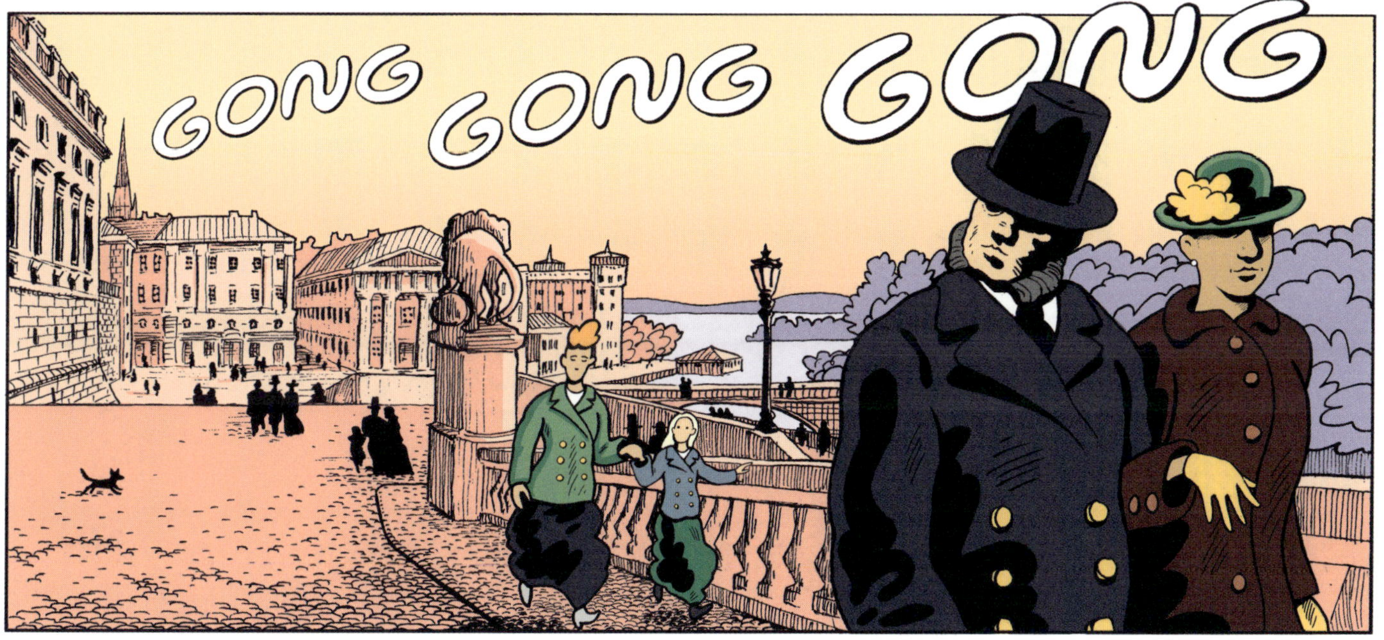
GONG
GONG
GONG

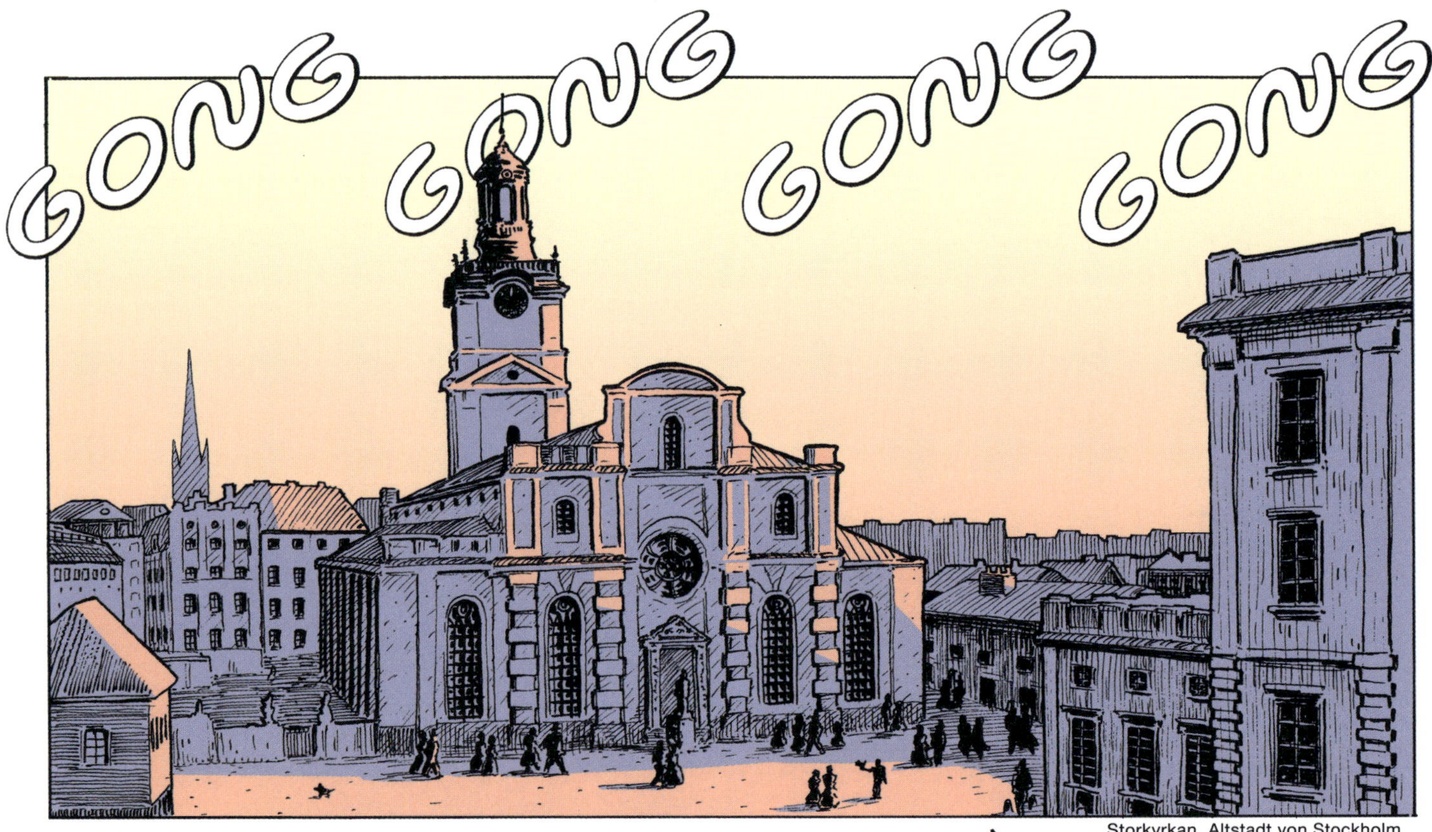

Storkyrkan, Altstadt von Stockholm

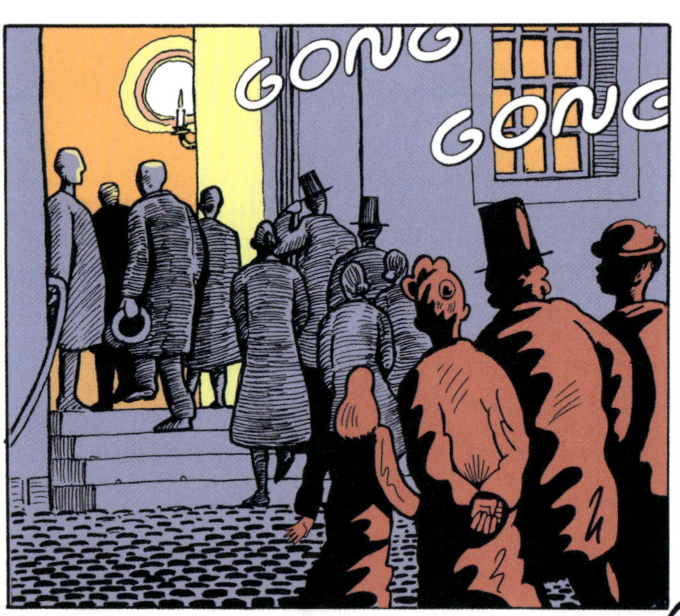

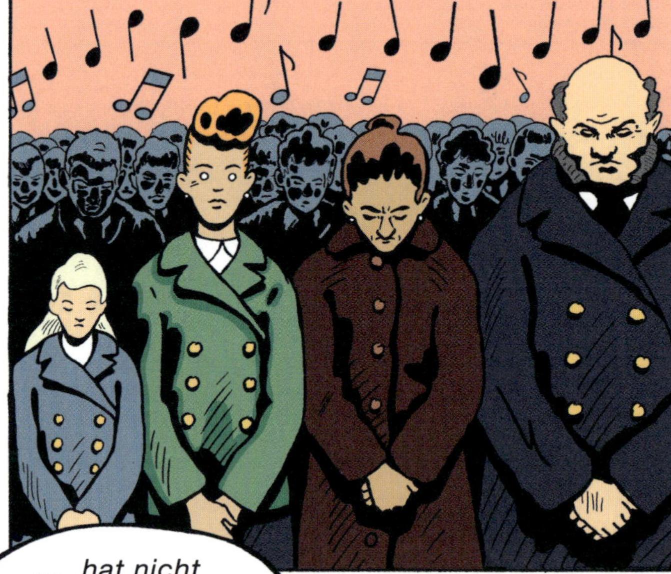

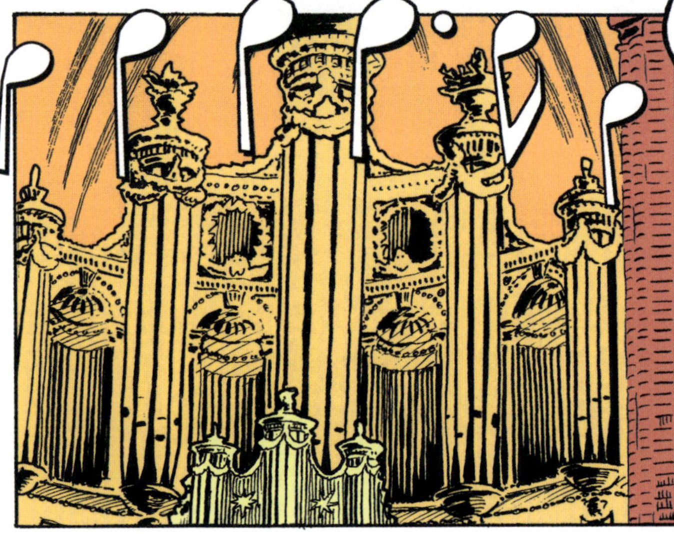

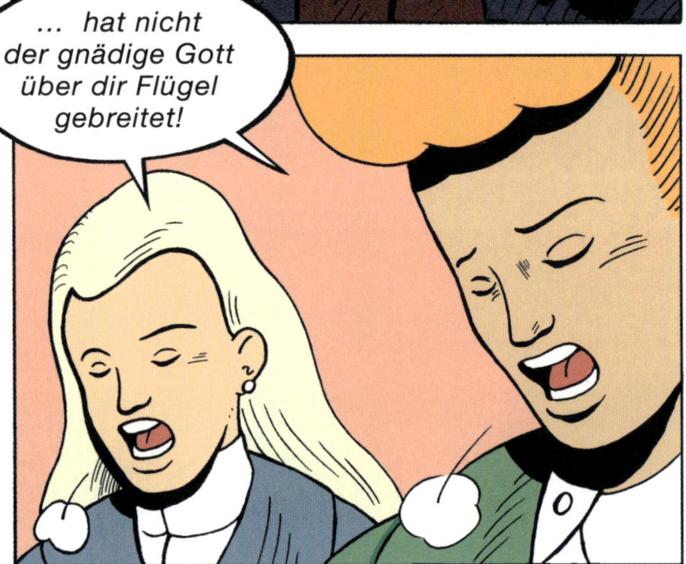

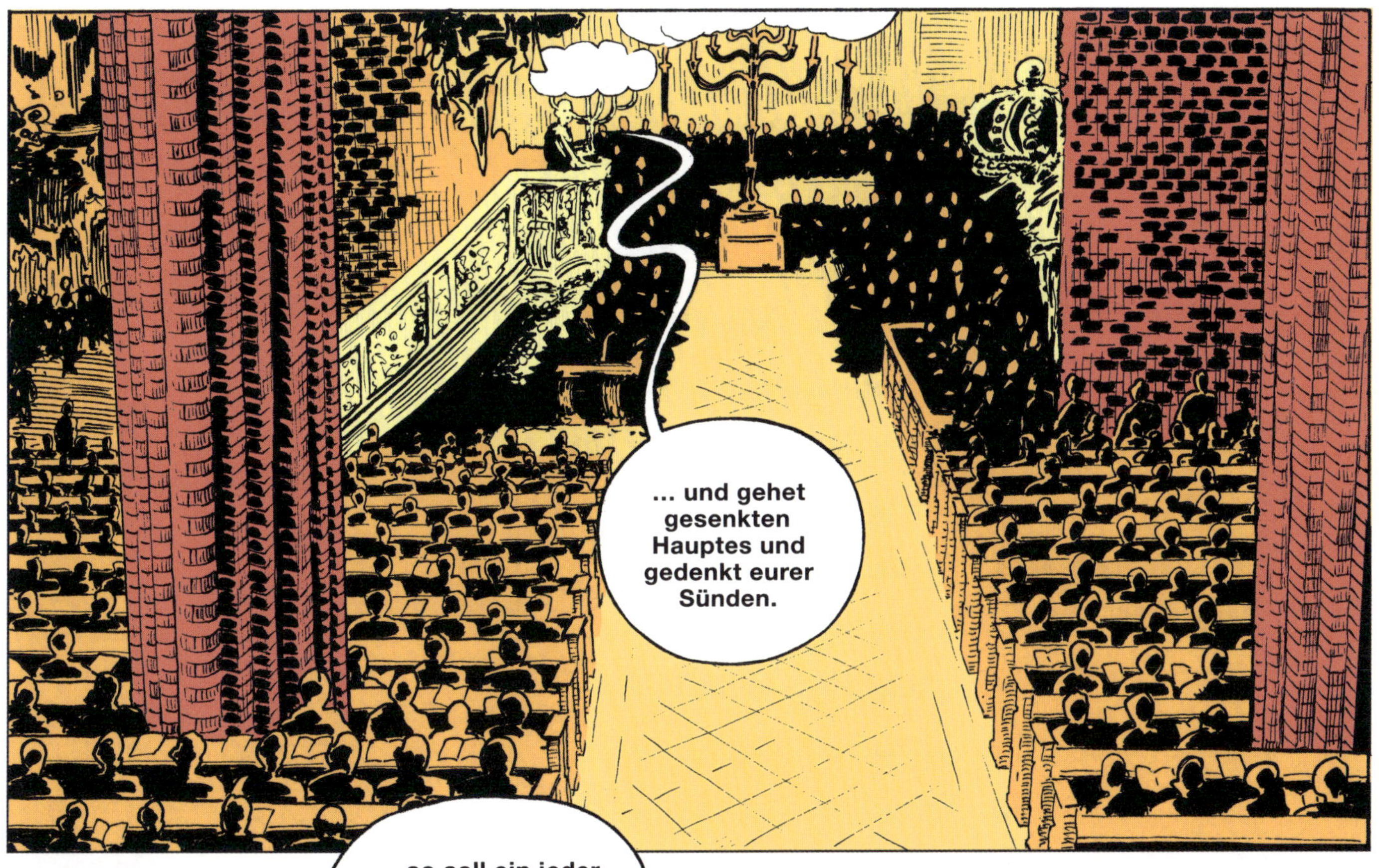
... und gehet gesenkten Hauptes und gedenkt eurer Sünden.

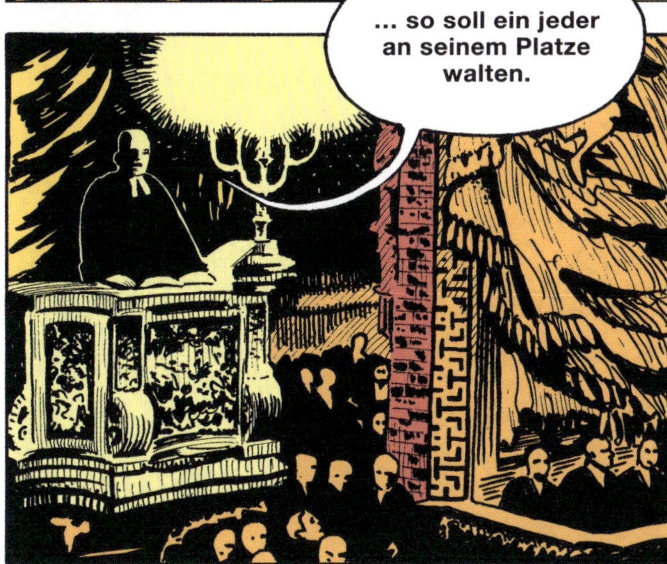
... so soll ein jeder an seinem Platze walten.

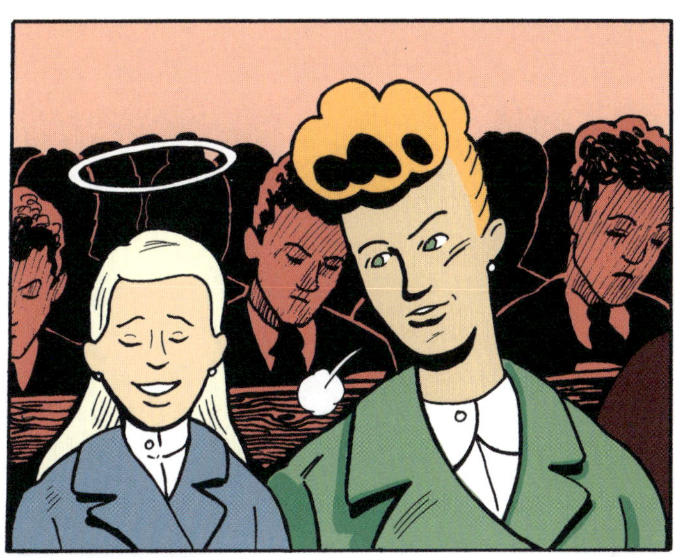

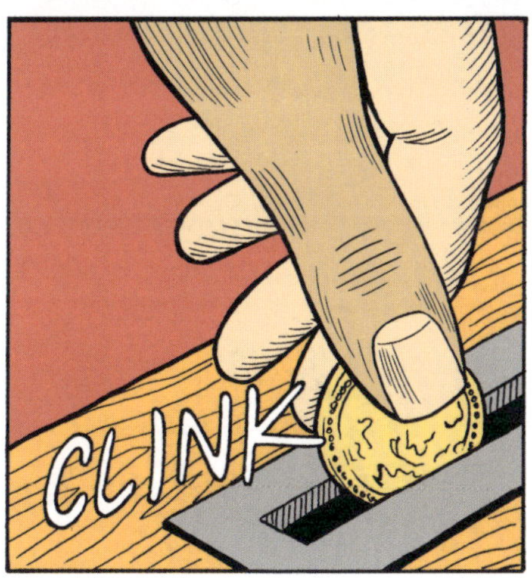
CLINK

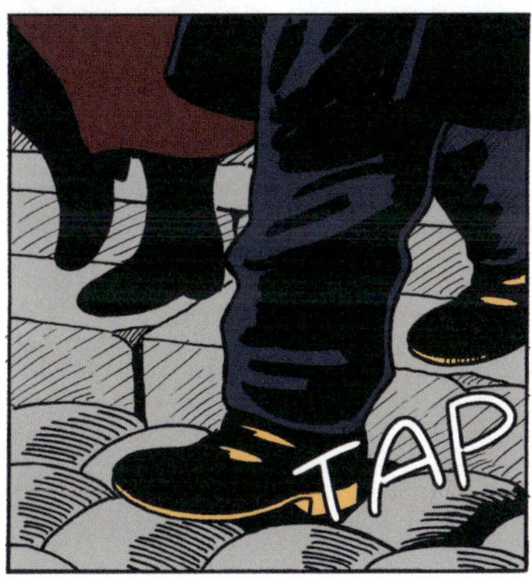
TAP

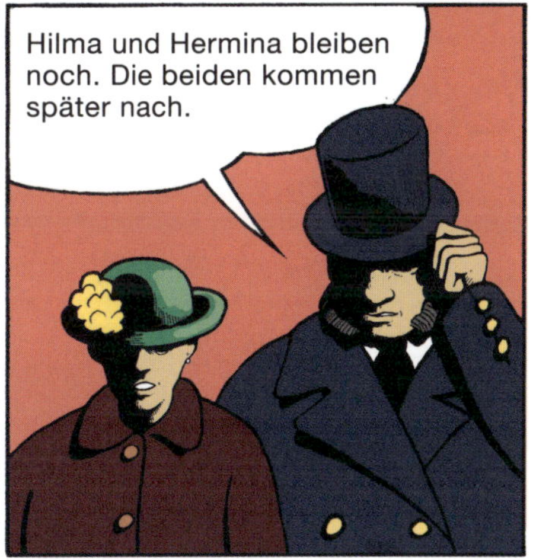
Hilma und Hermina bleiben noch. Die beiden kommen später nach.

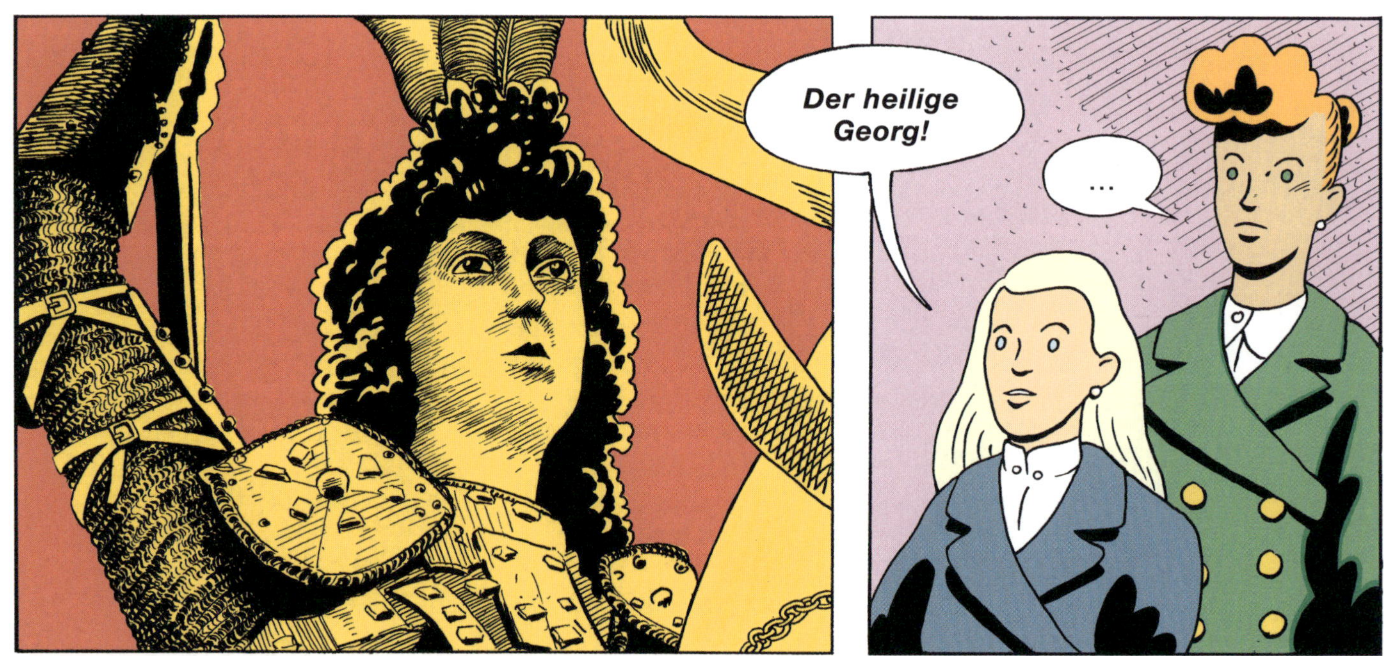

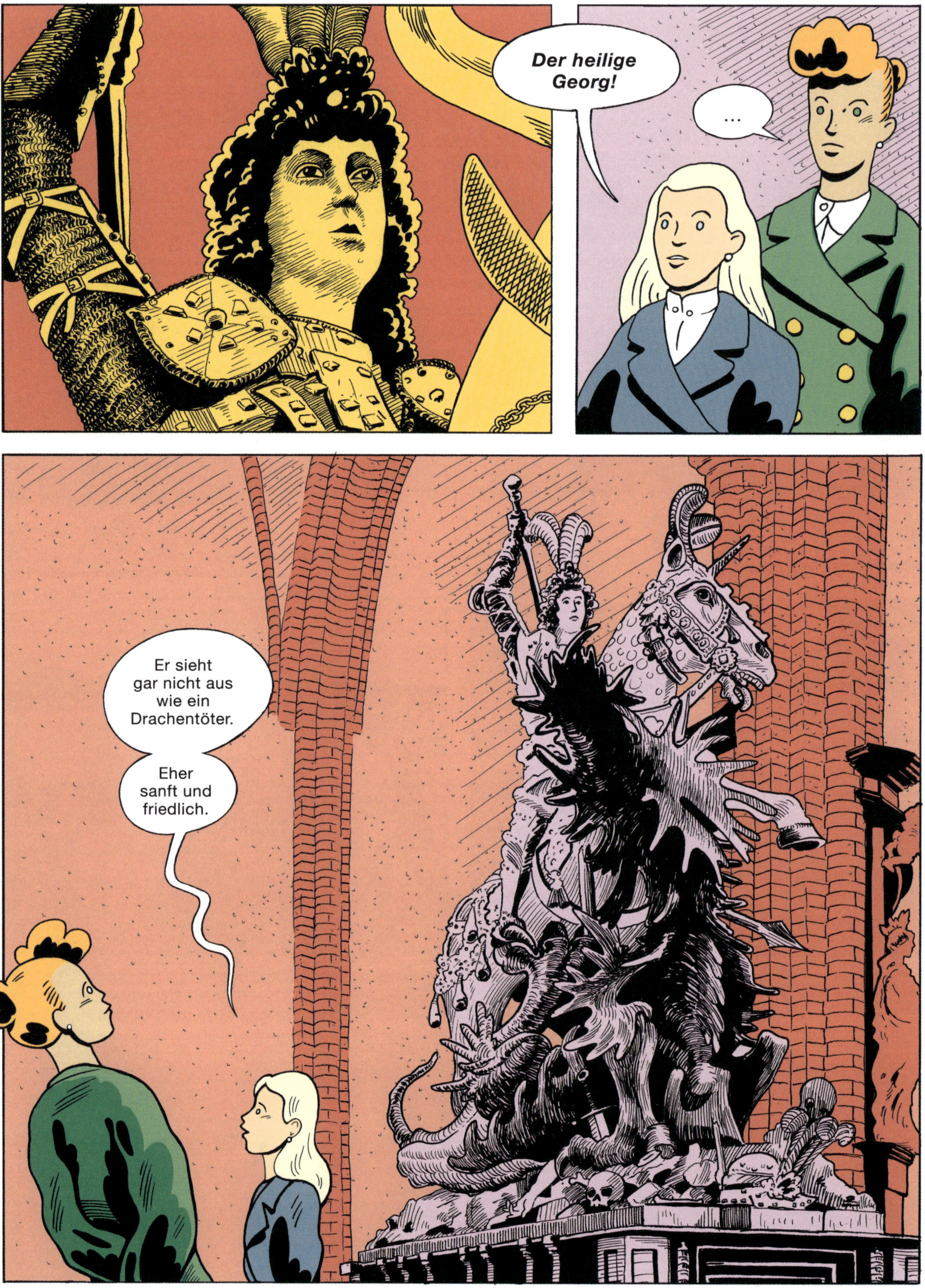

Er sieht gar nicht aus wie ein Drachentöter.

Eher sanft und friedlich.

St. Georg, Bernt Notke

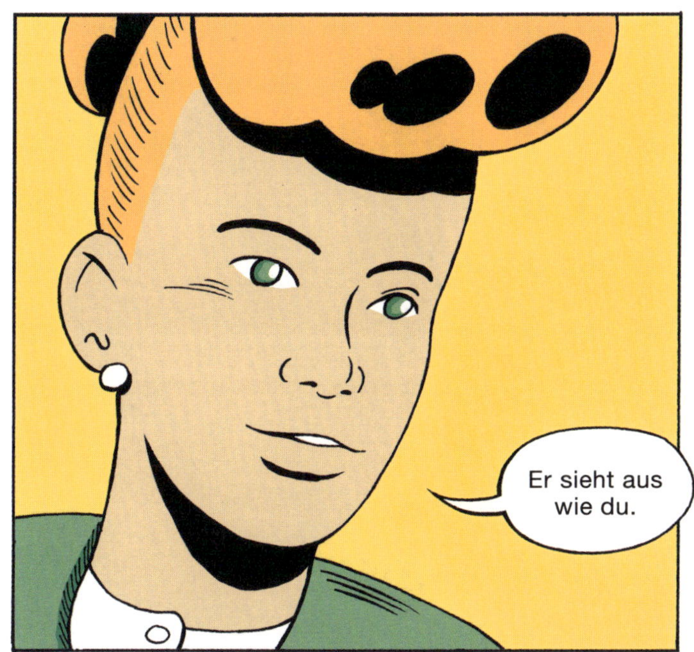
Er sieht aus
wie du.

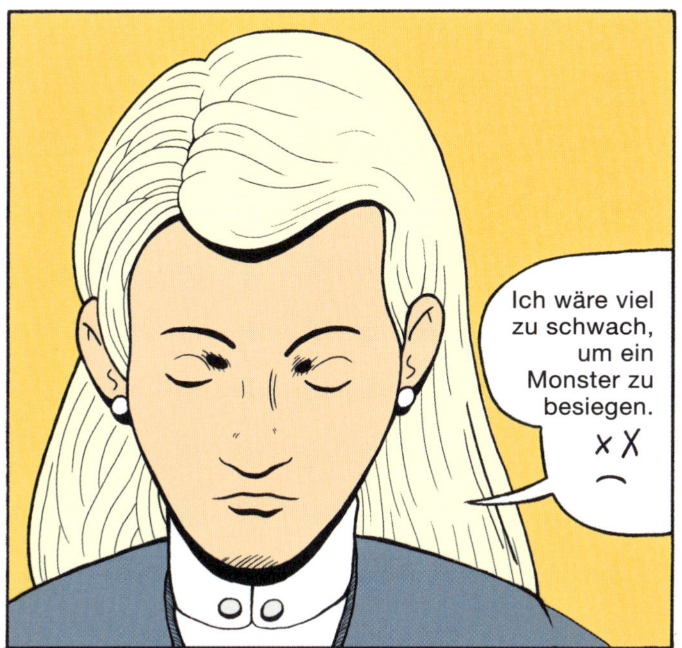
Ich wäre viel
zu schwach,
um ein
Monster zu
besiegen.

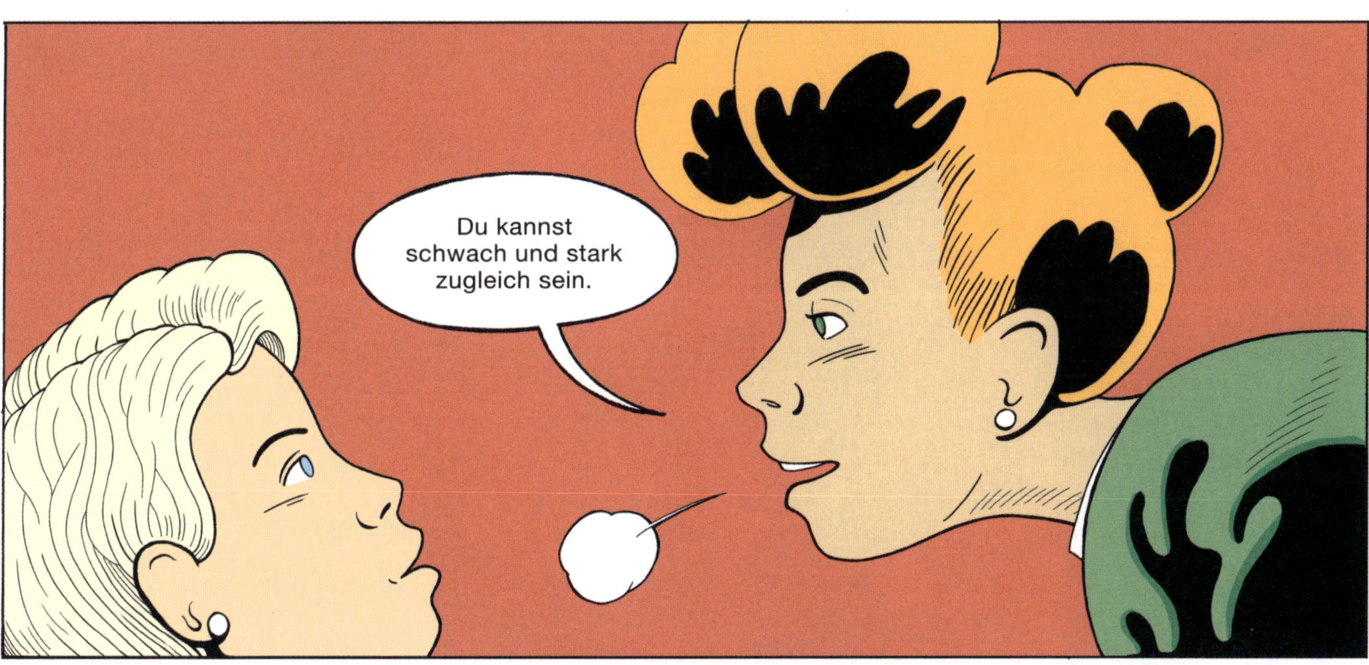
Du kannst
schwach und stark
zugleich sein.

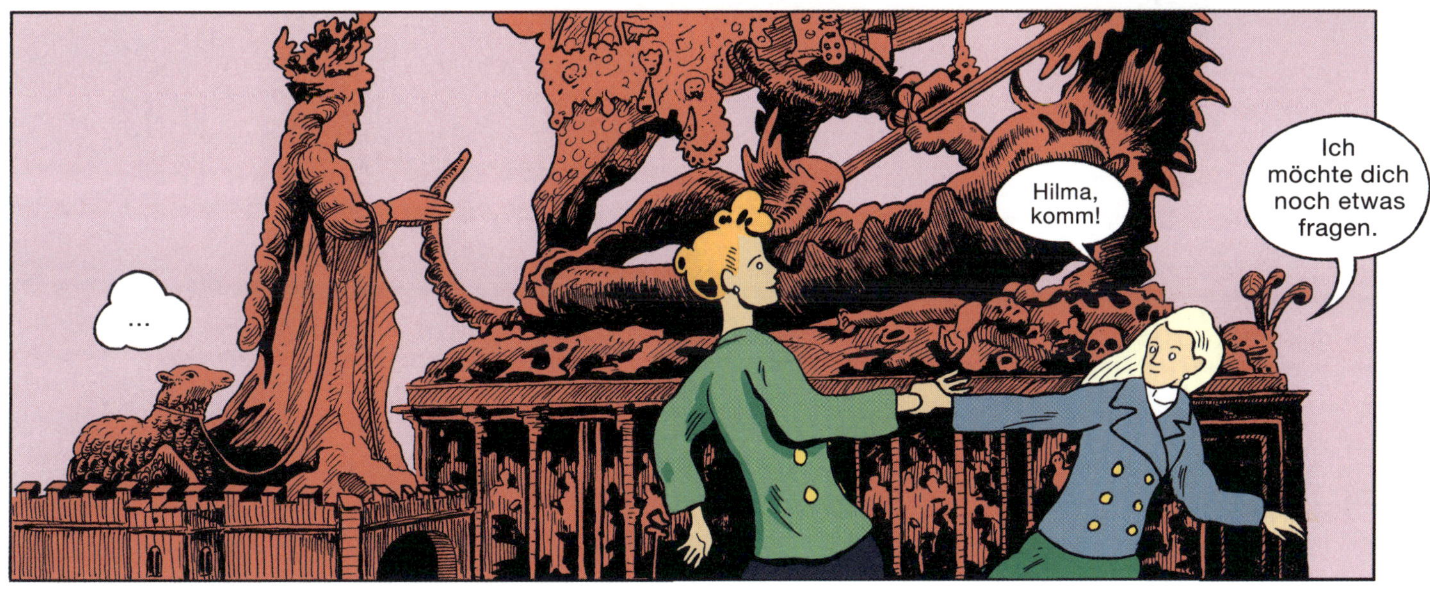
...
Hilma,
komm!
Ich
möchte dich
noch etwas
fragen.

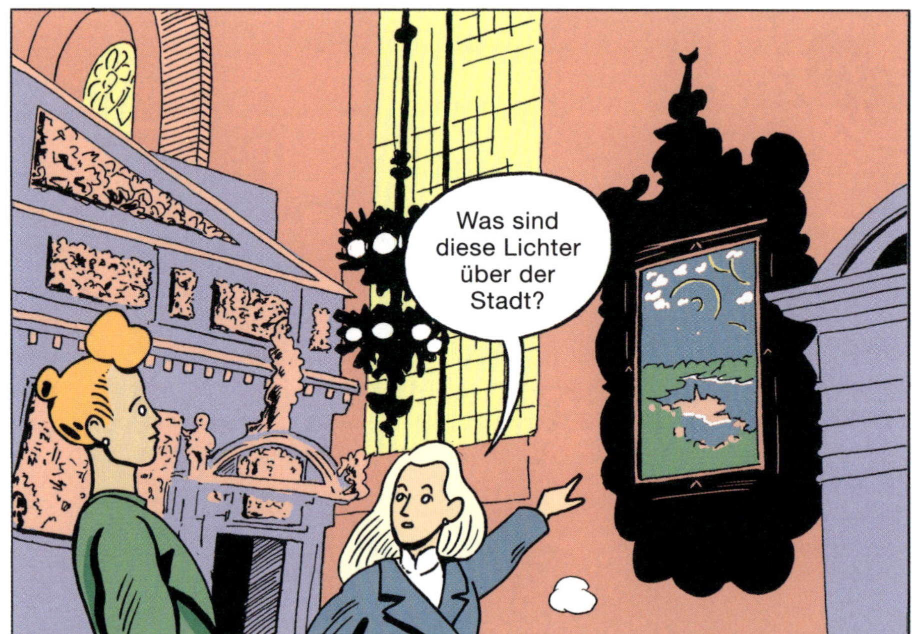

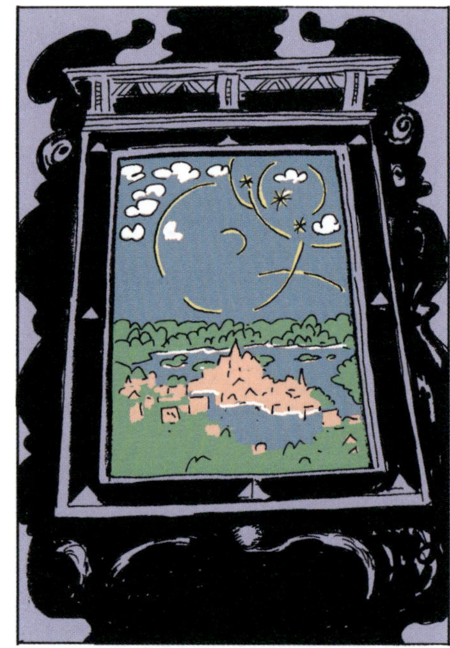

Vädersolstavlan (Nebensonnengemälde)

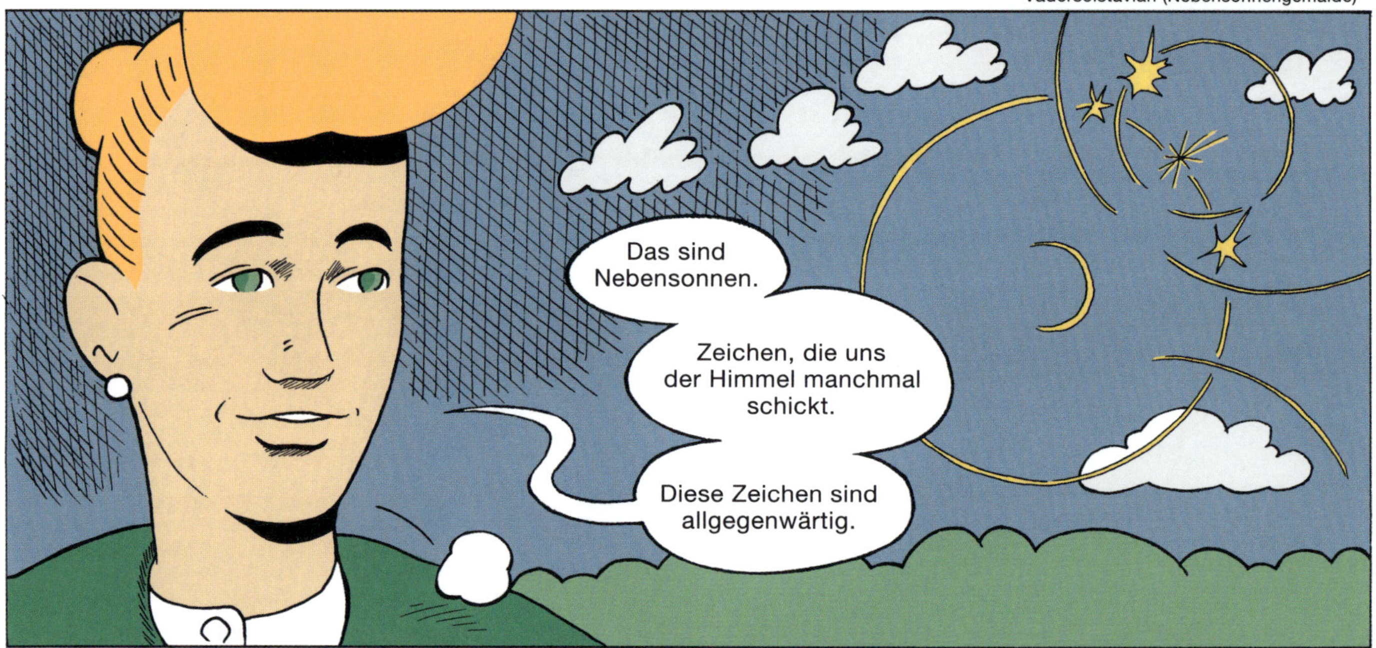

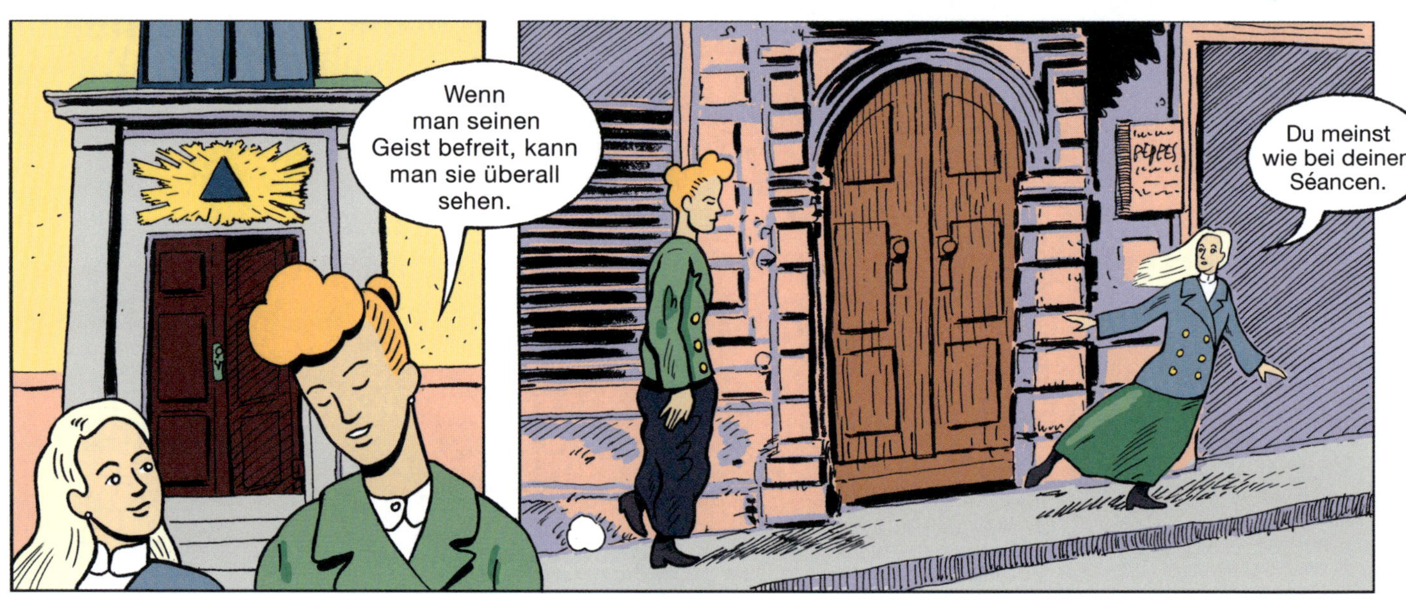

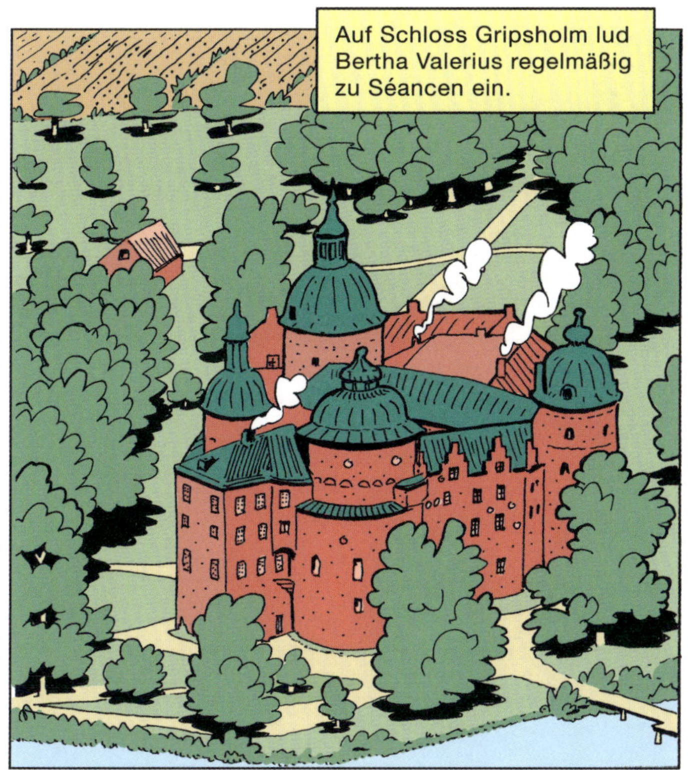
Auf Schloss Gripsholm lud
Bertha Valerius regelmäßig
zu Séancen ein.

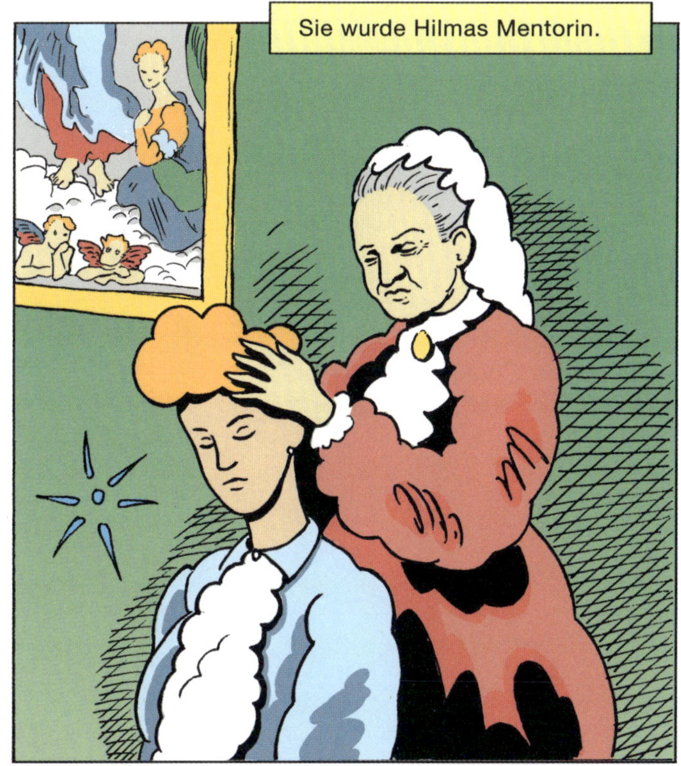
Sie wurde Hilmas Mentorin.

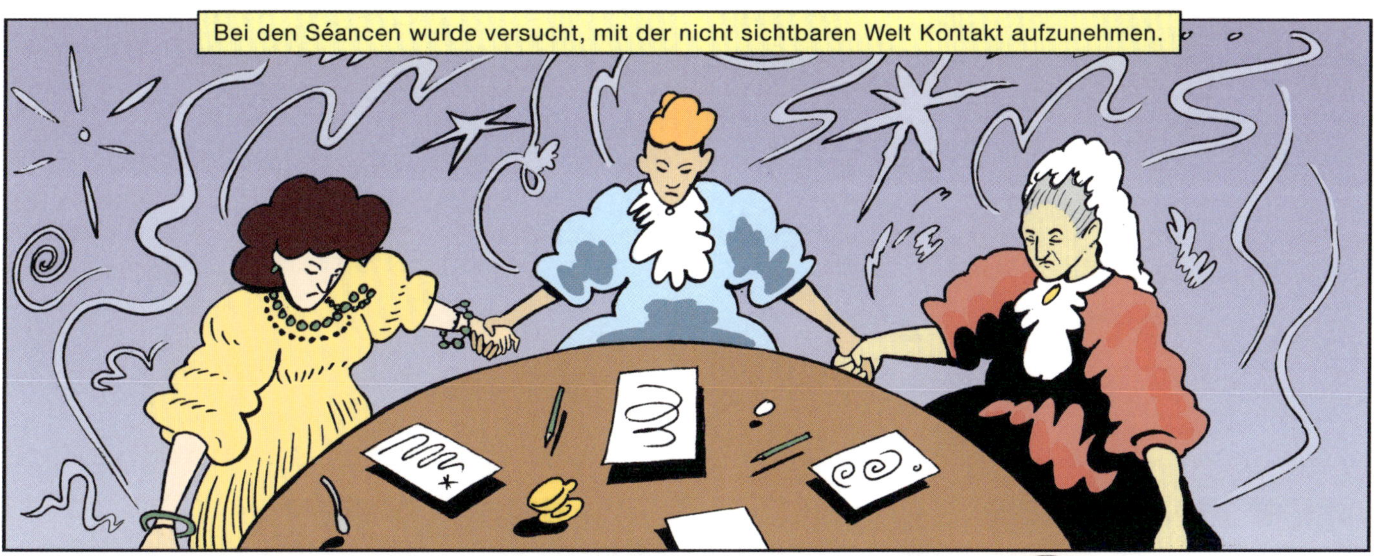
Bei den Séancen wurde versucht, mit der nicht sichtbaren Welt Kontakt aufzunehmen.

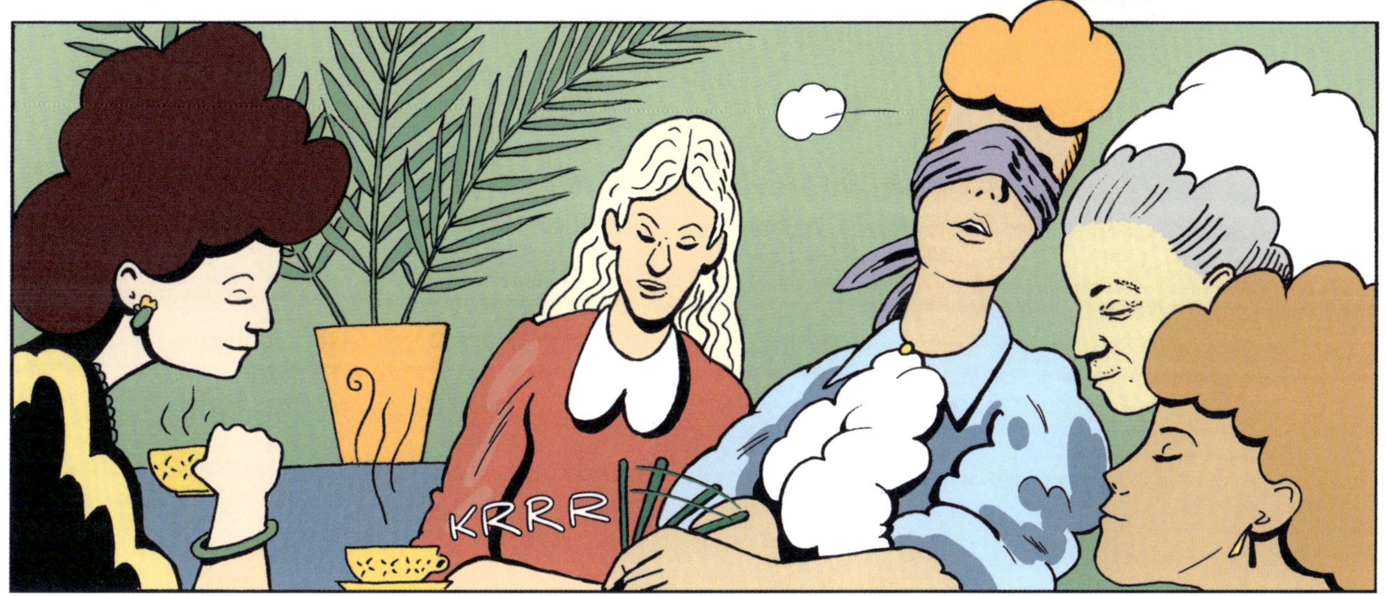
KRRR

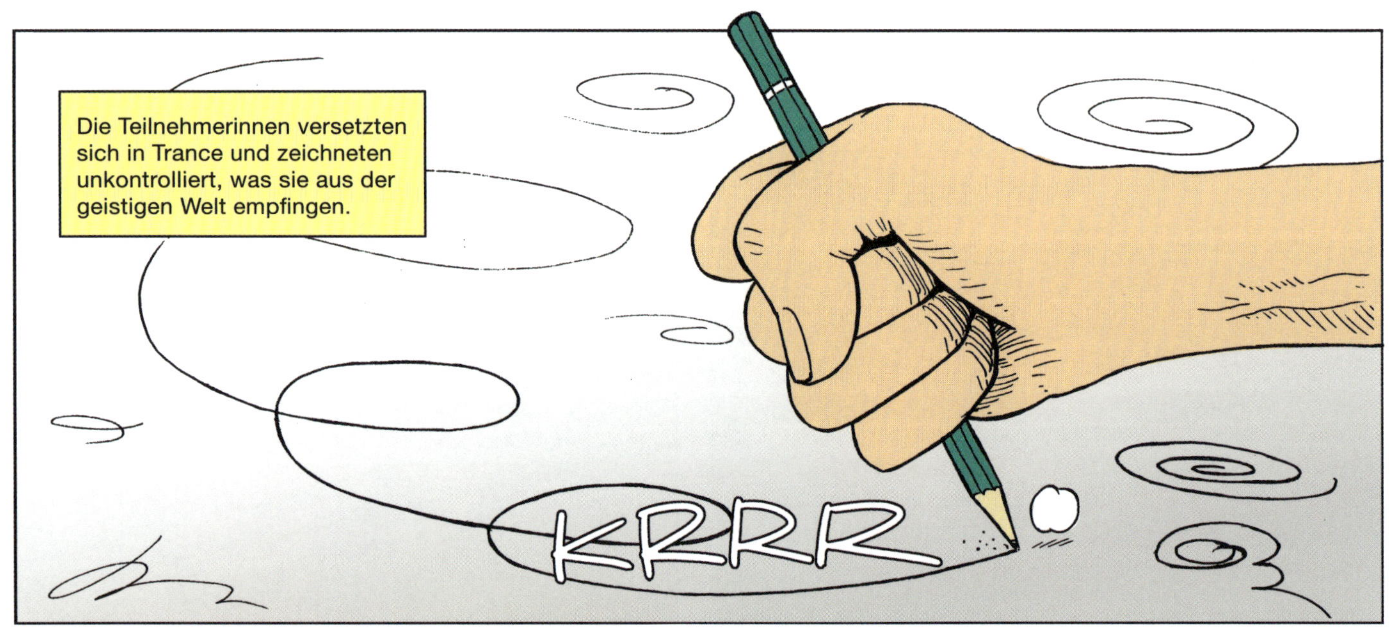

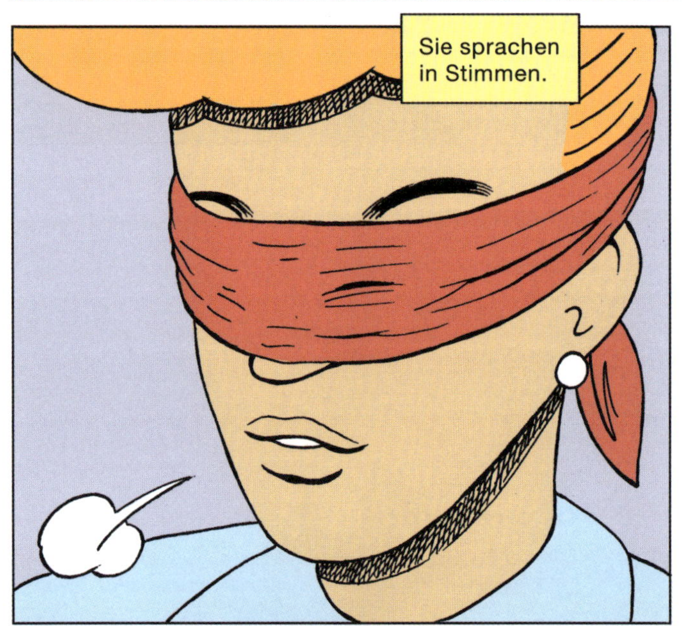

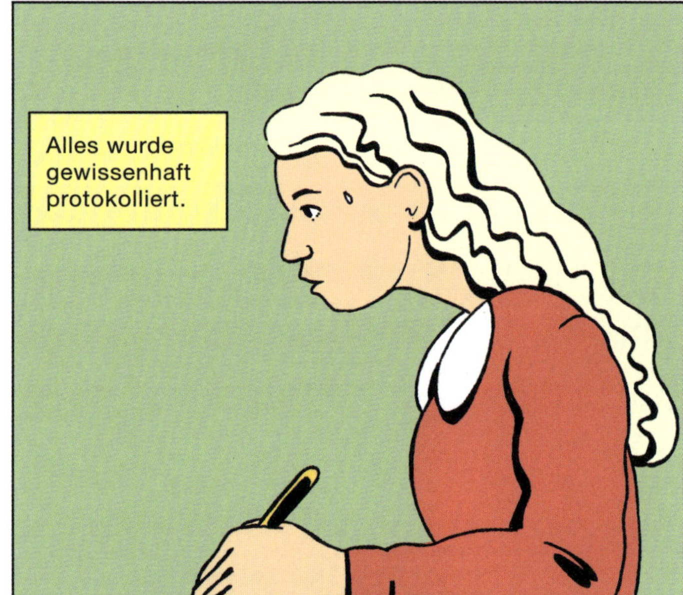

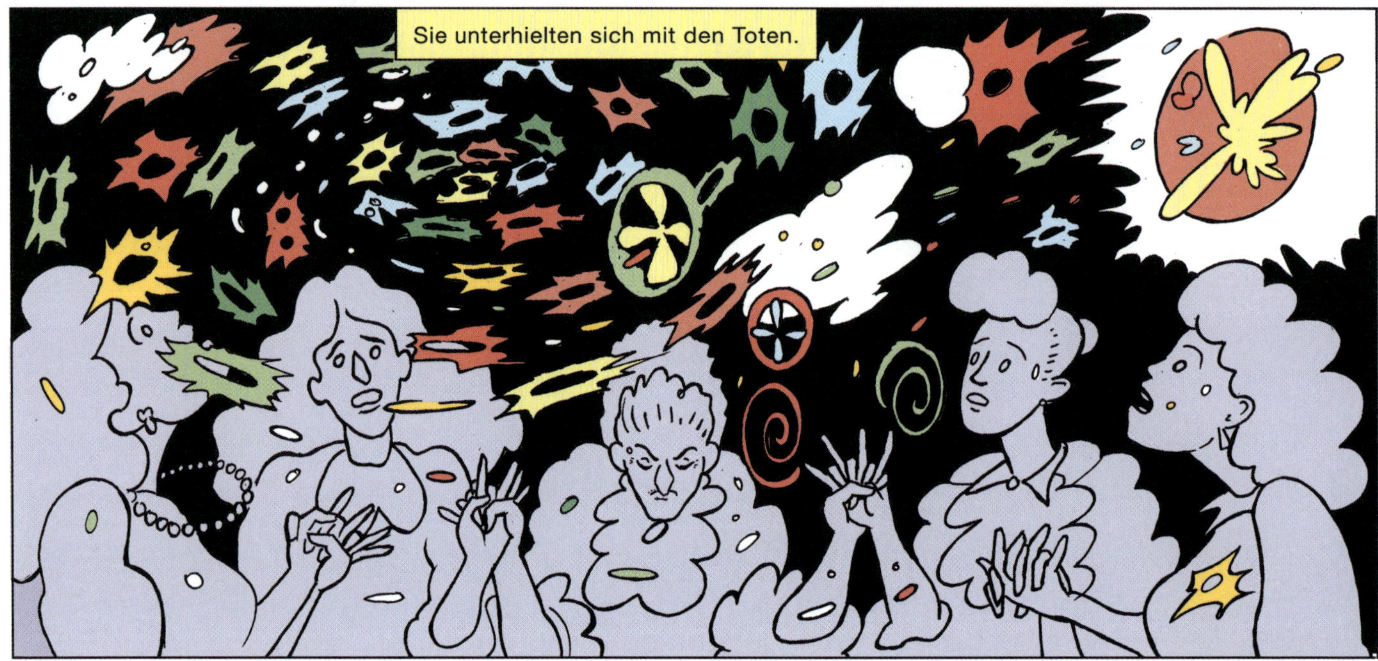

Manchmal wurde es ein bisschen unheimlich.

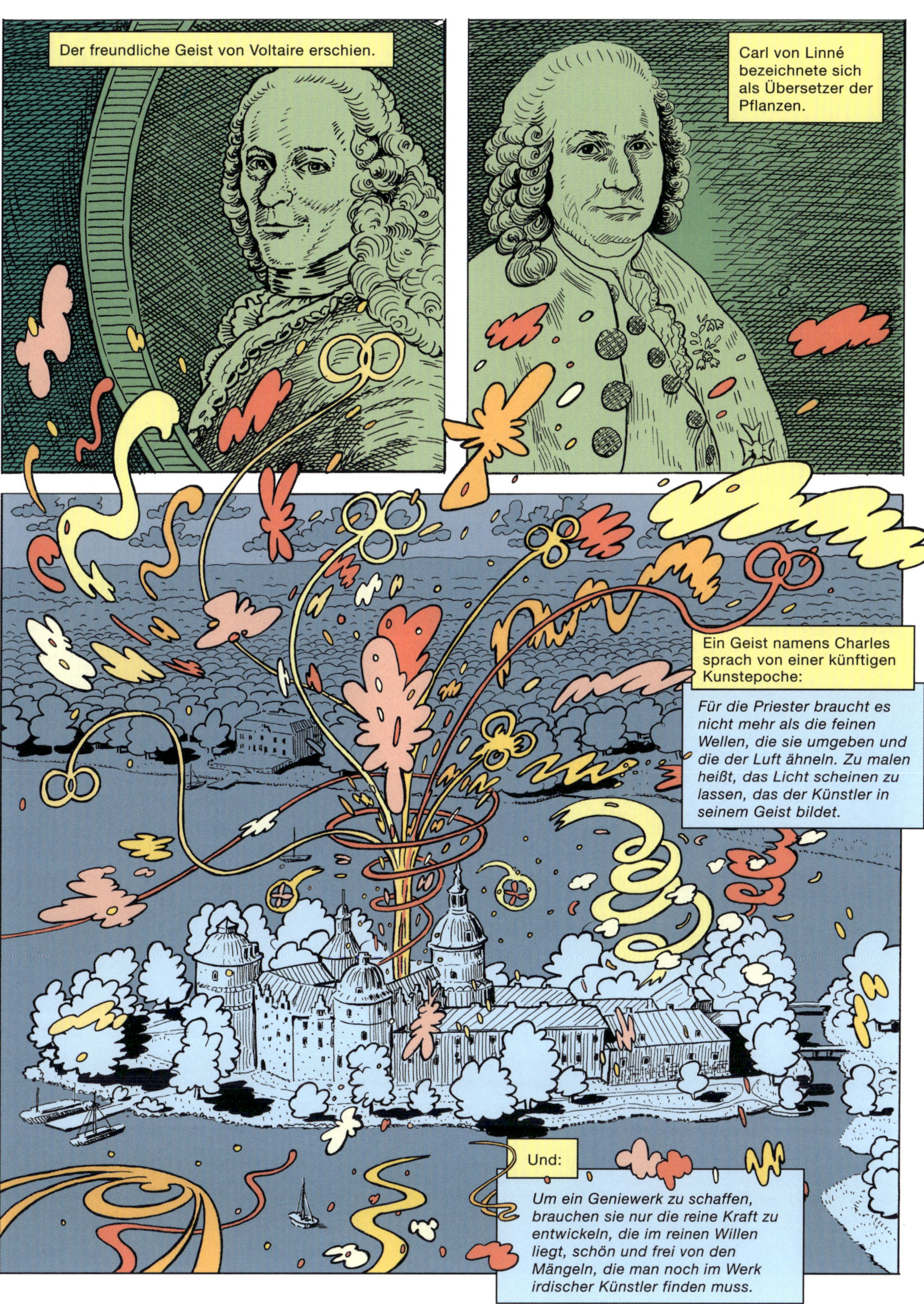
Der freundliche Geist von Voltaire erschien.
Carl von Linné bezeichnete sich als Übersetzer der Pflanzen.
Ein Geist namens Charles sprach von einer künftigen Kunstepoche:
Für die Priester braucht es nicht mehr als die feinen Wellen, die sie umgeben und die der Luft ähneln. Zu malen heißt, das Licht scheinen zu lassen, das der Künstler in seinem Geist bildet.
Und:
Um ein Geniewerk zu schaffen, brauchen sie nur die reine Kraft zu entwickeln, die im reinen Willen liegt, schön und frei von den Mängeln, die man noch im Werk irdischer Künstler finden muss.

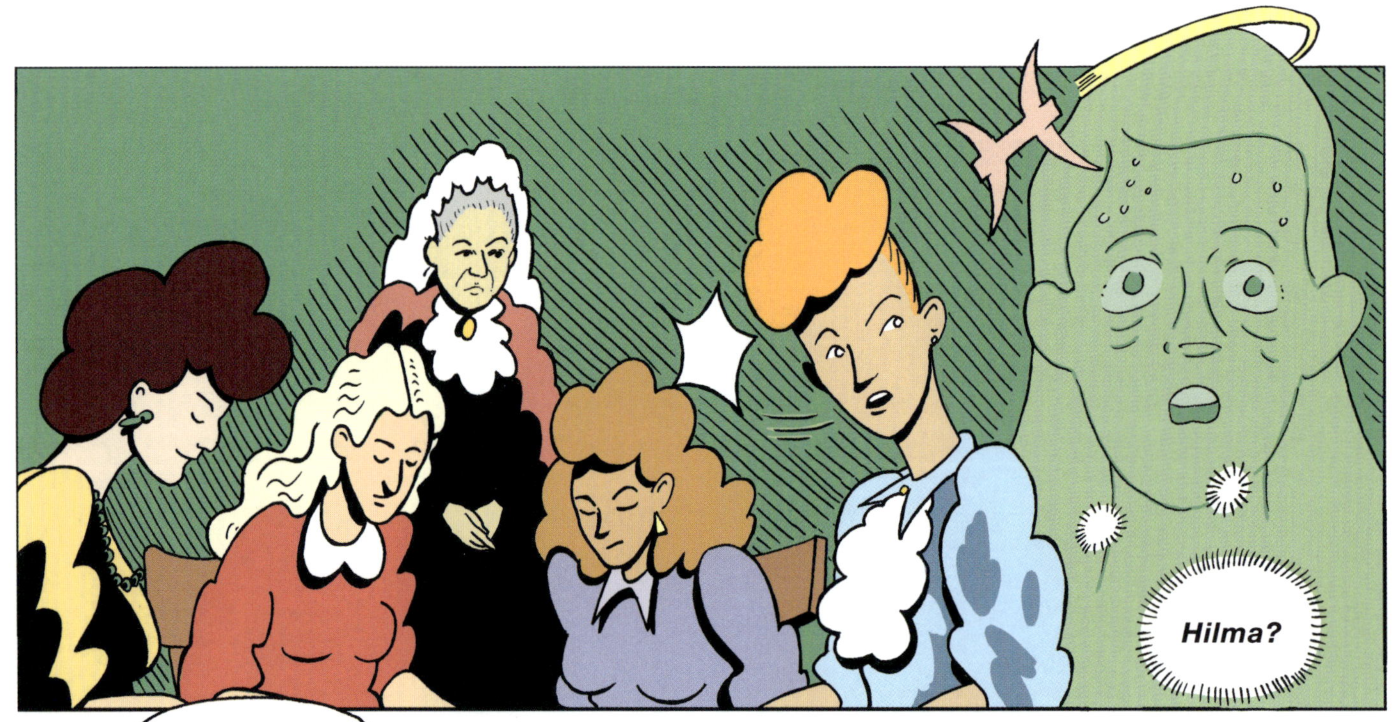

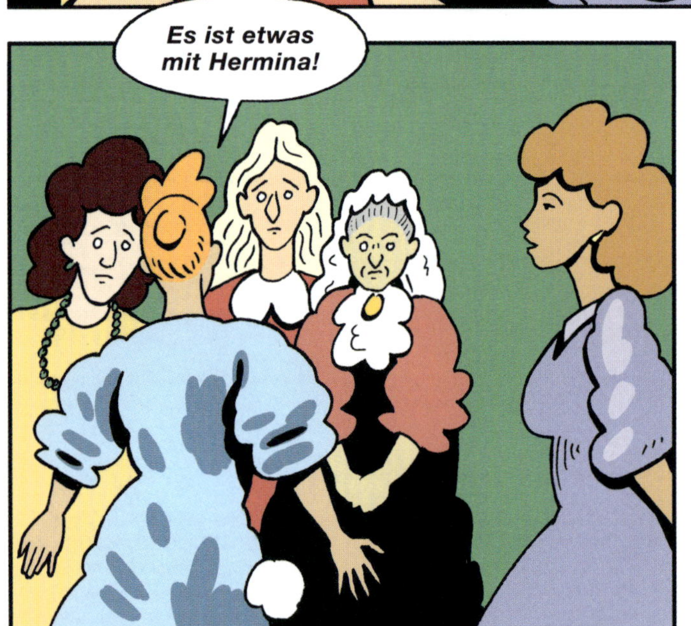

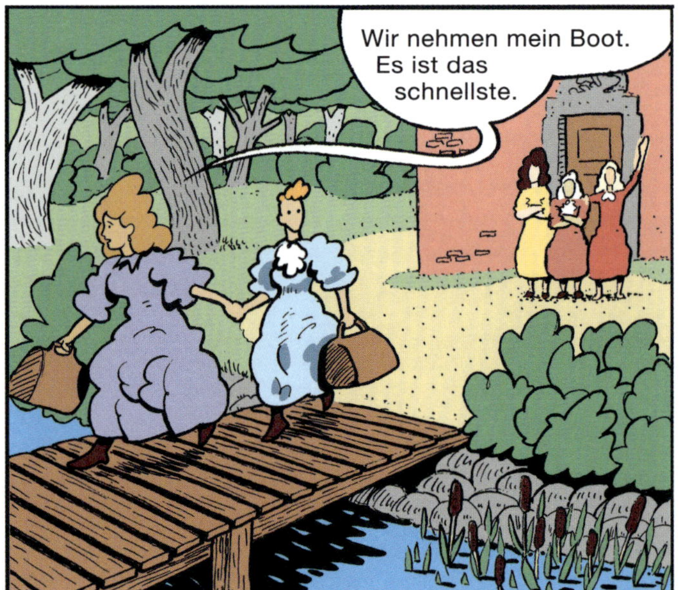

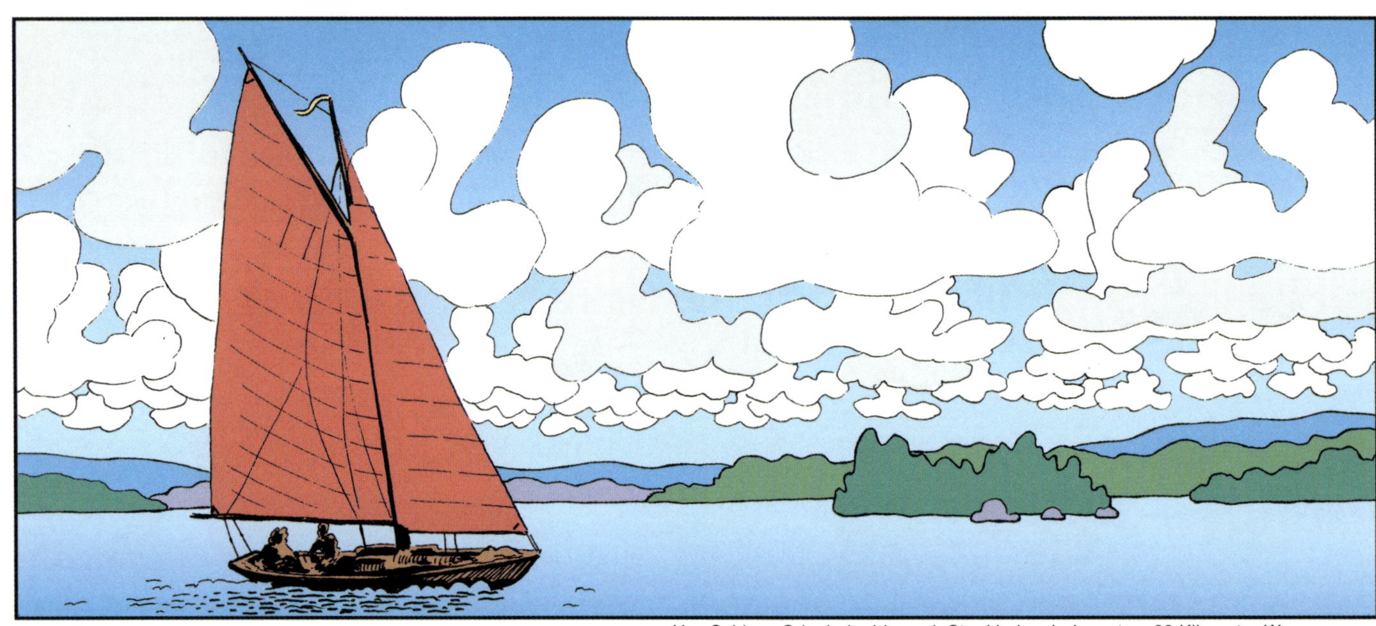

Von Schloss Gripsholm bis nach Stockholm sind es etwa 60 Kilometer Wasserweg.

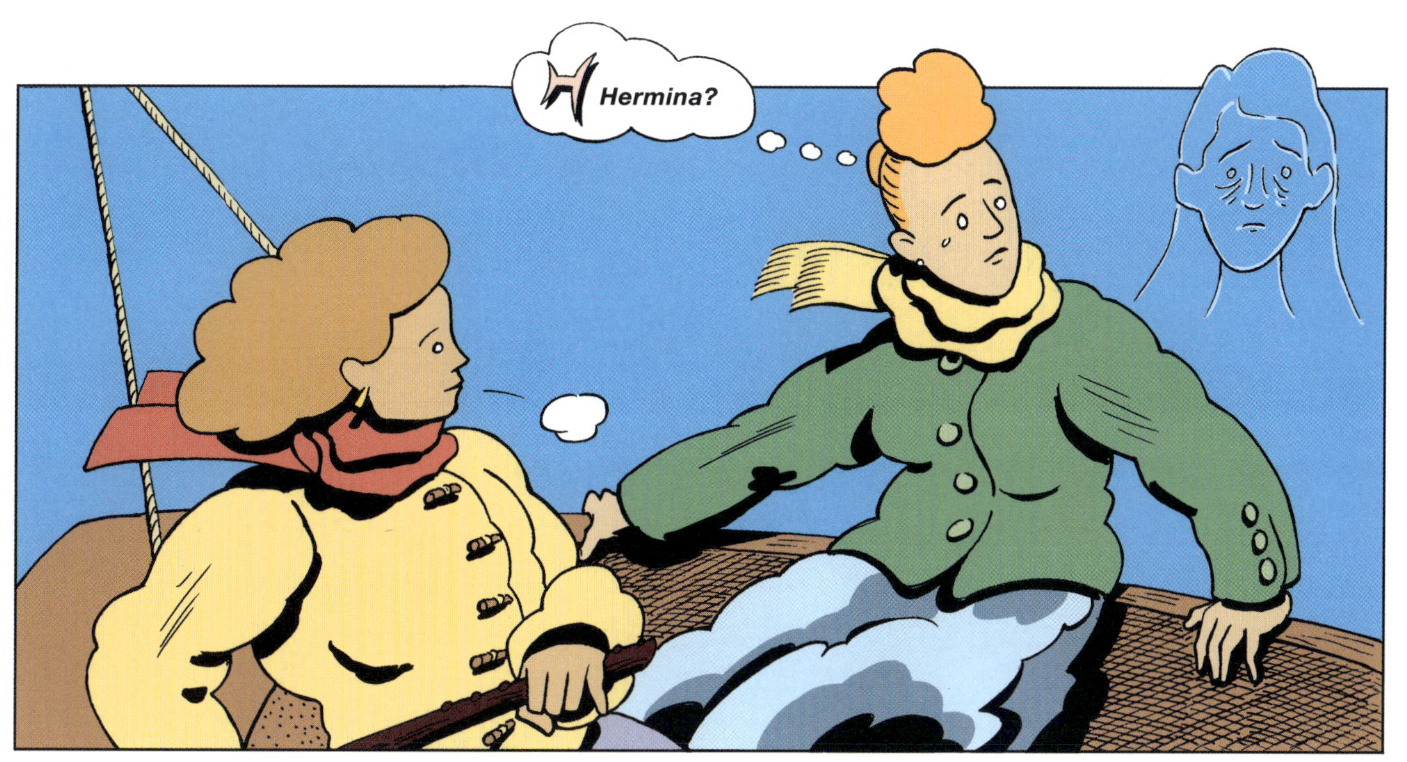
Hermina?

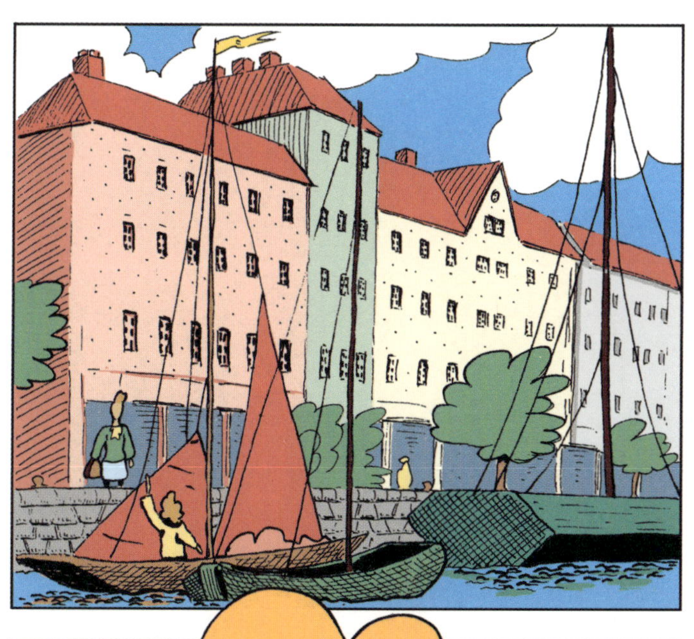

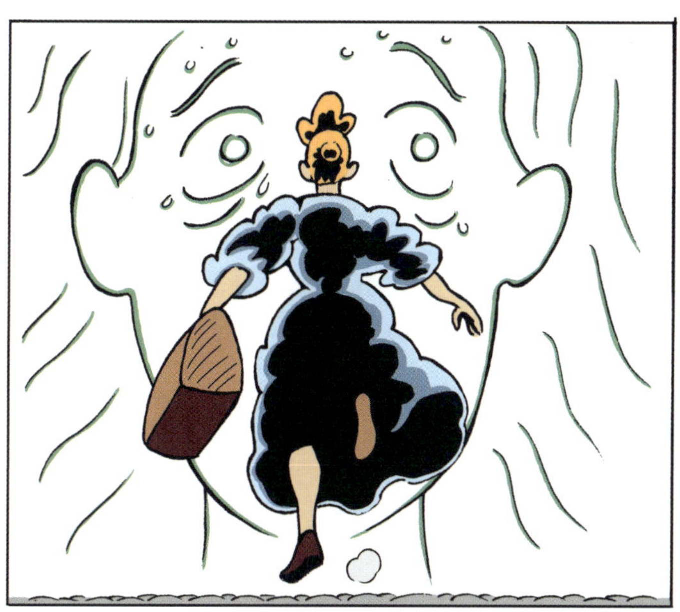

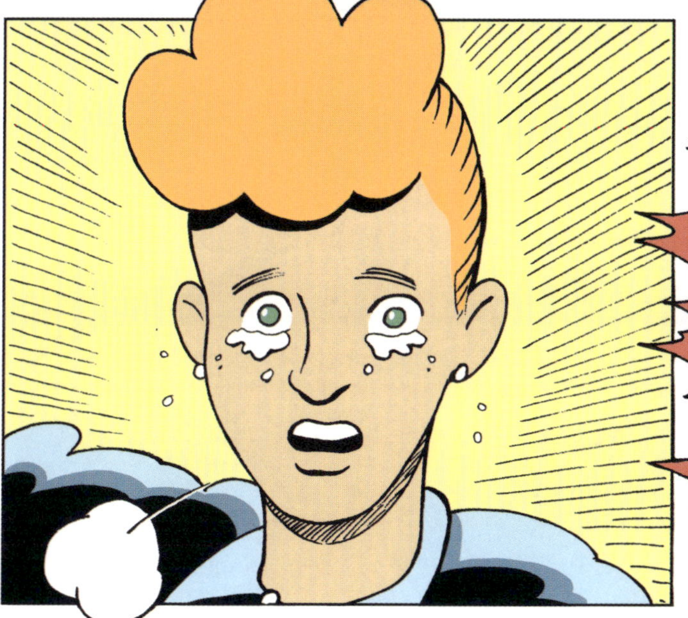

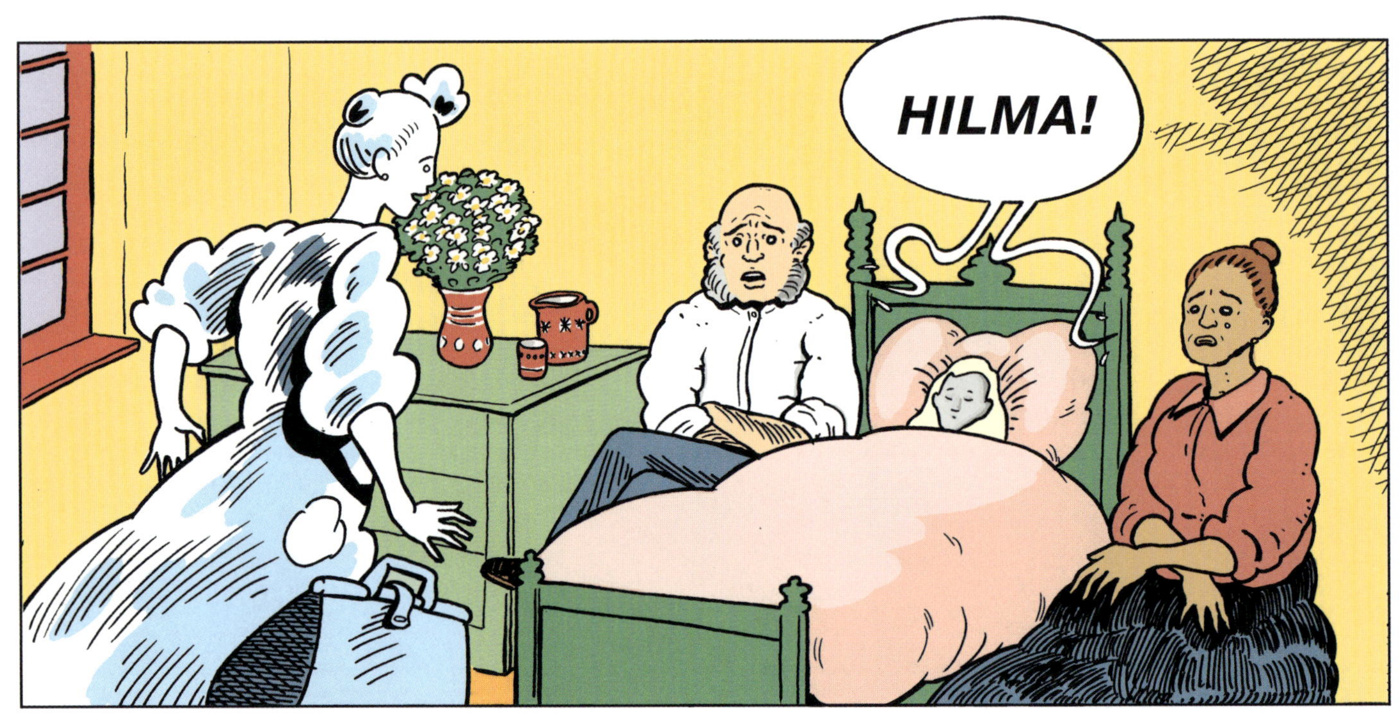
HILMA!

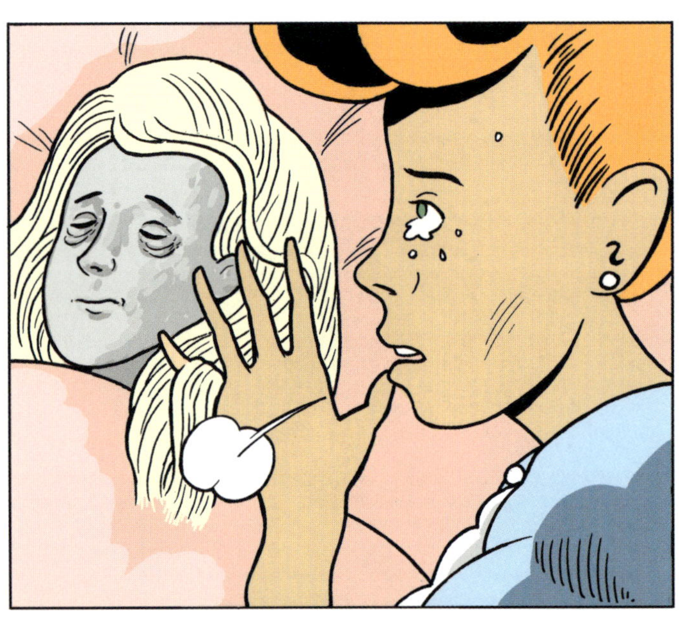

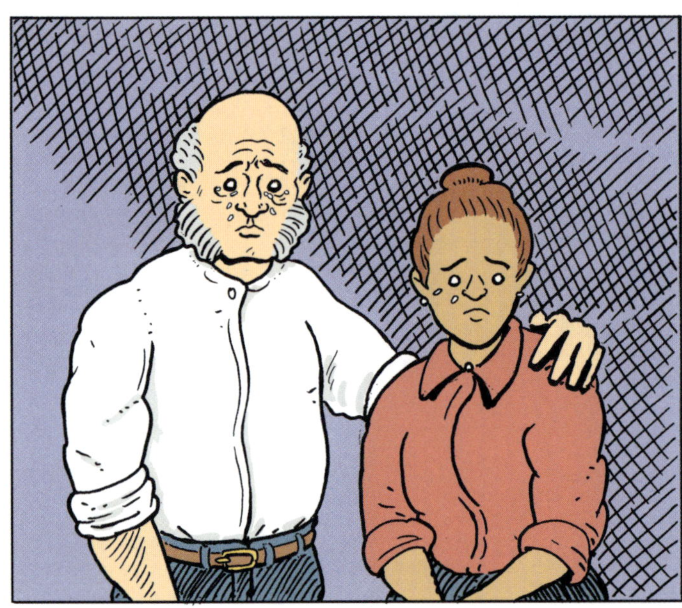

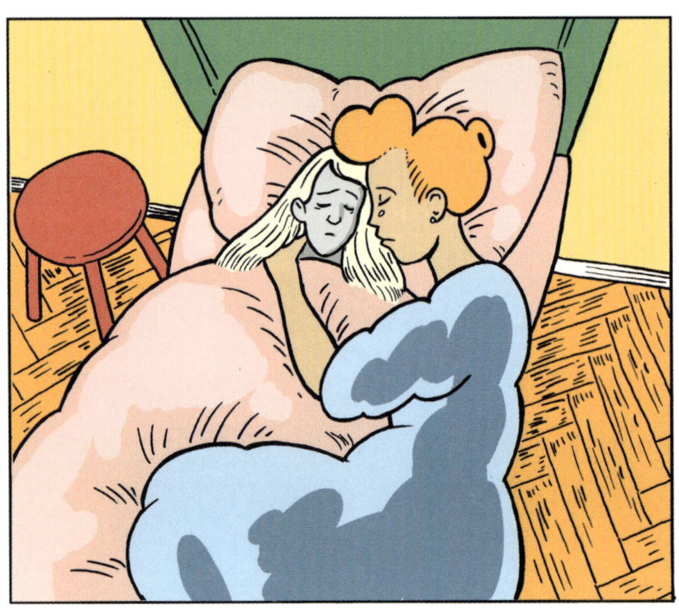

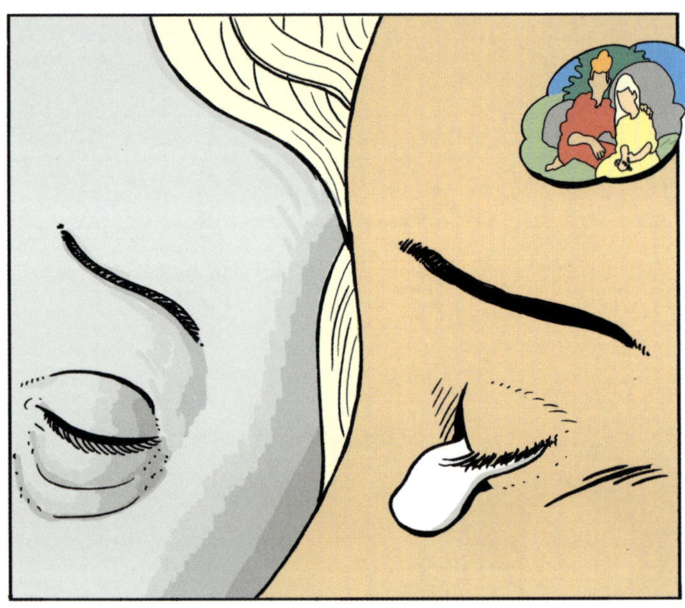

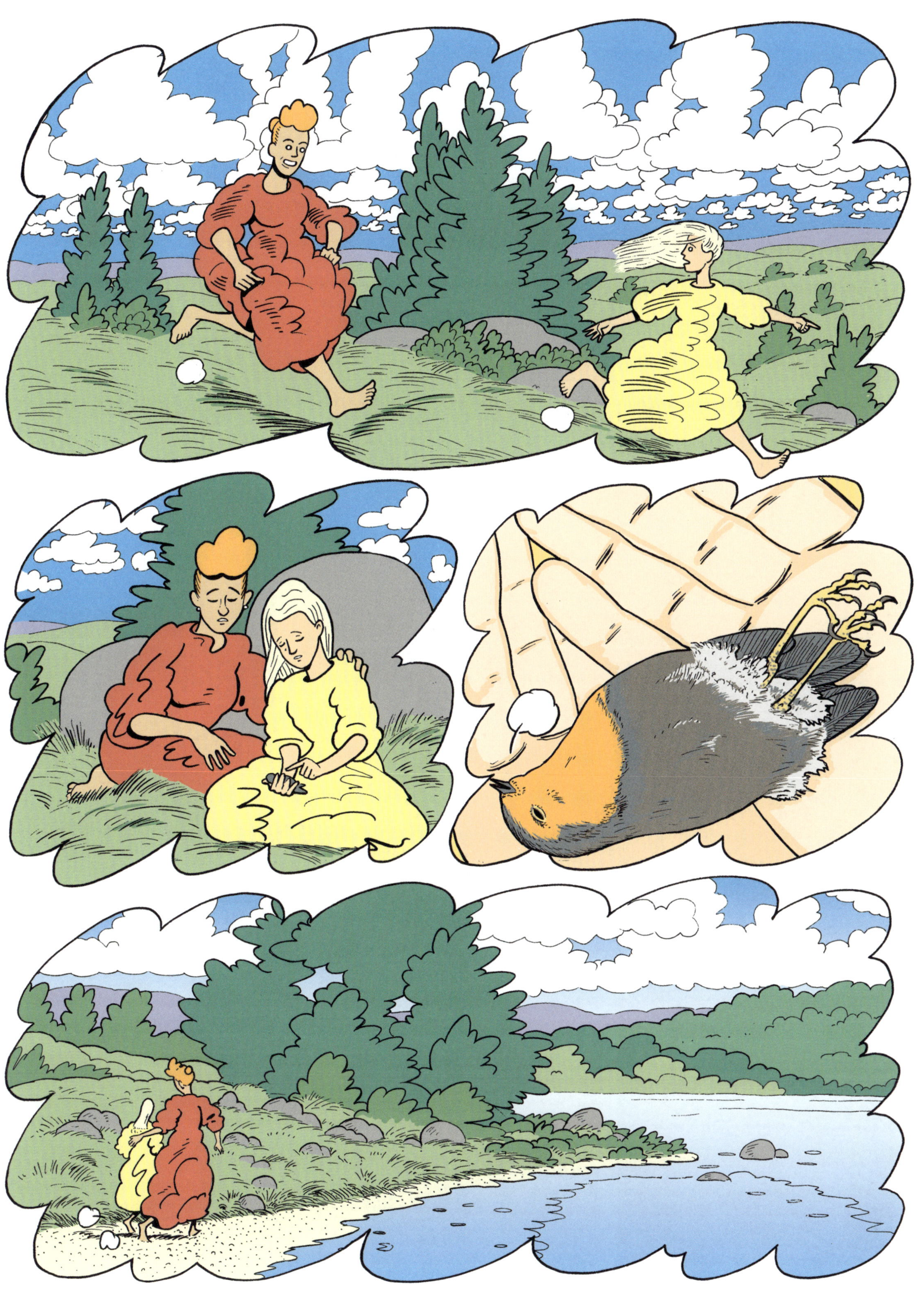

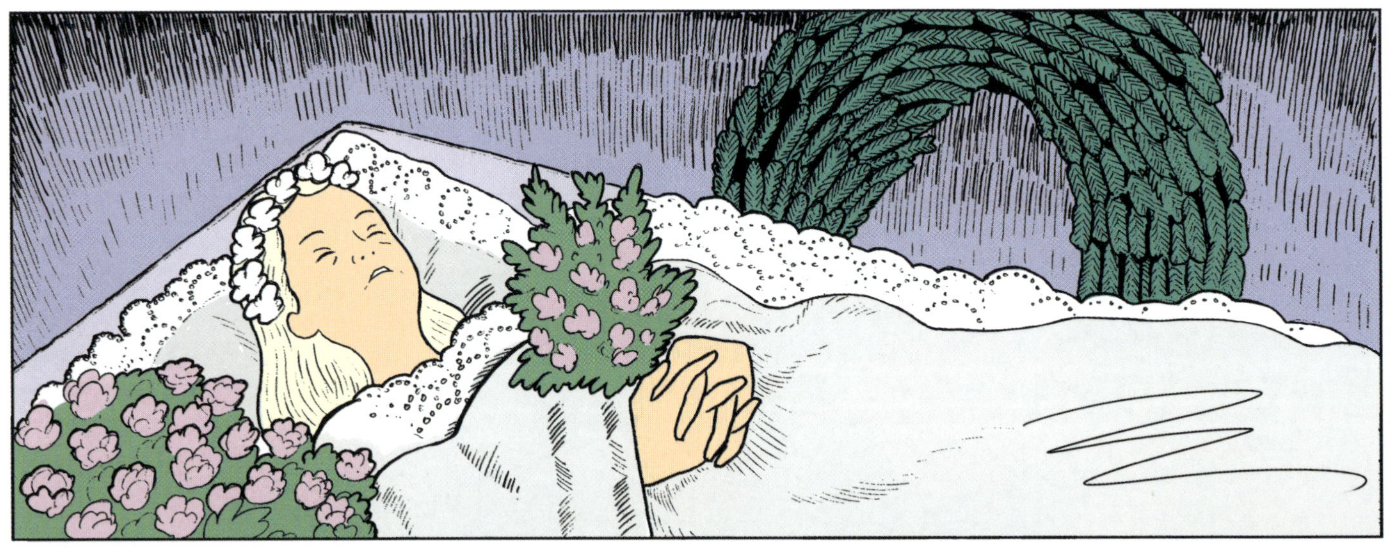

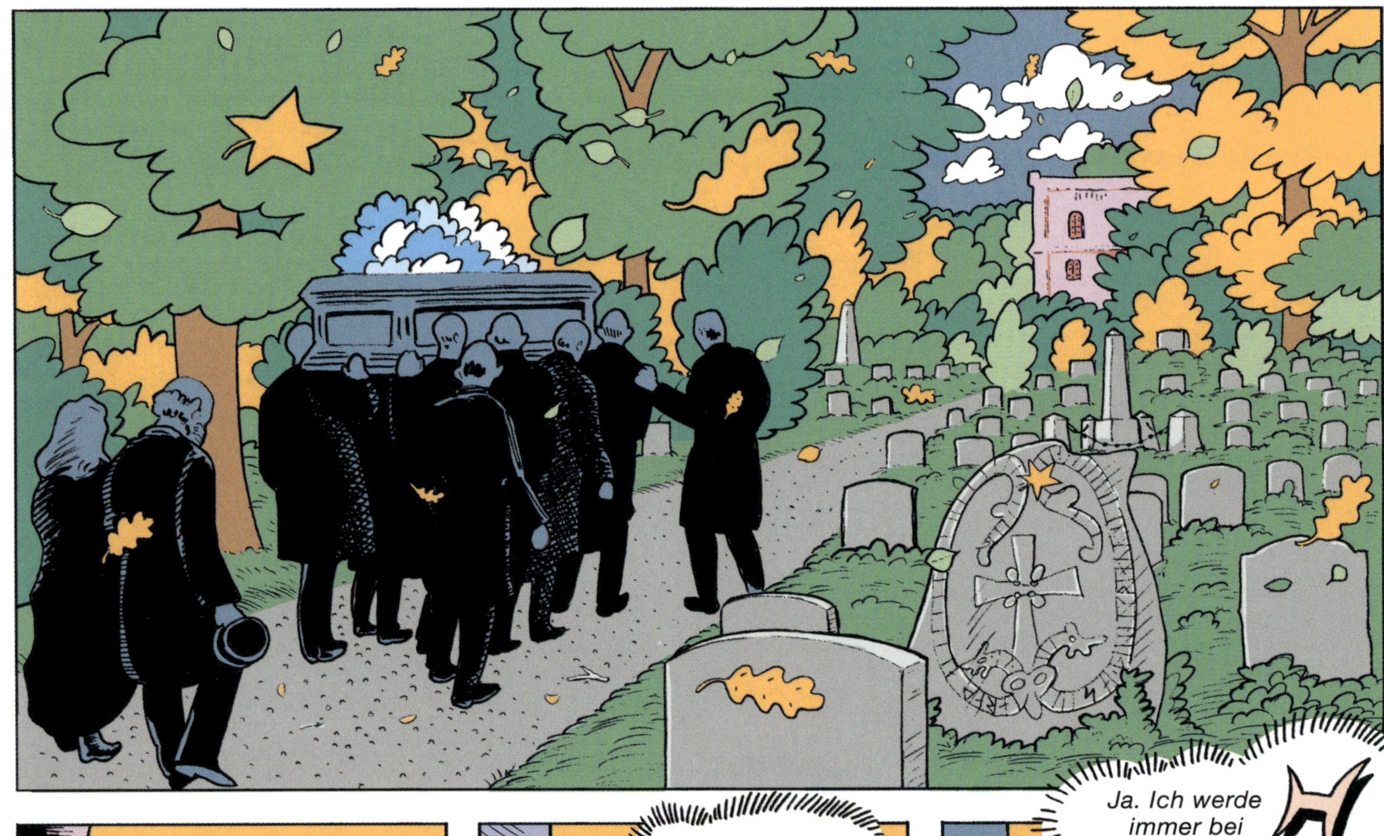

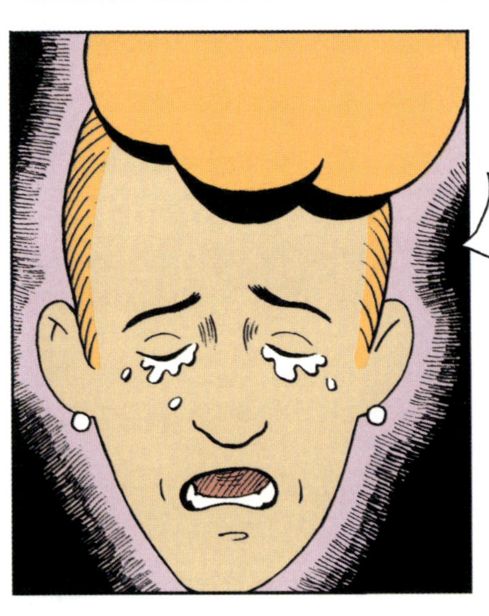

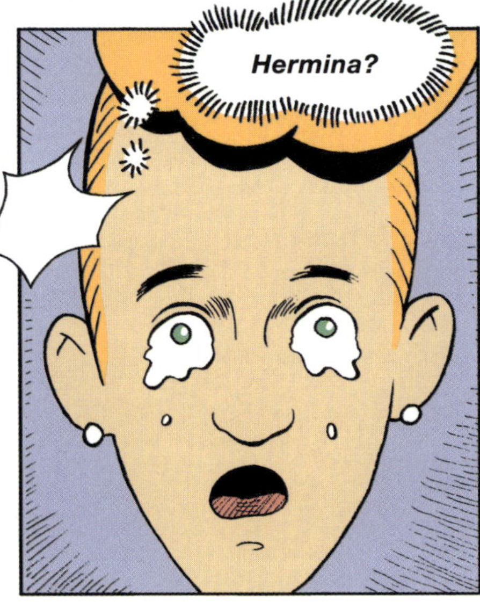
Hermina?

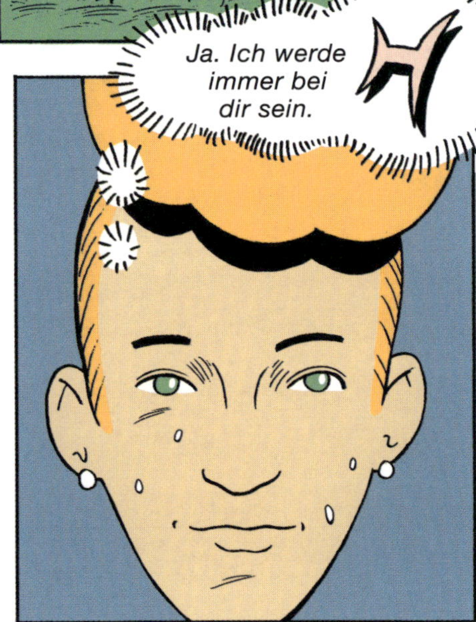
Ja. Ich werde immer bei dir sein.

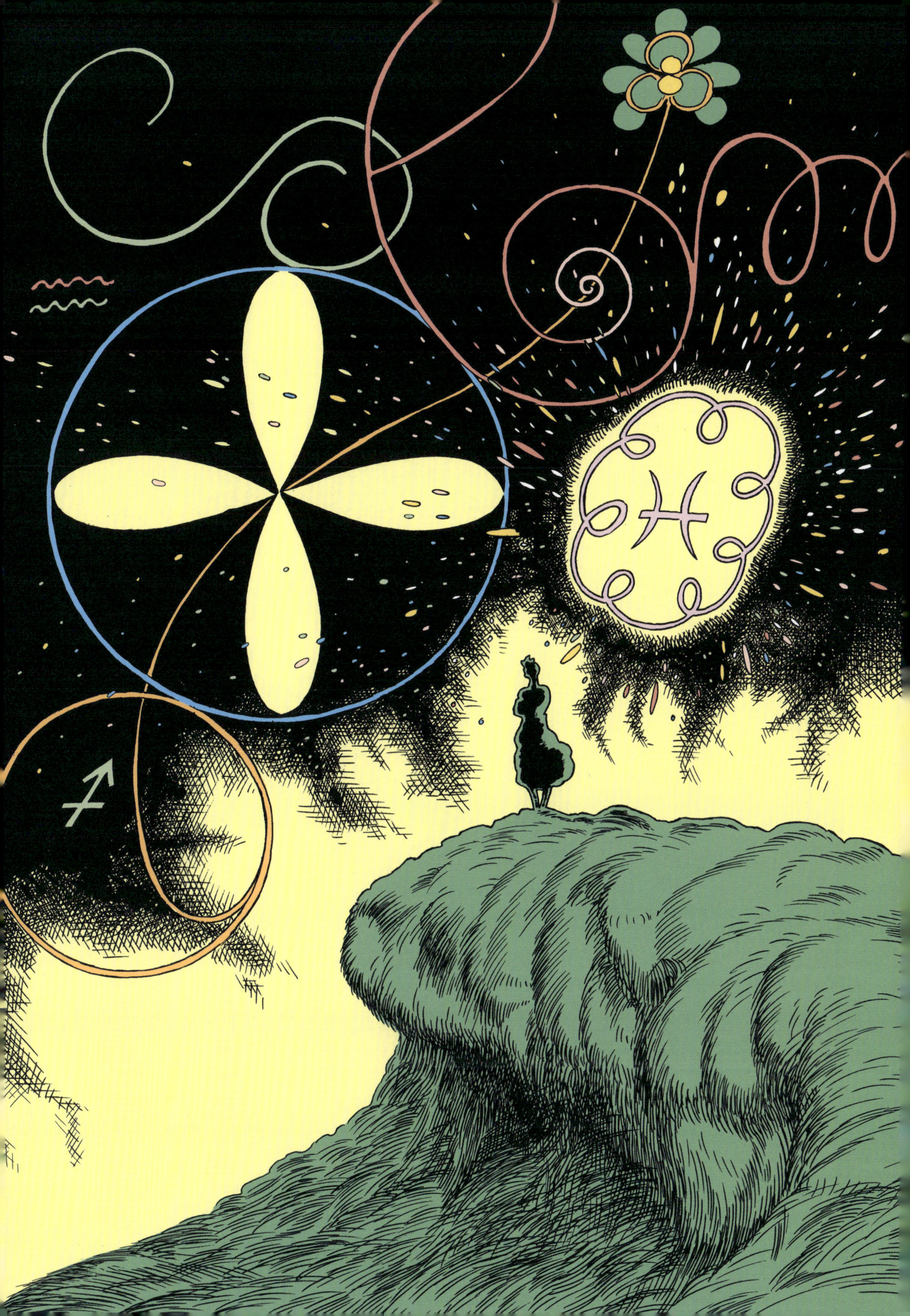

II. Das Meer und die Schule des Sehens

Im Jahr 1790 half Hilma af Klints Großvater Gustaf der schwedischen Flotte dabei, aus einer aussichtslosen Lage zu entkommen. Später kartografierte er die Weltmeere. Wie Gustaf das Unsichtbare mit seinen Karten sichtbar machte, so malte Hilma eine Welt, die über das, was man mit dem bloßen Auge sehen kann, hinausgeht.

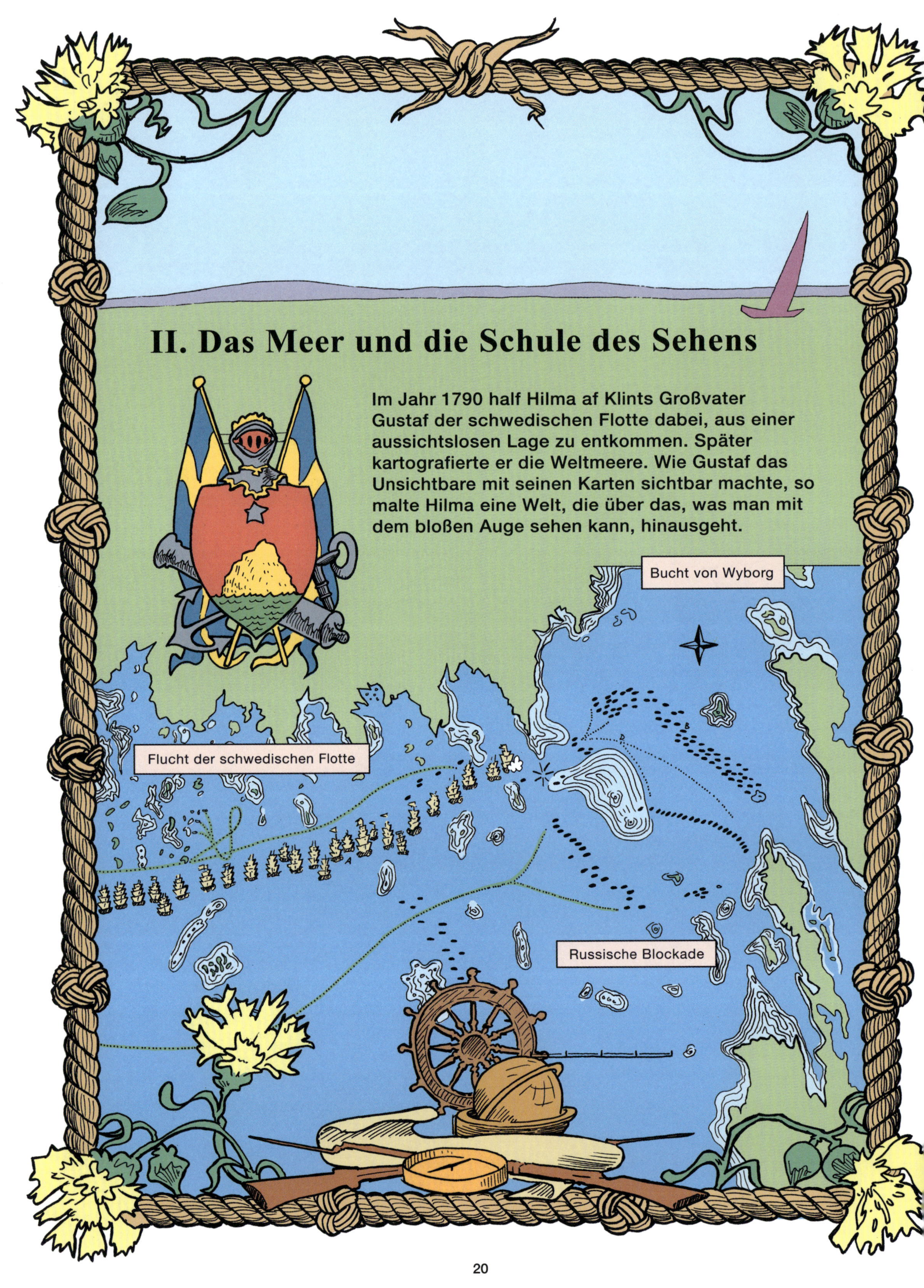

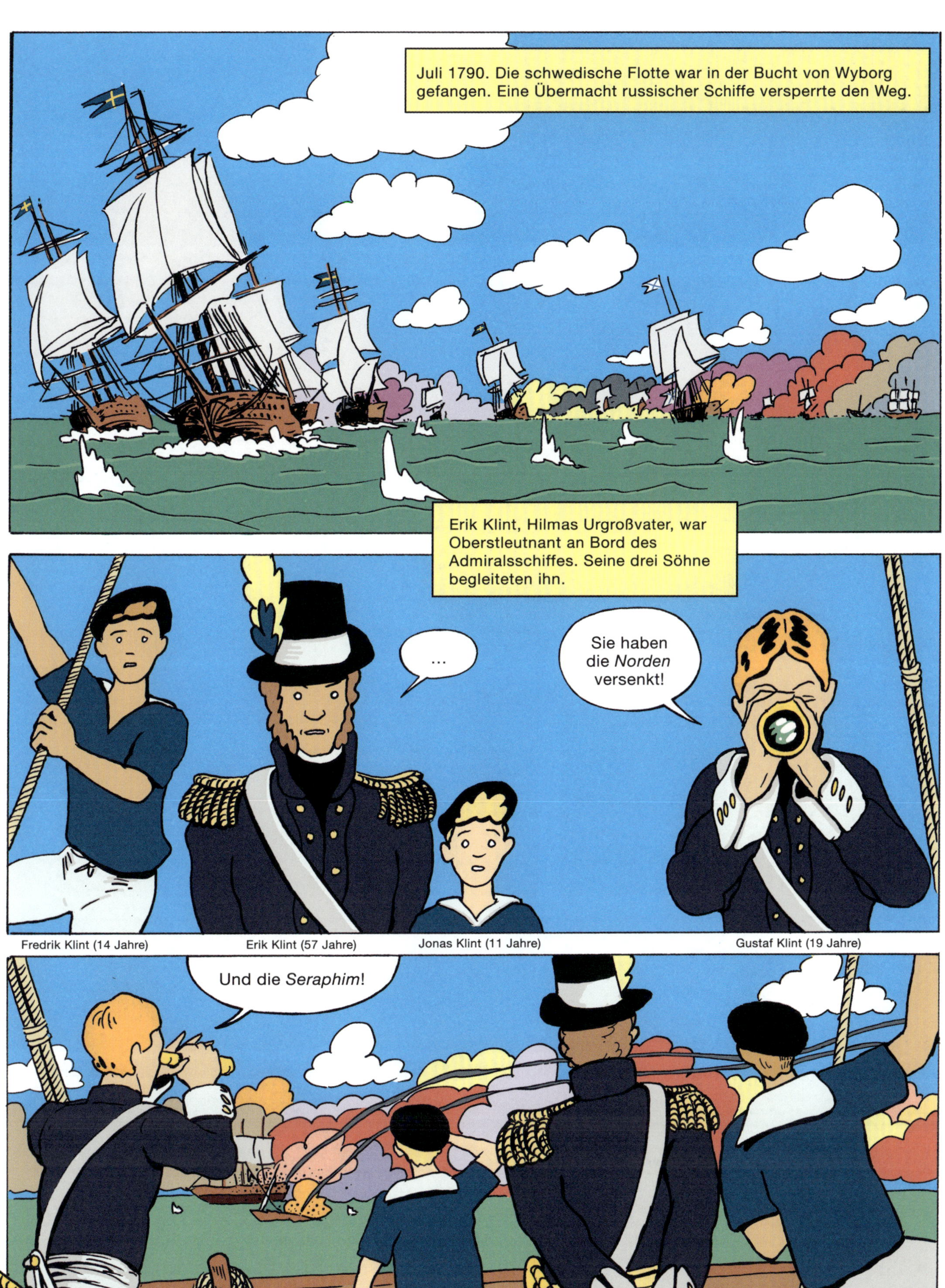
Juli 1790. Die schwedische Flotte war in der Bucht von Wyborg gefangen. Eine Übermacht russischer Schiffe versperrte den Weg.
Erik Klint, Hilmas Urgroßvater, war Oberstleutnant an Bord des Admiralsschiffes. Seine drei Söhne begleiteten ihn.
...
Sie haben die *Norden* versenkt!
Fredrik Klint (14 Jahre)
Erik Klint (57 Jahre)
Jonas Klint (11 Jahre)
Gustaf Klint (19 Jahre)
Und die *Seraphim*!

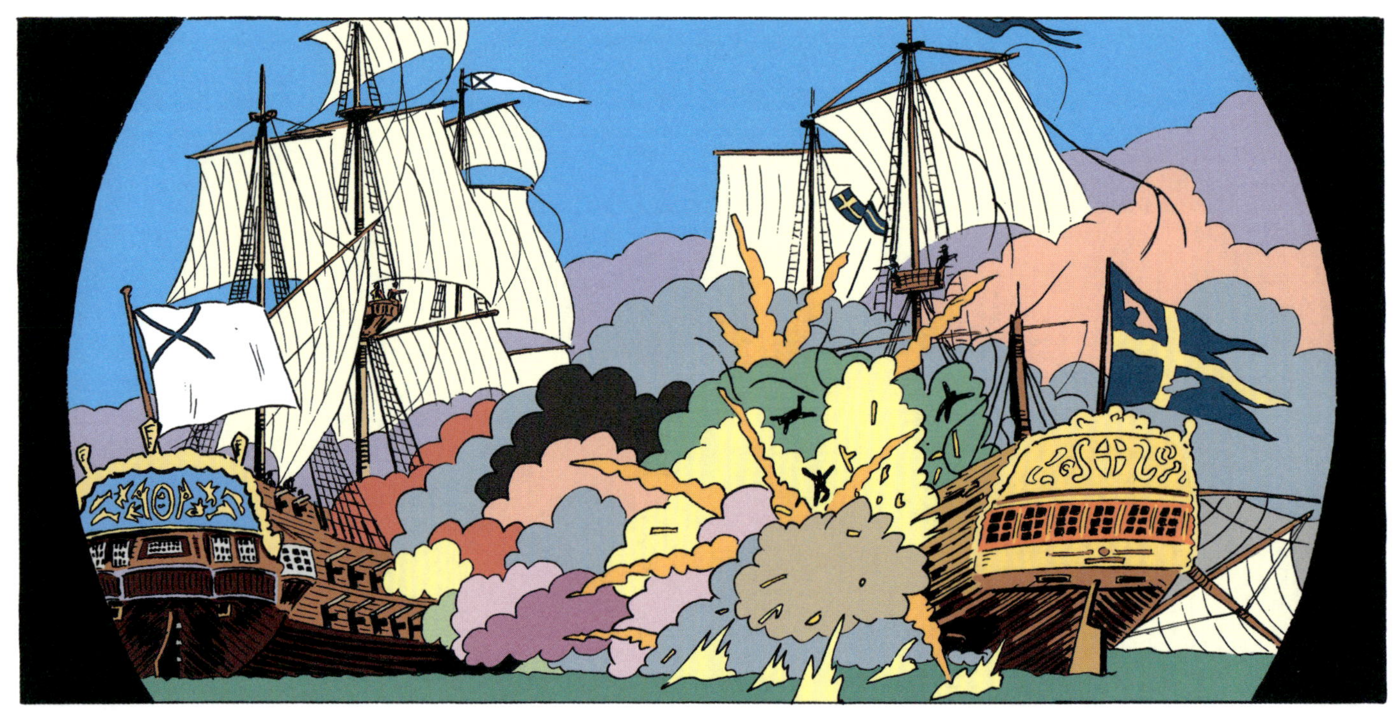

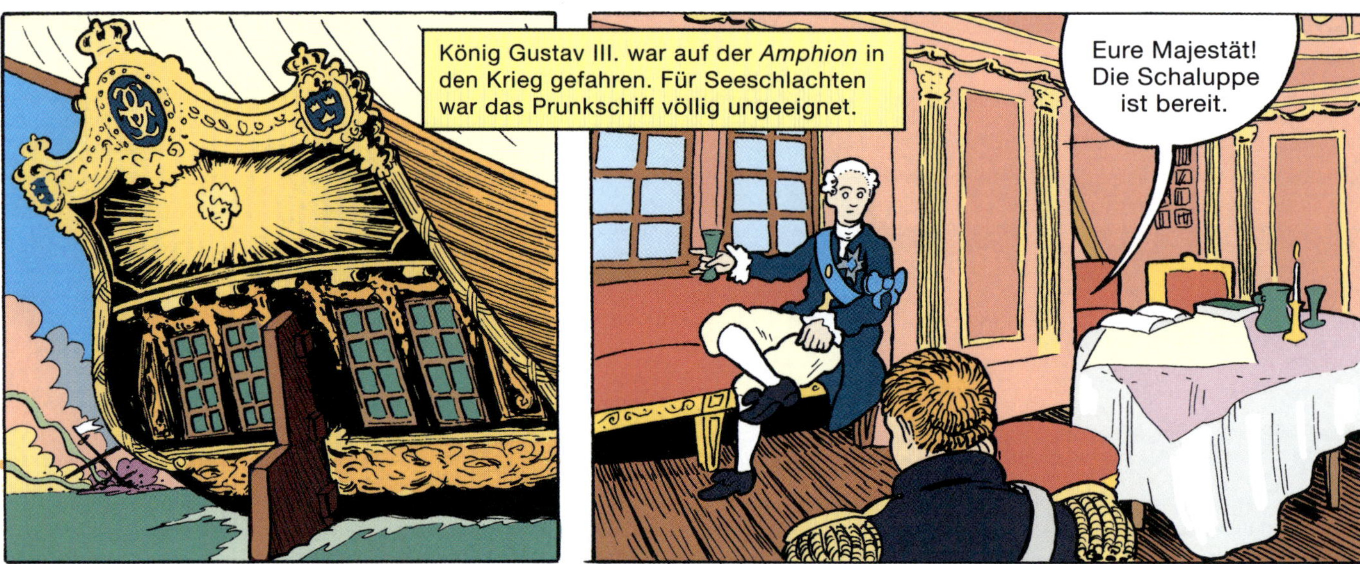

König Gustav III. von Schweden

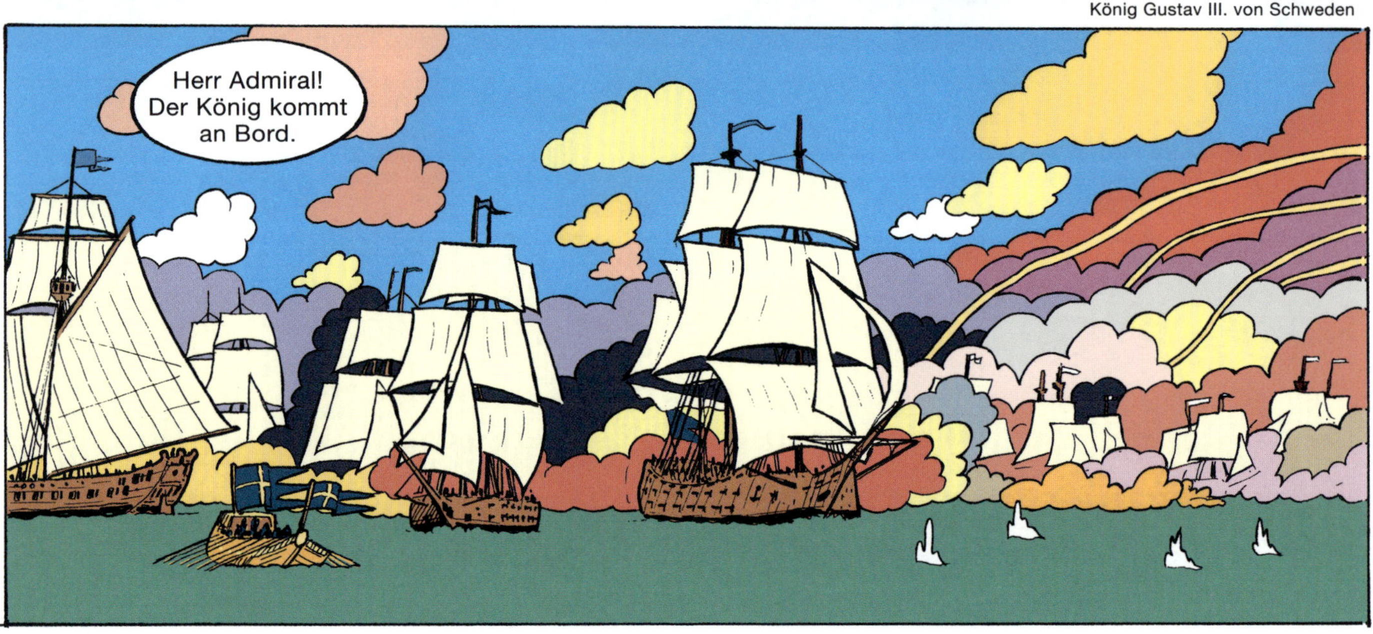

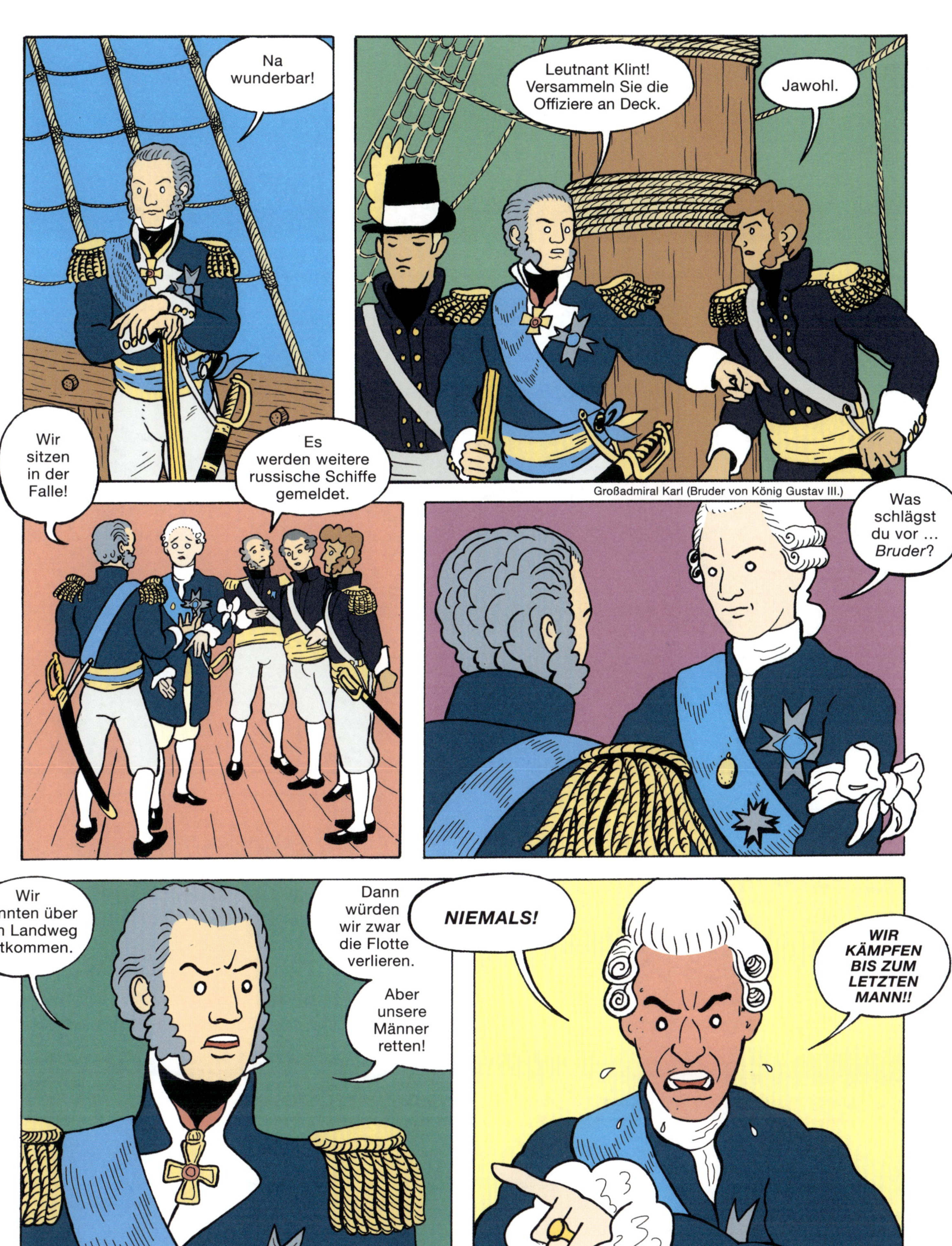
Na wunderbar!
Leutnant Klint! Versammeln Sie die Offiziere an Deck.
Jawohl.
Großadmiral Karl (Bruder von König Gustav III.)
Wir sitzen in der Falle!
Es werden weitere russische Schiffe gemeldet.
Was schlägst du vor … Bruder?
Wir önnten über en Landweg entkommen.
Dann würden wir zwar die Flotte verlieren.
Aber unsere Männer retten!
NIEMALS!
WIR KÄMPFEN BIS ZUM LETZTEN MANN!!

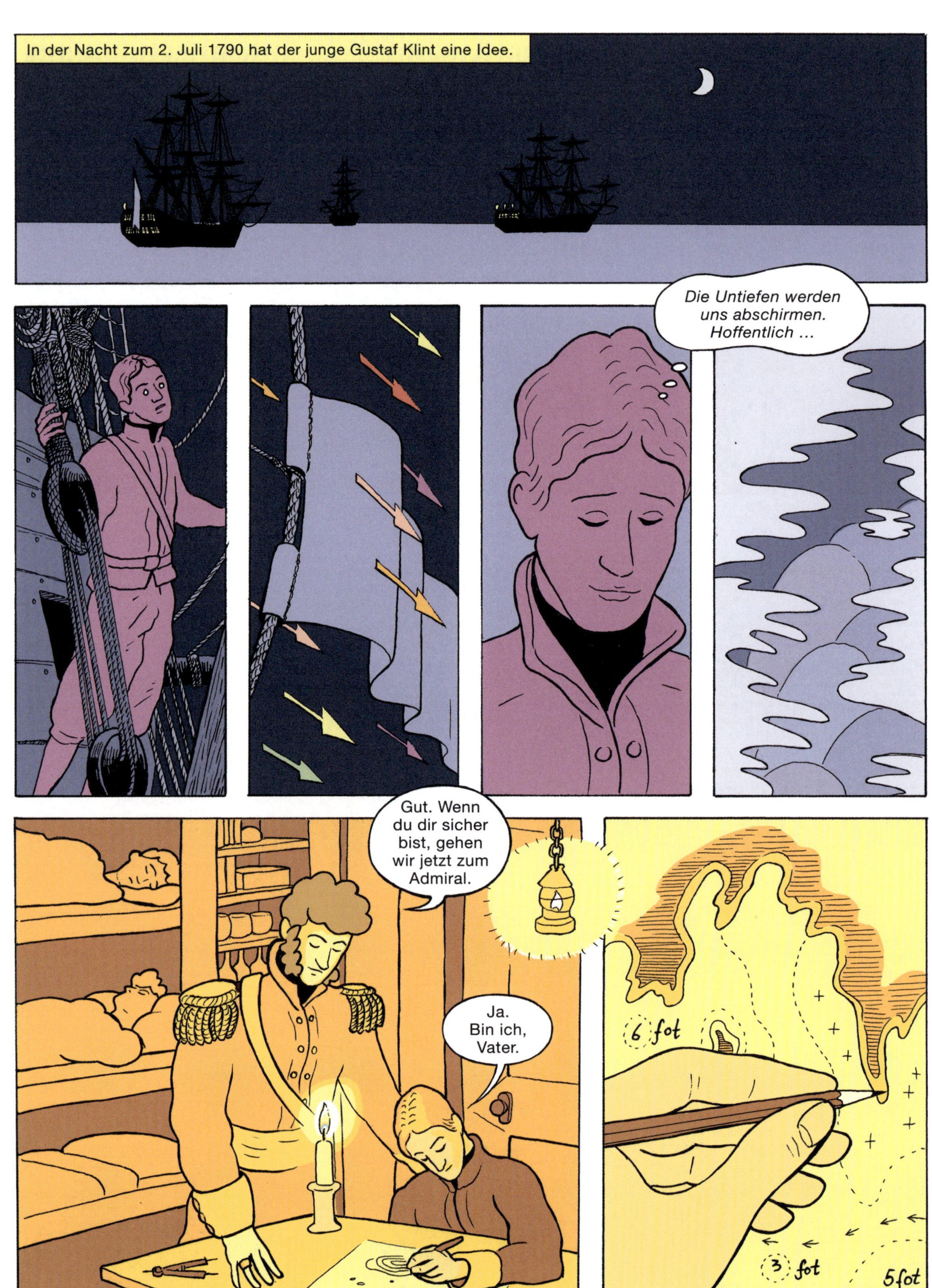

In der Nacht zum 2. Juli 1790 hat der junge Gustaf Klint eine Idee.
Die Untiefen werden uns abschirmen. Hoffentlich …
Gut. Wenn du dir sicher bist, gehen wir jetzt zum Admiral.
Ja. Bin ich, Vater.
6 fot
3 fot
5 fot

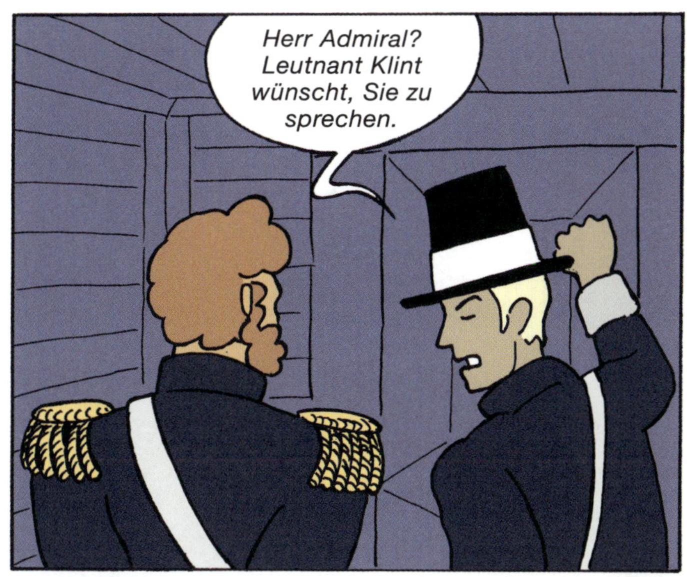
Herr Admiral? Leutnant Klint wünscht, Sie zu sprechen.

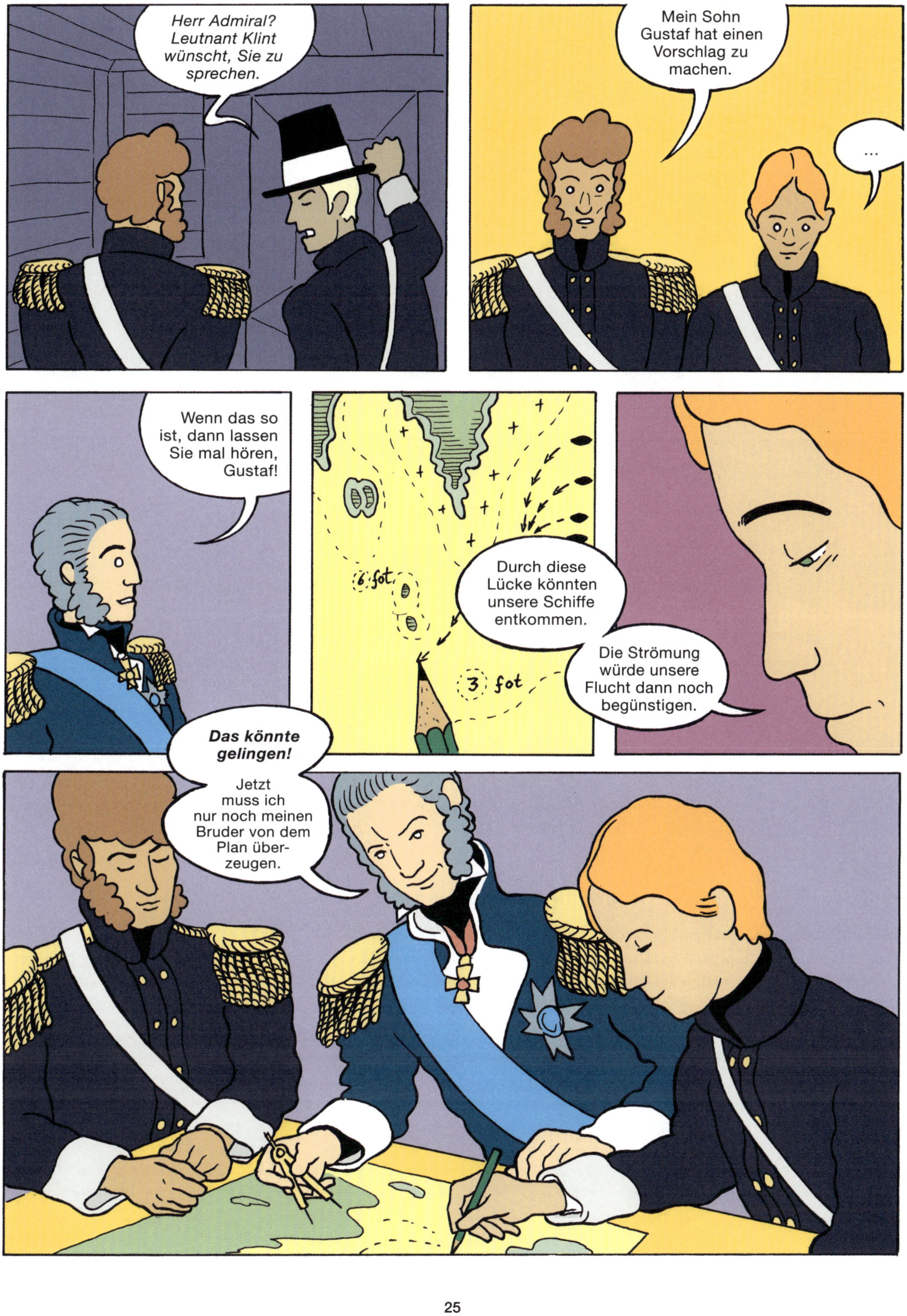

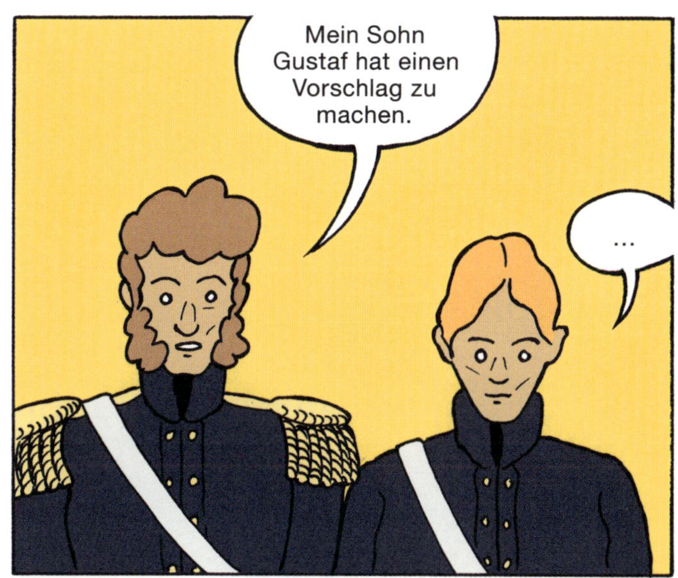
Mein Sohn Gustaf hat einen Vorschlag zu machen.
...

Wenn das so ist, dann lassen Sie mal hören, Gustaf!
6 fot
3 fot
Durch diese Lücke könnten unsere Schiffe entkommen.
Die Strömung würde unsere Flucht dann noch begünstigen.
Das könnte gelingen!
Jetzt muss ich nur noch meinen Bruder von dem Plan über-zeugen.

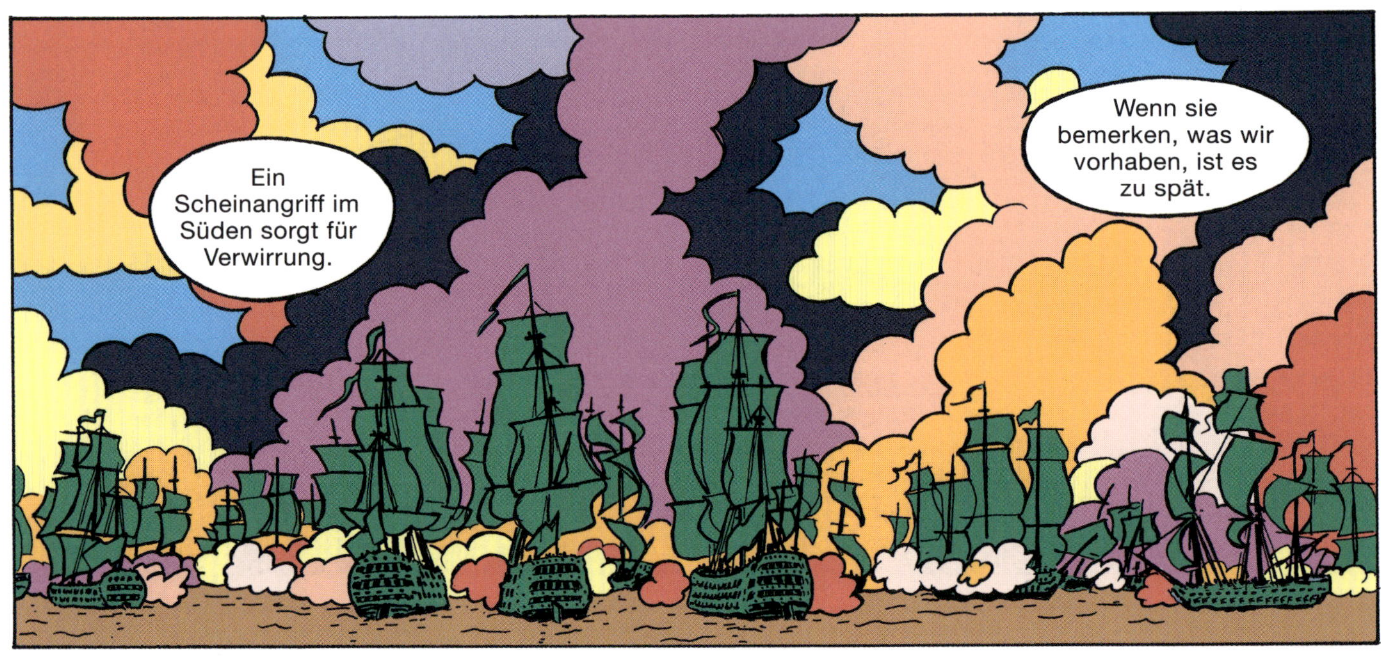
Ein Scheinangriff im Süden sorgt für Verwirrung.
Wenn sie bemerken, was wir vorhaben, ist es zu spät.

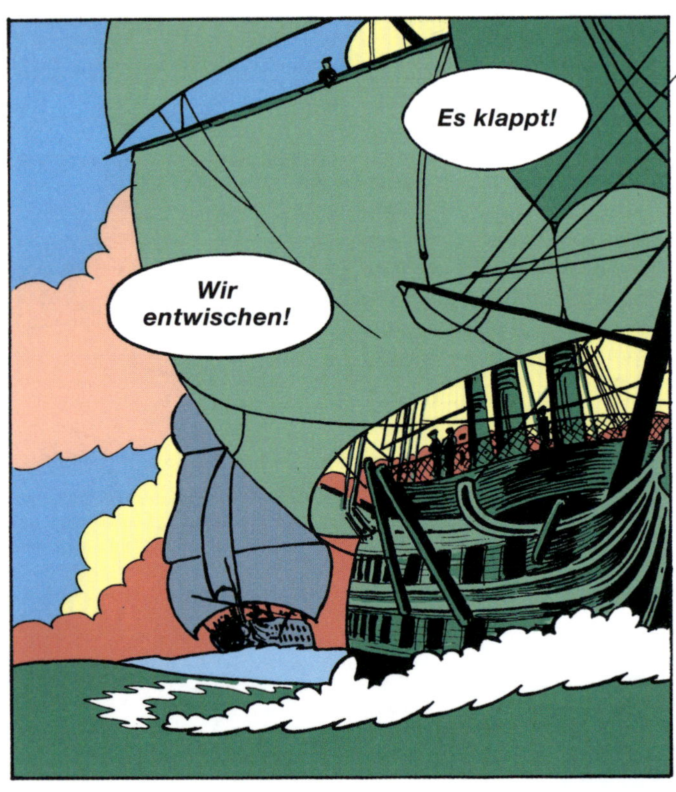
Es klappt!
Wir entwischen!

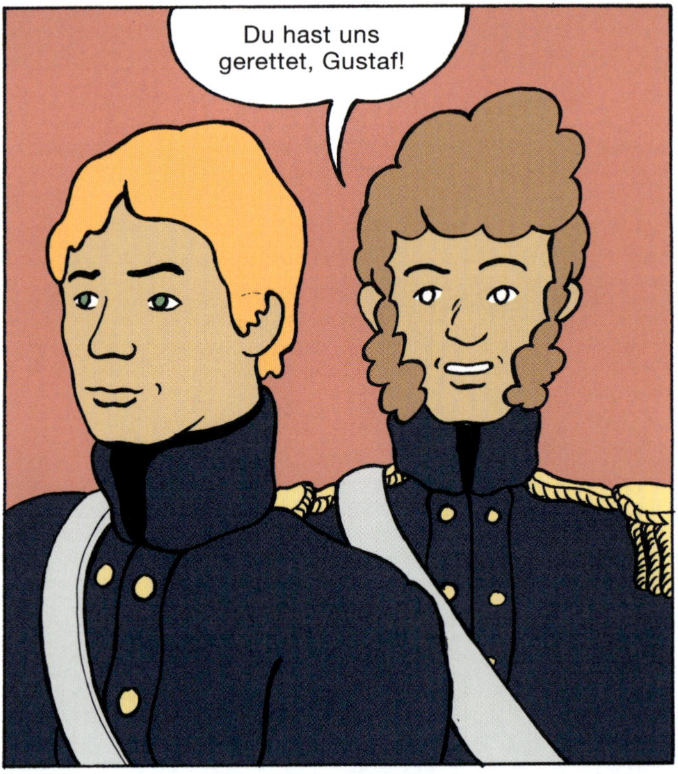
Du hast uns gerettet, Gustaf!

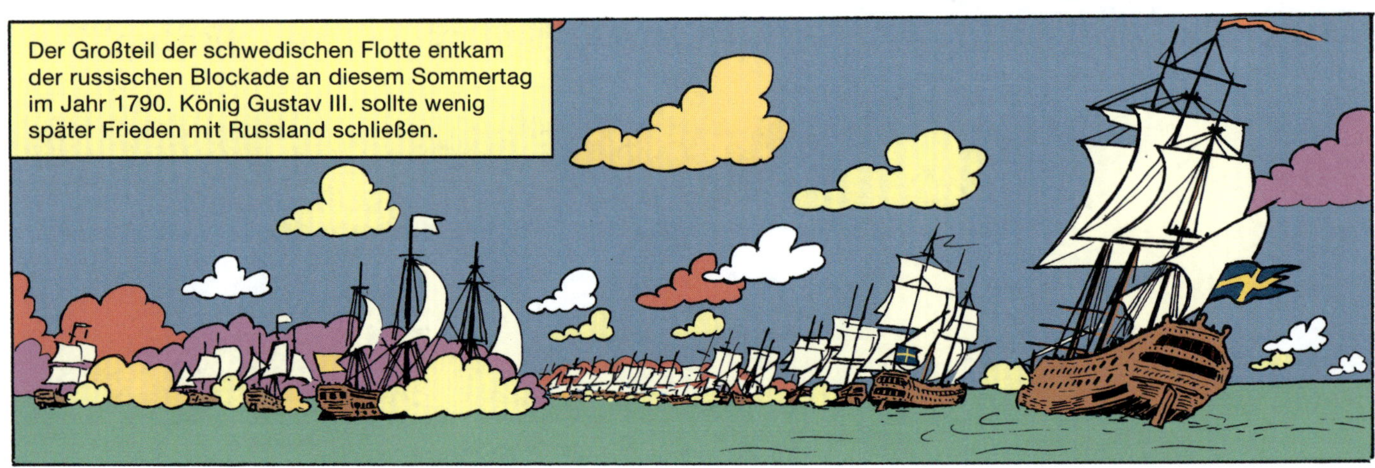
Der Großteil der schwedischen Flotte entkam der russischen Blockade an diesem Sommertag im Jahr 1790. König Gustav III. sollte wenig später Frieden mit Russland schließen.

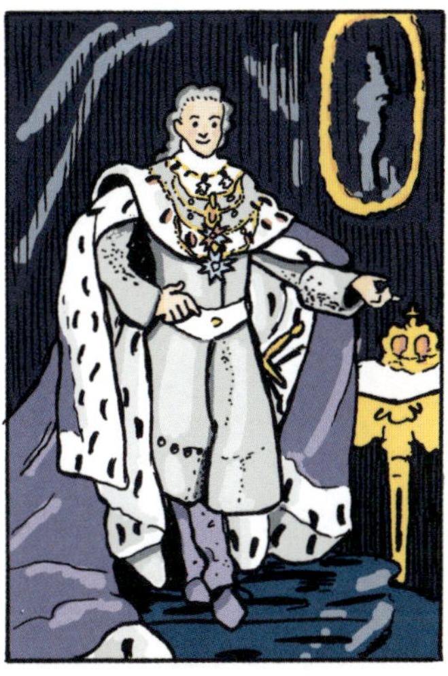

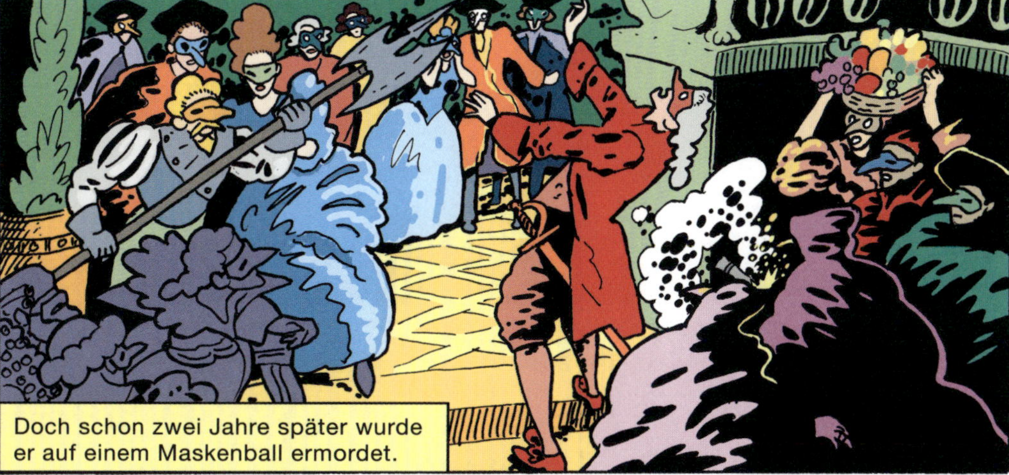

Verdis Oper *Ein Maskenball* wurde durch dieses Ereignis inspiriert.

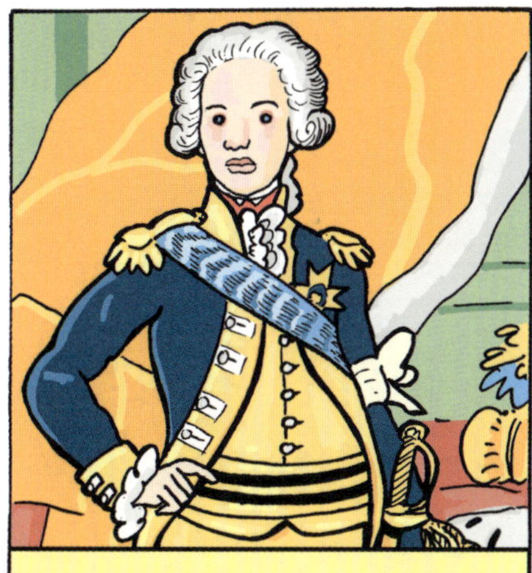

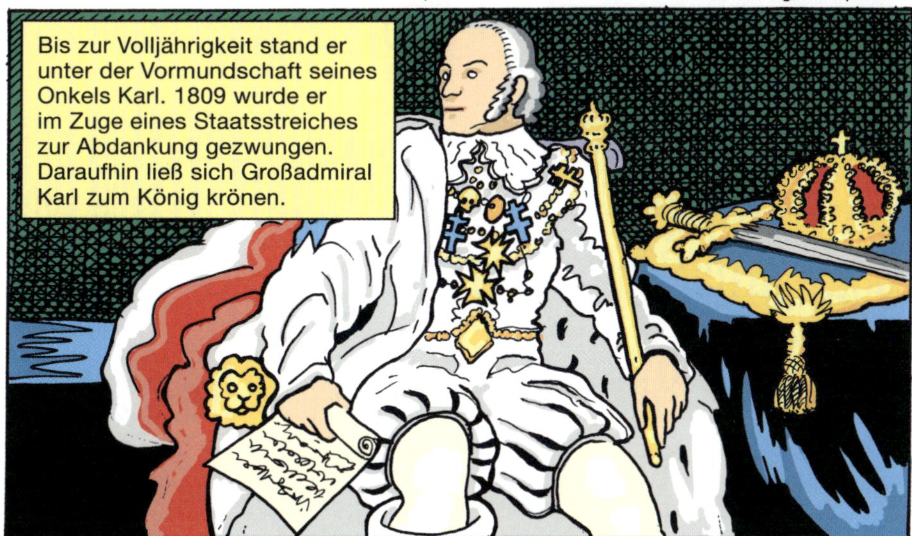

König Karl XIII. von Schweden

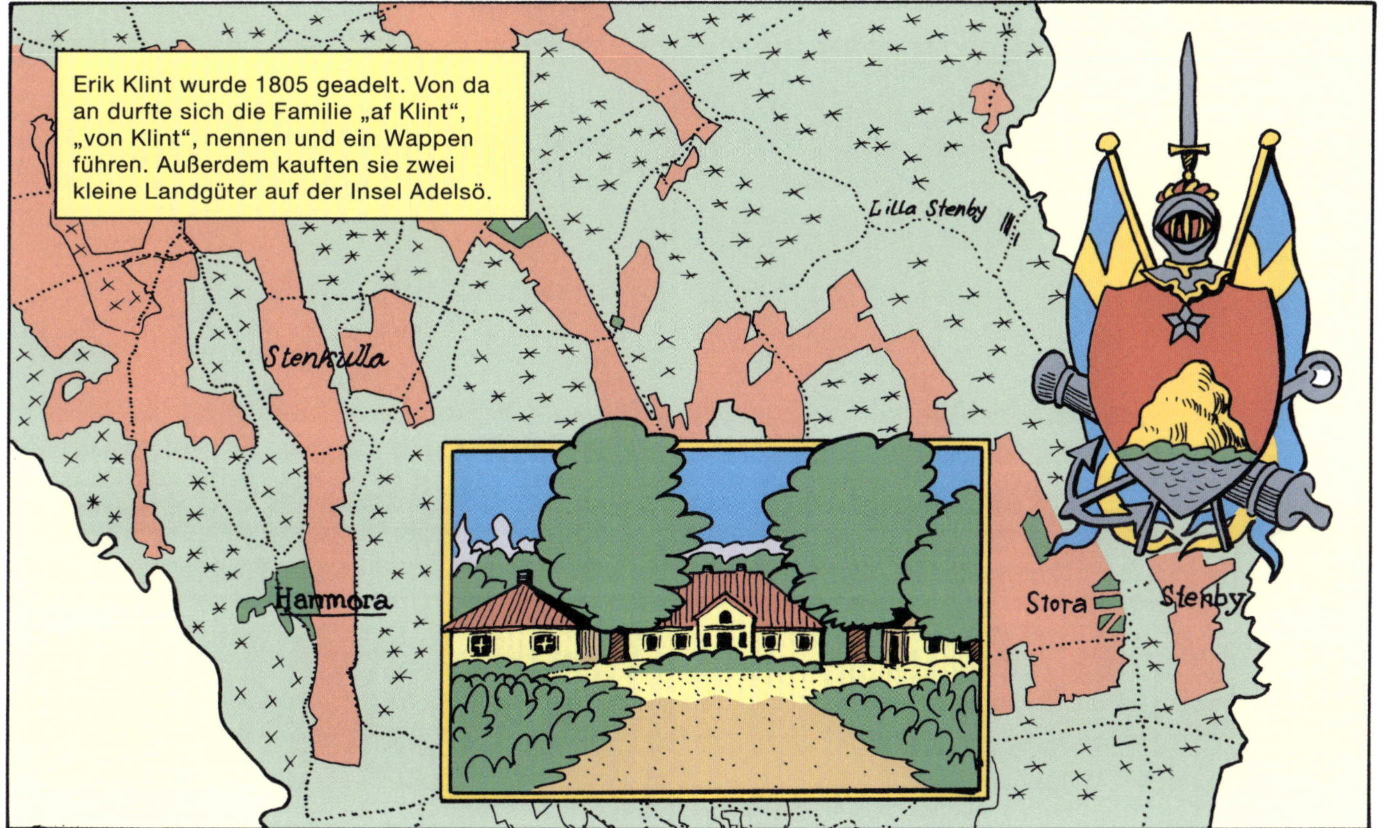

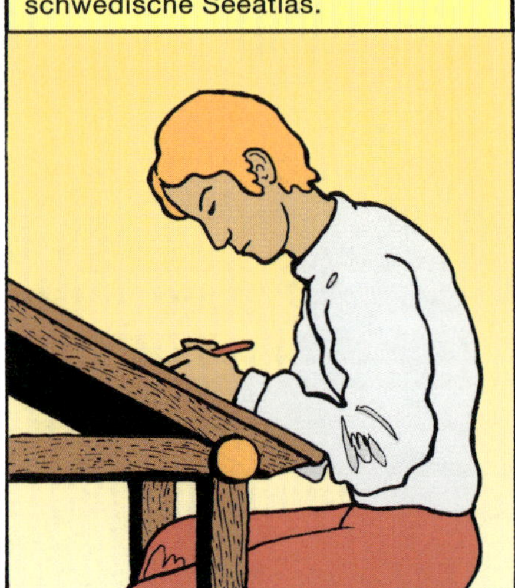

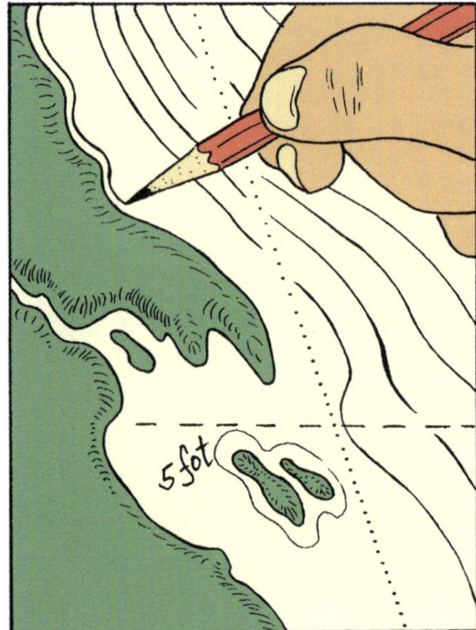

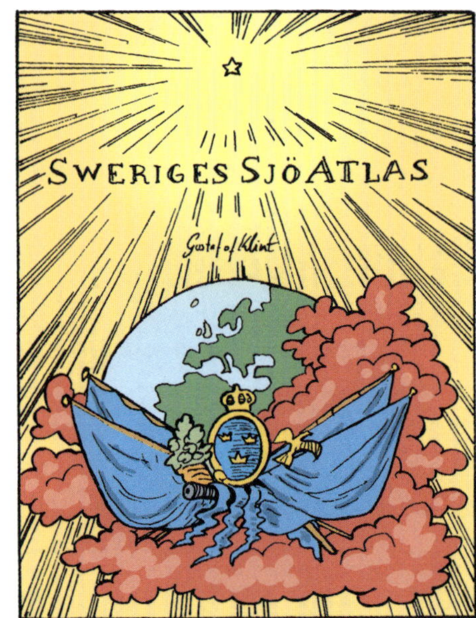

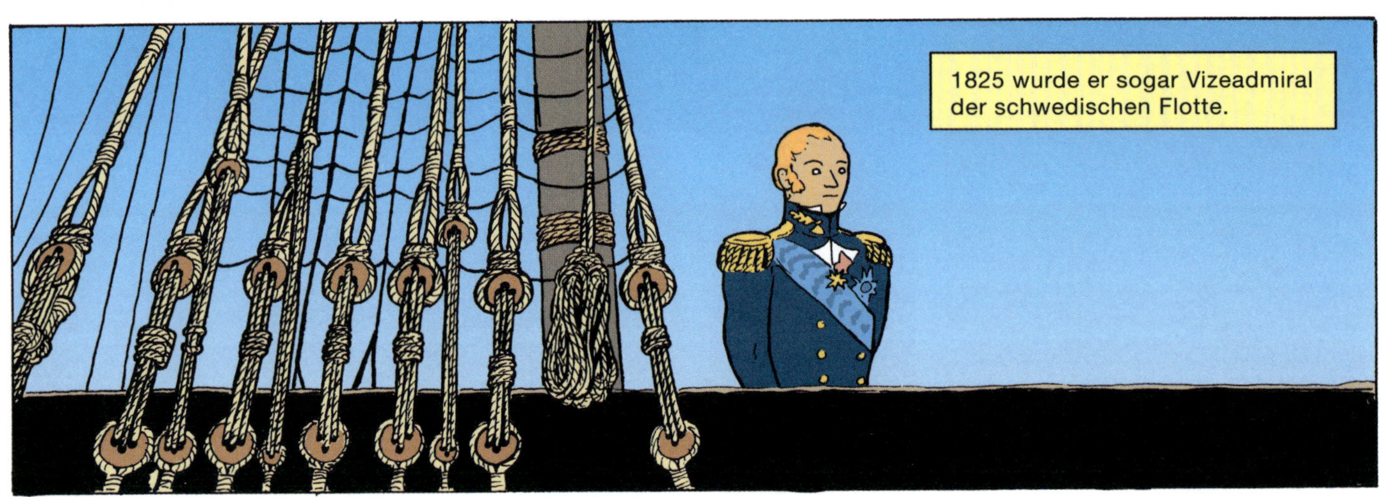

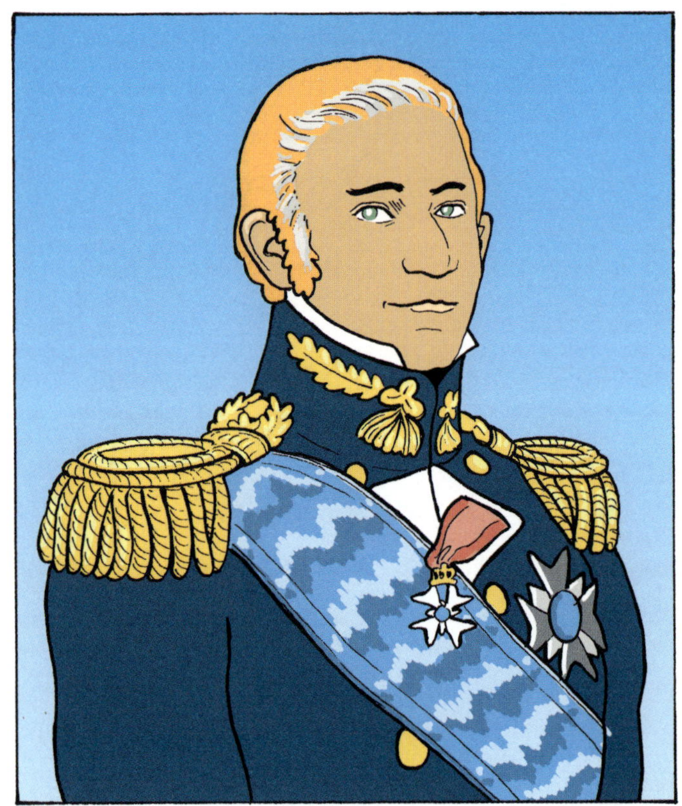

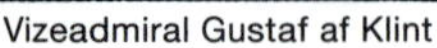
Vizeadmiral Gustaf af Klint

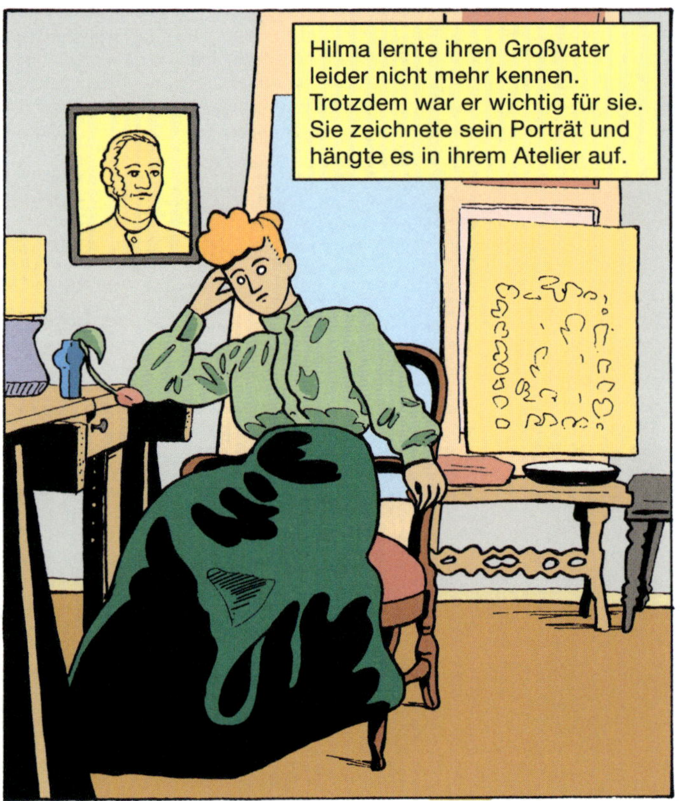

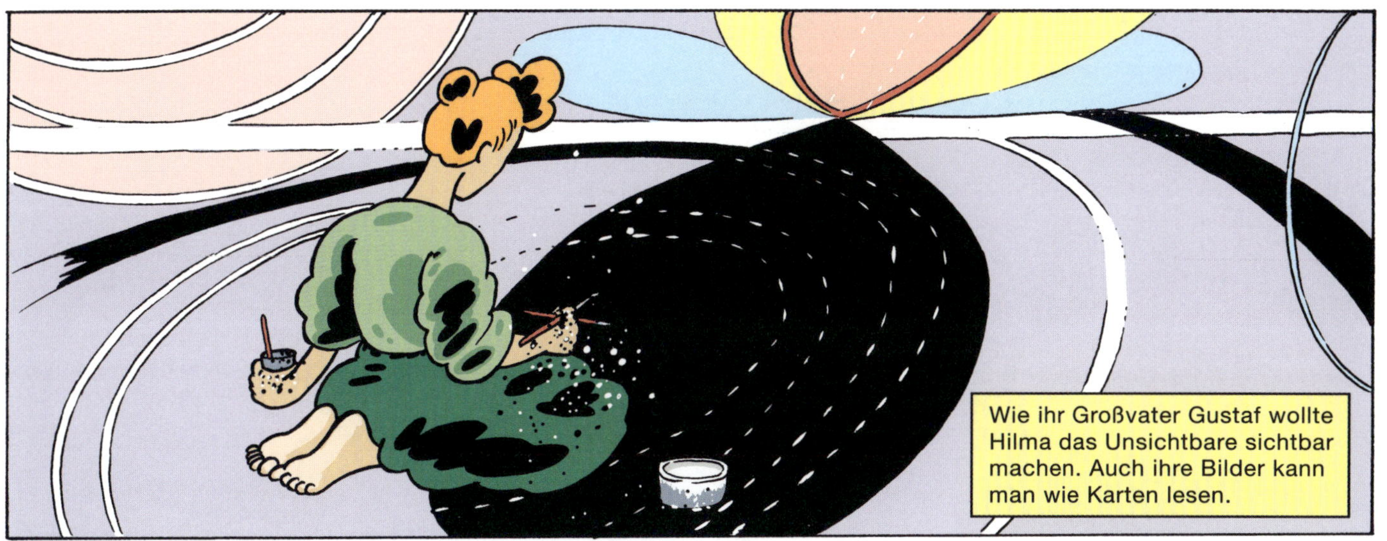

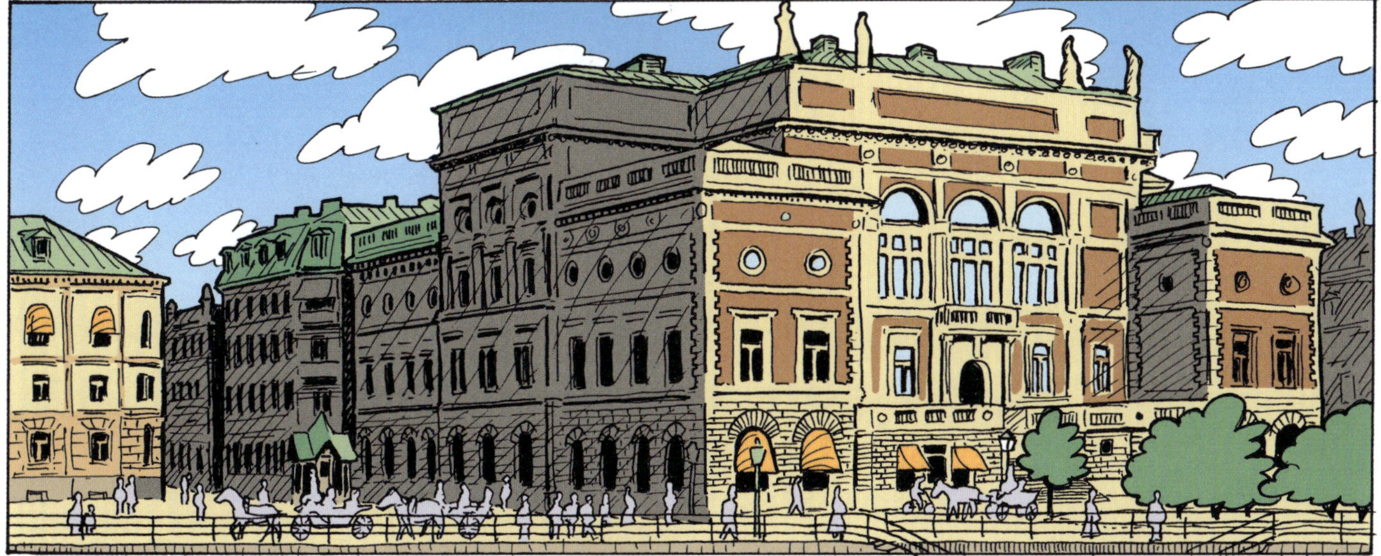

Kungliga Akademien, Stockholm

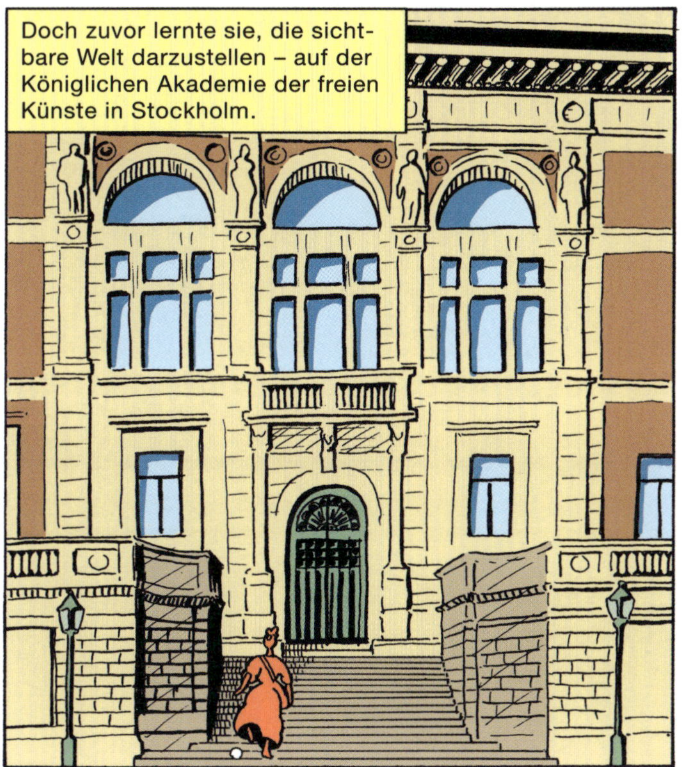

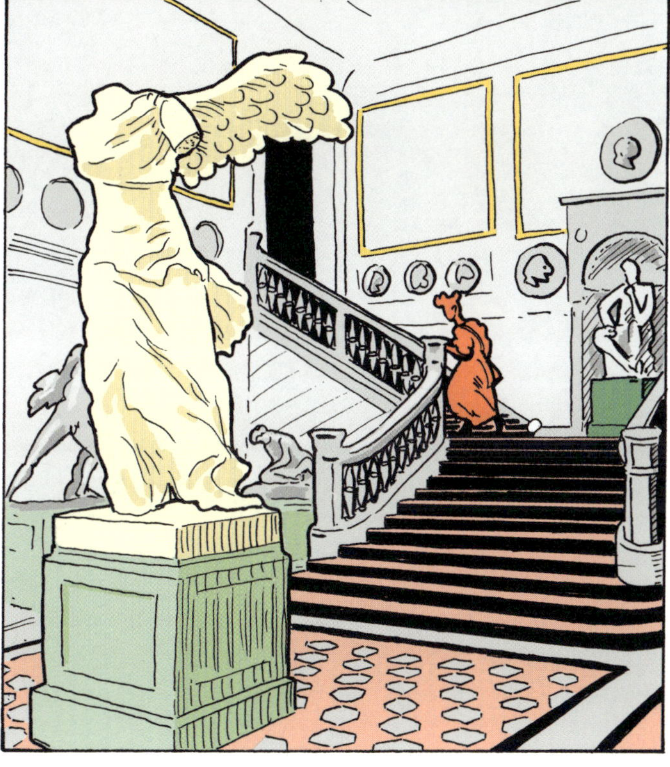

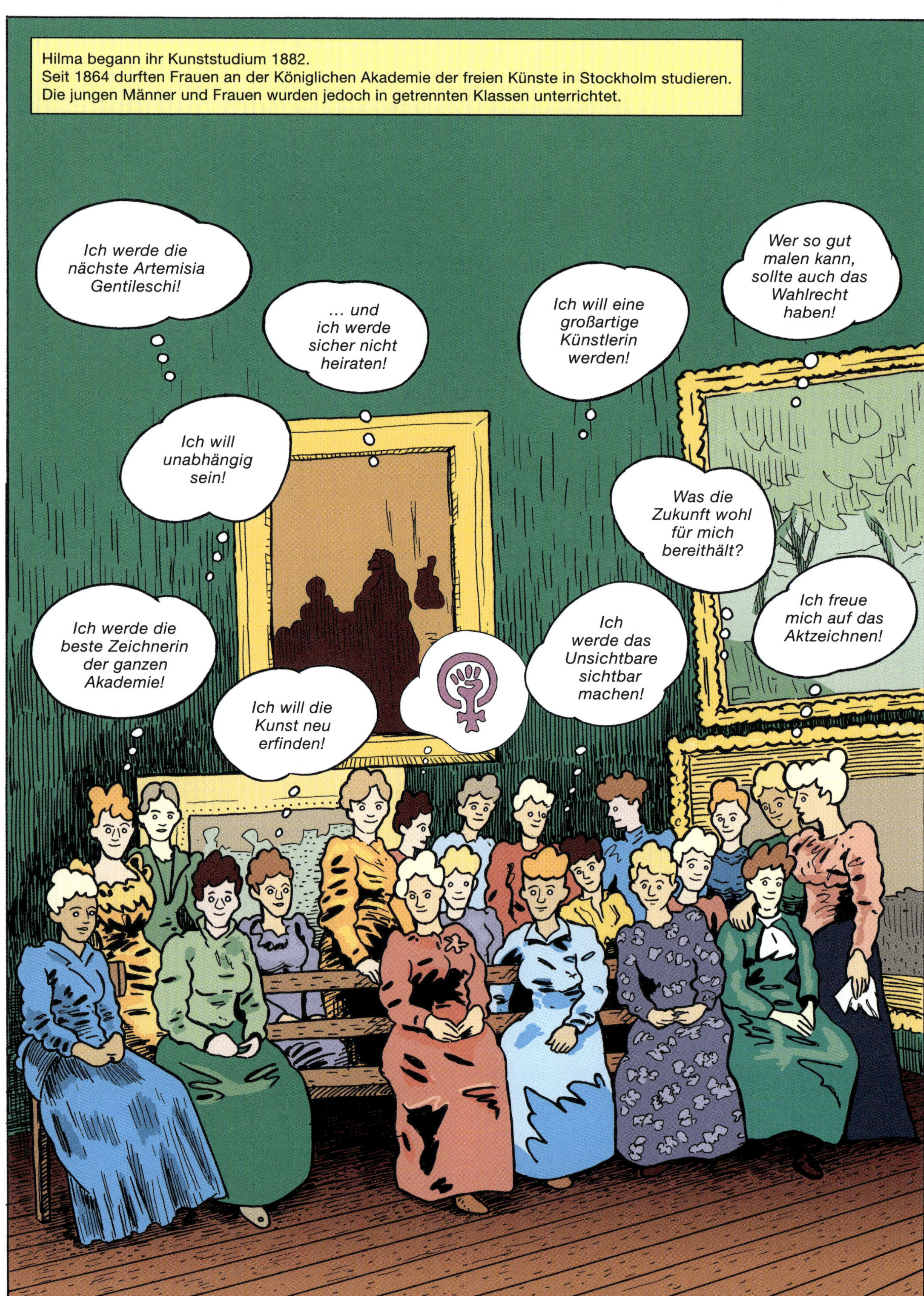
Hilma begann ihr Kunststudium 1882.
Seit 1864 durften Frauen an der Königlichen Akademie der freien Künste in Stockholm studieren.
Die jungen Männer und Frauen wurden jedoch in getrennten Klassen unterrichtet.
Ich werde die nächste Artemisia Gentileschi!
... und ich werde sicher nicht heiraten!
Ich will eine großartige Künstlerin werden!
Wer so gut malen kann, sollte auch das Wahlrecht haben!
Ich will unabhängig sein!
Was die Zukunft wohl für mich bereithält?
Ich werde die beste Zeichnerin der ganzen Akademie!
Ich will die Kunst neu erfinden!
Ich werde das Unsichtbare sichtbar machen!
Ich freue mich auf das Aktzeichnen!

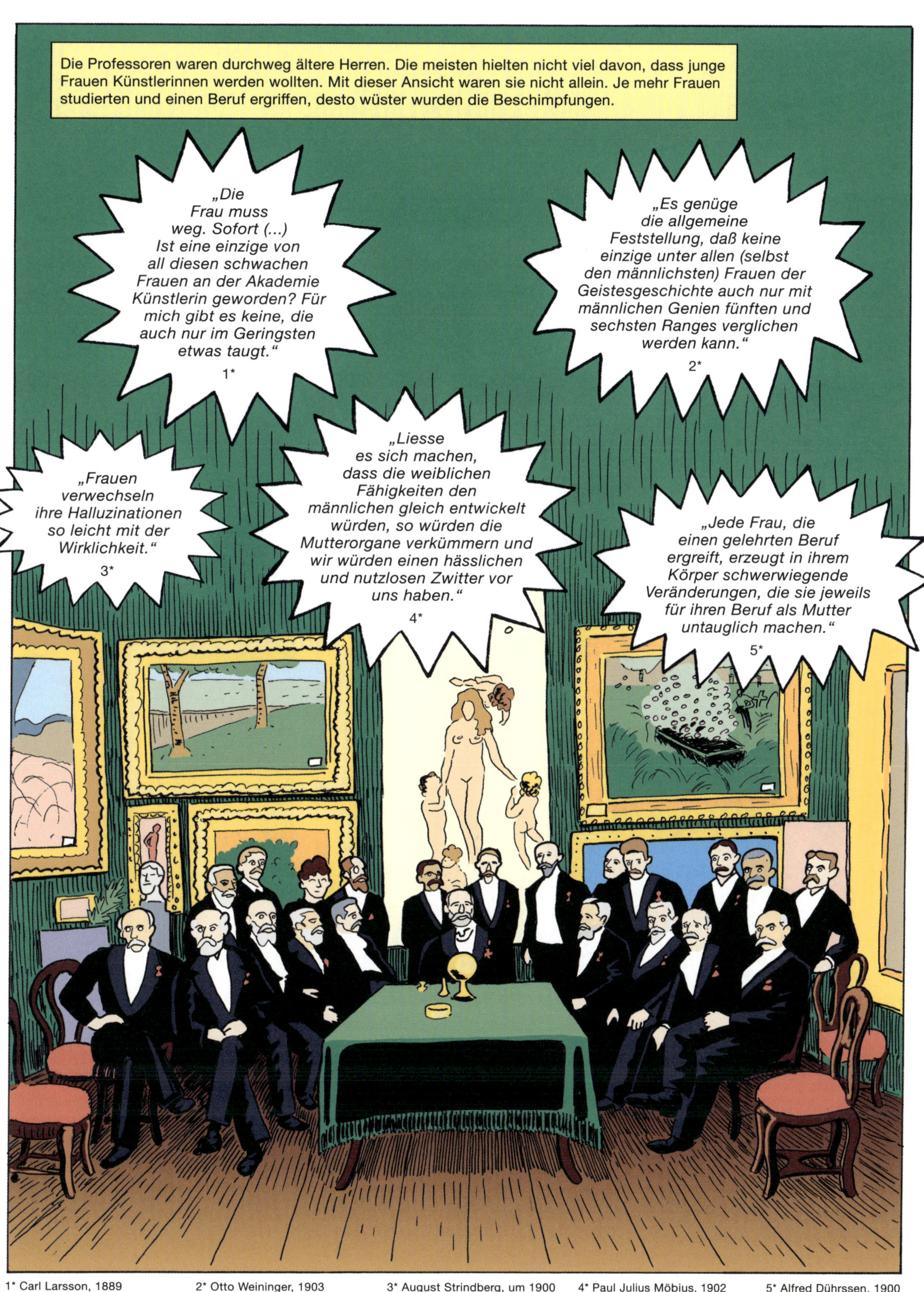

1* Carl Larsson, 1889 2* Otto Weininger, 1903 3* August Strindberg, um 1900 4* Paul Julius Möbius, 1902 5* Alfred Dührssen, 1900

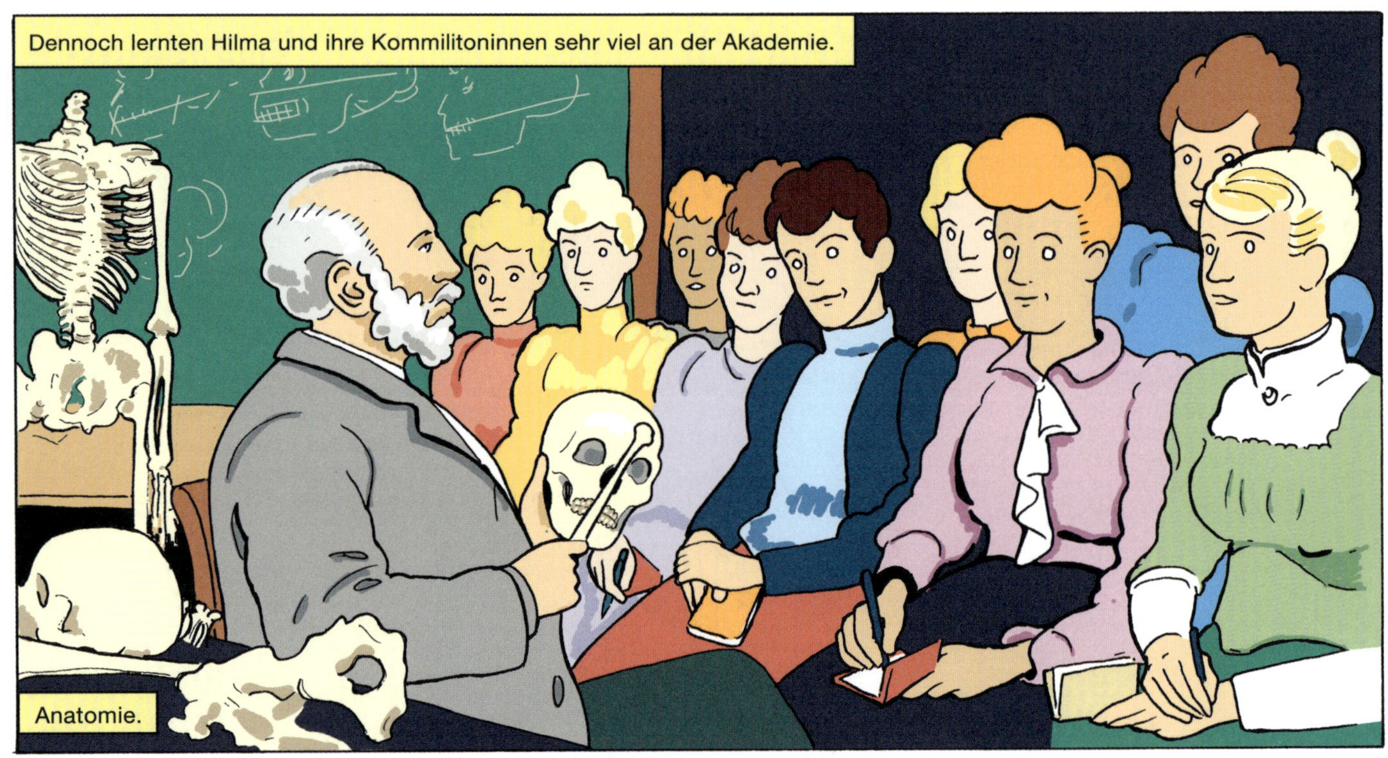

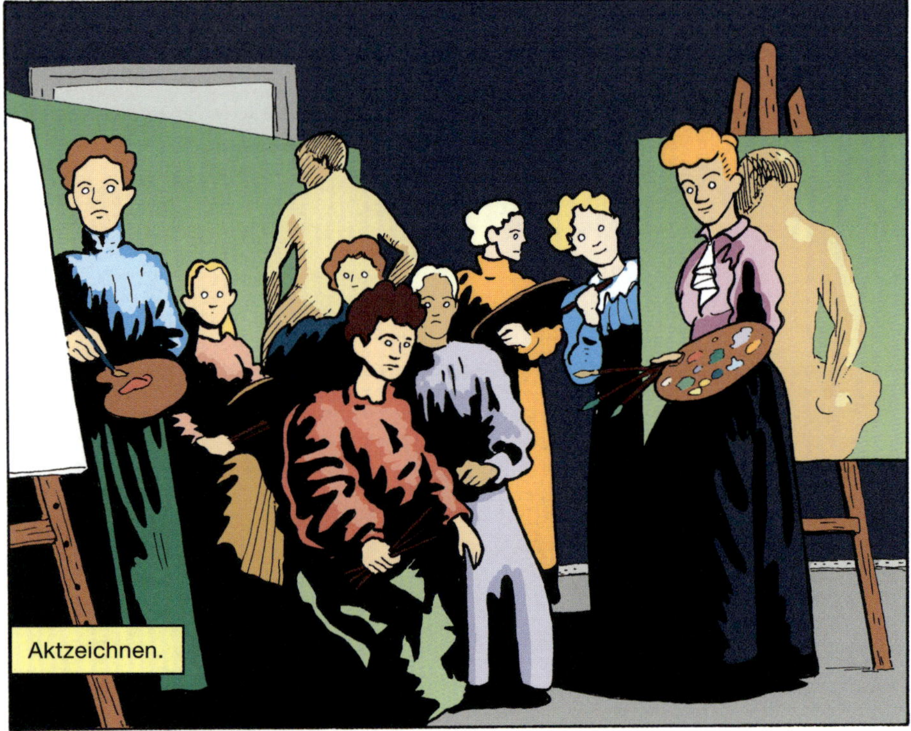

Bekleidete Frauen malten nackte Männer.

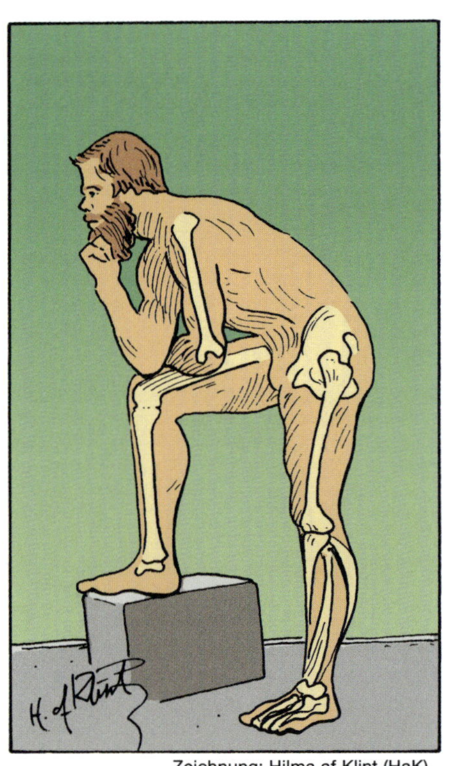

Zeichnung: Hilma af Klint (HaK)

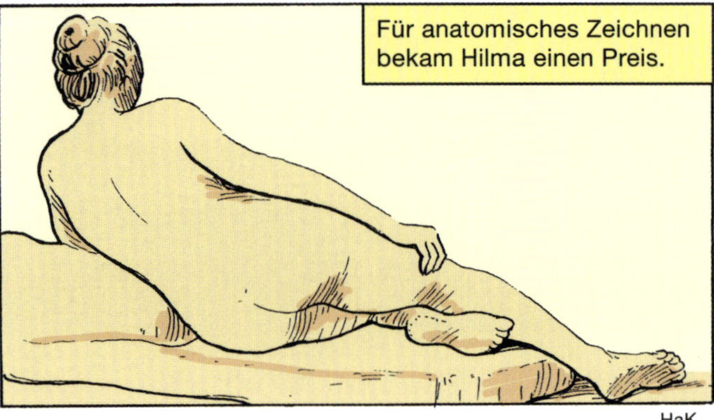

HaK

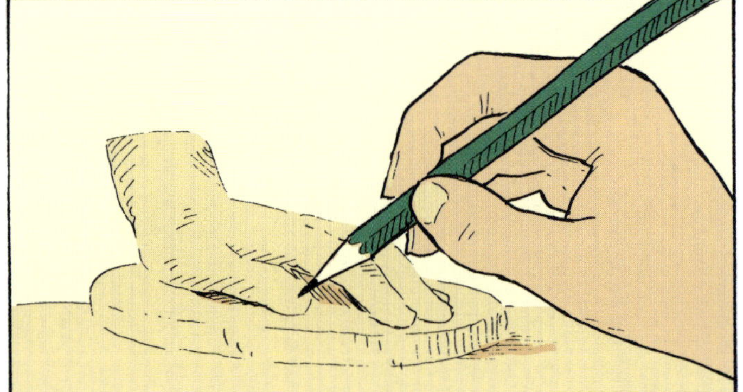

HaK

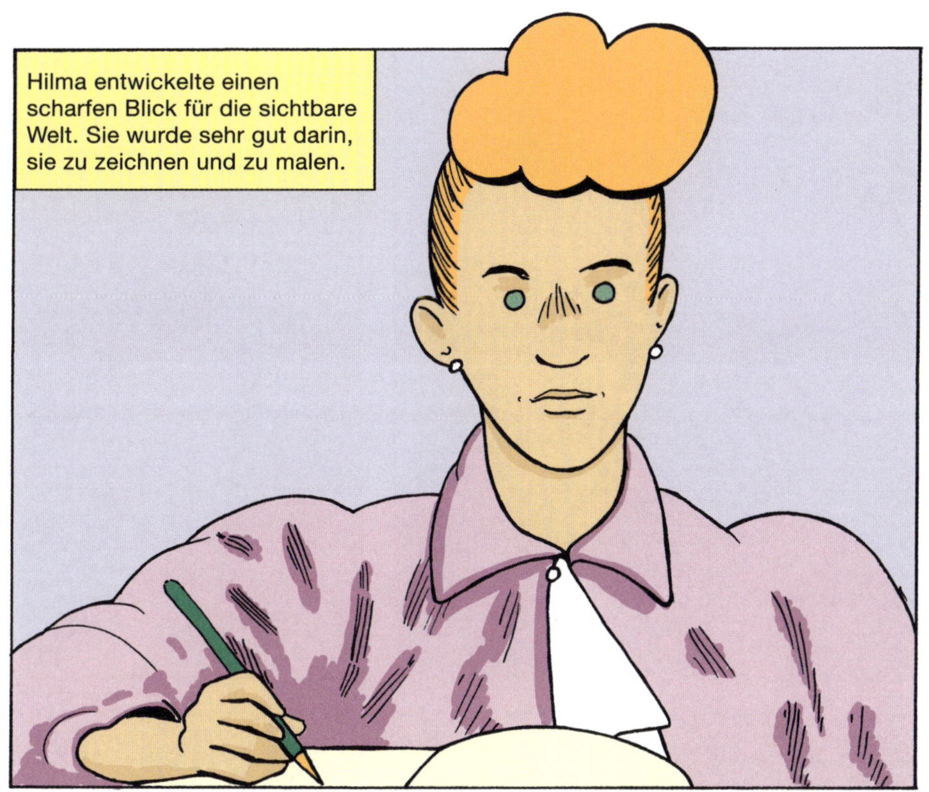

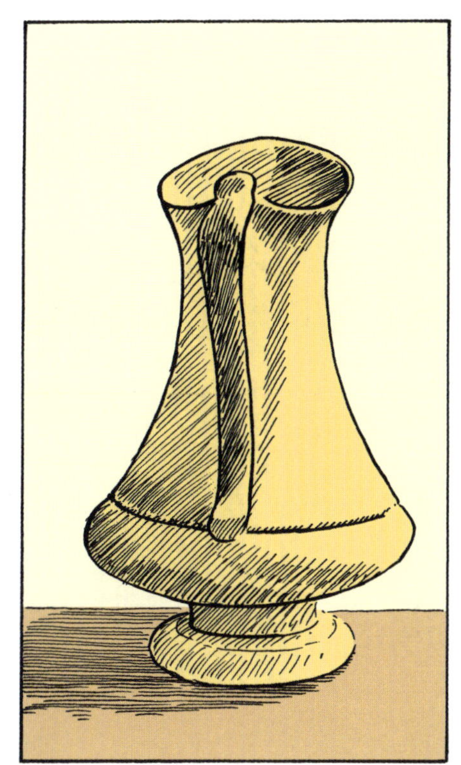

HaK

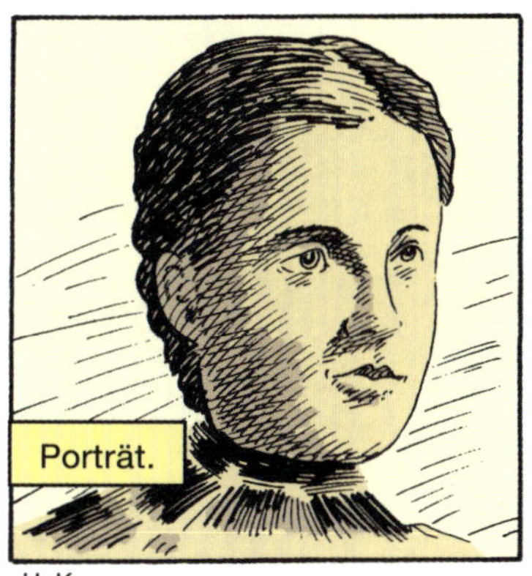

HaK

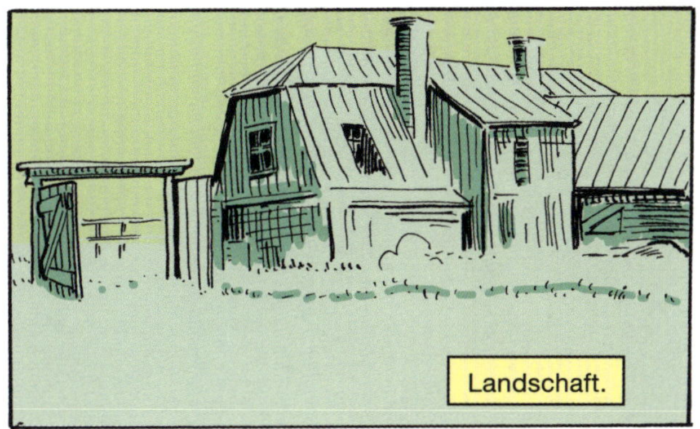

HaK

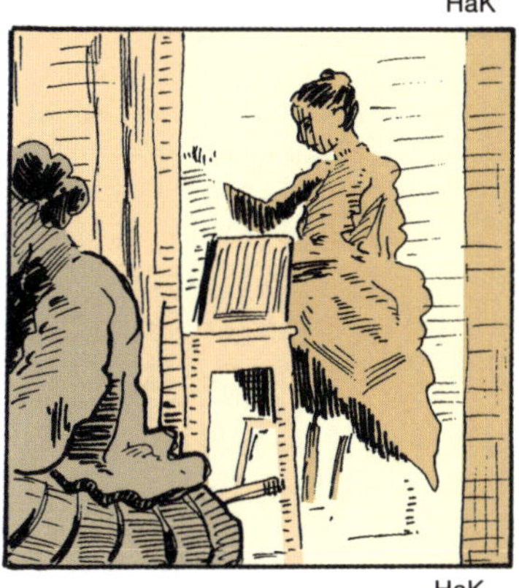

HaK

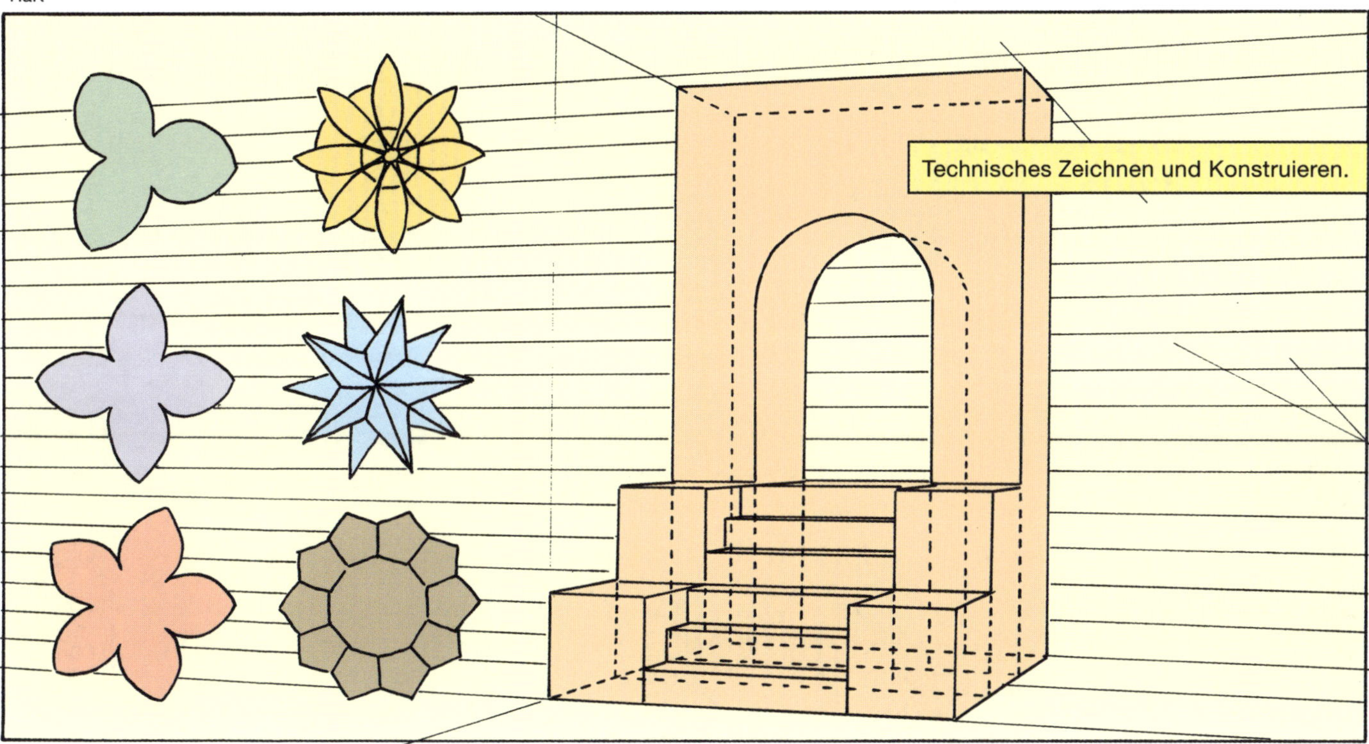

HaK

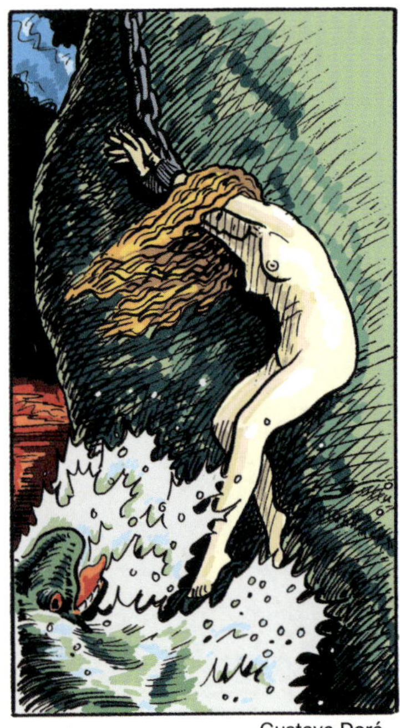

Gustave Doré

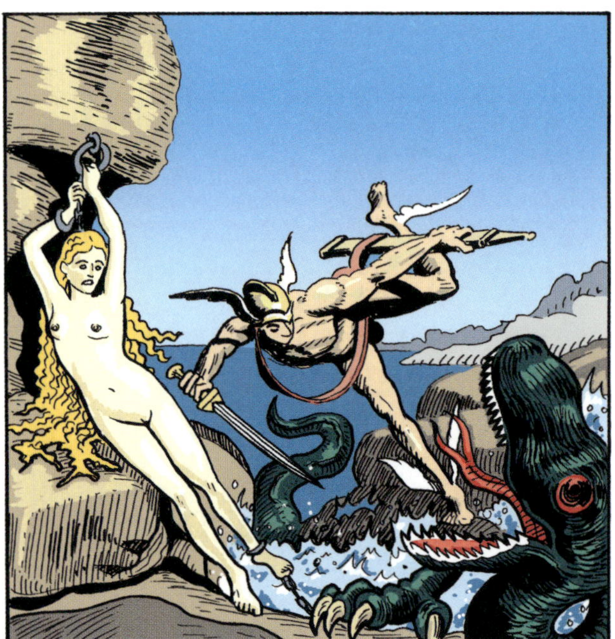

Émile Bin

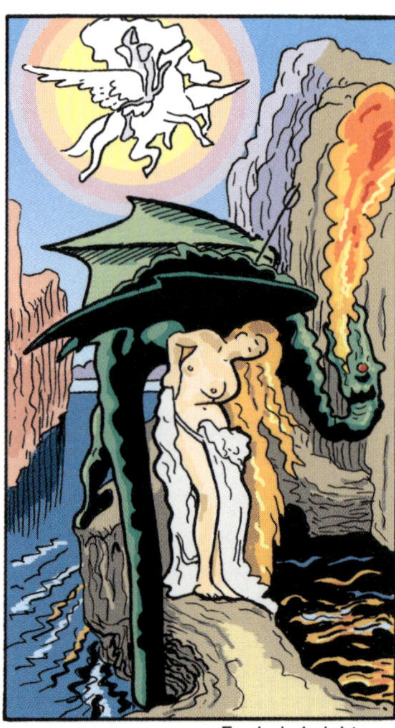

Frederic Leighton

HaK

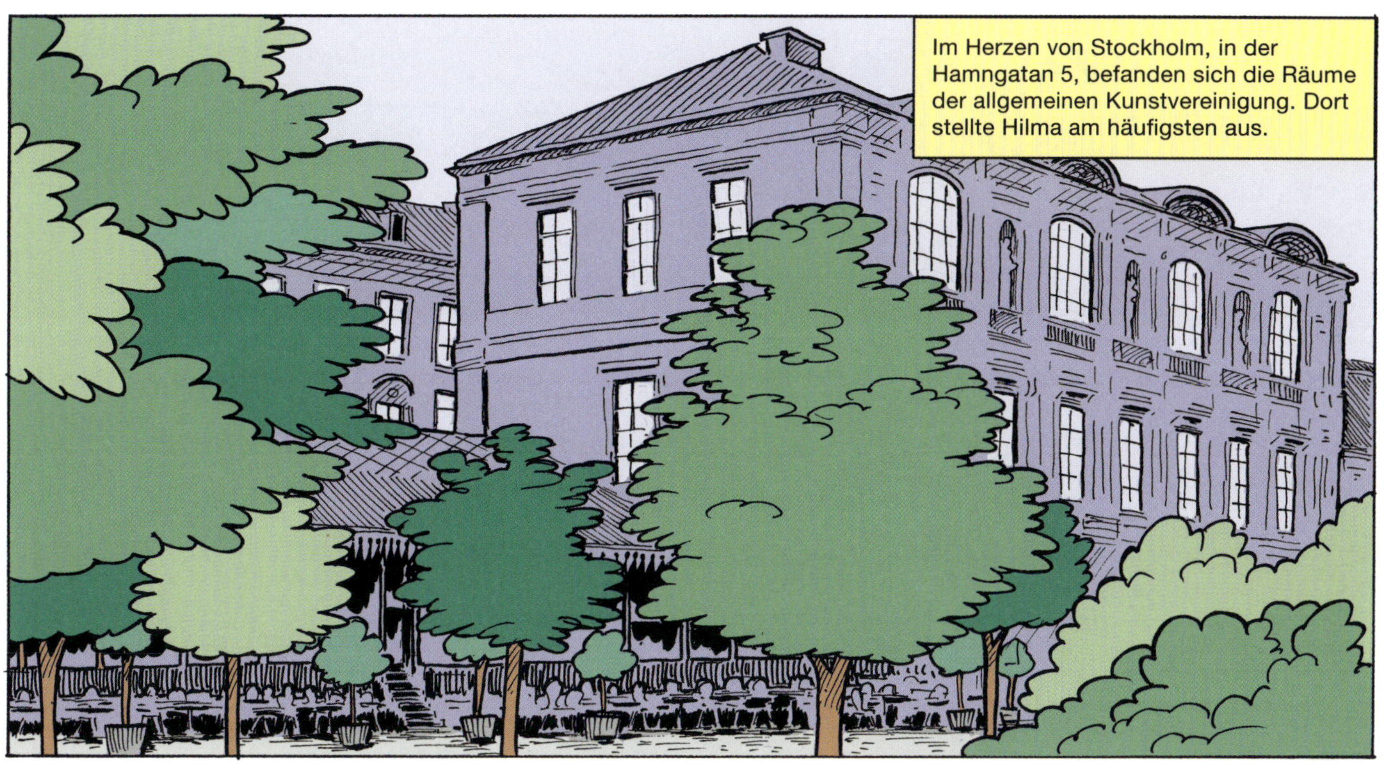
Im Herzen von Stockholm, in der Hamngatan 5, befanden sich die Räume der allgemeinen Kunstvereinigung. Dort stellte Hilma am häufigsten aus.

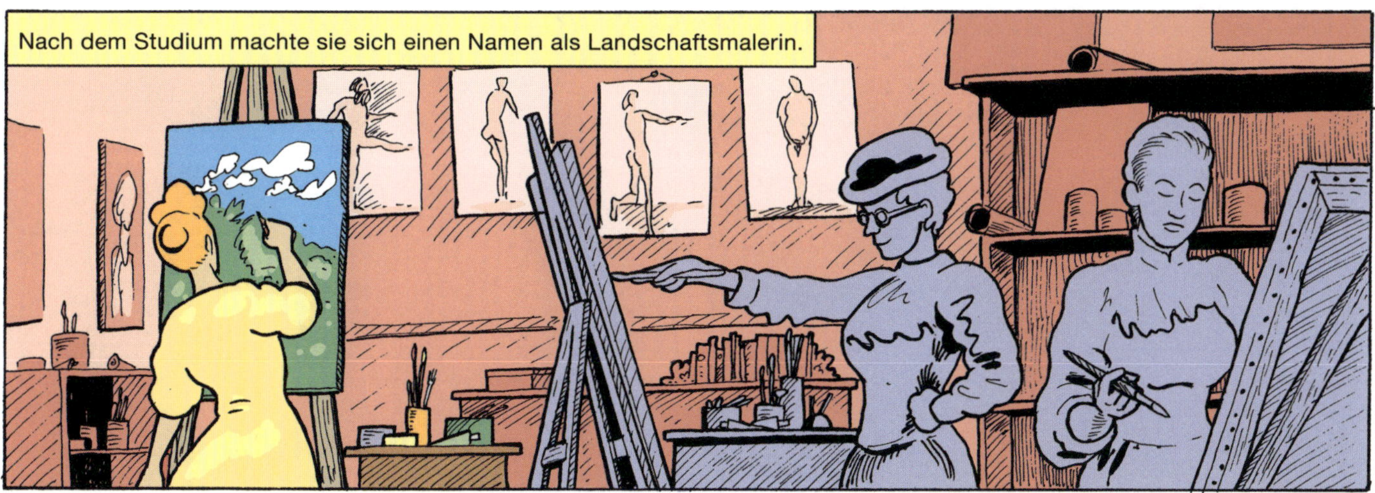
Nach dem Studium machte sie sich einen Namen als Landschaftsmalerin.

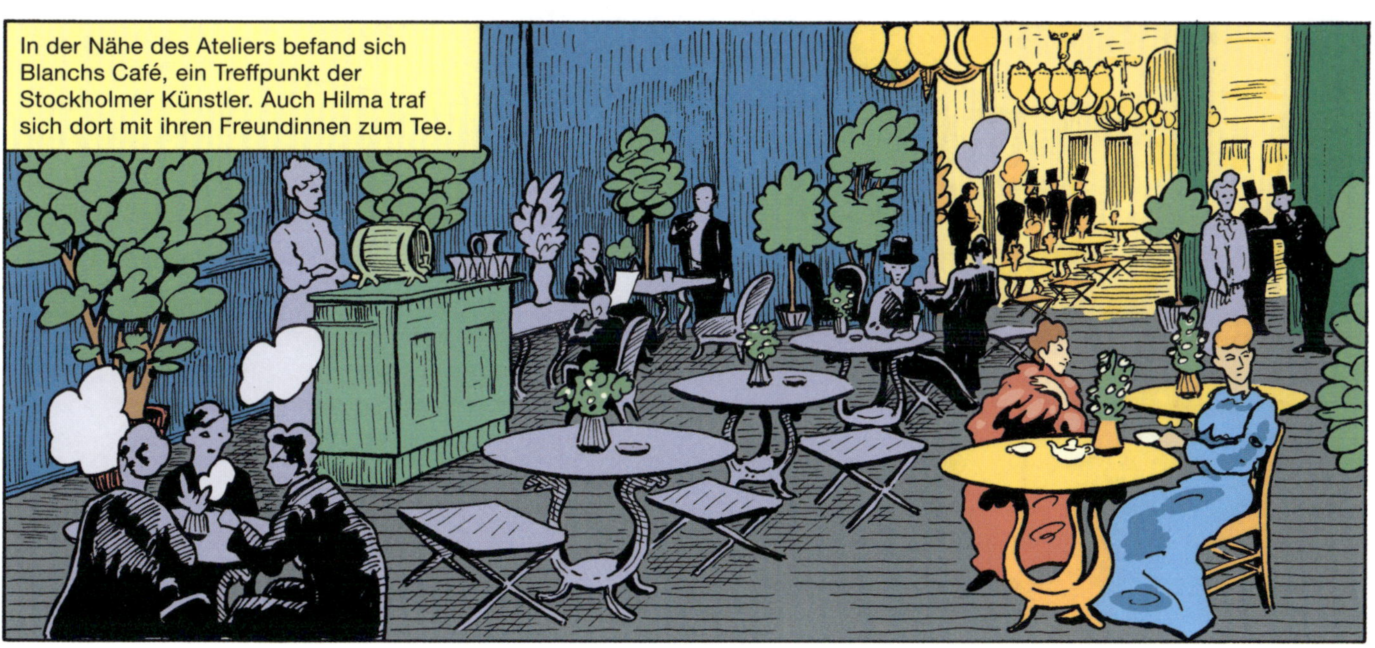
In der Nähe des Ateliers befand sich Blanchs Café, ein Treffpunkt der Stockholmer Künstler. Auch Hilma traf sich dort mit ihren Freundinnen zum Tee.

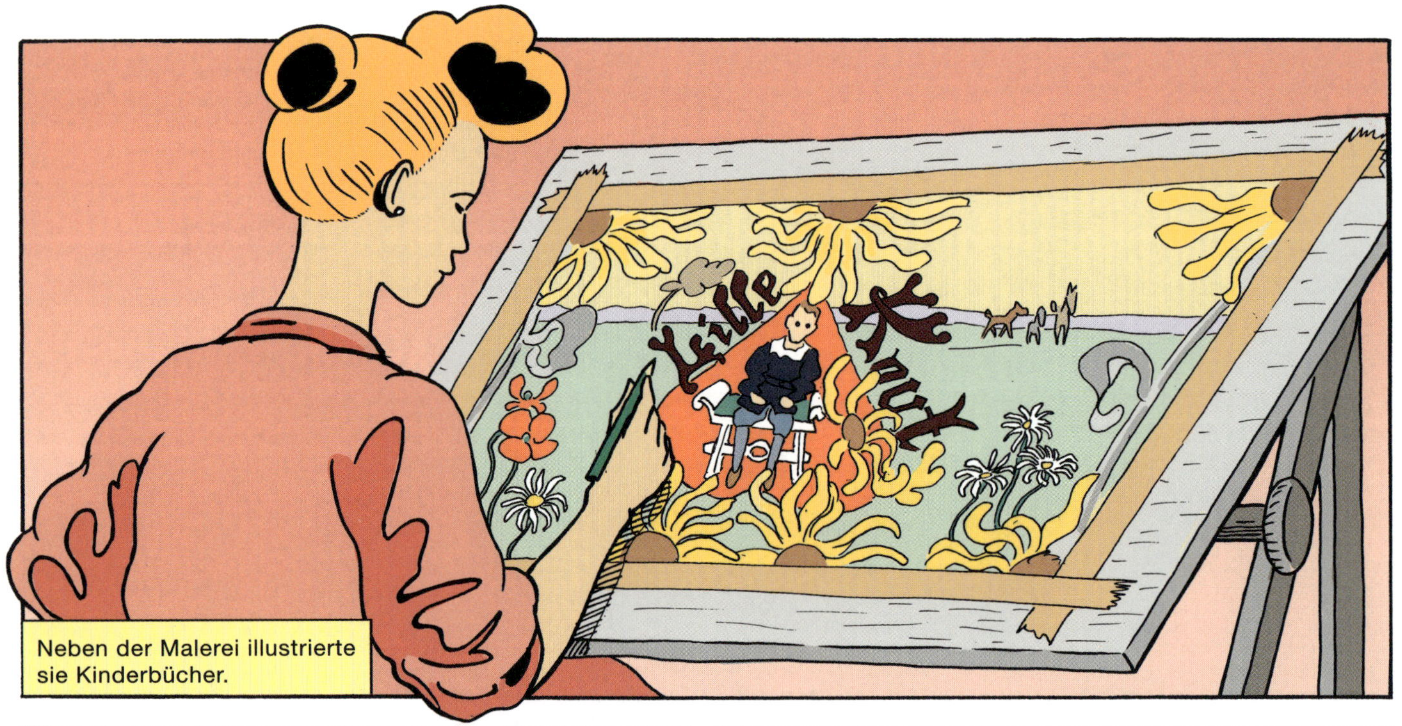
Lille Knut
Neben der Malerei illustrierte sie Kinderbücher.

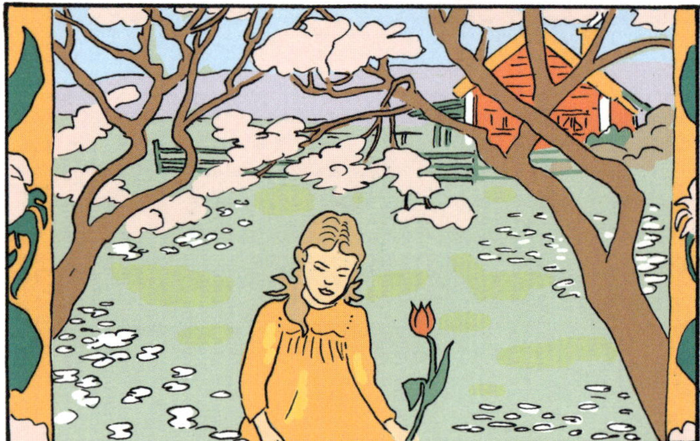

HaK

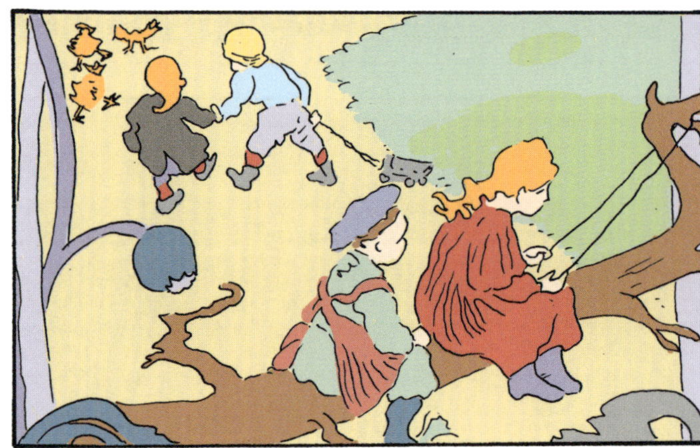

HaK

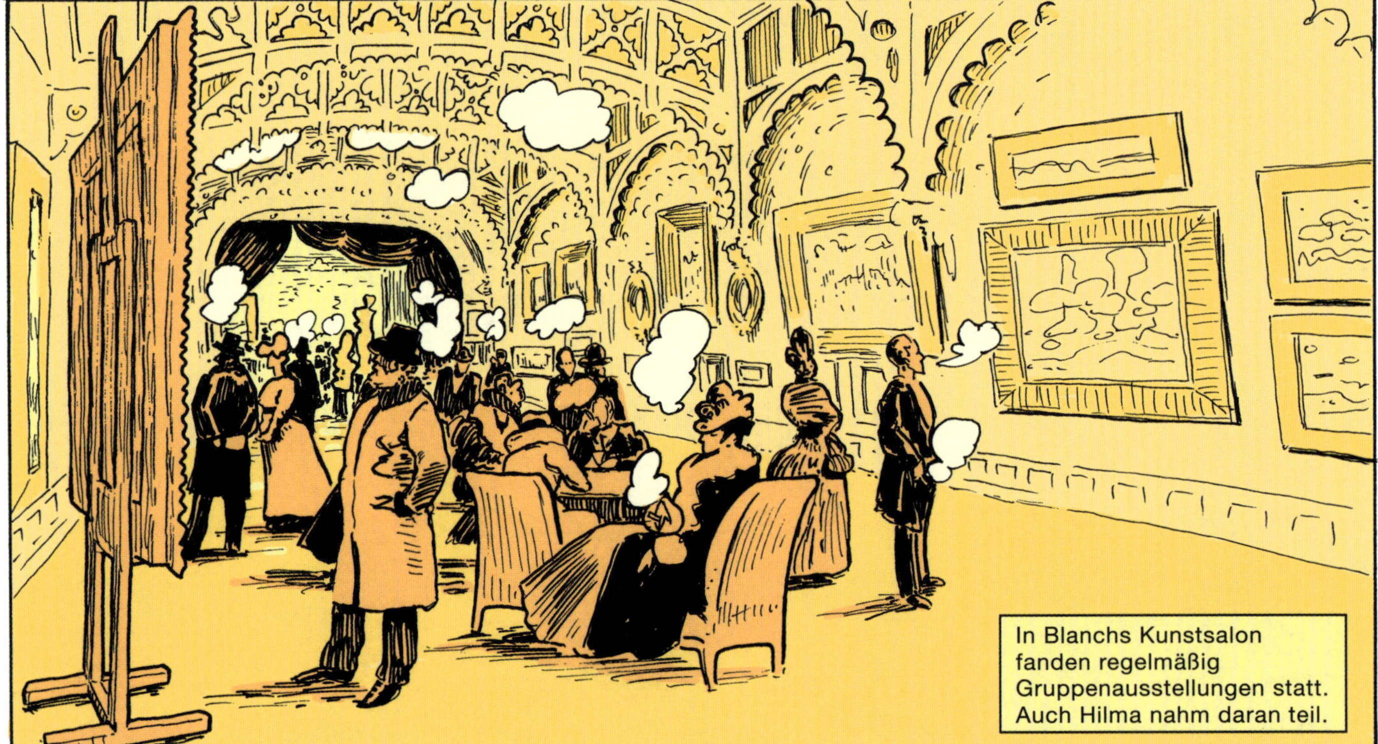
In Blanchs Kunstsalon fanden regelmäßig Gruppenausstellungen statt. Auch Hilma nahm daran teil.

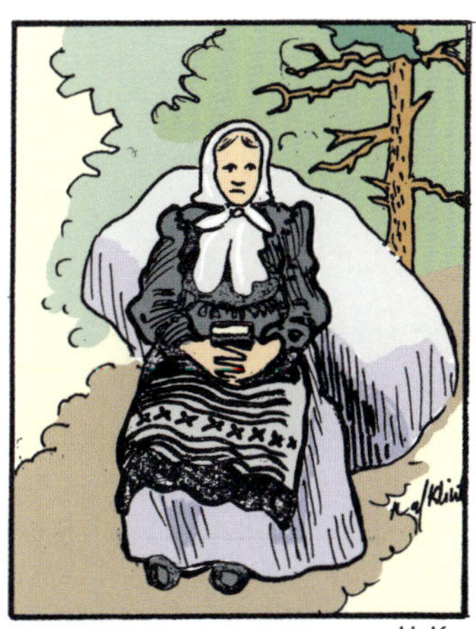
HaK

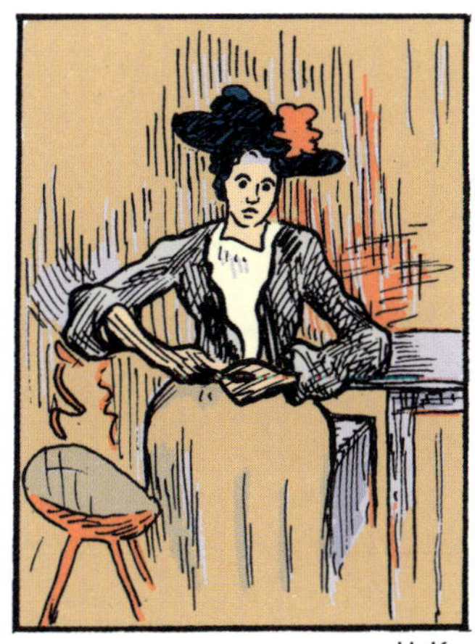
HaK

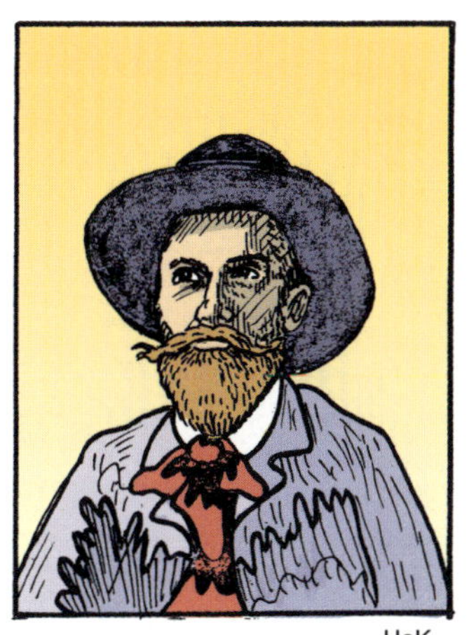
HaK

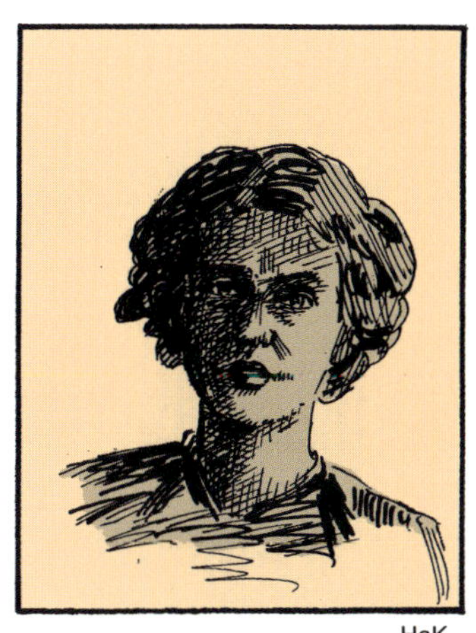
HaK

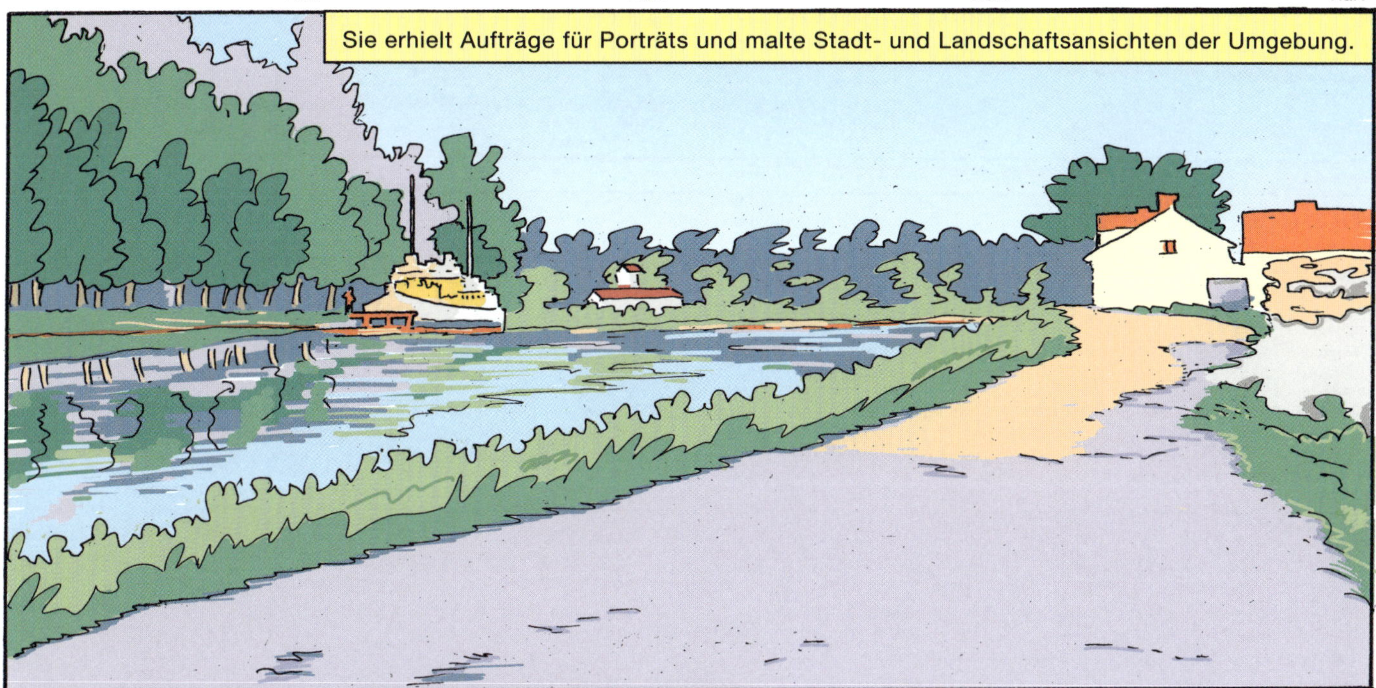

HaK

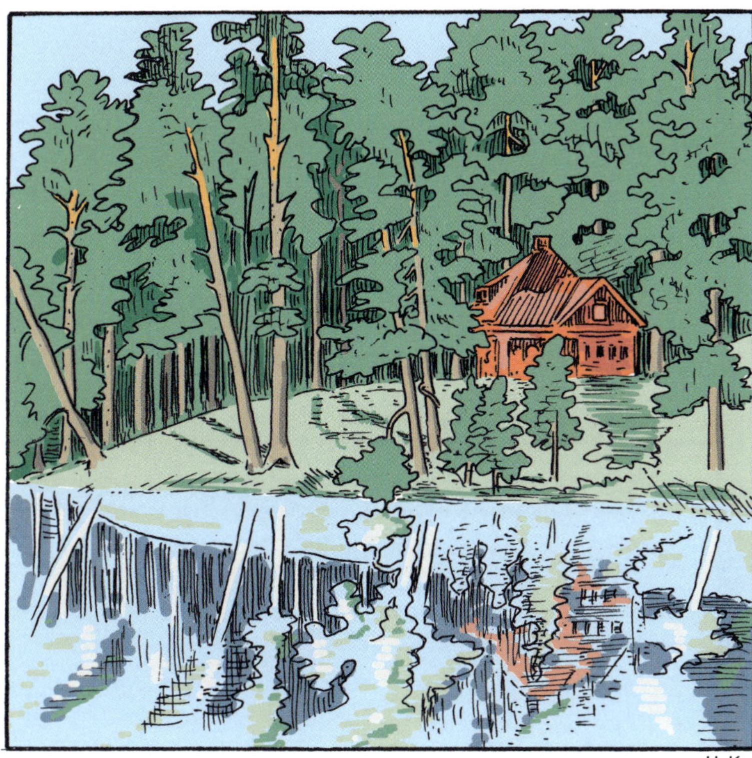
HaK

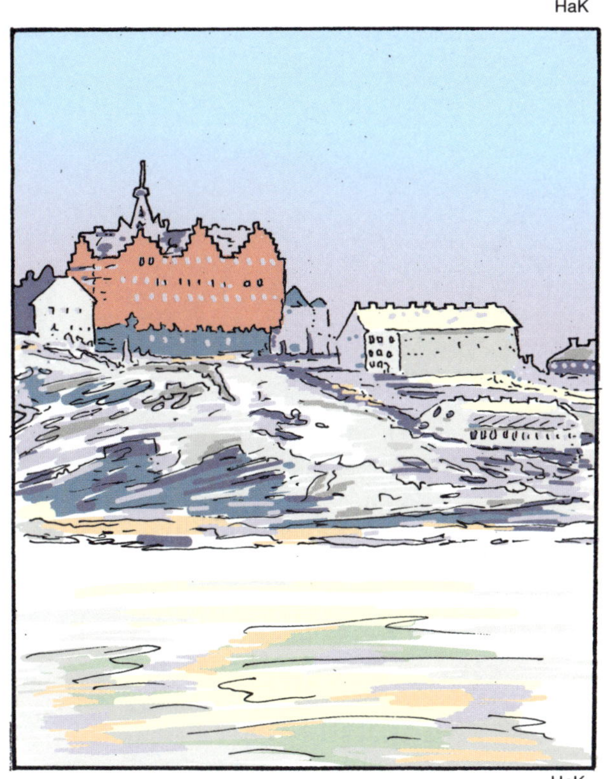
HaK

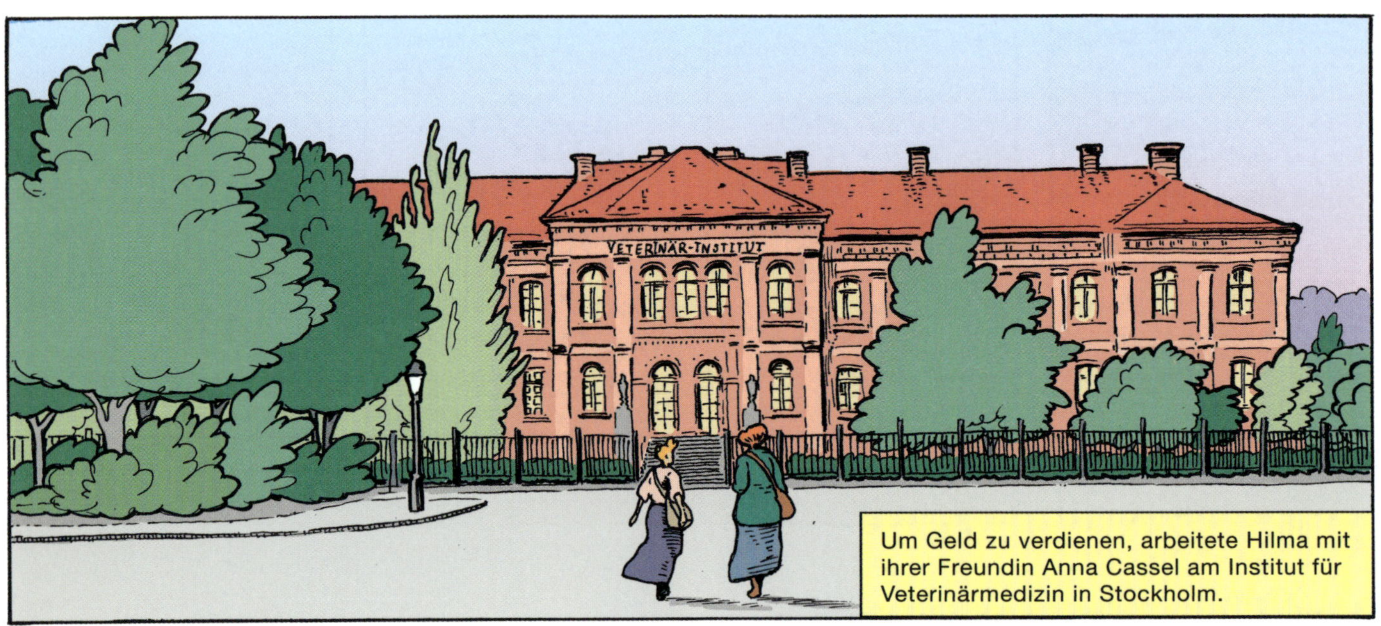

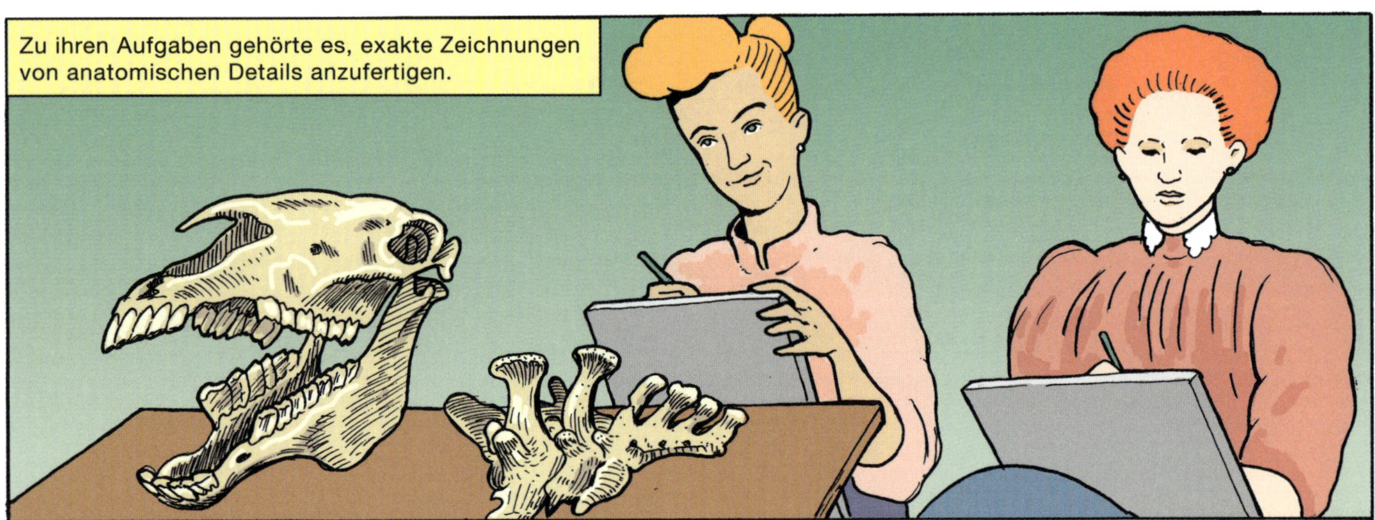

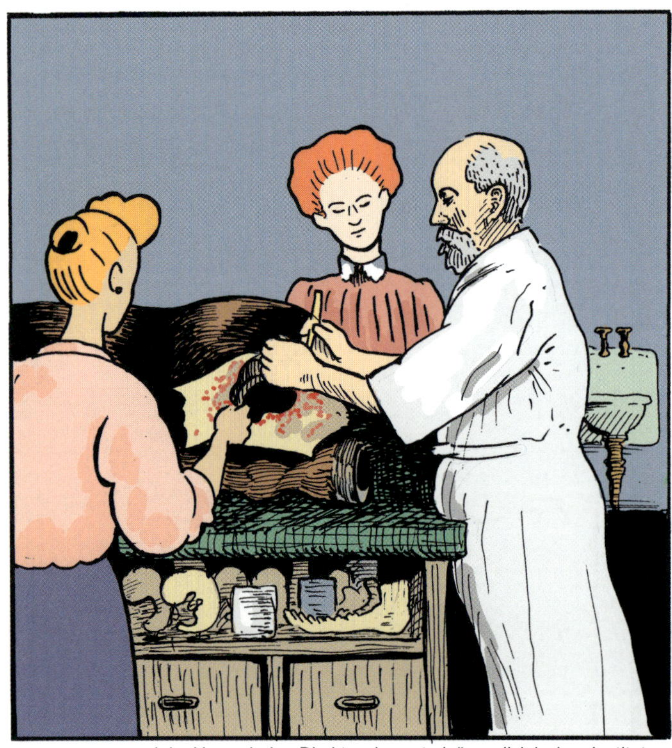

John Vennerholm, Direktor des veterinärmedizinischen Instituts

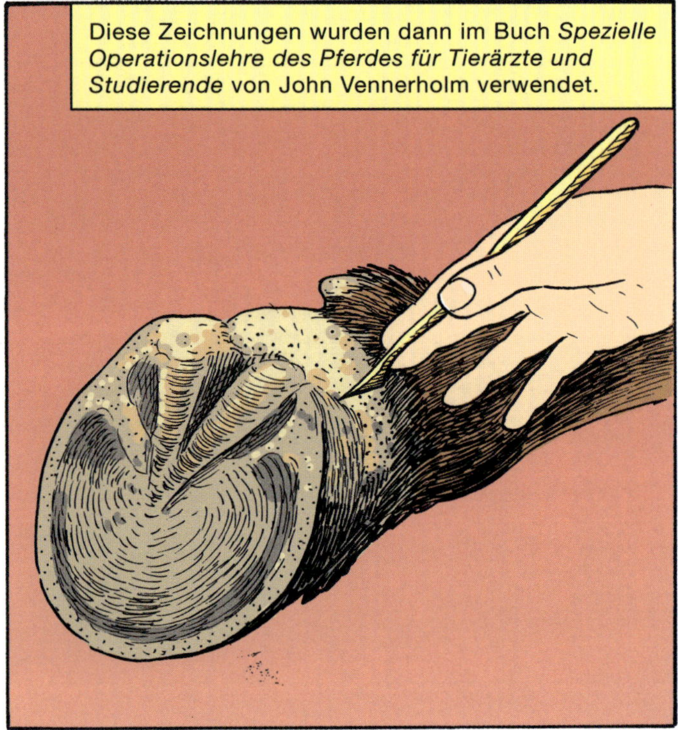

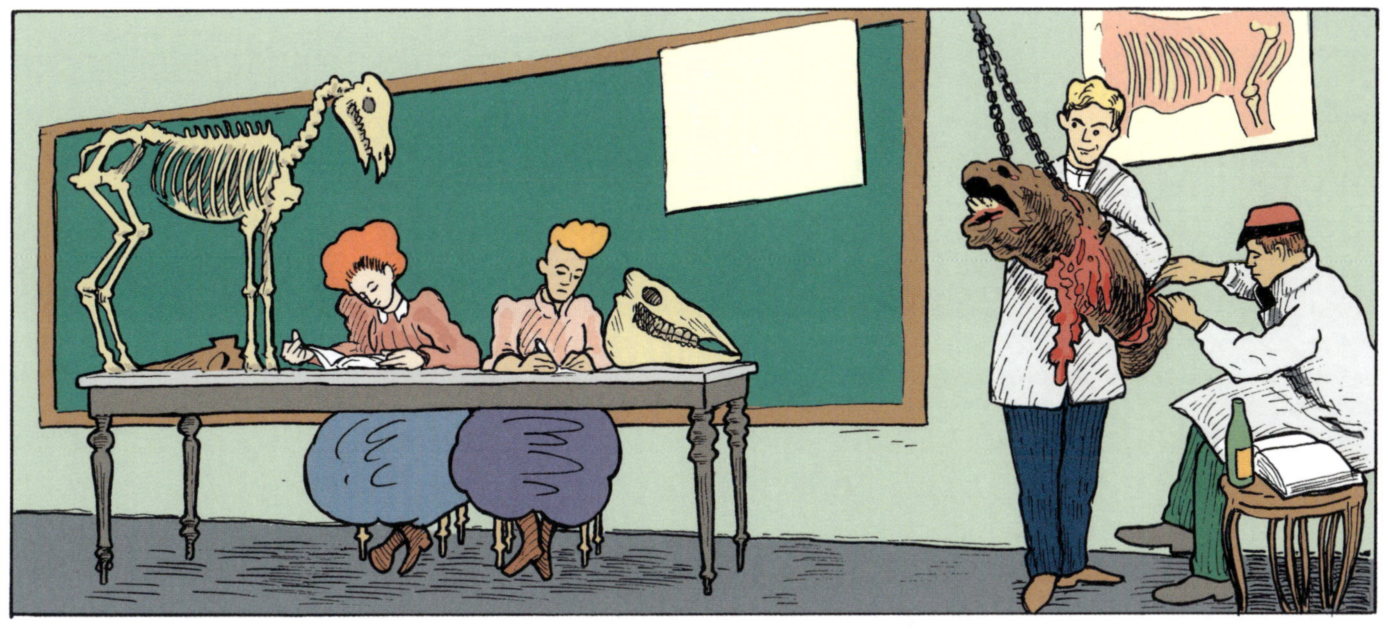

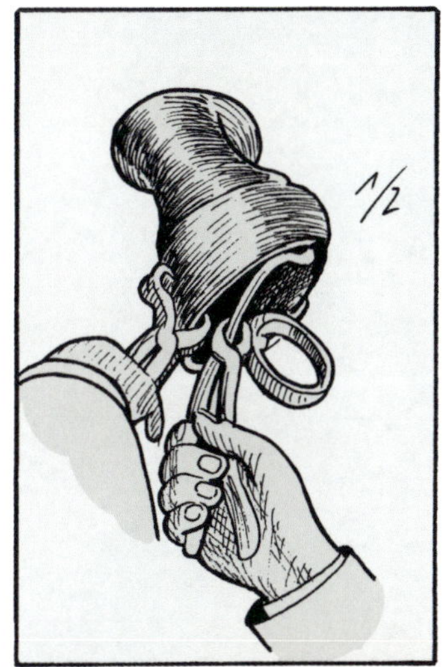

HaK

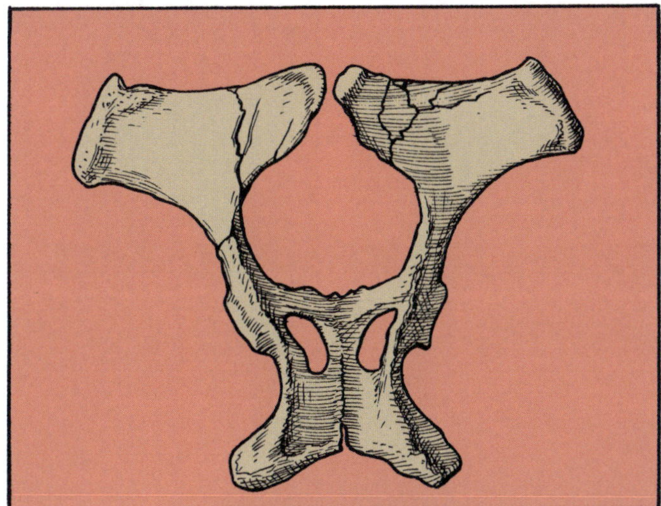

HaK

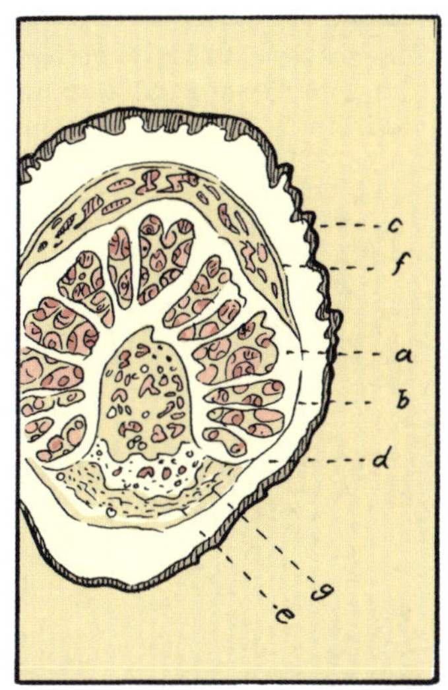

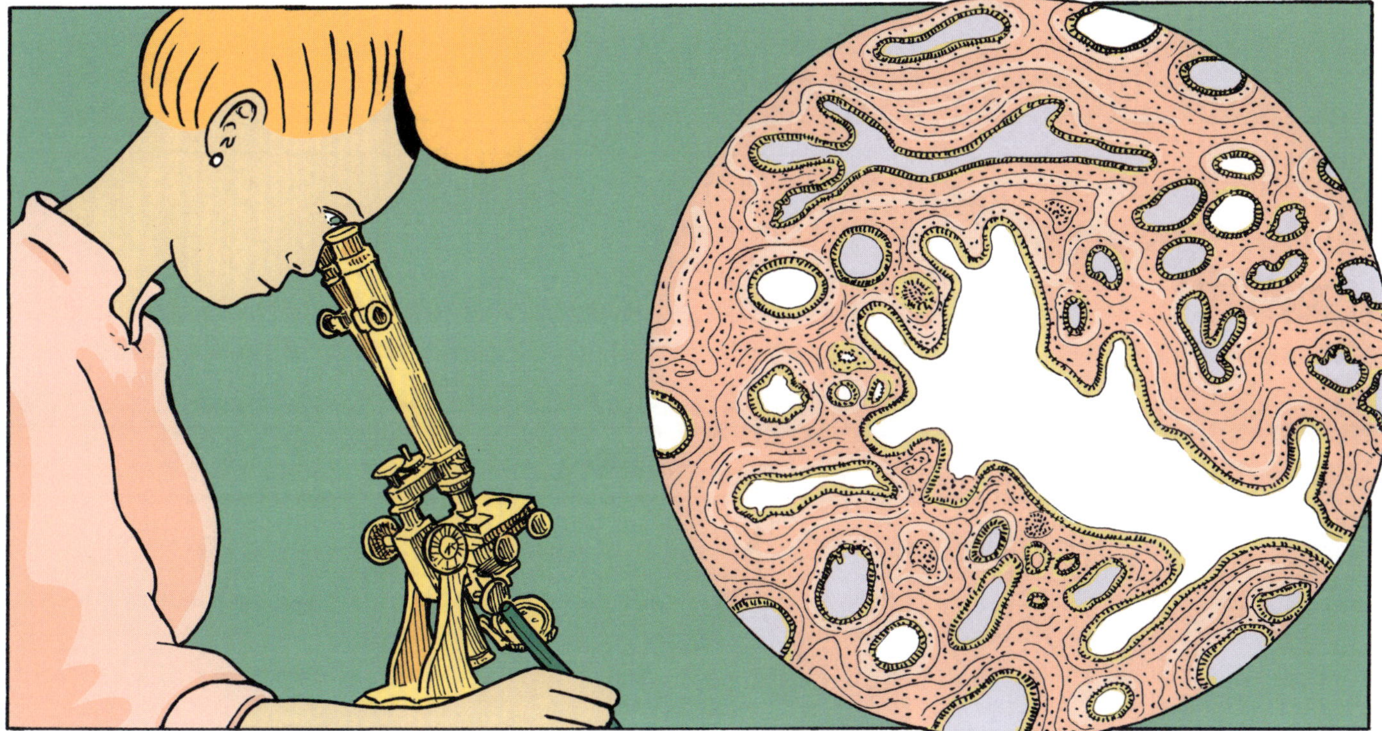

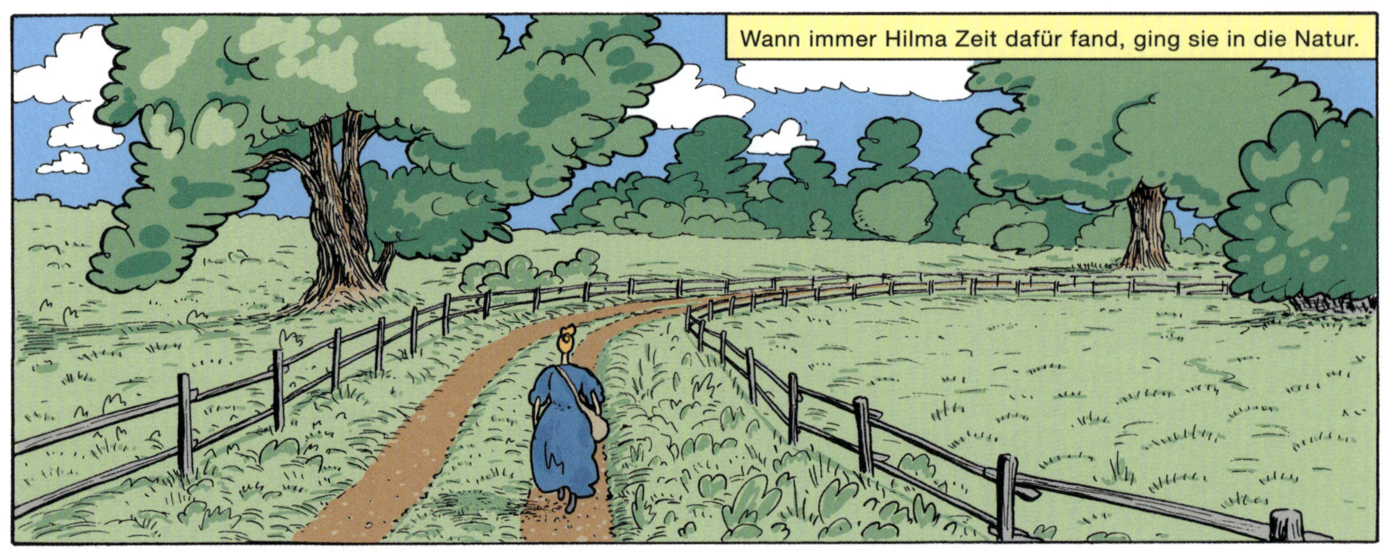
Wann immer Hilma Zeit dafür fand, ging sie in die Natur.

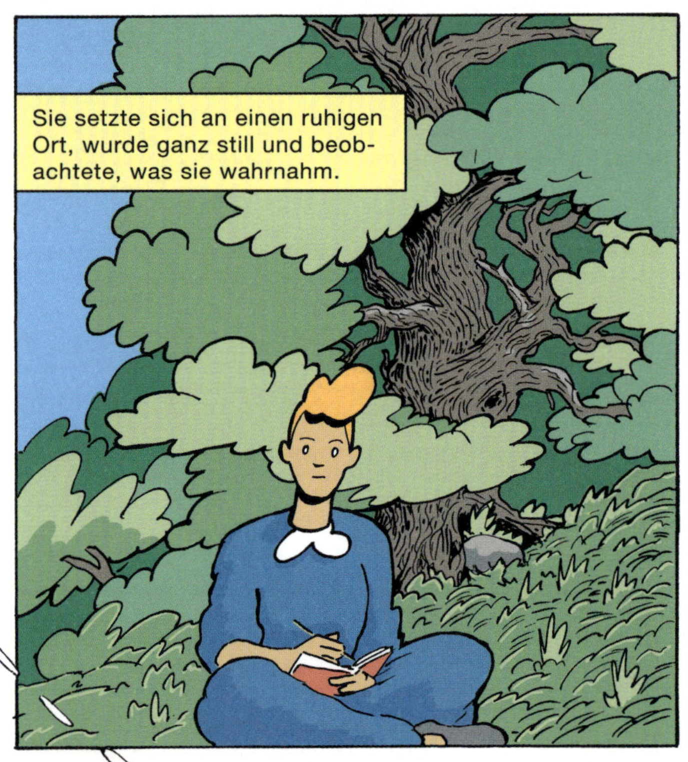
Sie setzte sich an einen ruhigen Ort, wurde ganz still und beobachtete, was sie wahrnahm.

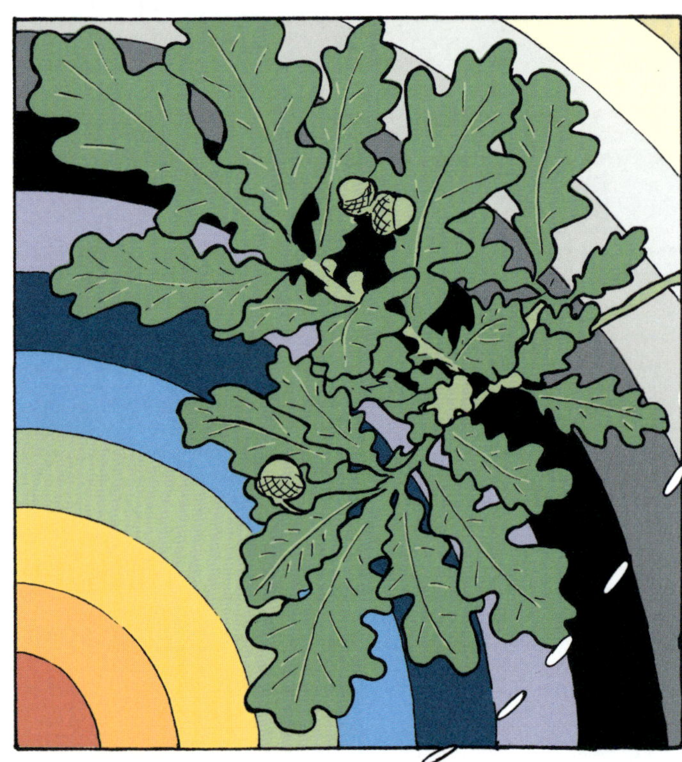

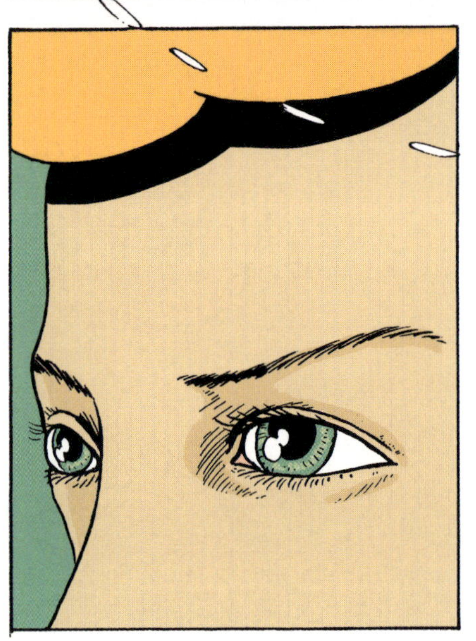

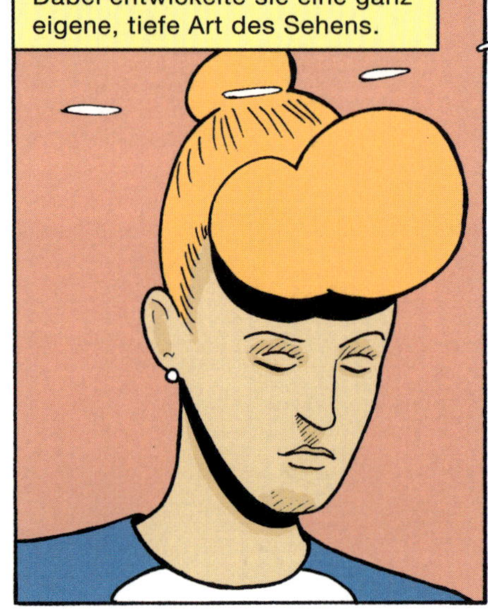
Dabei entwickelte sie eine ganz eigene, tiefe Art des Sehens.

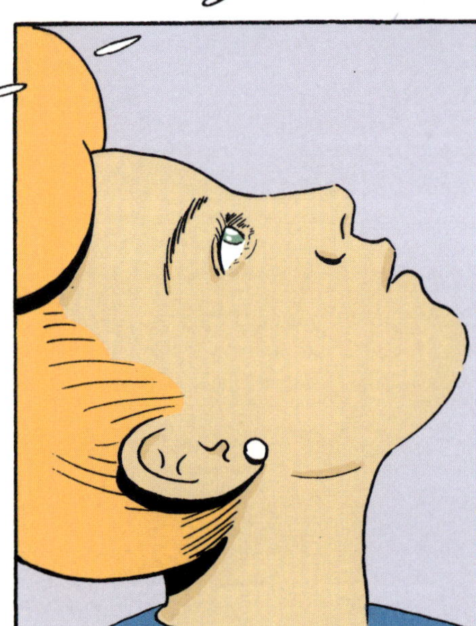

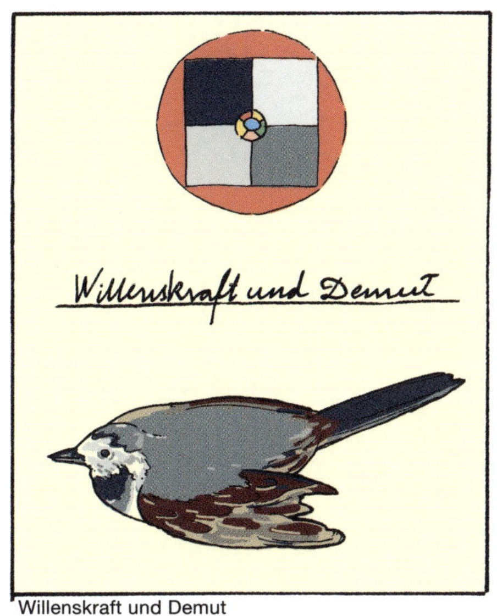

Willenskraft und Demut

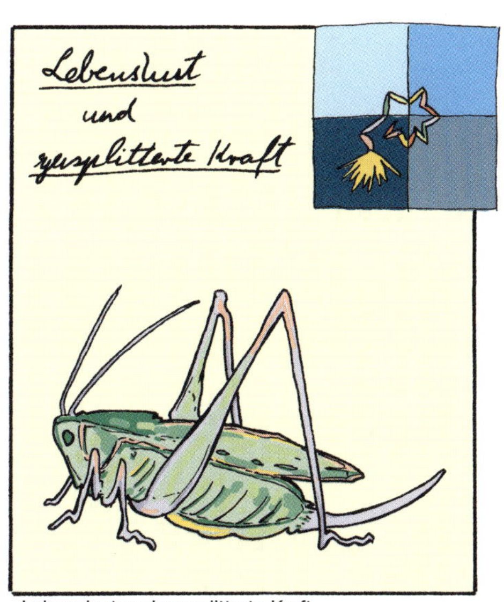

Lebenslust und zersplitterte Kraft

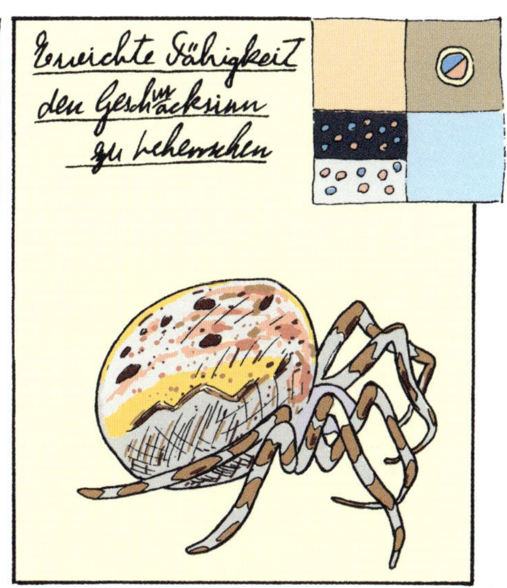

Erreichte Fähigkeit, den Geschmackssinn zu beherrschen

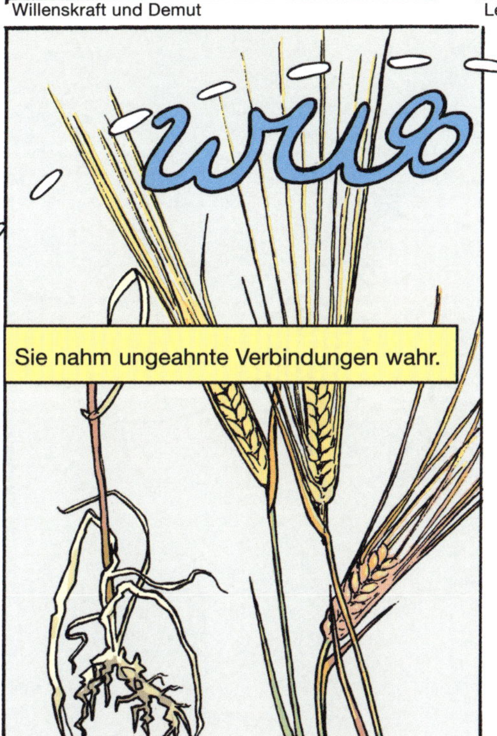

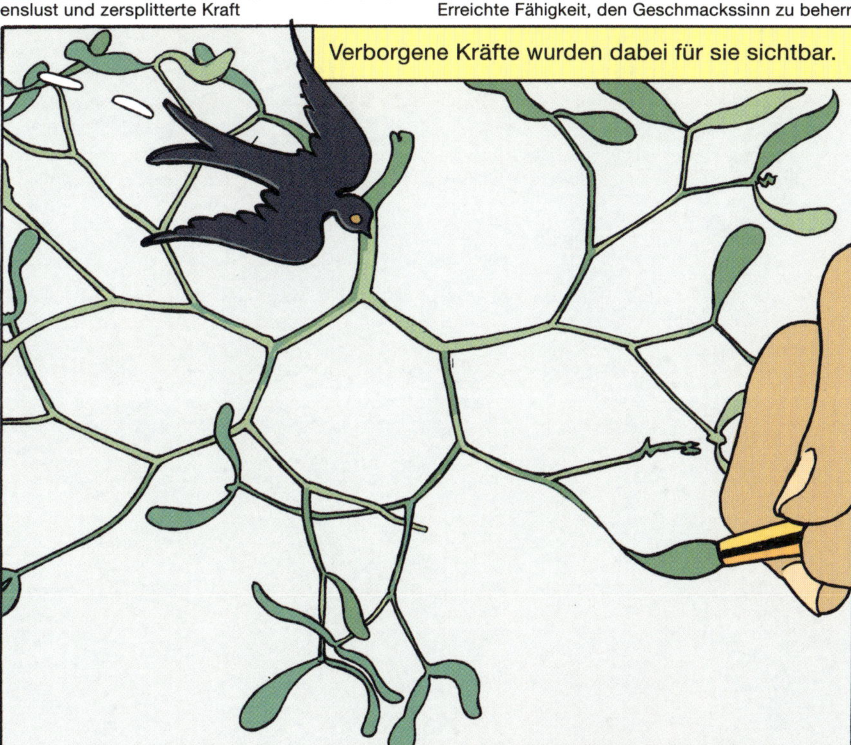

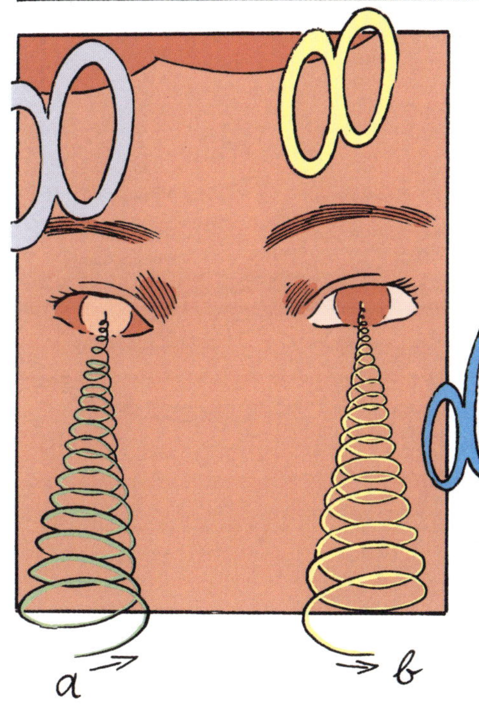

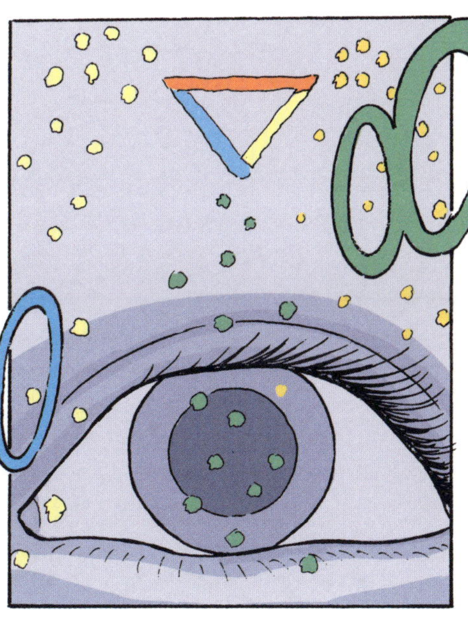

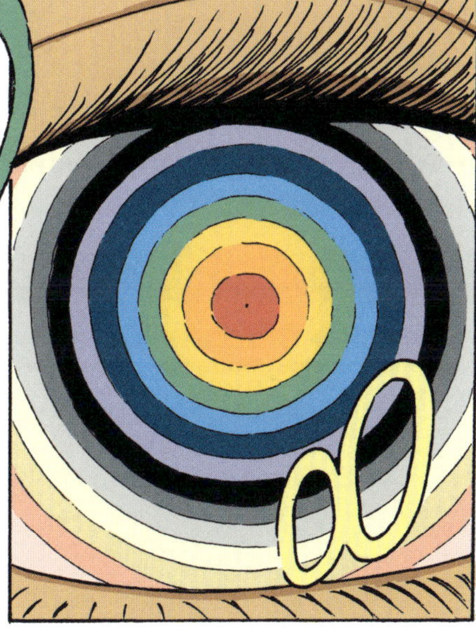

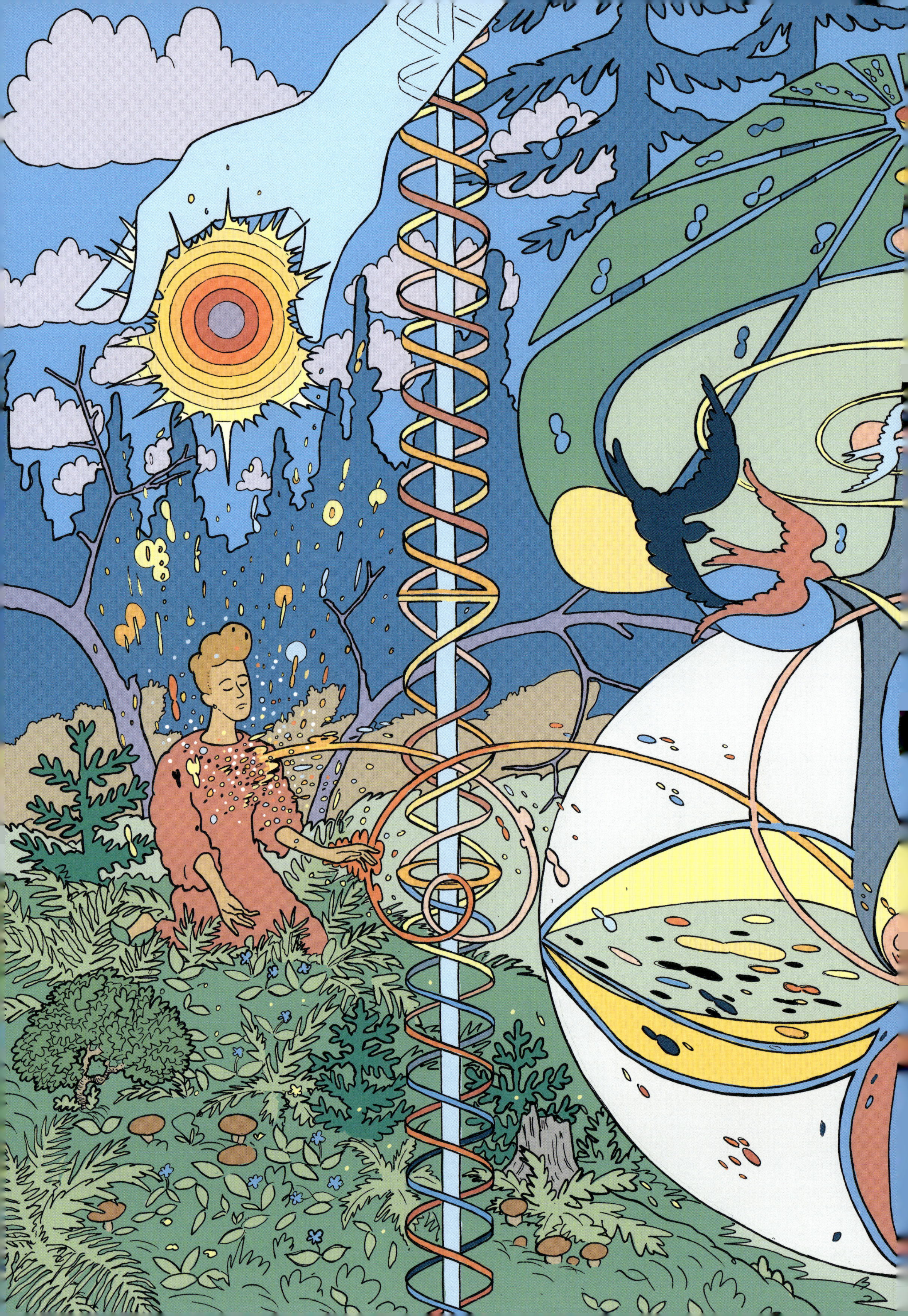

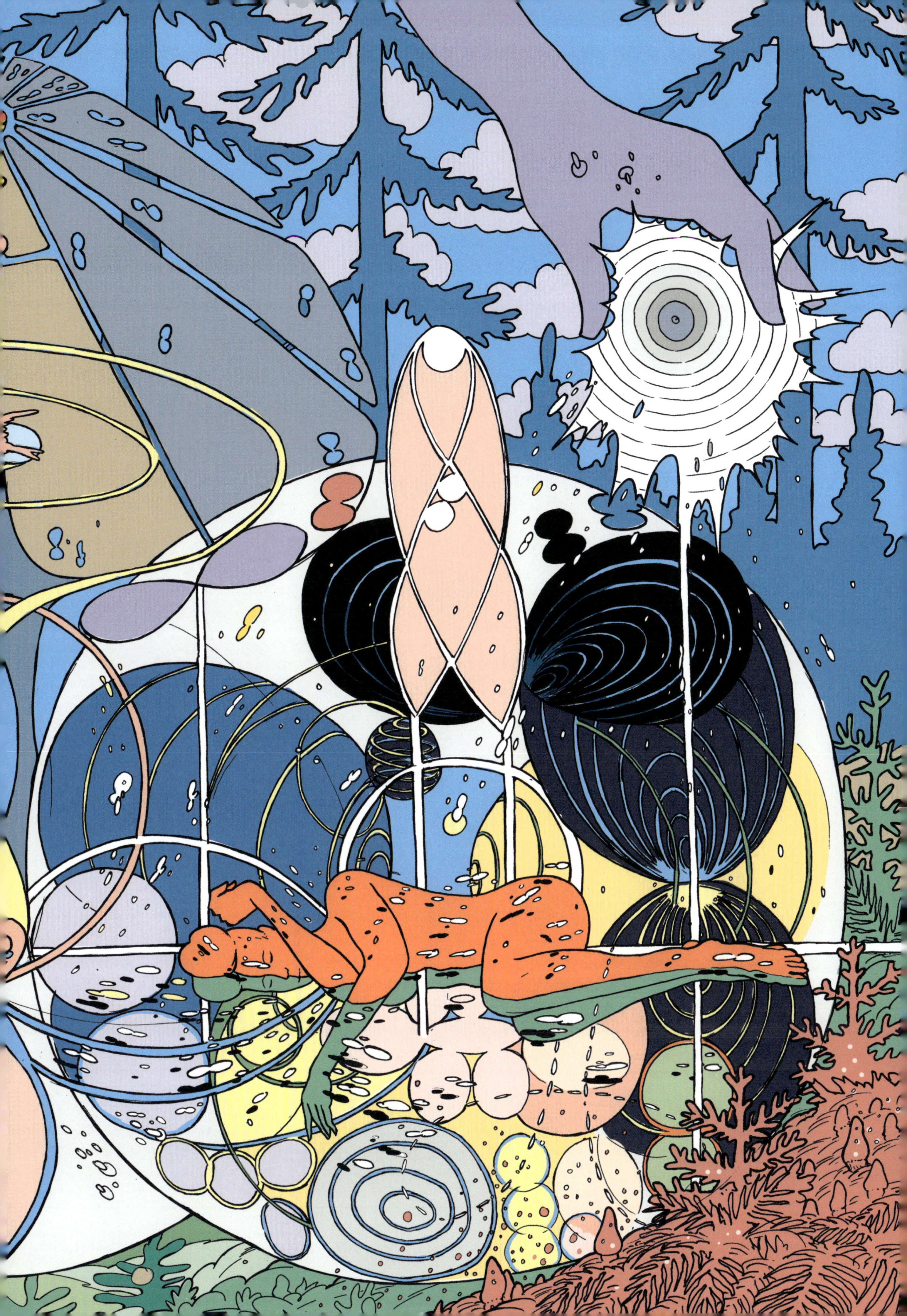

III. Der Weg zur Abstraktion

Für Hilma af Klint war die ungegenständliche Malerei der natürliche Ausdruck der Kraft, die alles miteinander verbindet. Ihre Bilder sollten Türen zu neuen Gefühlen und Gedanken öffnen.

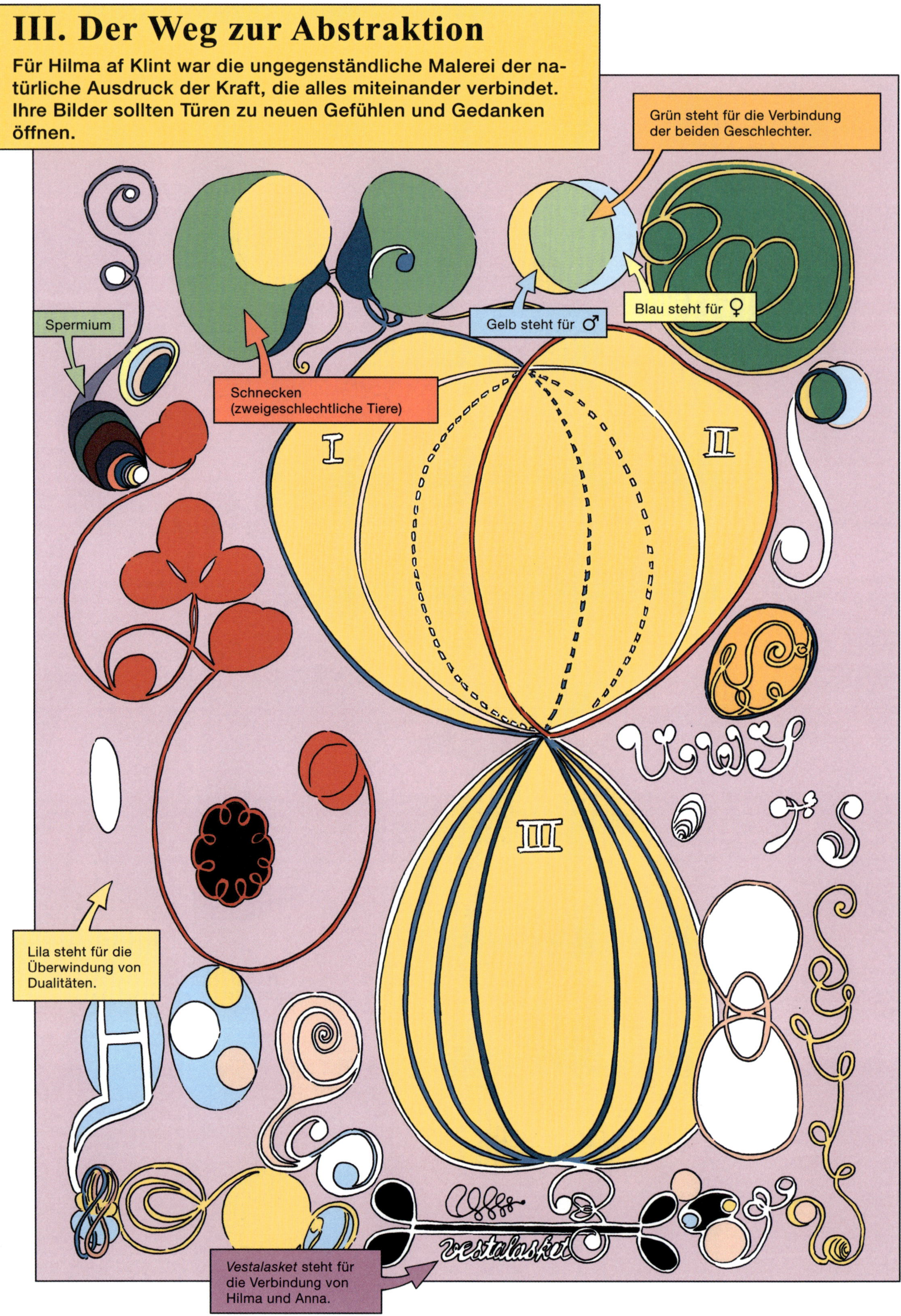

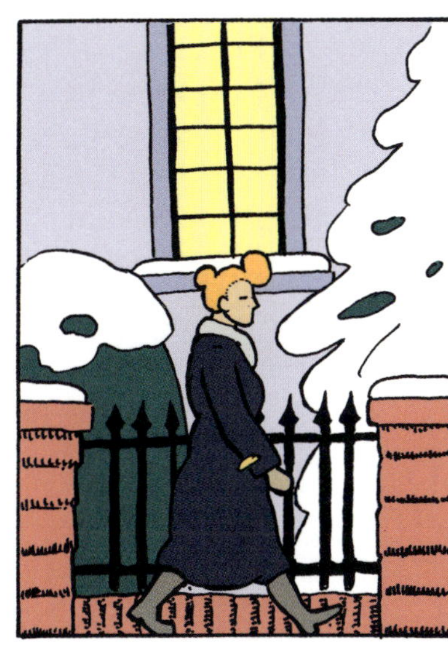

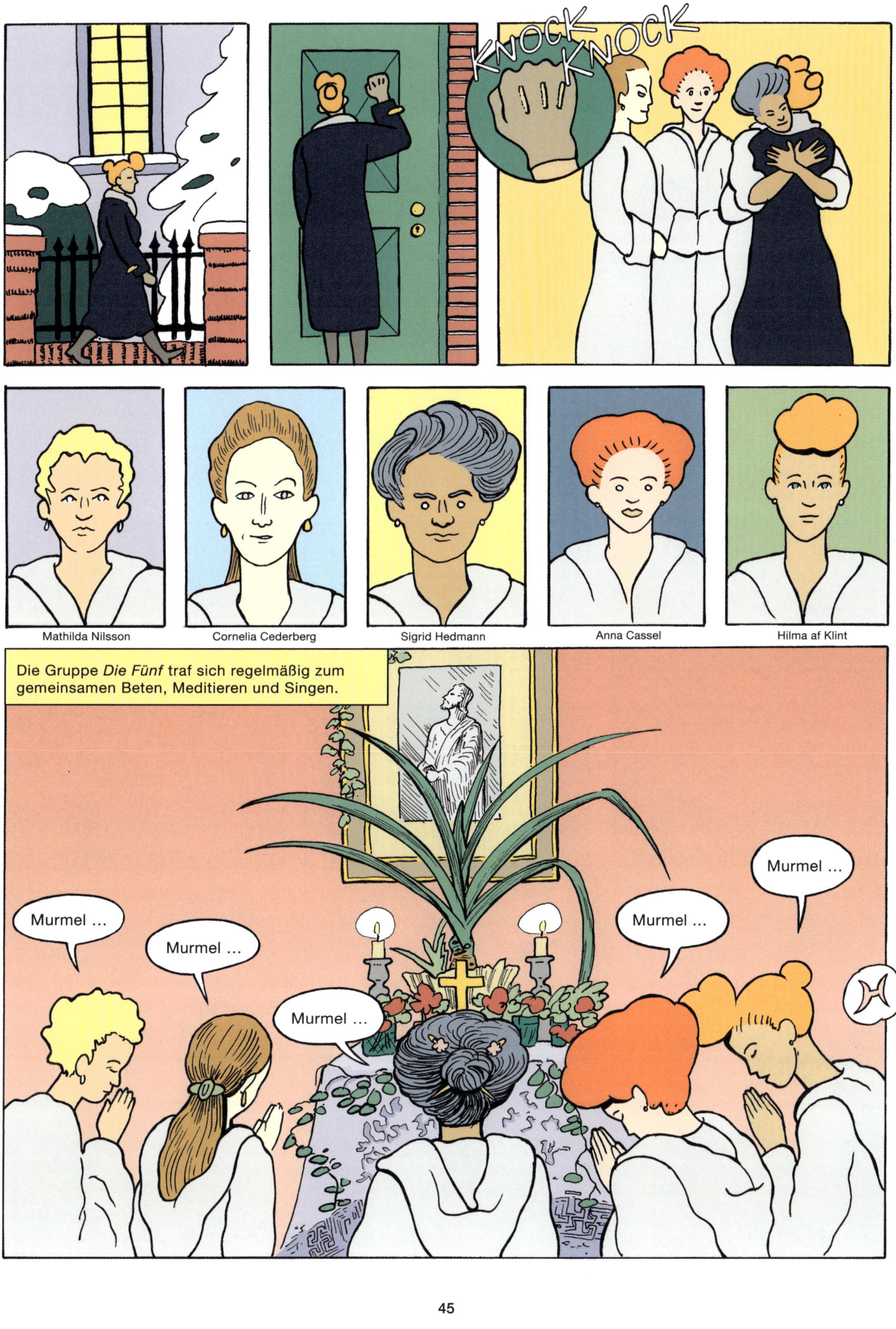

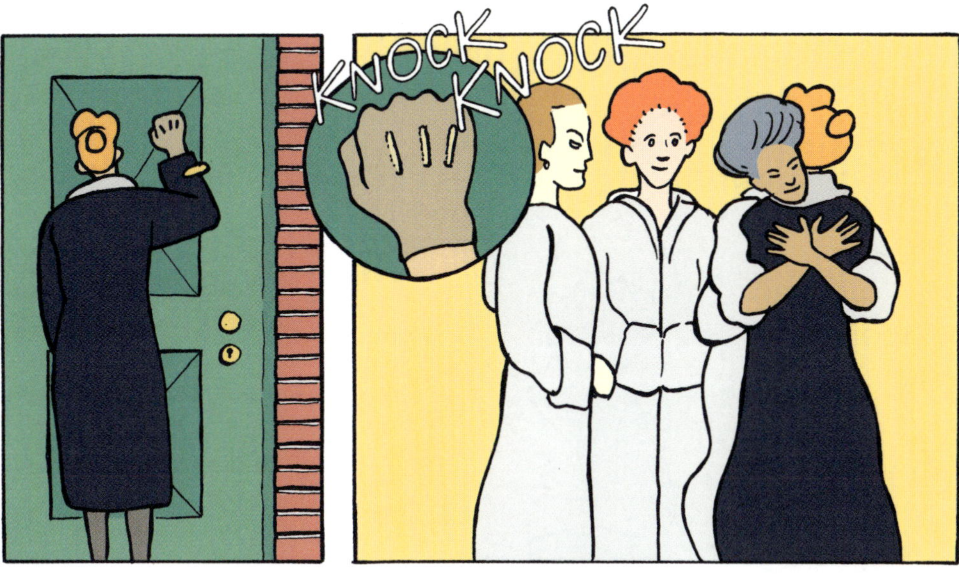

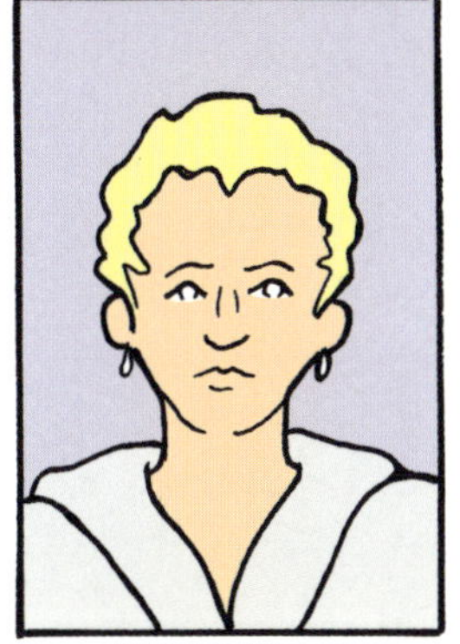
Mathilda Nilsson

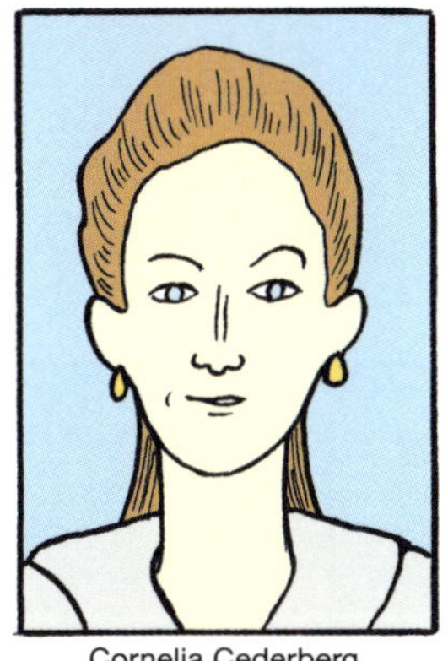
Cornelia Cederberg

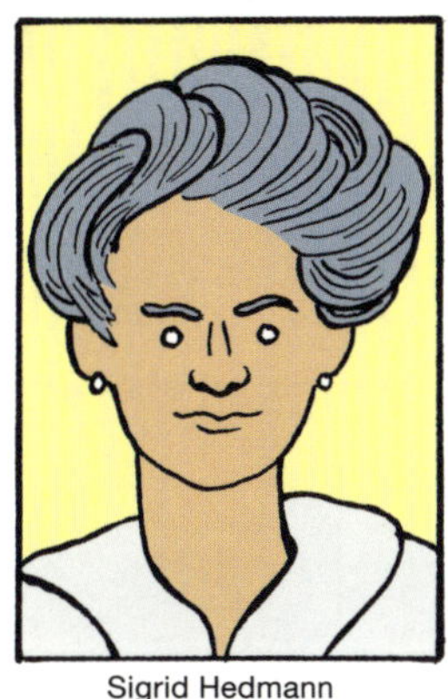
Sigrid Hedmann

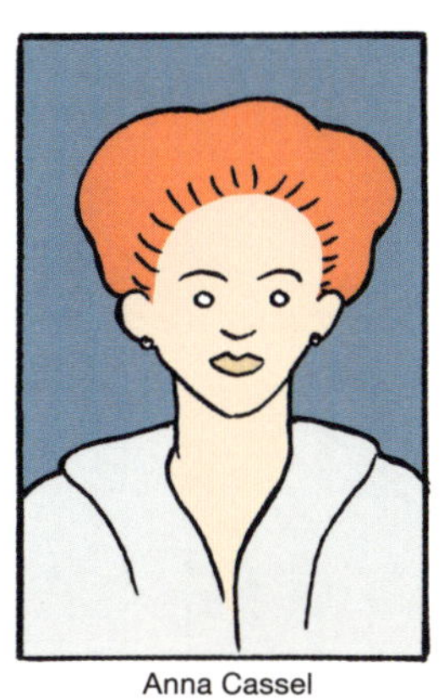
Anna Cassel

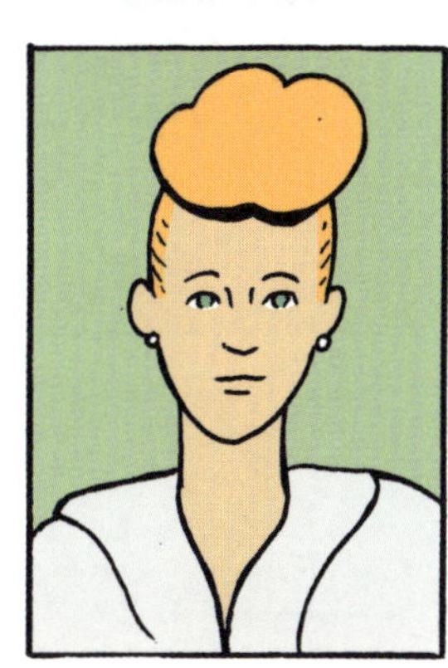
Hilma af Klint

Die Gruppe *Die Fünf* traf sich regelmäßig zum gemeinsamen Beten, Meditieren und Singen.

Murmel …

Murmel …

Murmel …

Murmel …

Murmel …

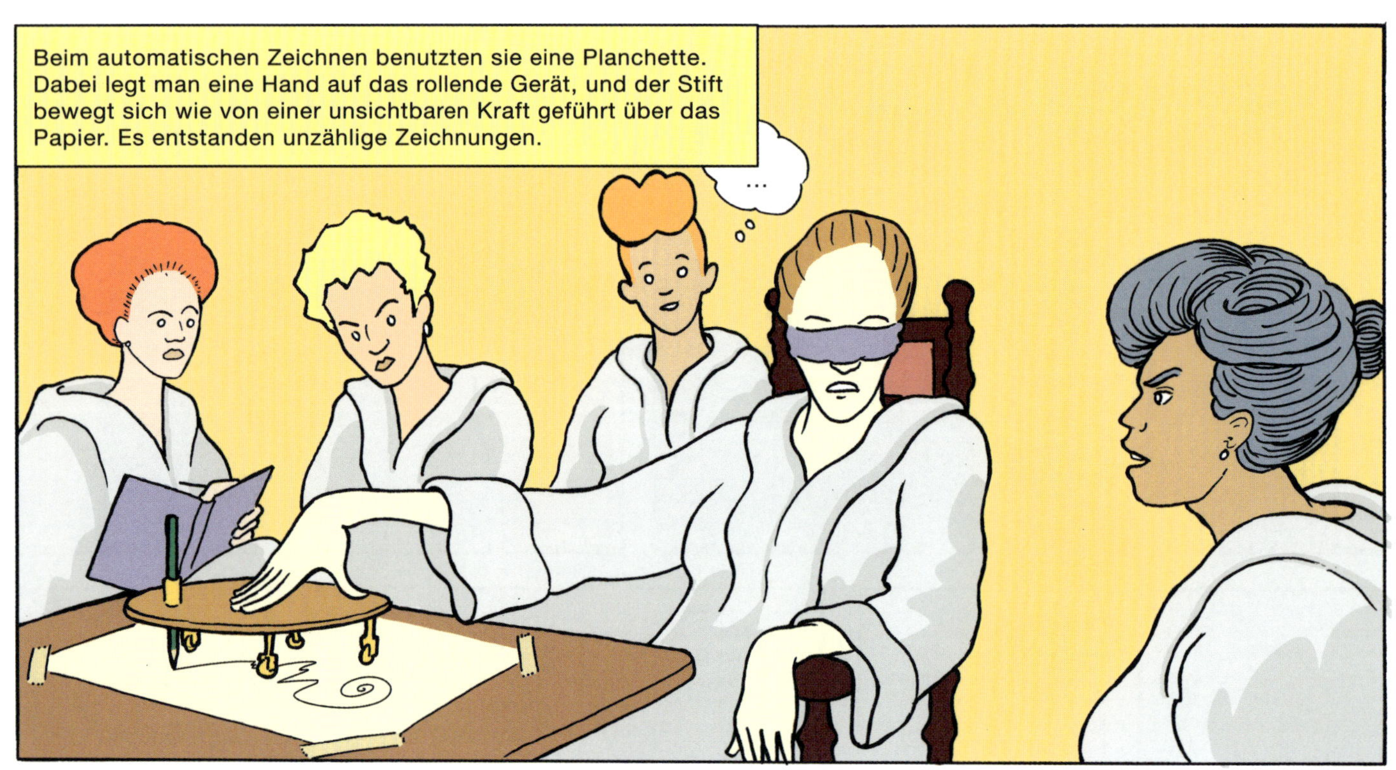
Beim automatischen Zeichnen benutzten sie eine Planchette. Dabei legt man eine Hand auf das rollende Gerät, und der Stift bewegt sich wie von einer unsichtbaren Kraft geführt über das Papier. Es entstanden unzählige Zeichnungen.
...

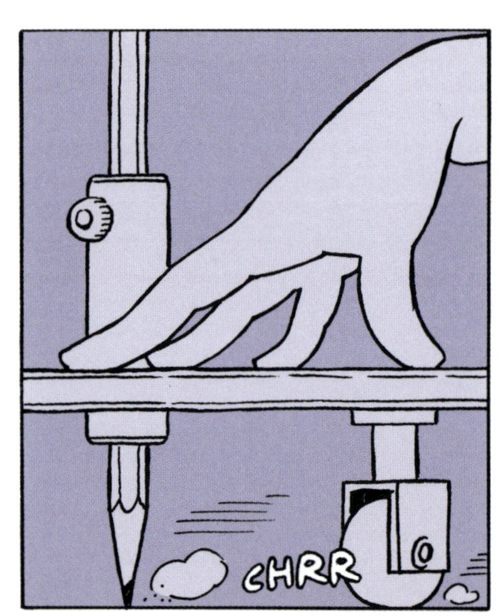
CHRR

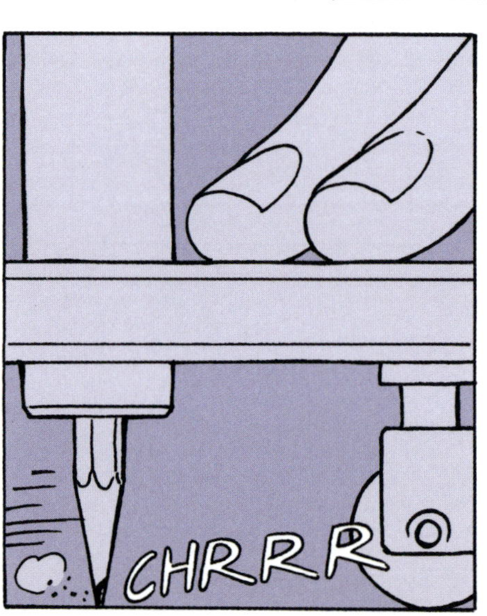
CHRRR

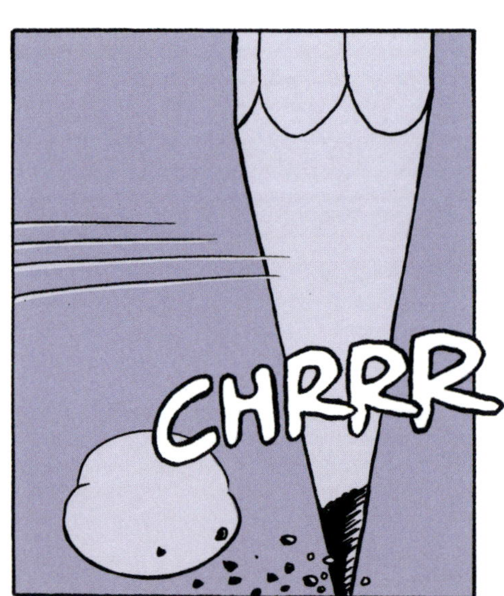
CHRRR

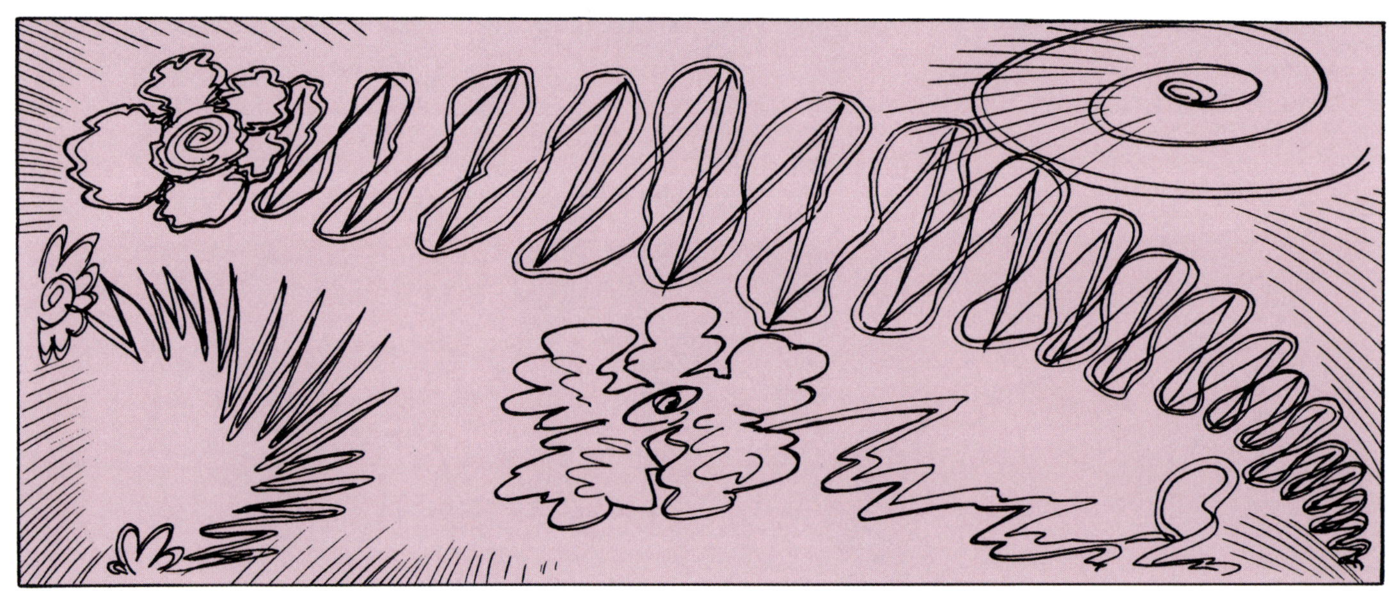

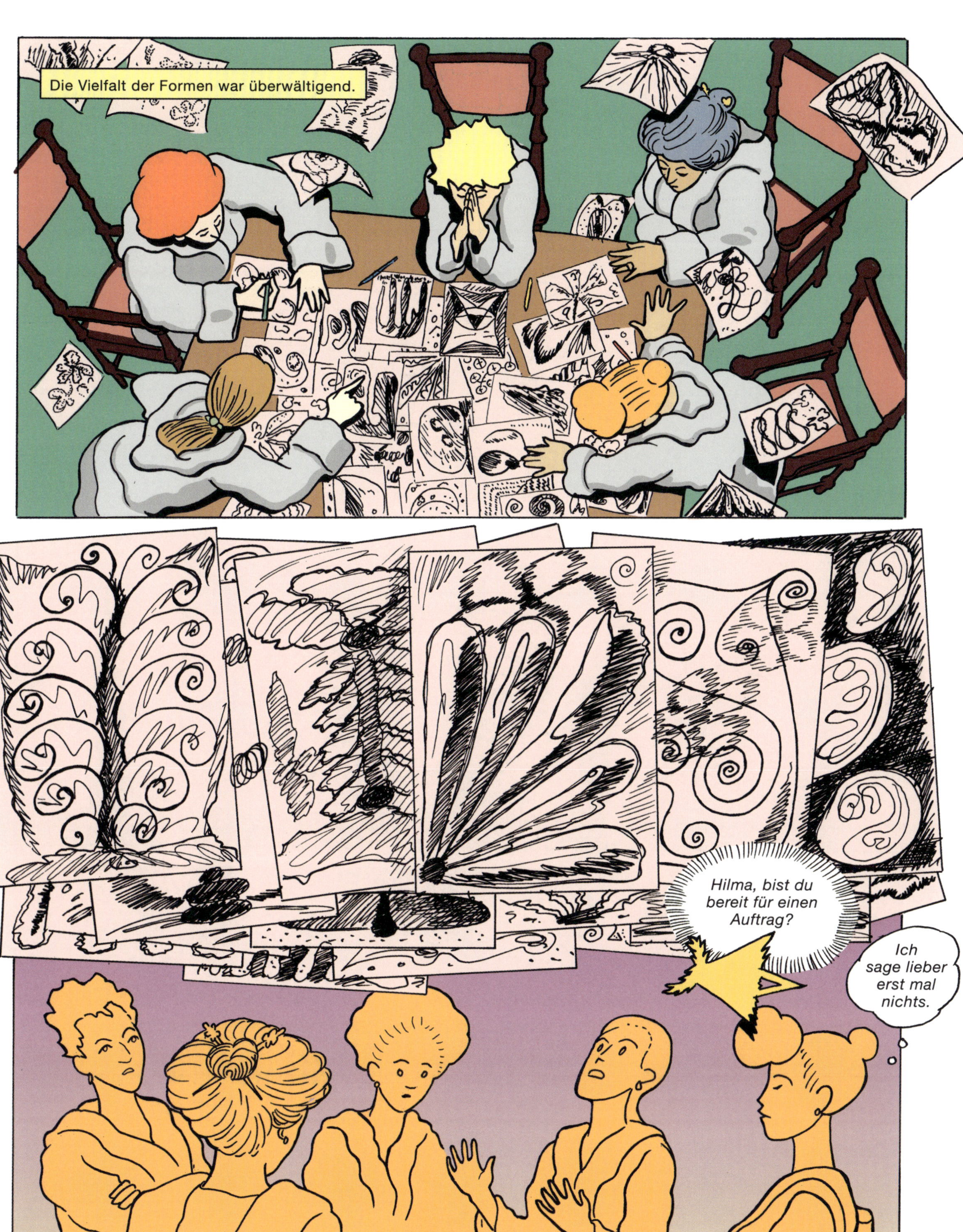
Die Vielfalt der Formen war überwältigend.
Hilma, bist du bereit für einen Auftrag?
Ich sage lieber erst mal nichts.
Die Bedeutung der Zeichnungen blieb rätselhaft.

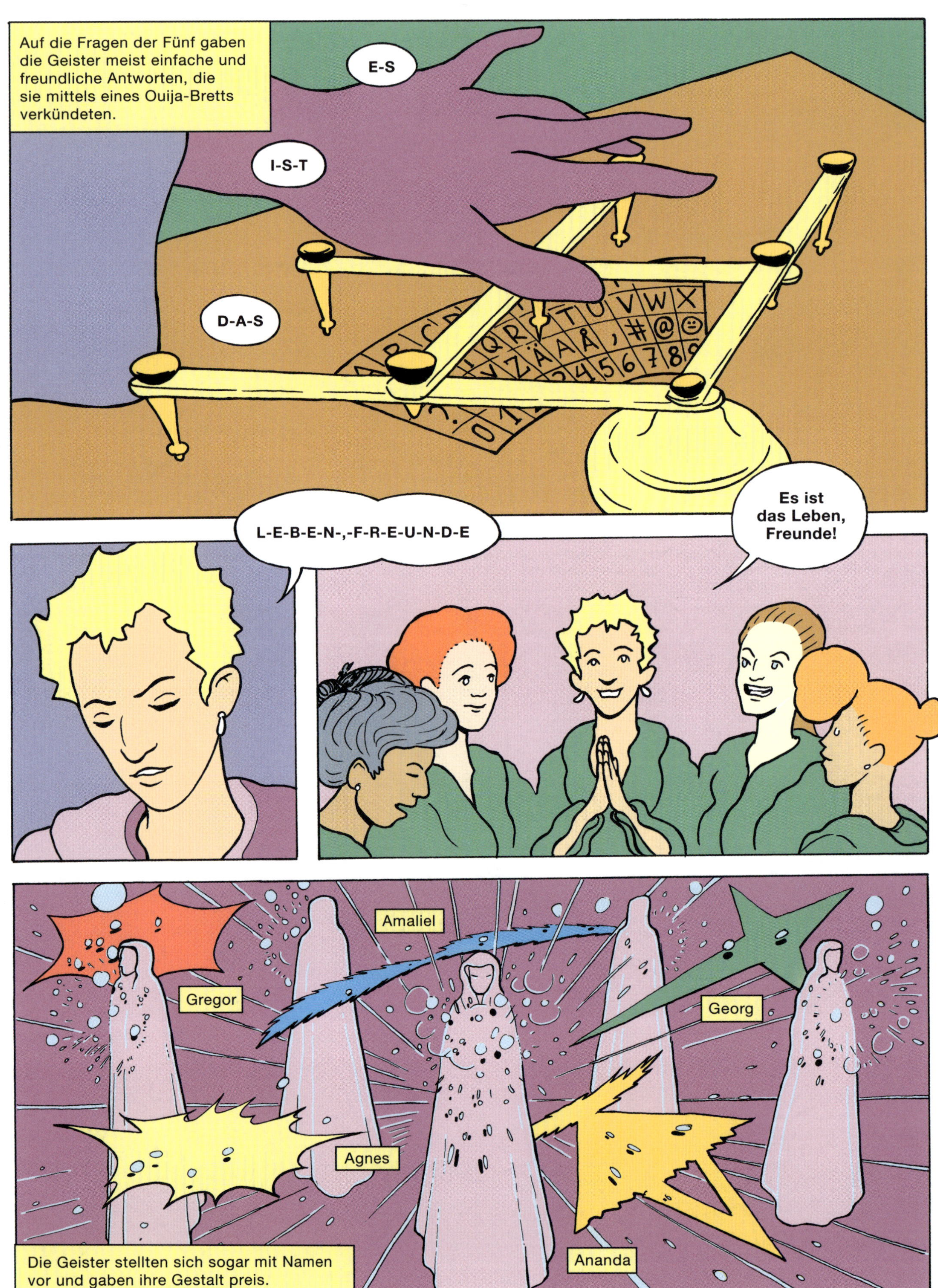
Auf die Fragen der Fünf gaben die Geister meist einfache und freundliche Antworten, die sie mittels eines Ouija-Bretts verkündeten.
E-S
I-S-T
D-A-S
L-E-B-E-N-,-F-R-E-U-N-D-E
Es ist das Leben, Freunde!
Amaliel
Gregor
Georg
Agnes
Ananda
Die Geister stellten sich sogar mit Namen vor und gaben ihre Gestalt preis.

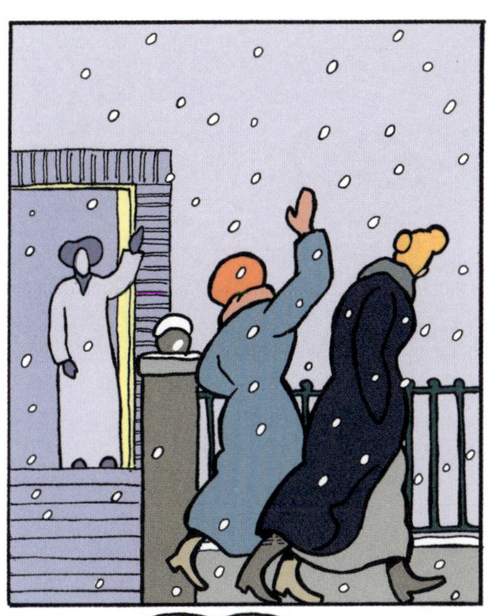
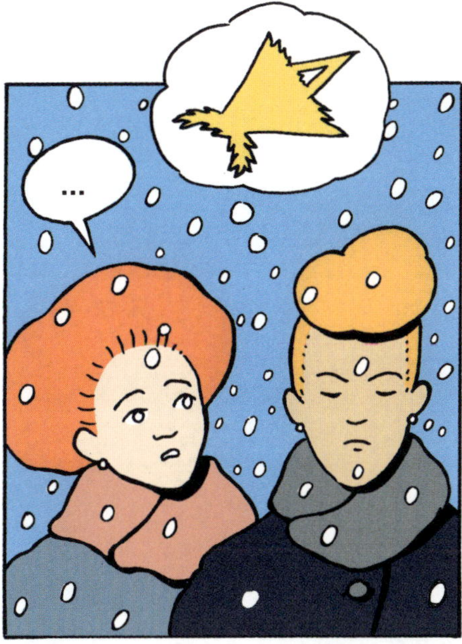
...
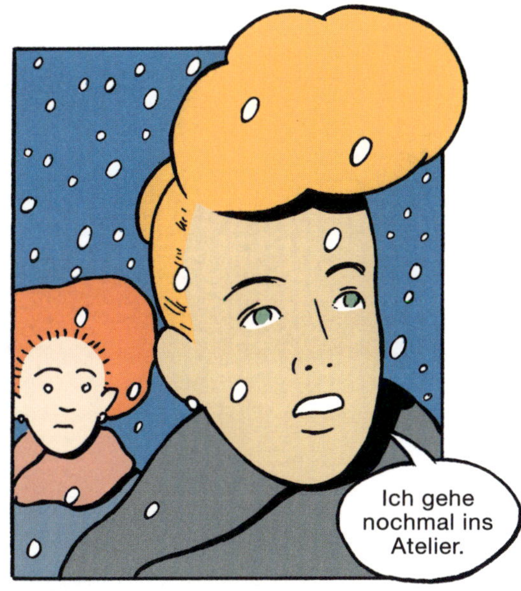
Ich gehe nochmal ins Atelier.
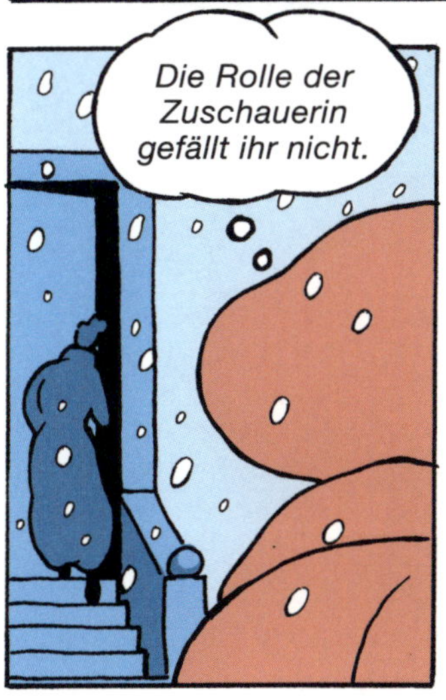
Die Rolle der Zuschauerin gefällt ihr nicht.
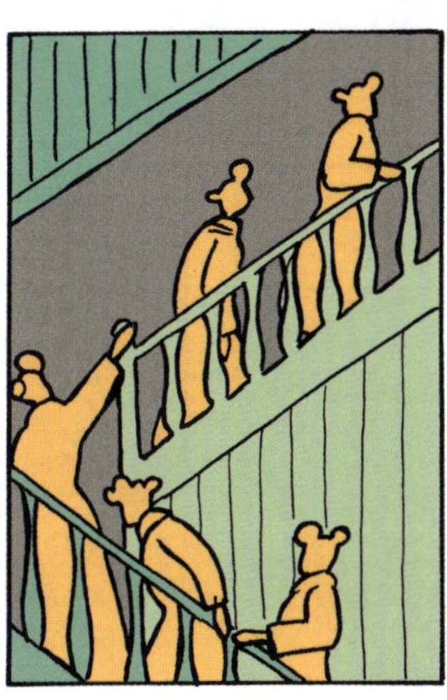
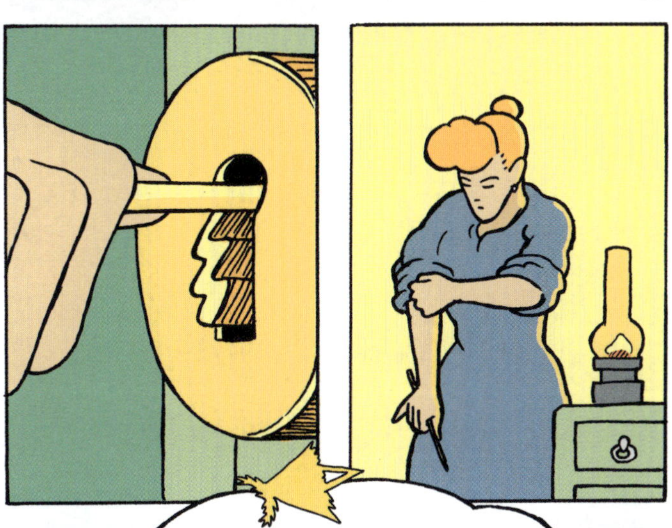
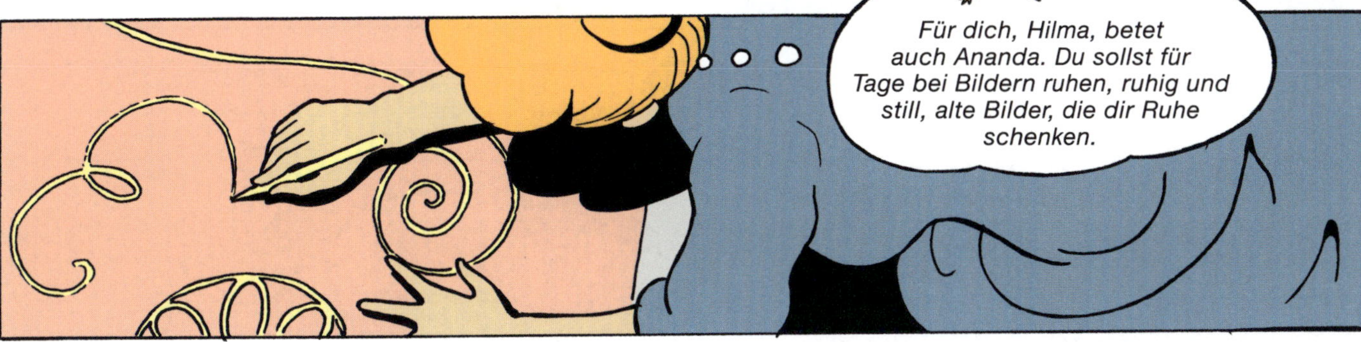
Für dich, Hilma, betet auch Ananda. Du sollst für Tage bei Bildern ruhen, ruhig und still, alte Bilder, die dir Ruhe schenken.
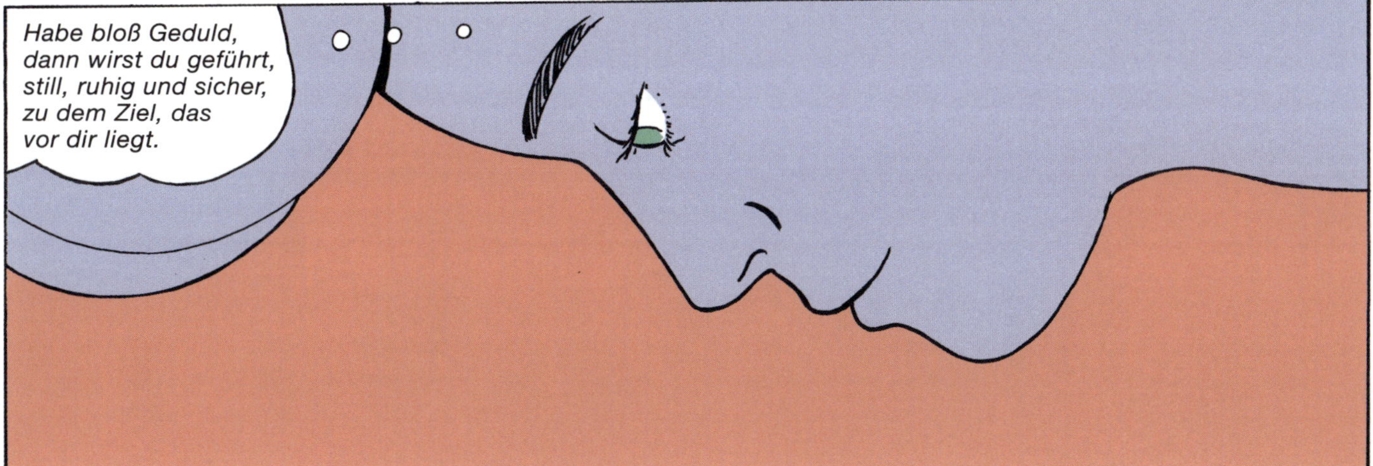
Habe bloß Geduld, dann wirst du geführt, still, ruhig und sicher, zu dem Ziel, das vor dir liegt.

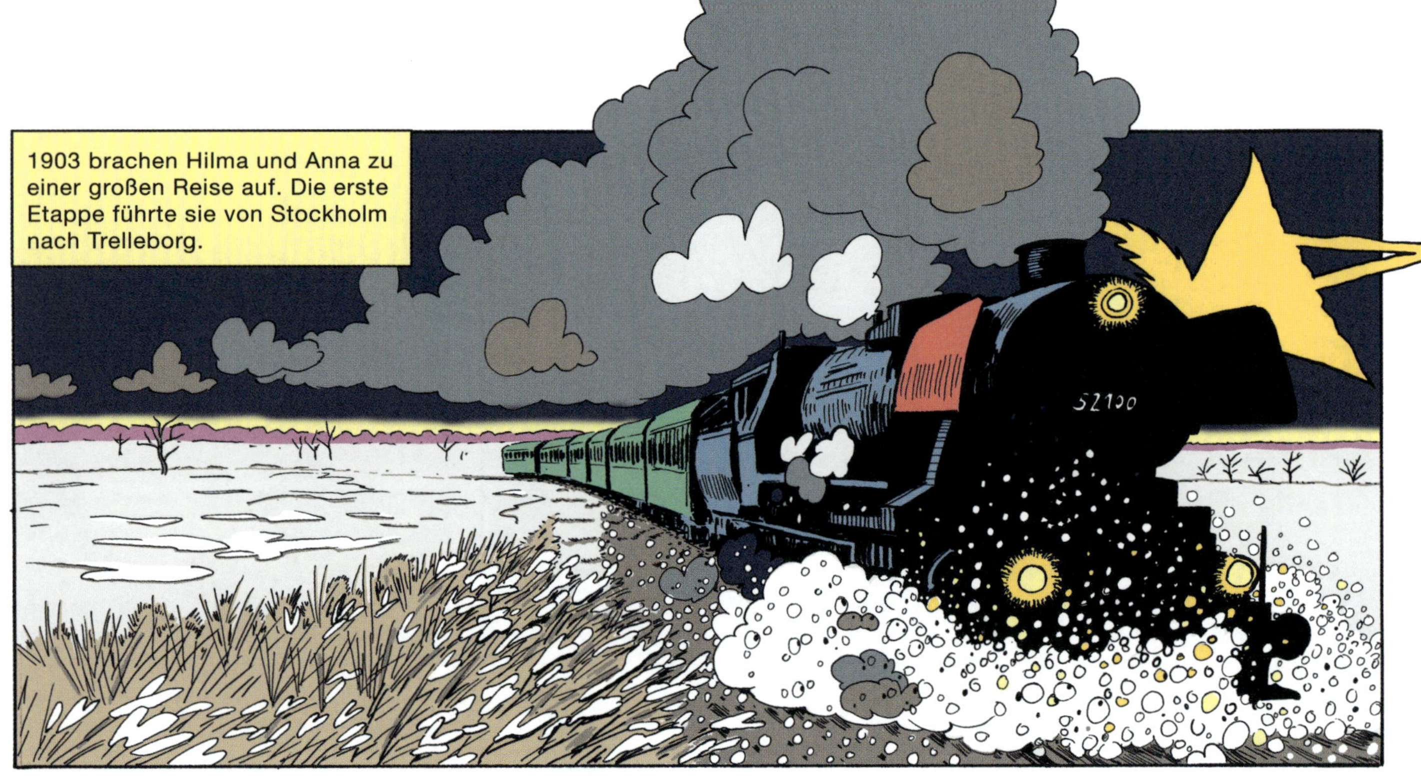

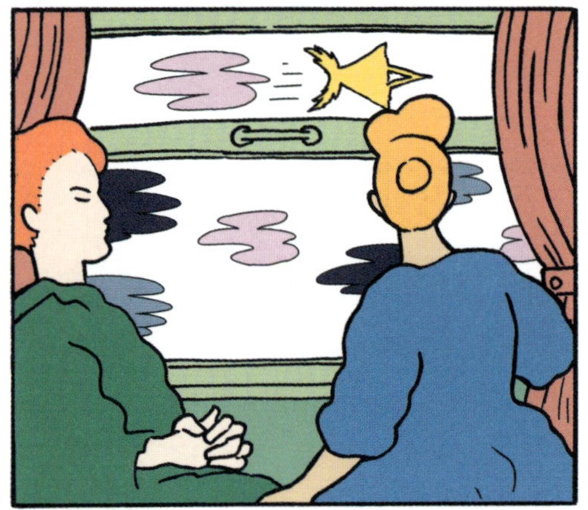

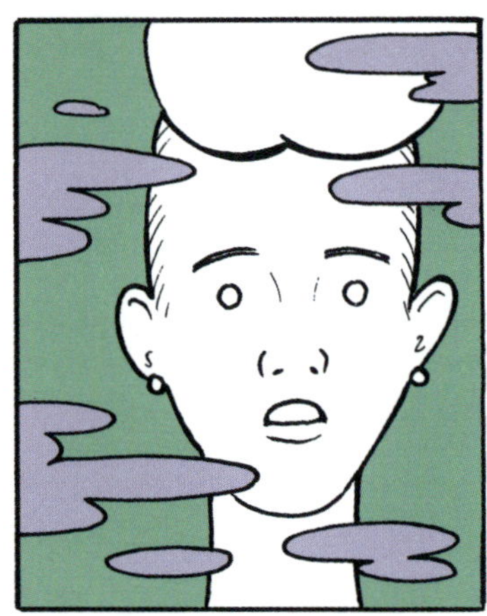

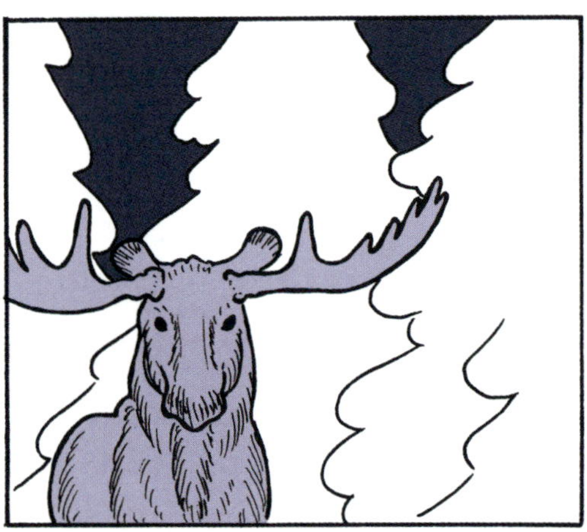

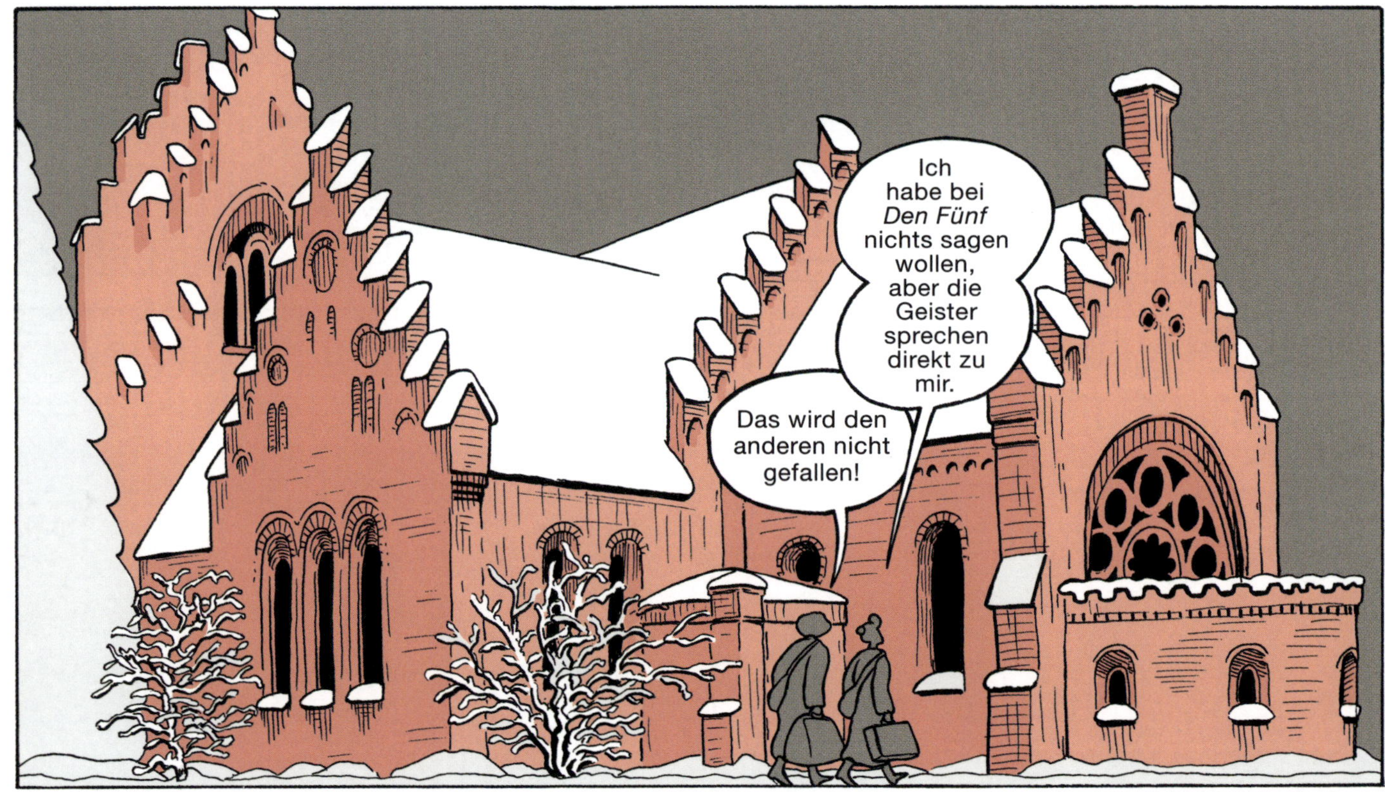

Sankt-Nikolai-Kirche, Trelleborg

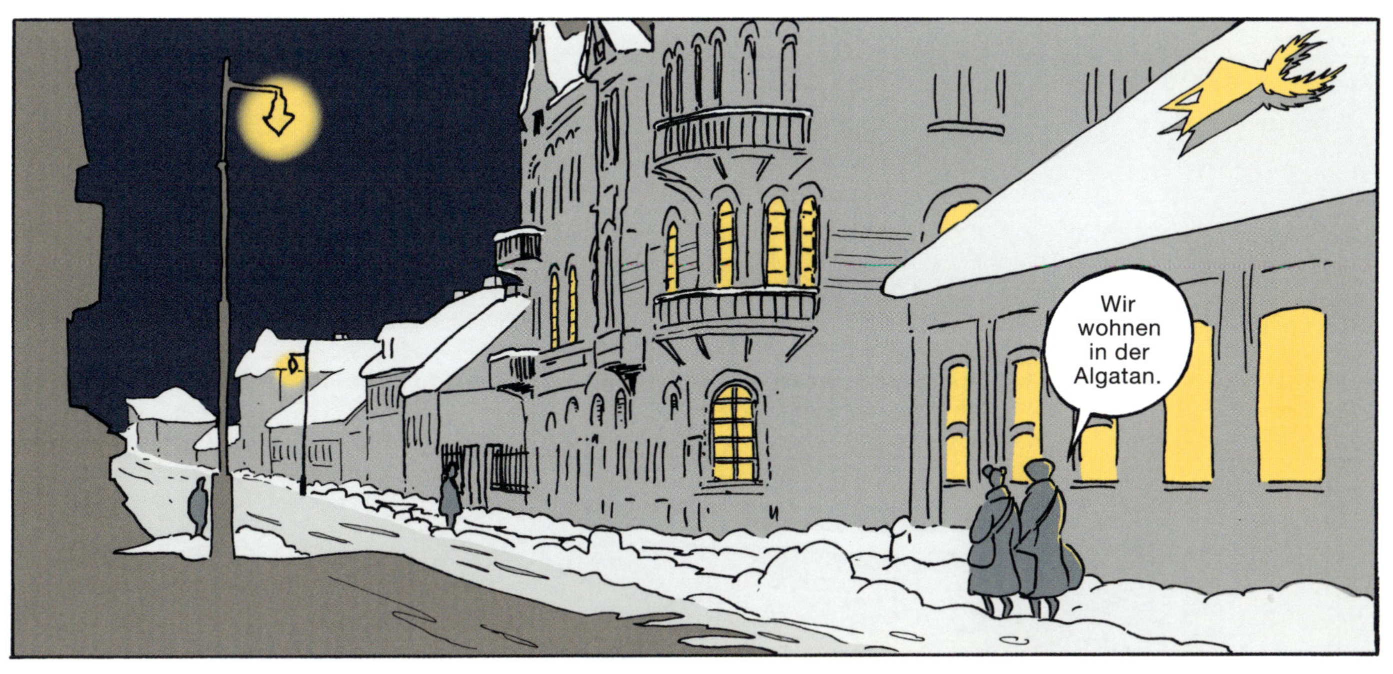
Wir wohnen in der Algatan.

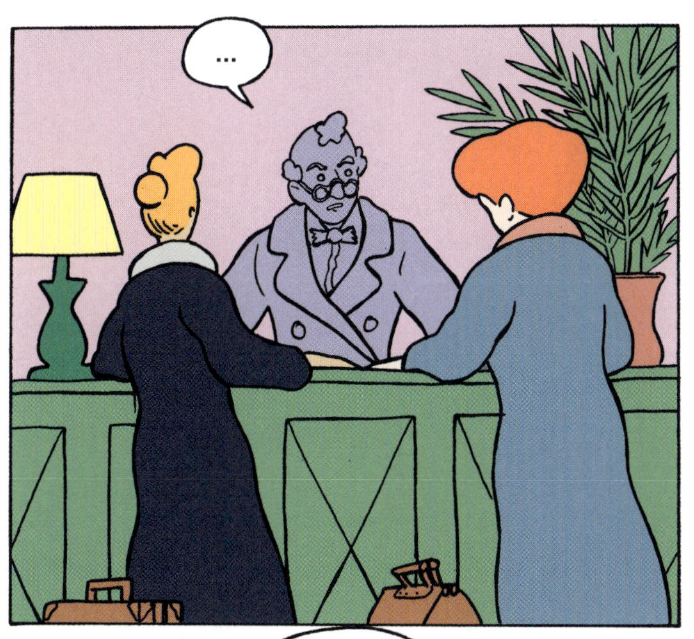
...

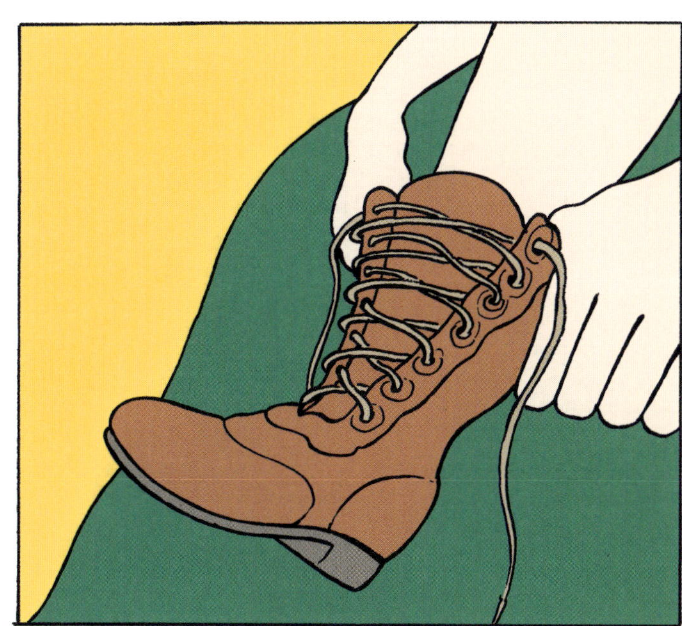

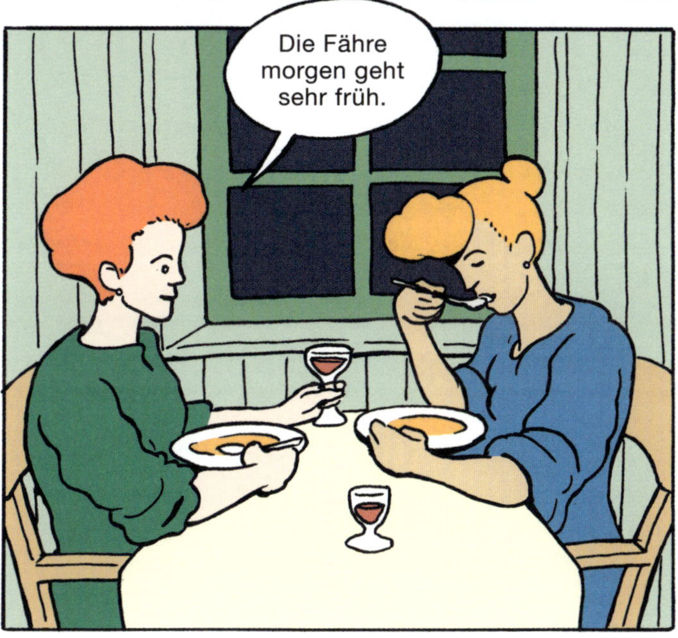
Die Fähre morgen geht sehr früh.

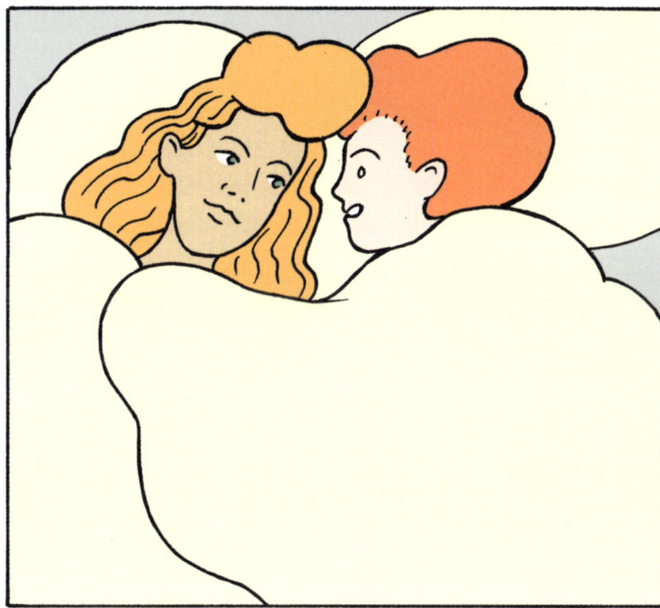

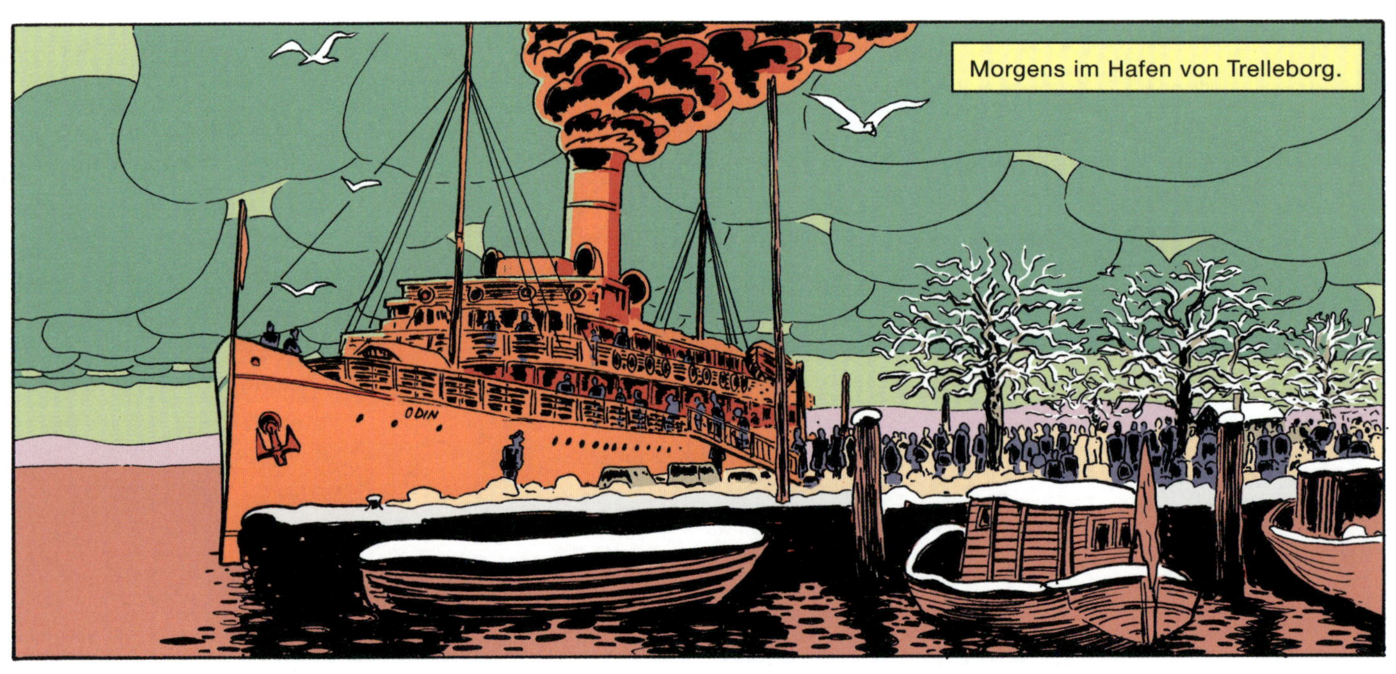

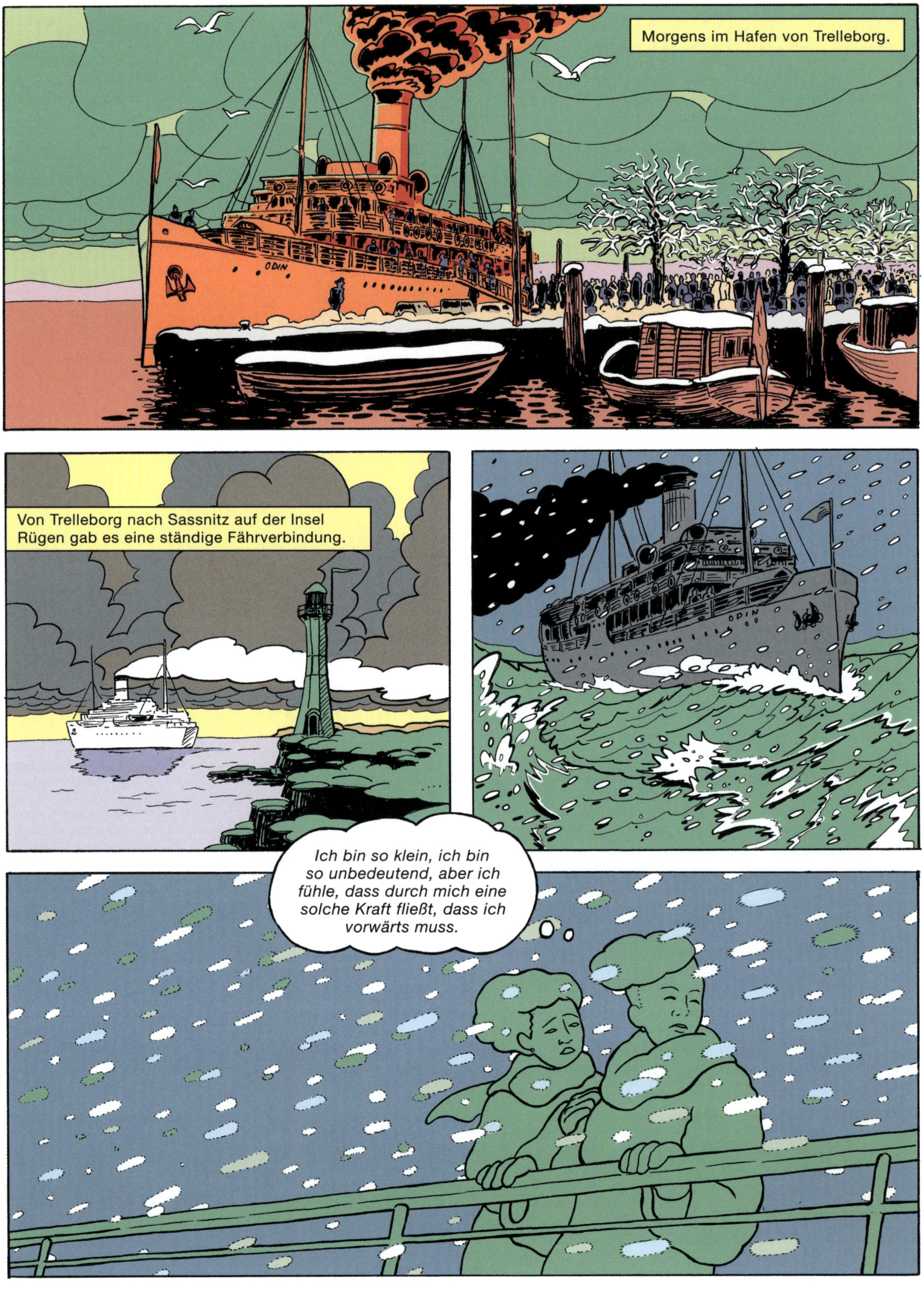

Von Trelleborg nach Sassnitz auf der Insel Rügen gab es eine ständige Fährverbindung.

Ich bin so klein, ich bin so unbedeutend, aber ich fühle, dass durch mich eine solche Kraft fließt, dass ich vorwärts muss.

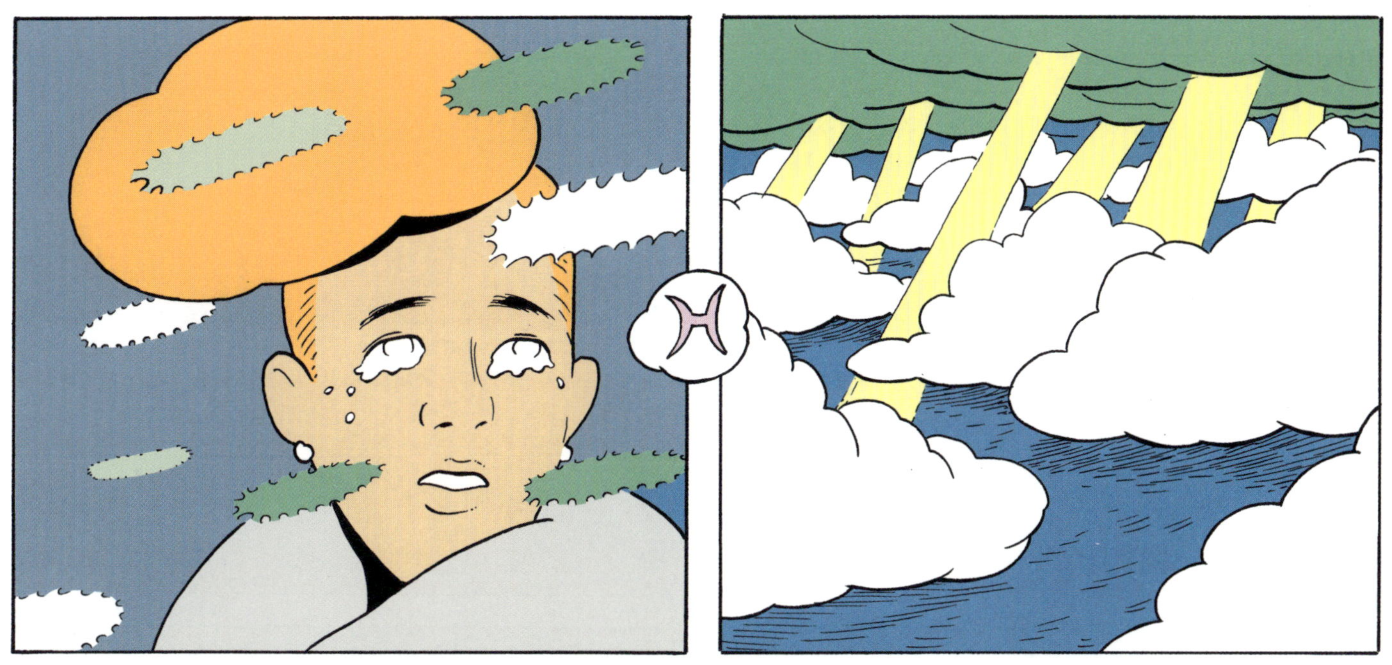

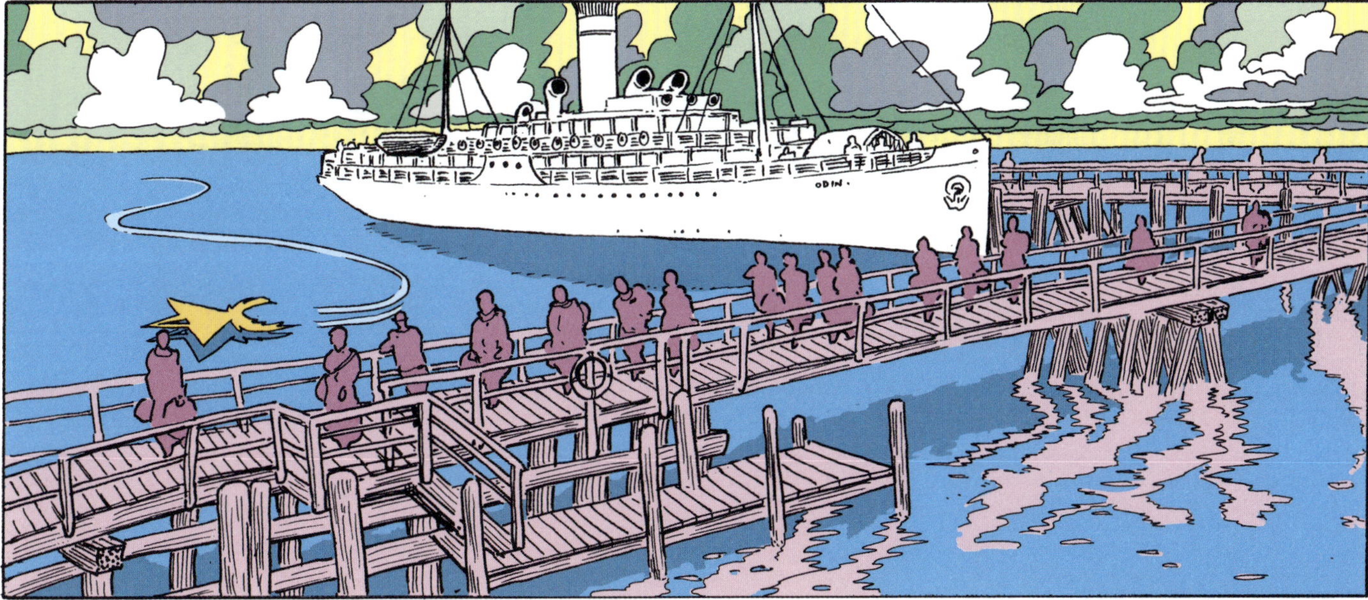

Hafen Sassnitz, Rügen, Deutschland

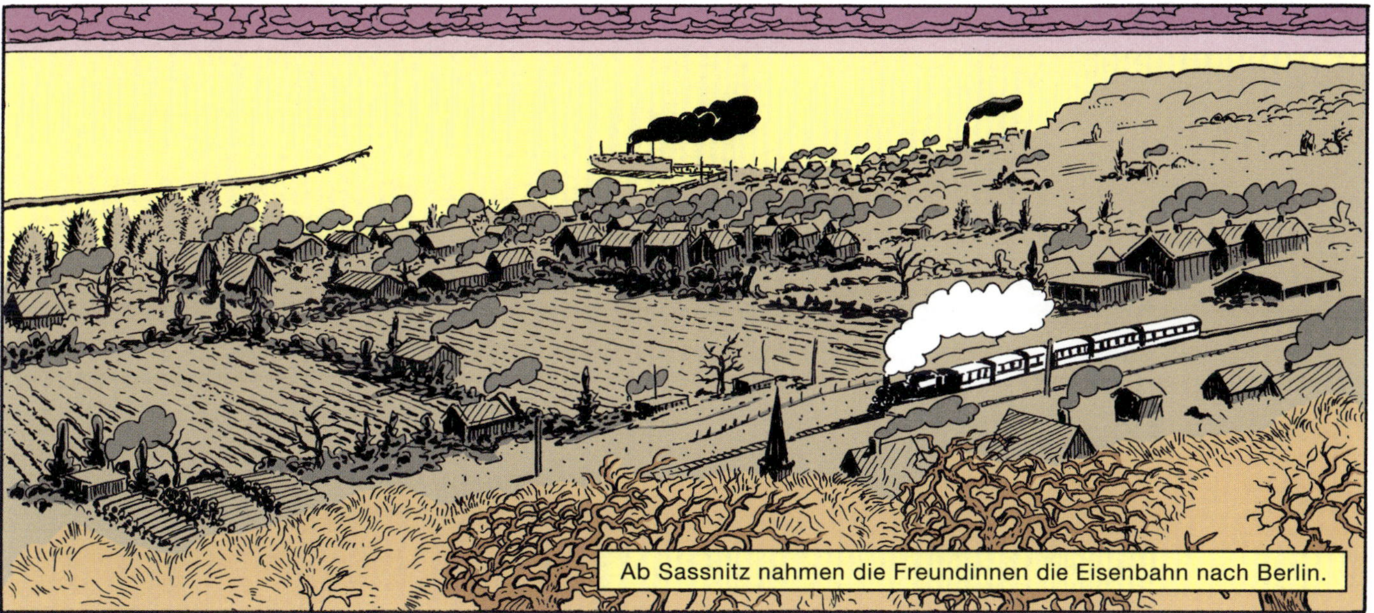

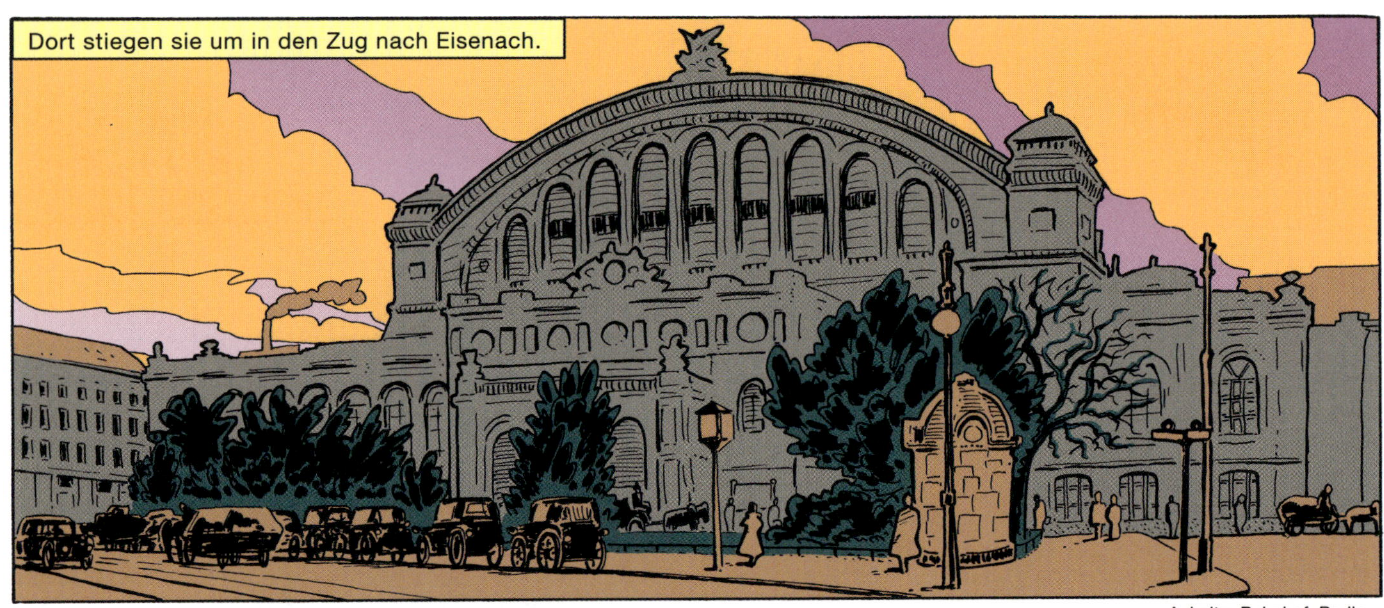

Anhalter Bahnhof, Berlin

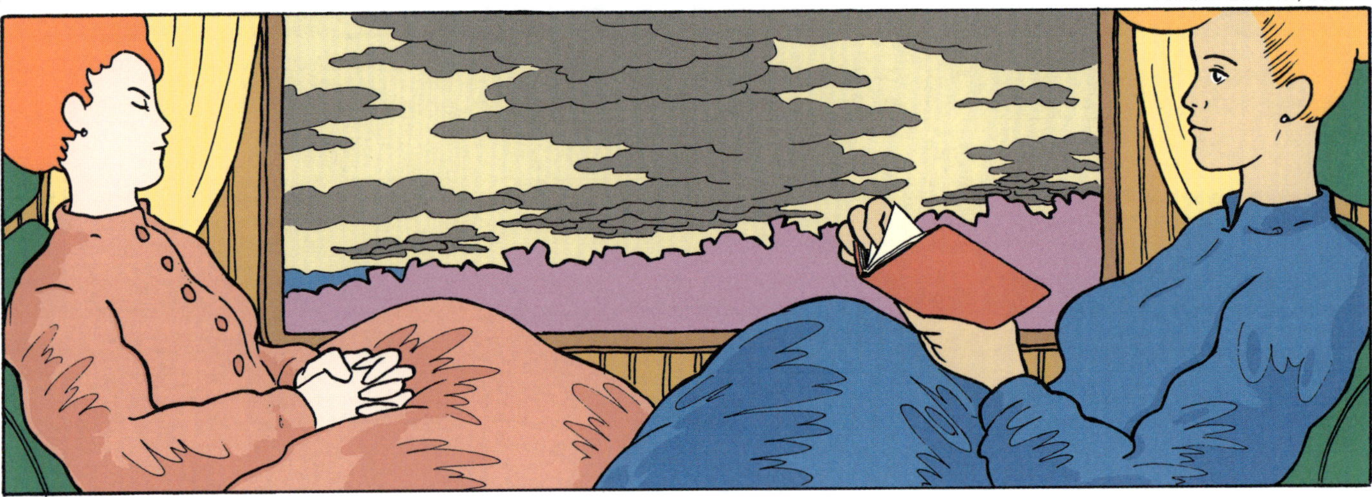

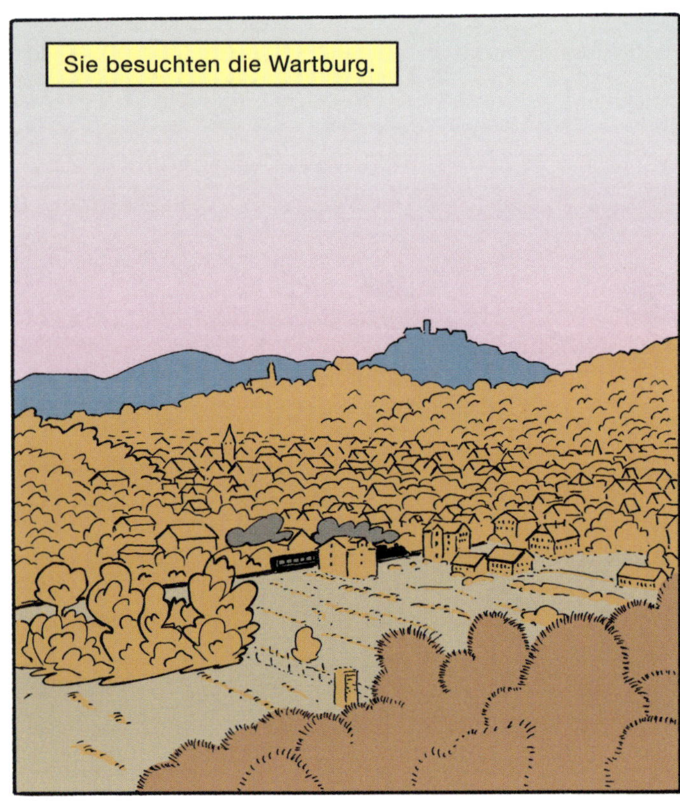

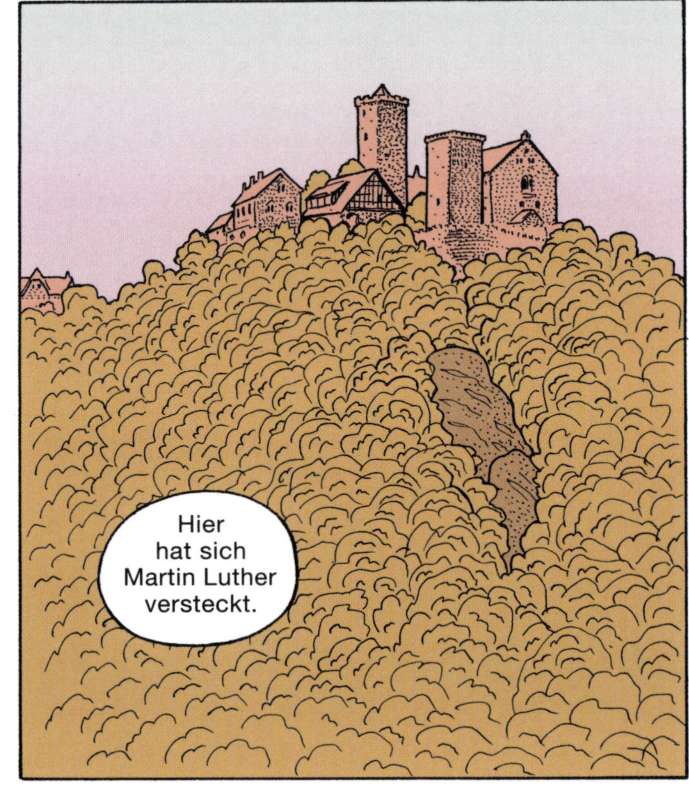

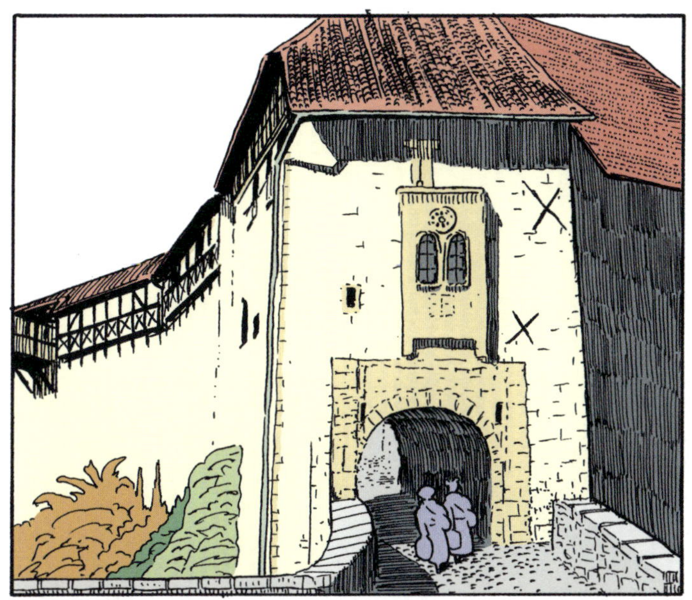

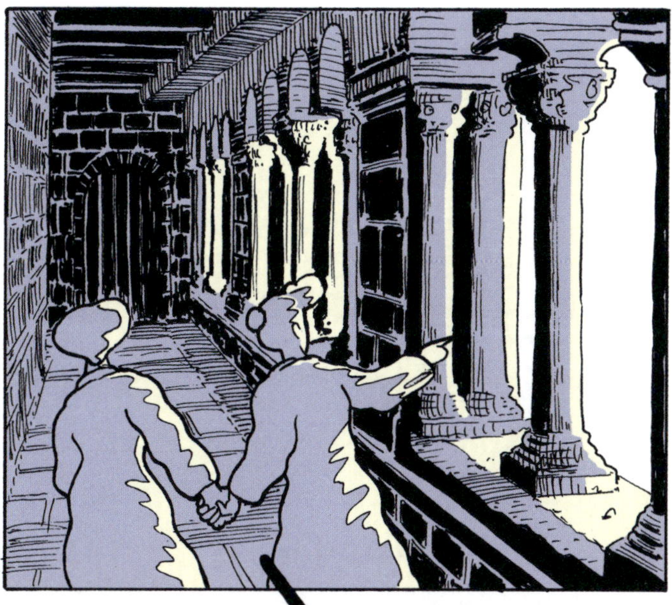

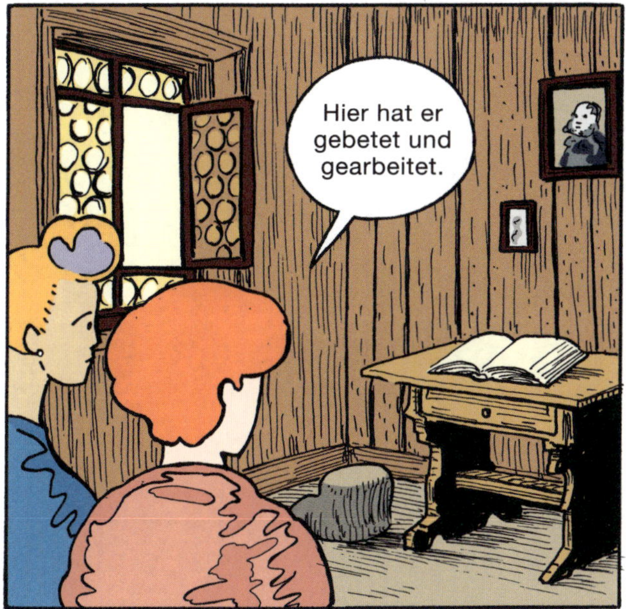
Hier hat er gebetet und gearbeitet.

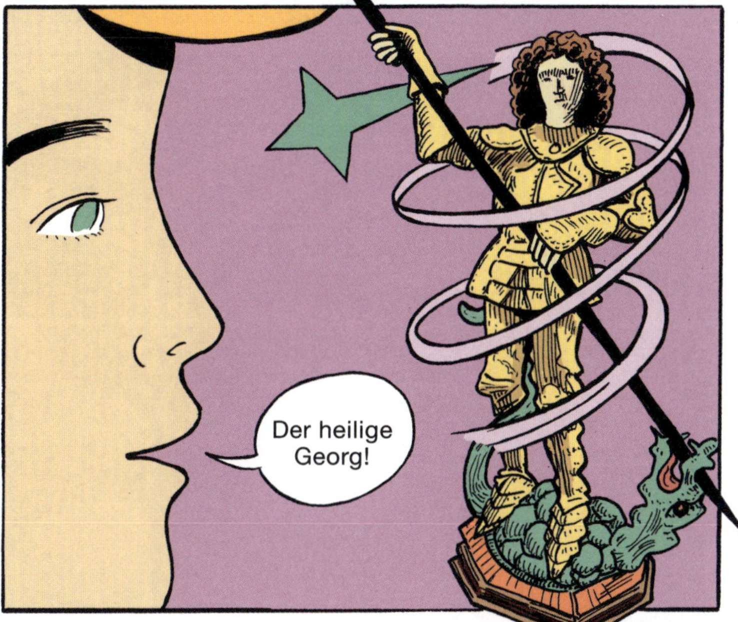
Der heilige Georg!

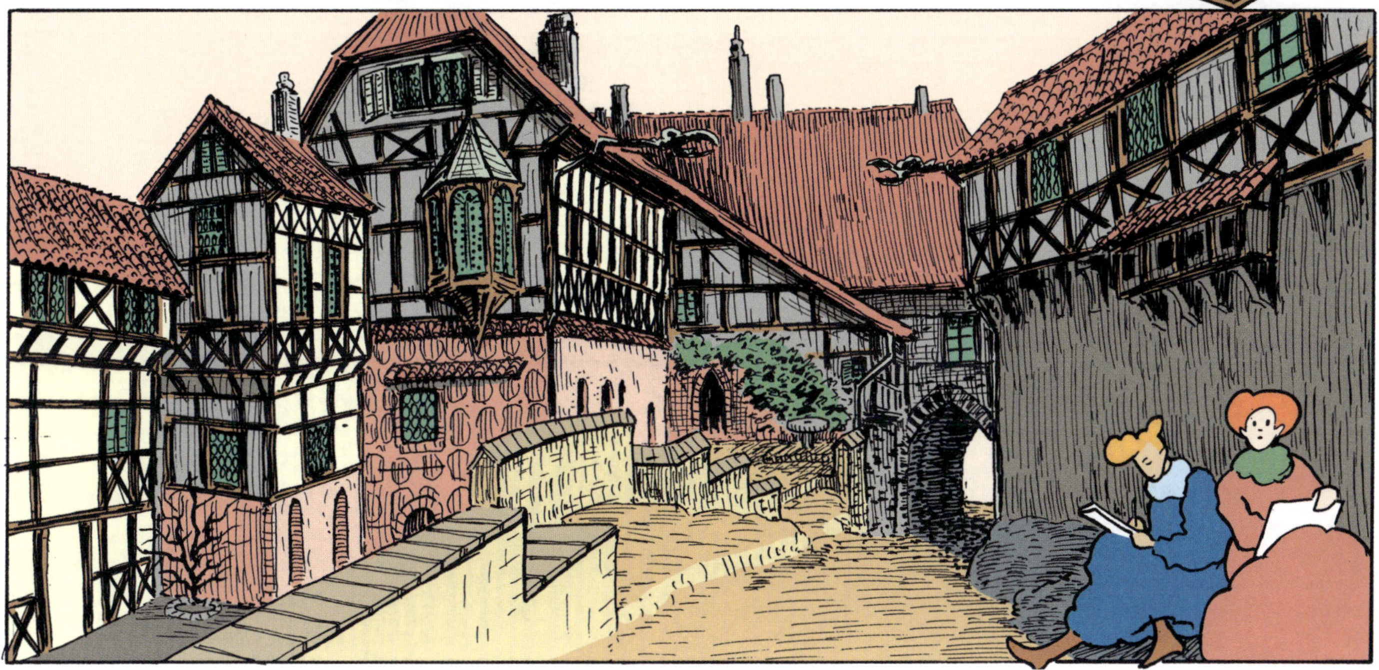

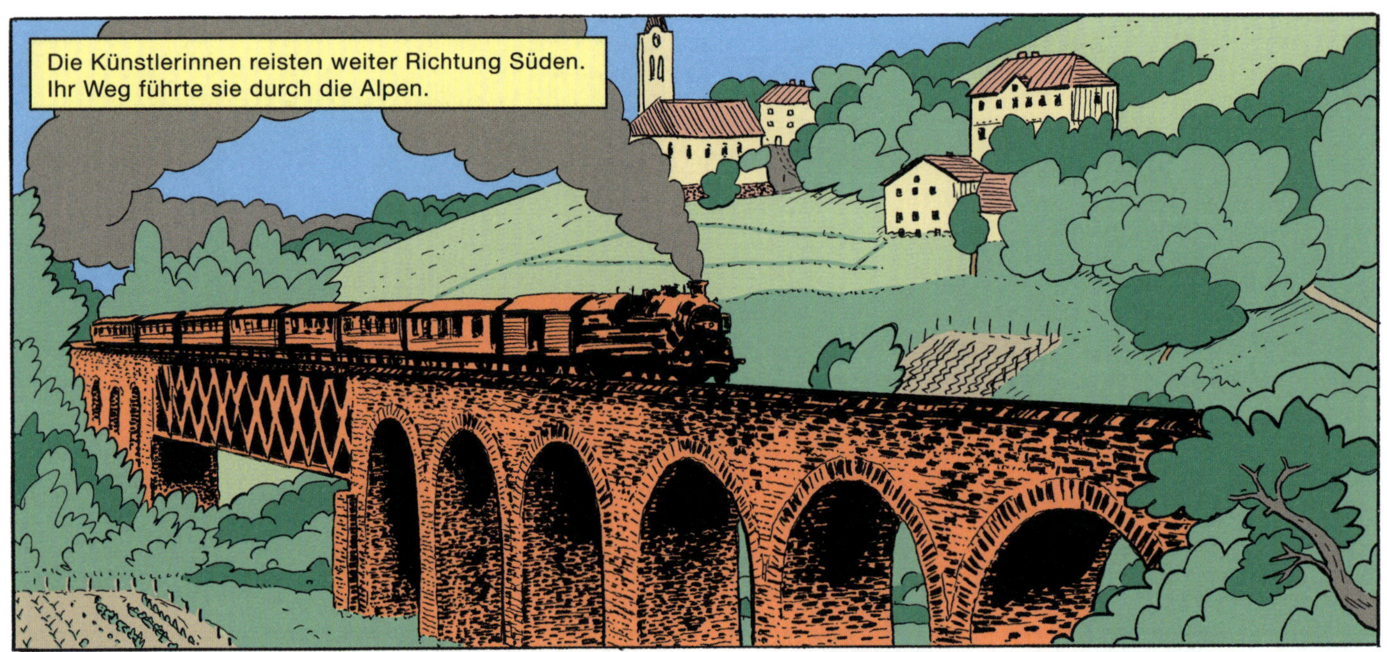
Die Künstlerinnen reisten weiter Richtung Süden.
Ihr Weg führte sie durch die Alpen.

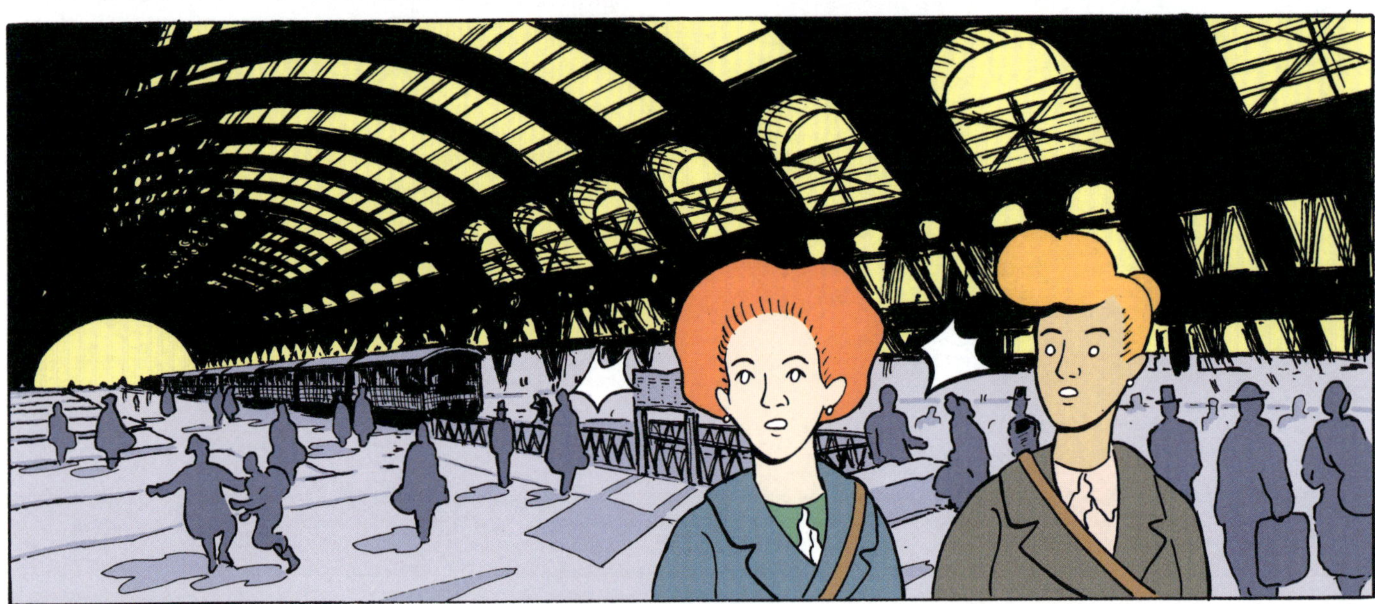

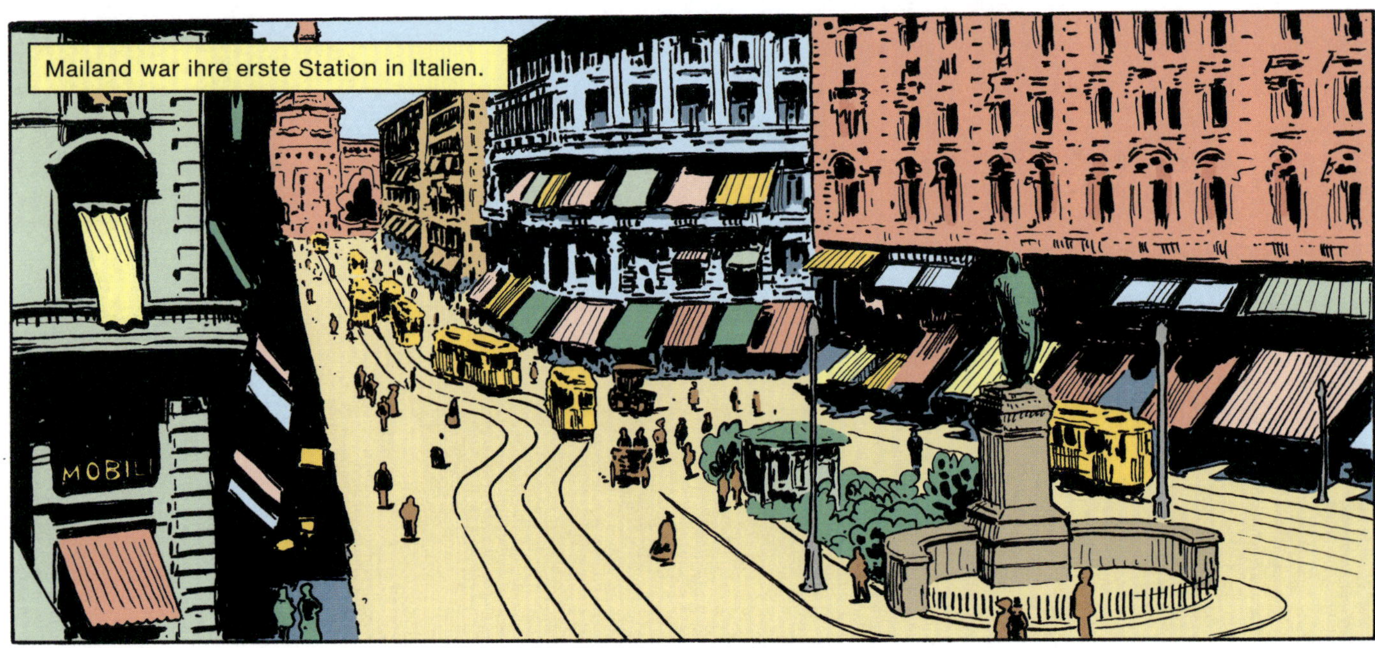
Mailand war ihre erste Station in Italien.
MOBILI

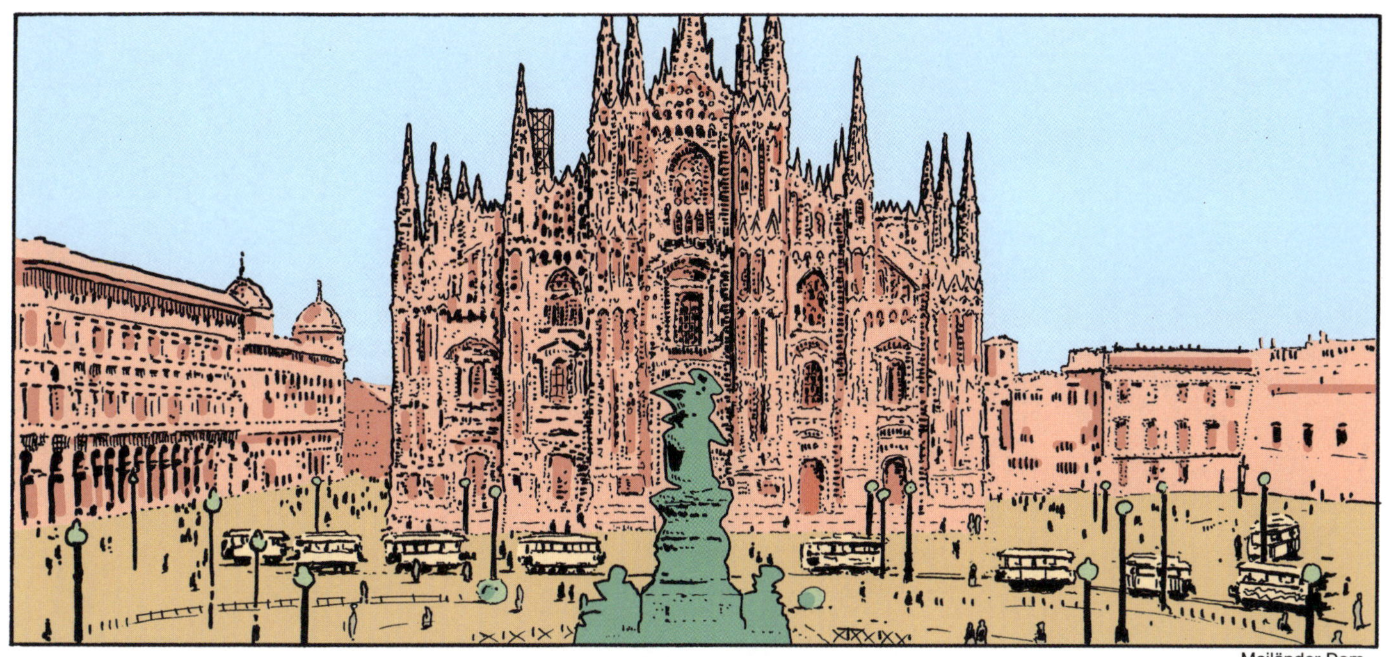
Mailänder Dom

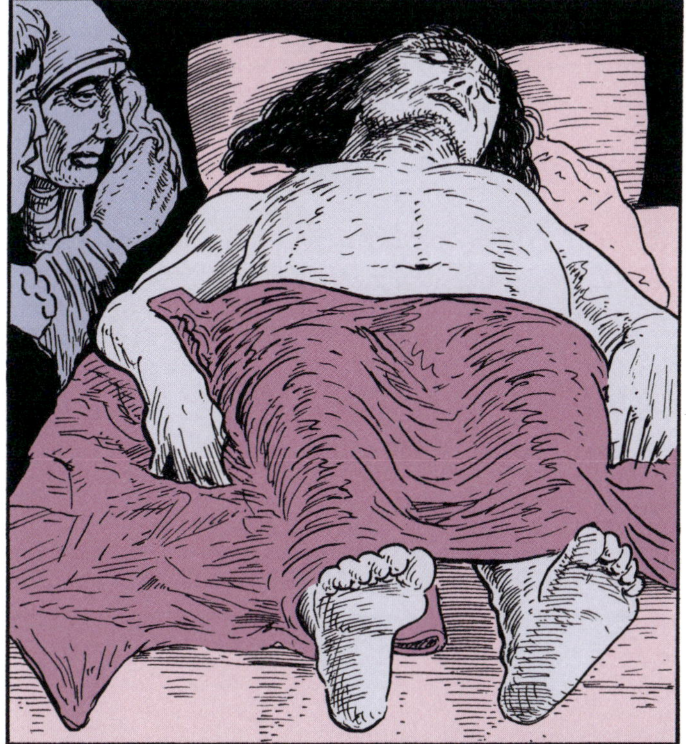
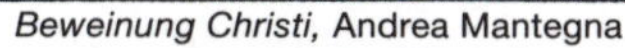
Beweinung Christi, Andrea Mantegna

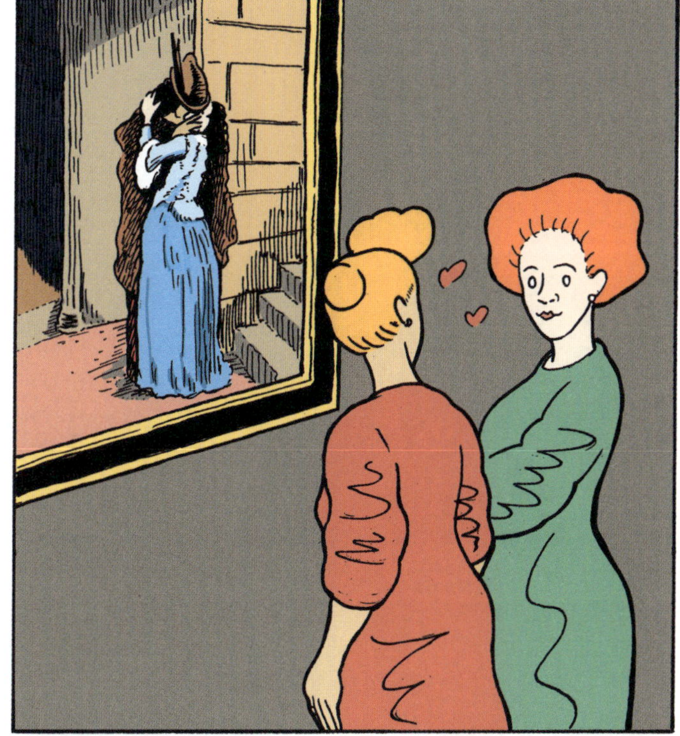
Der Kuss, Francesco Hayez

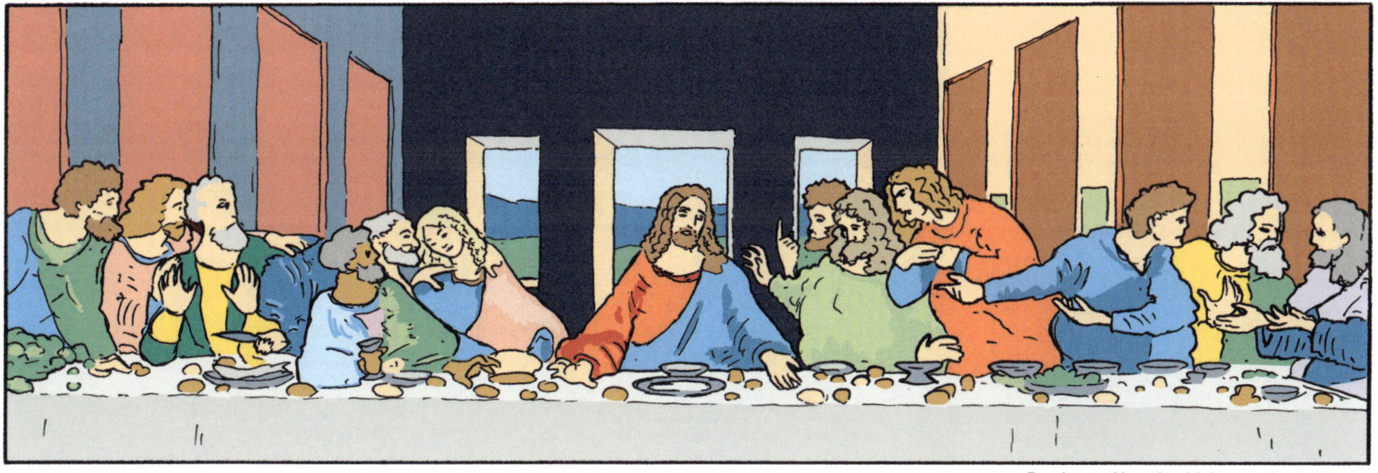
Das letzte Abendmahl, Leonardo da Vinci

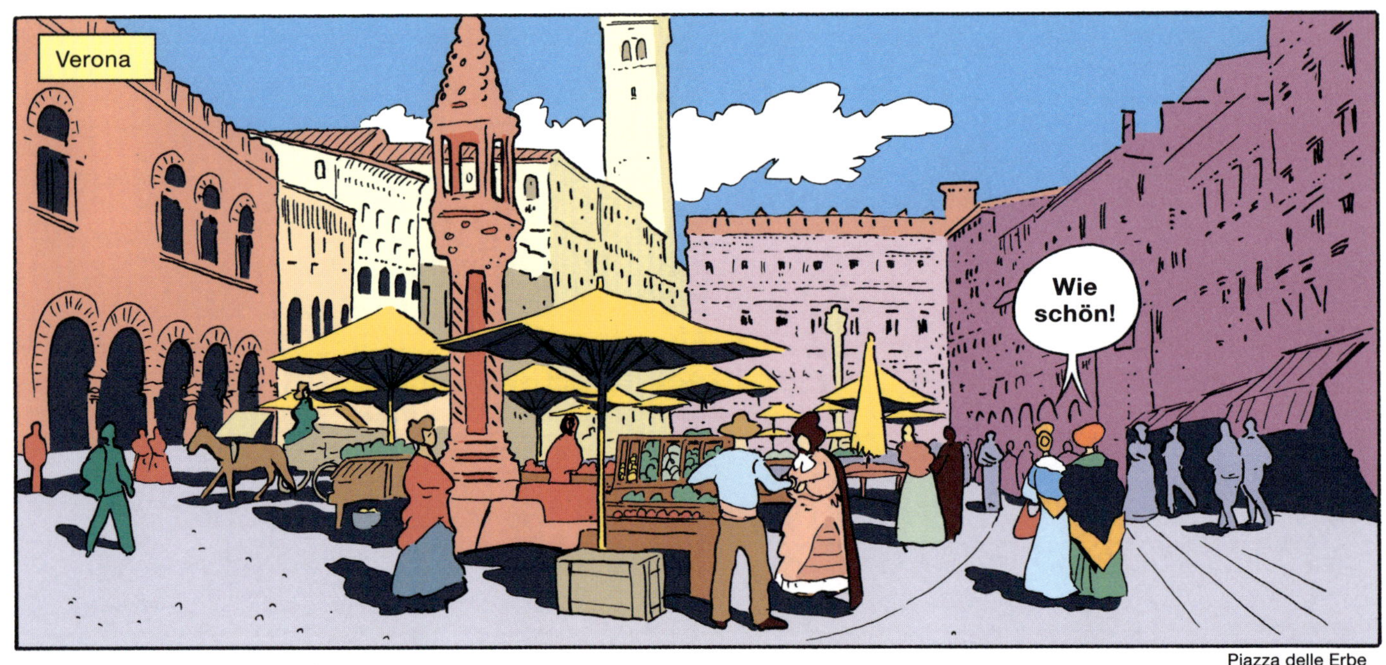

Piazza delle Erbe

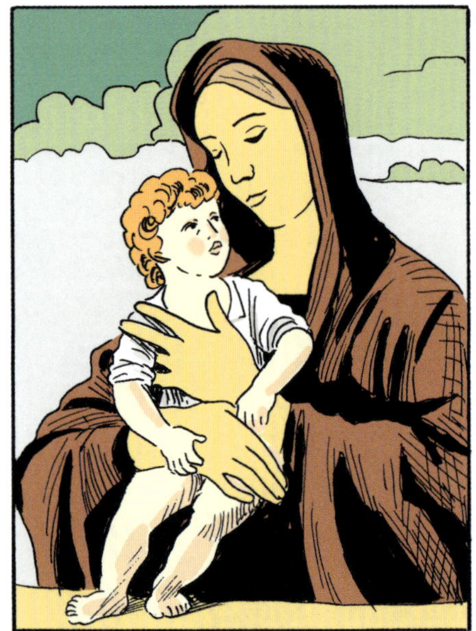
Madonna mit Kind, Giovanni Bellini

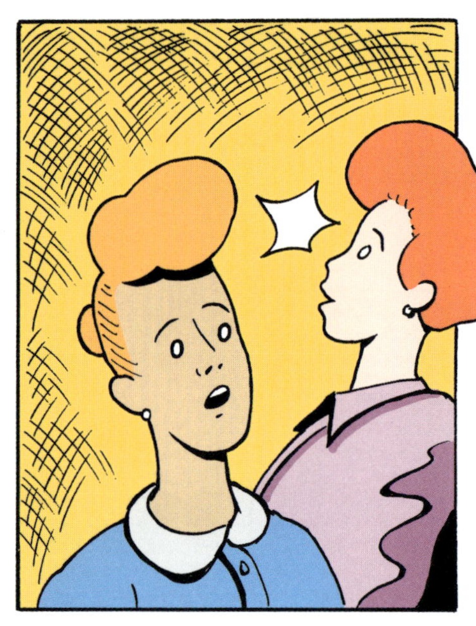

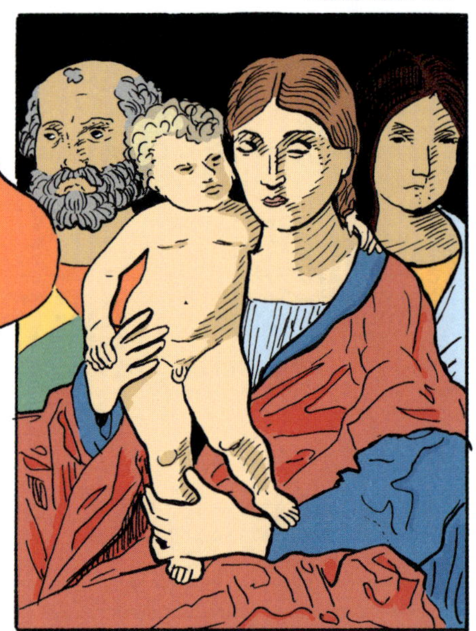
Heilige Familie, Andrea Mantegna

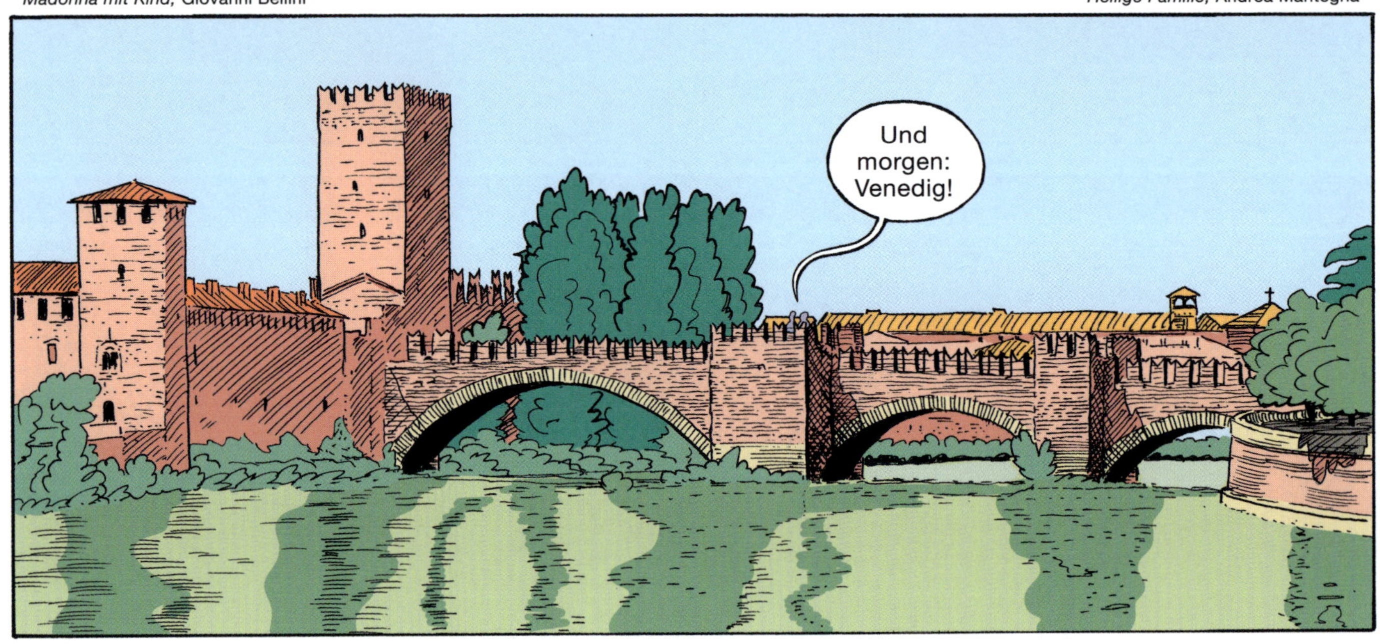

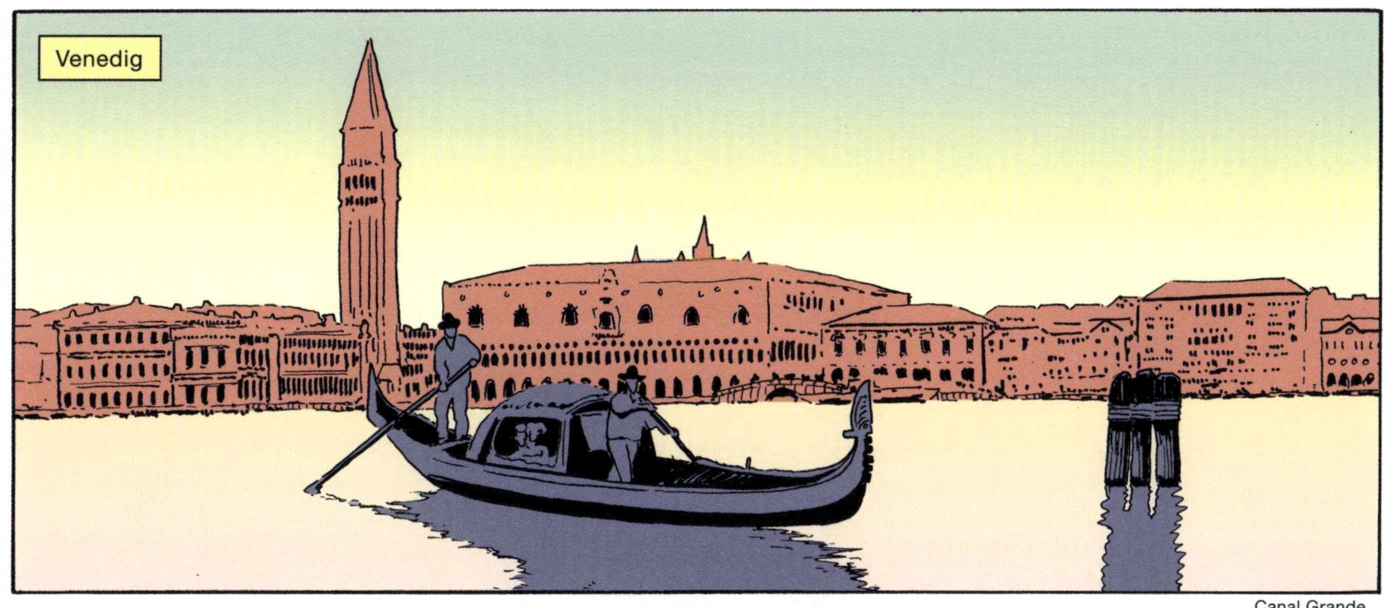

Canal Grande

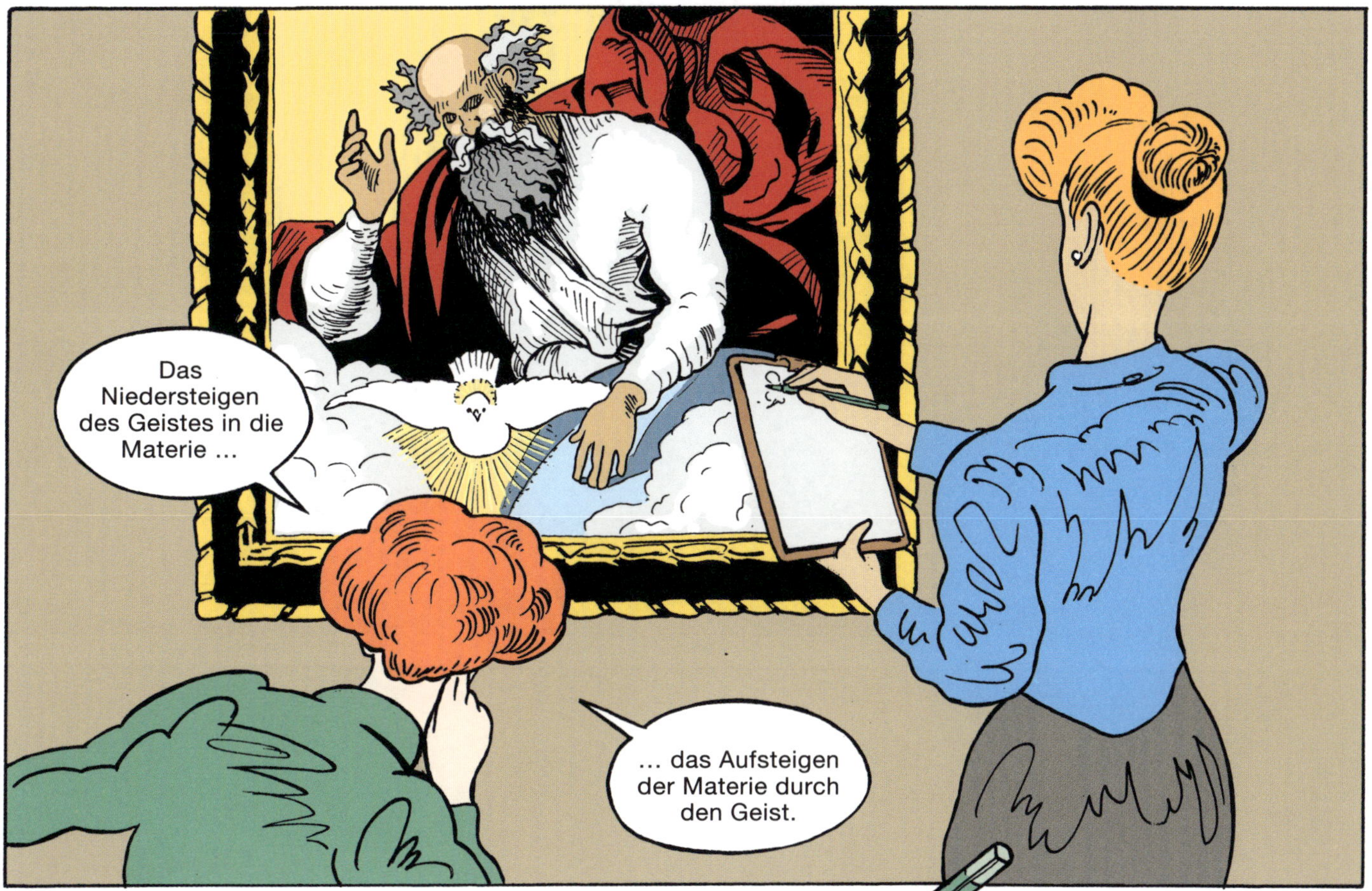

Das Niedersteigen des Geistes in die Materie …

… das Aufsteigen der Materie durch den Geist.

Ewiger Vater, Ludovico Mazzolino

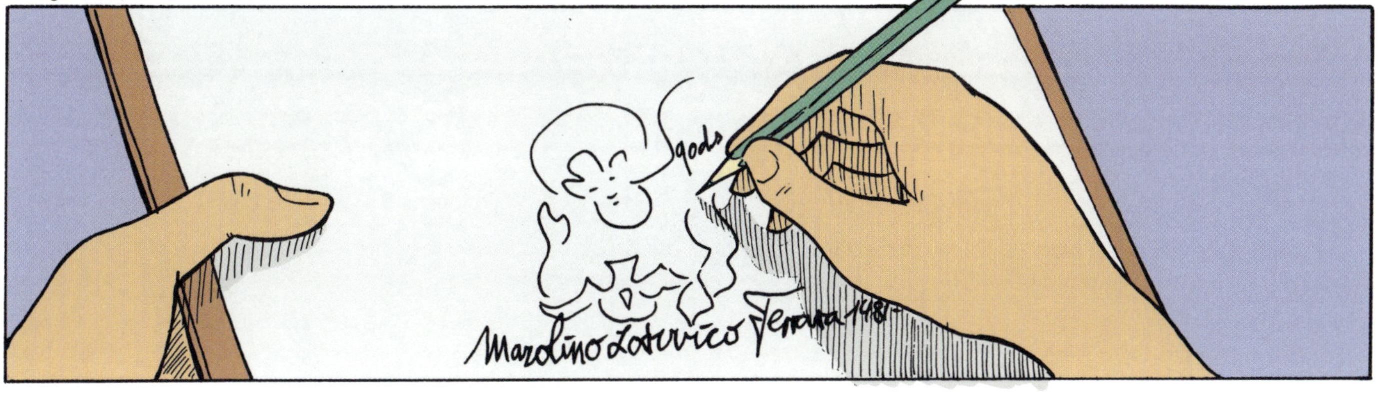

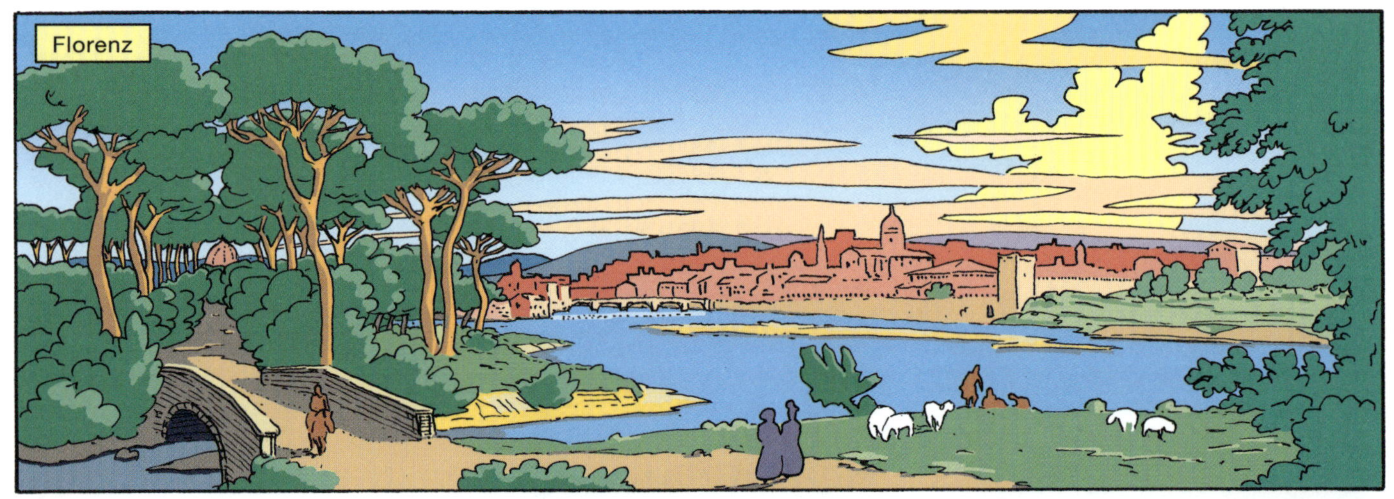

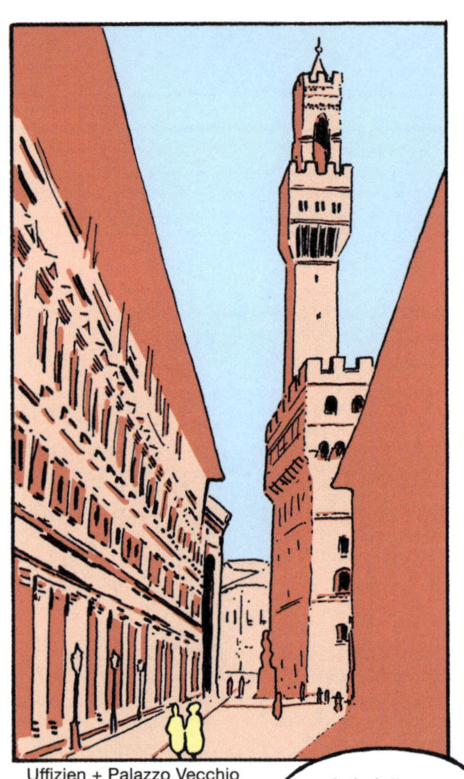

Uffizien + Palazzo Vecchio

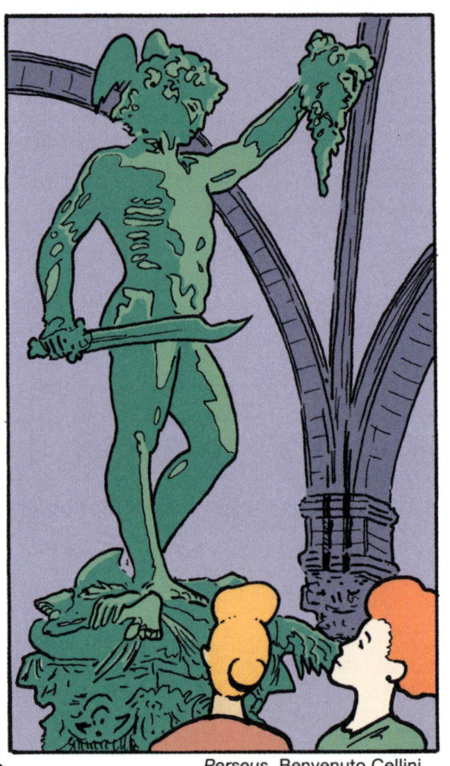

Perseus, Benvenuto Cellini

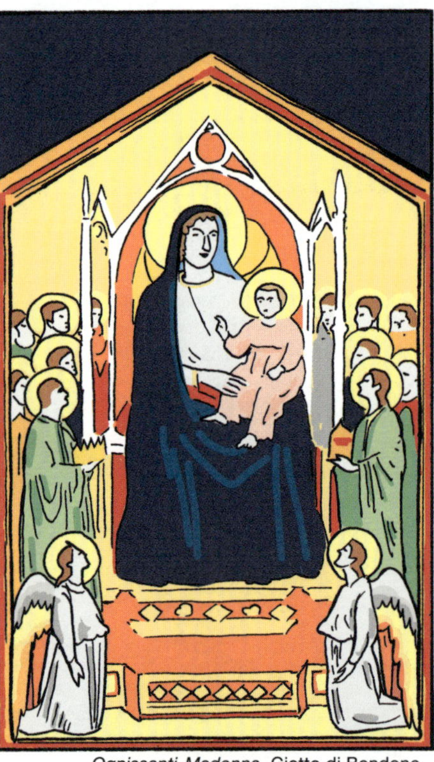

Ognissanti-Madonna, Giotto di Bondone

Ich hätte auch Lust, so große Bilder zu malen!

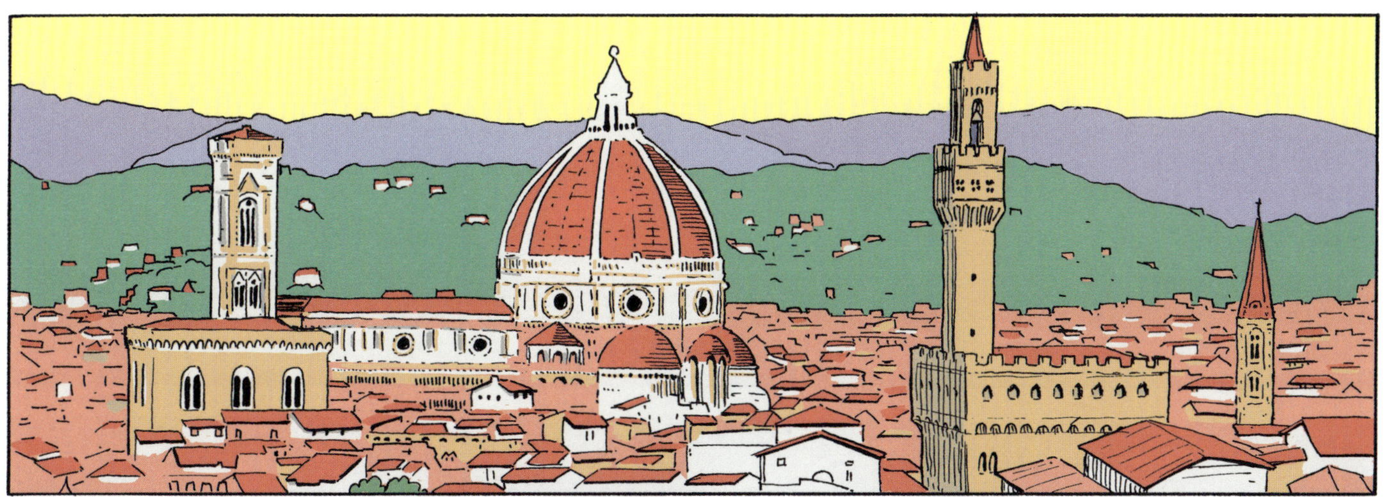

Kathedrale Santa Maria del Fiore

Palazzo Vecchio

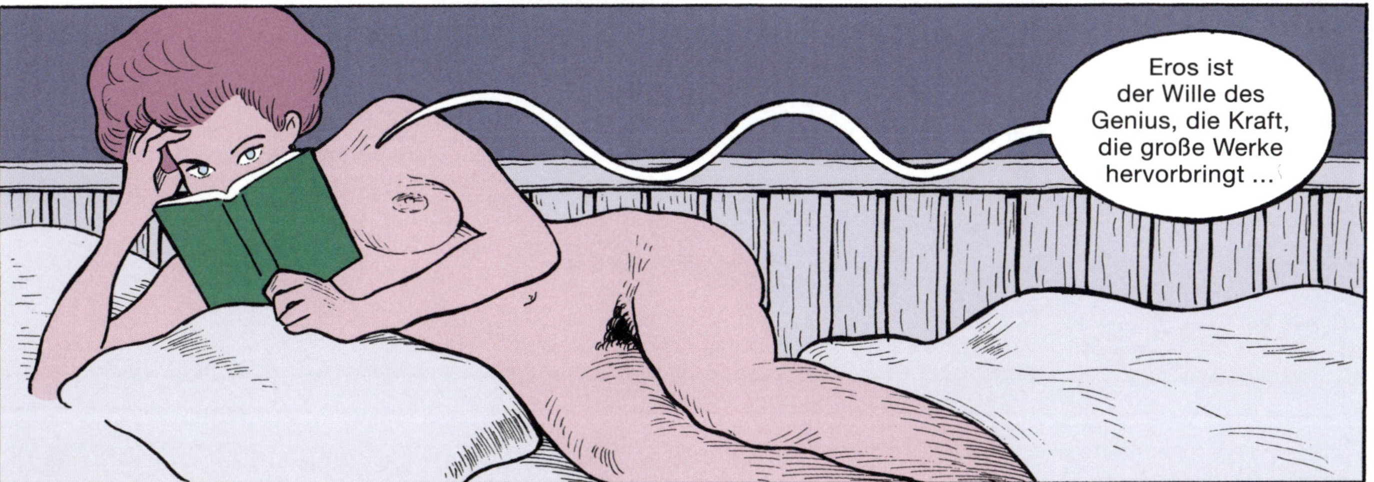

Die Geheimlehre, Helena P. Blavatsky

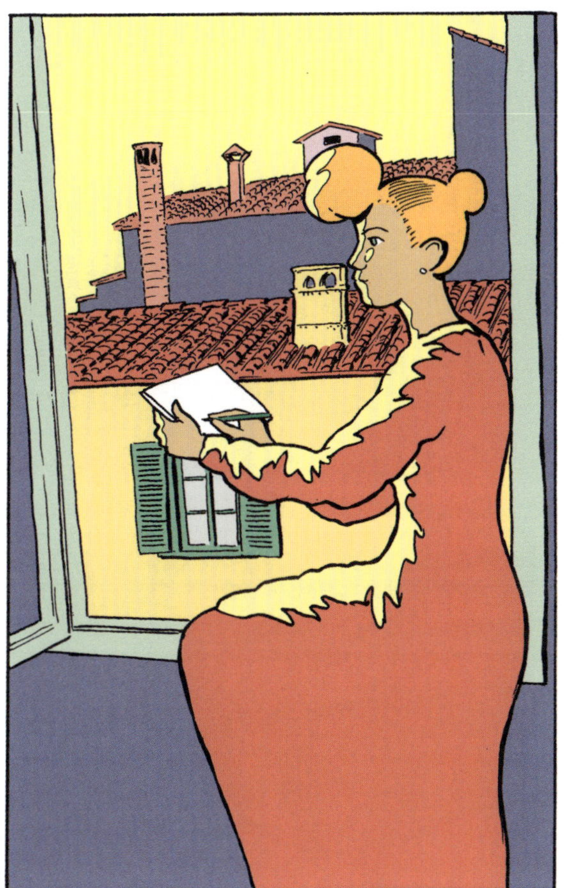

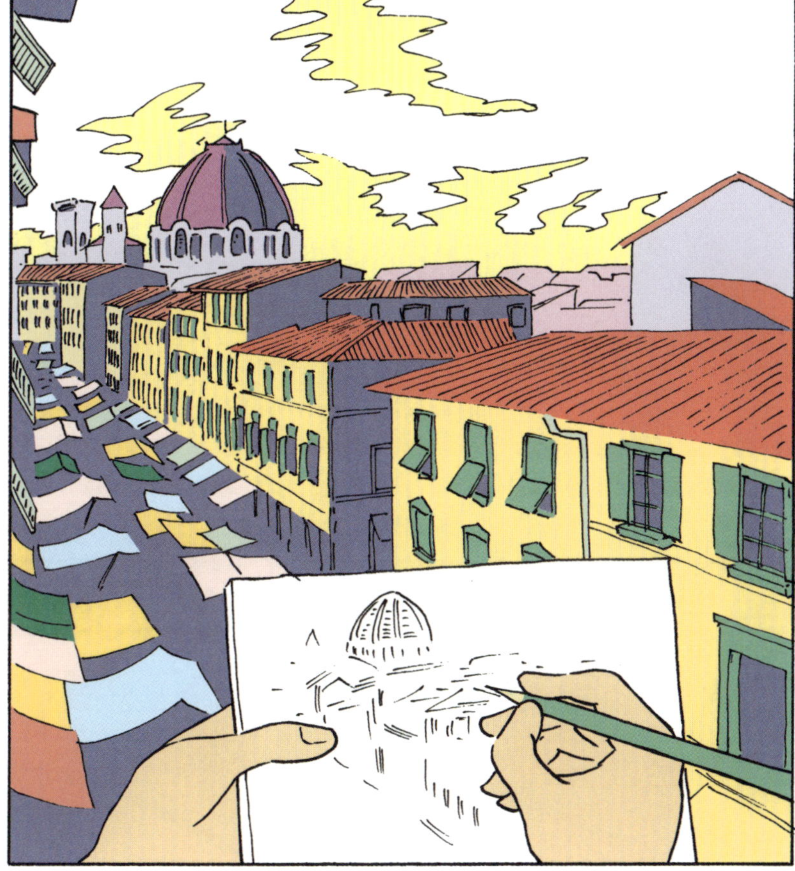

Basilica di San Lorenzo

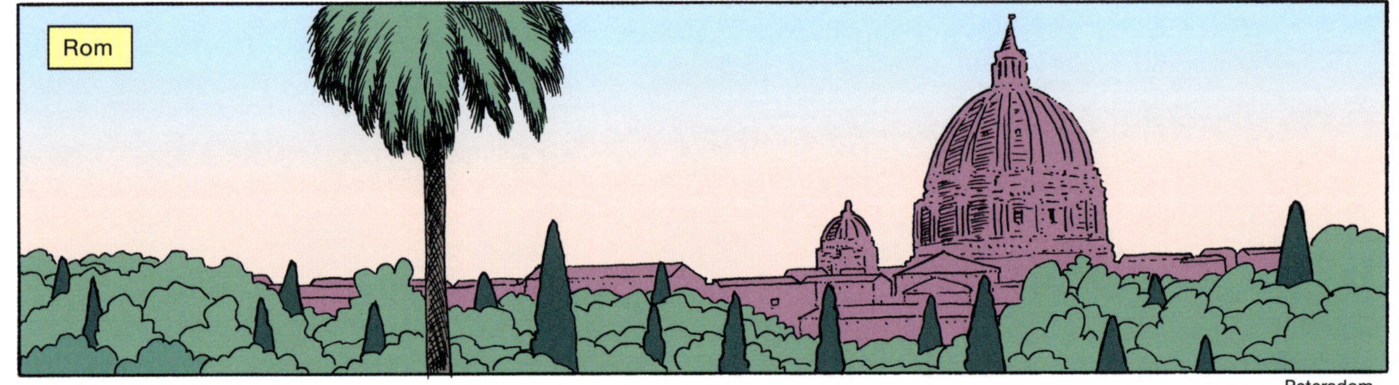

Petersdom

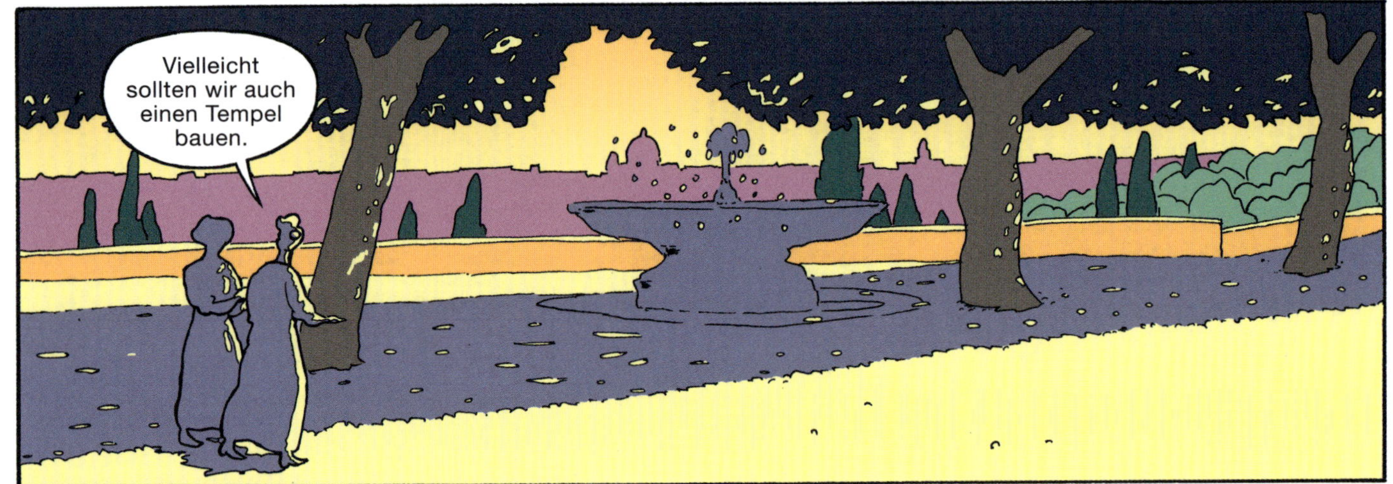

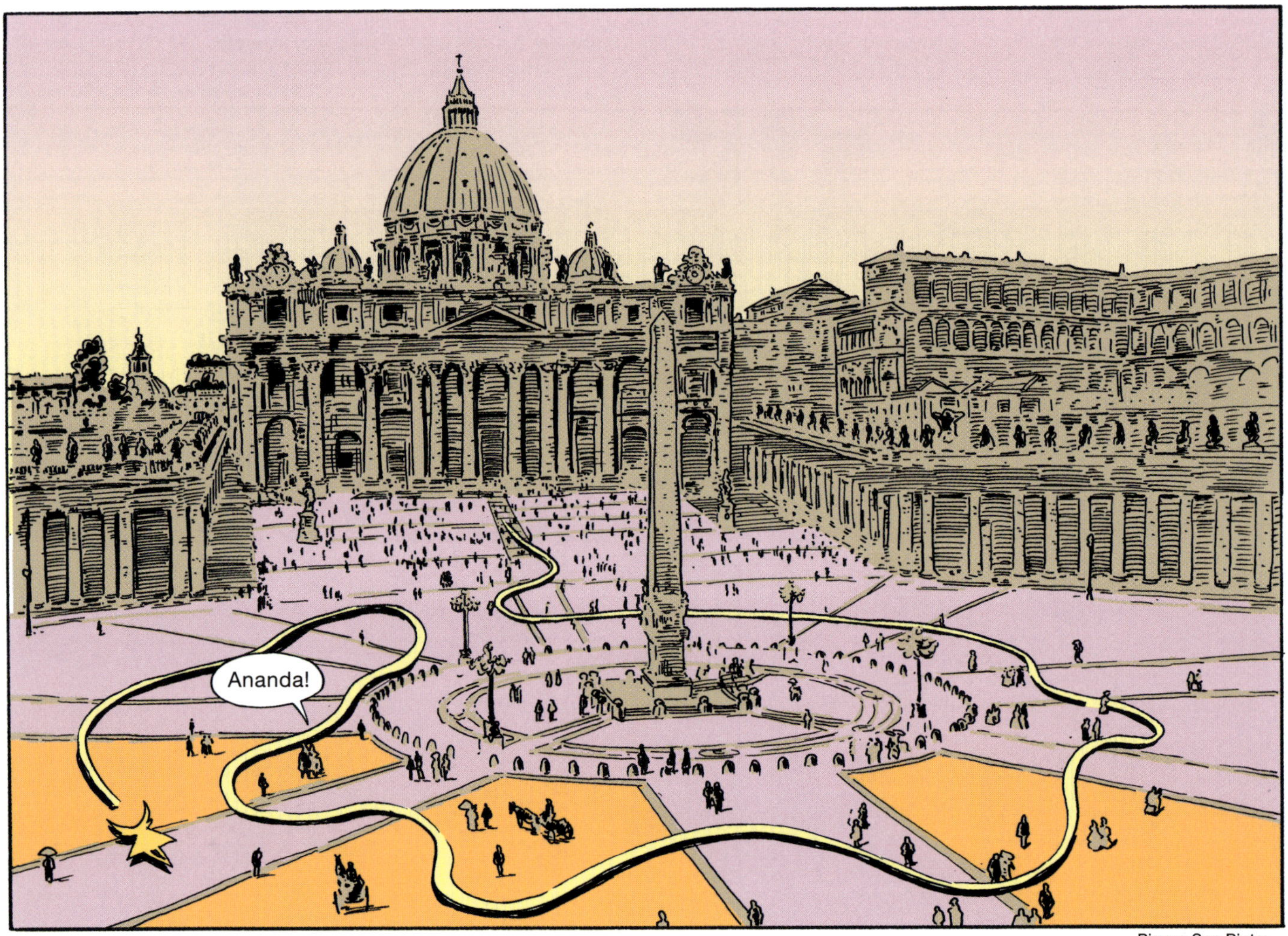

Ananda!

Piazza San Pietro

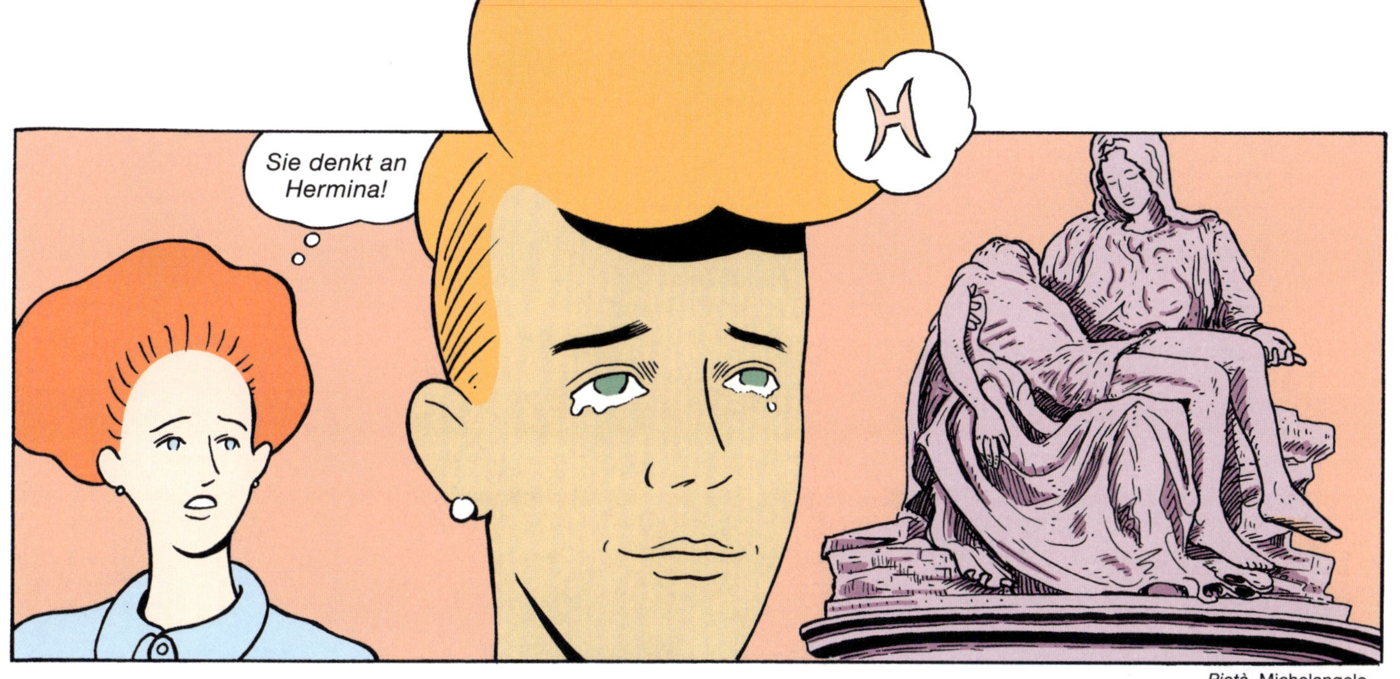

Pietà, Michelangelo

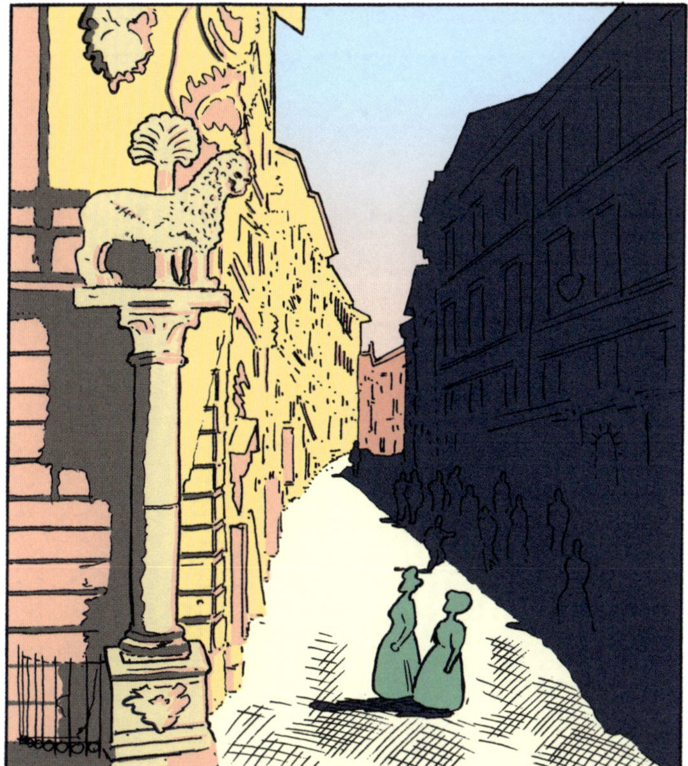

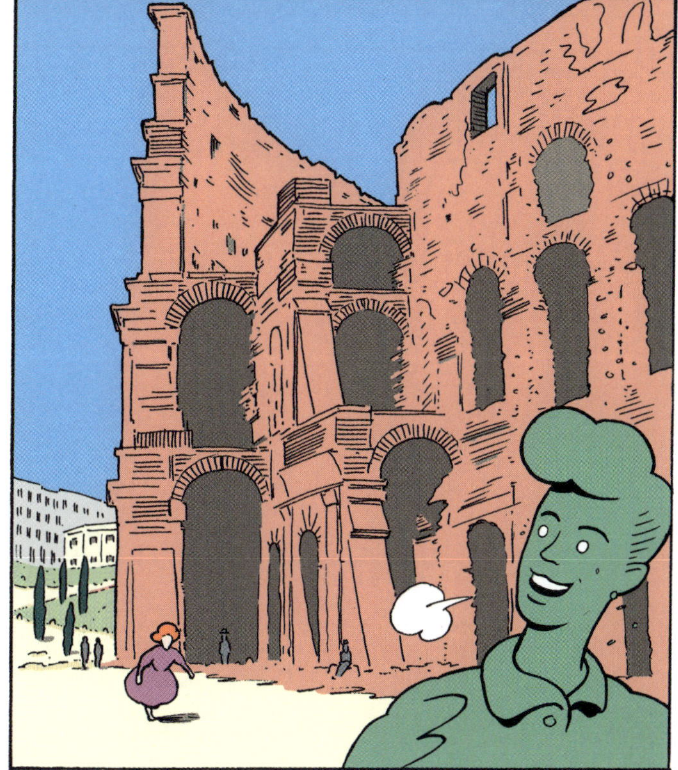

Kolosseum

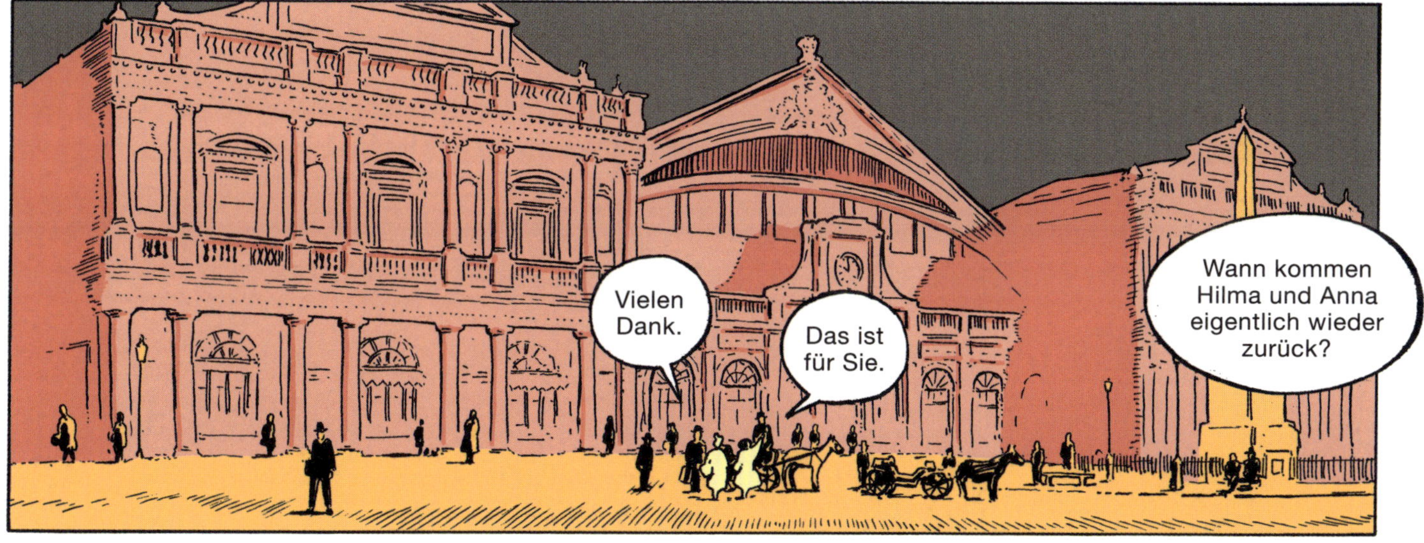

Bahnhof Roma Termini

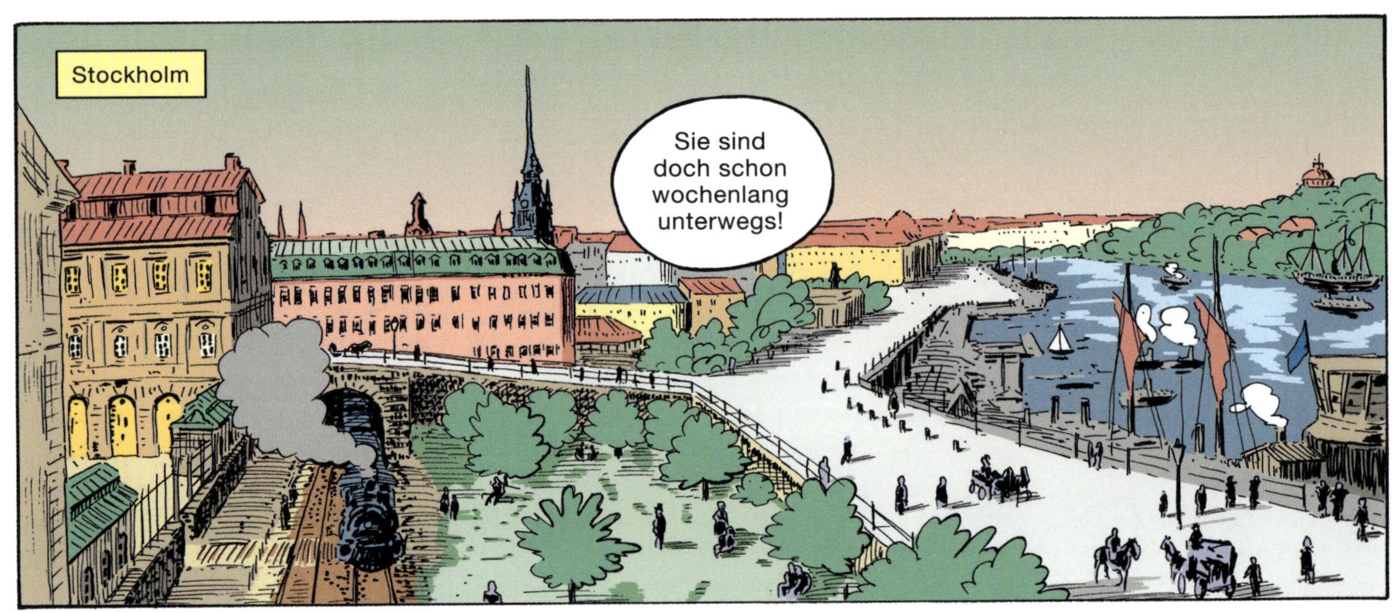

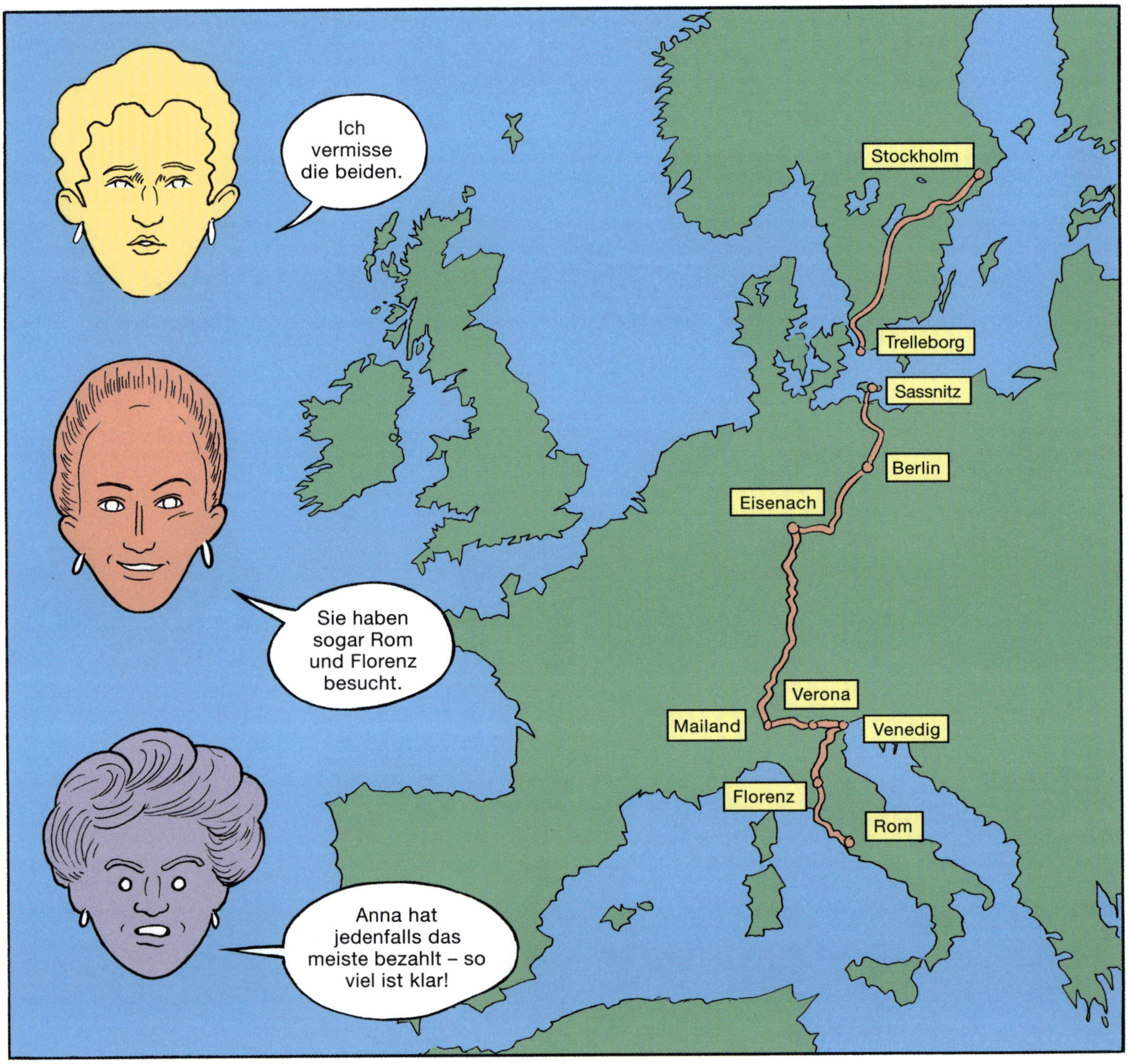

Ich vermisse die beiden.

Stockholm
Trelleborg
Sassnitz
Berlin
Eisenach
Verona
Mailand
Venedig
Florenz
Rom

Sie haben sogar Rom und Florenz besucht.

Anna hat jedenfalls das meiste bezahlt – so viel ist klar!

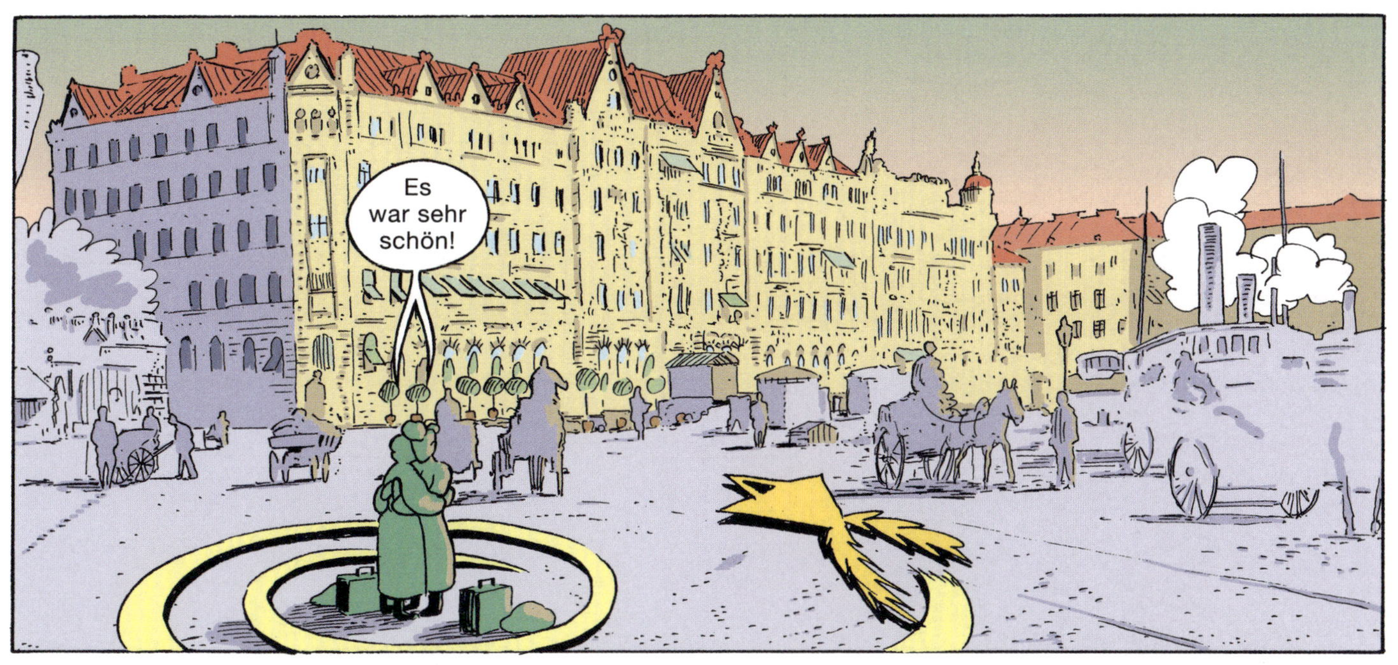
Es war sehr schön!

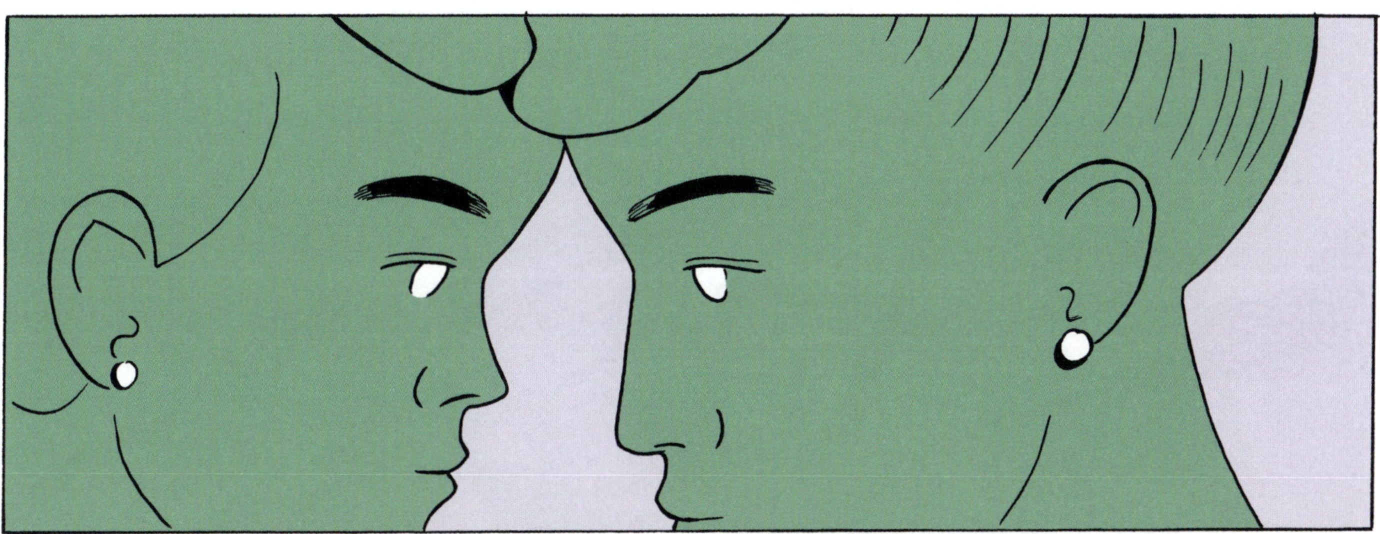

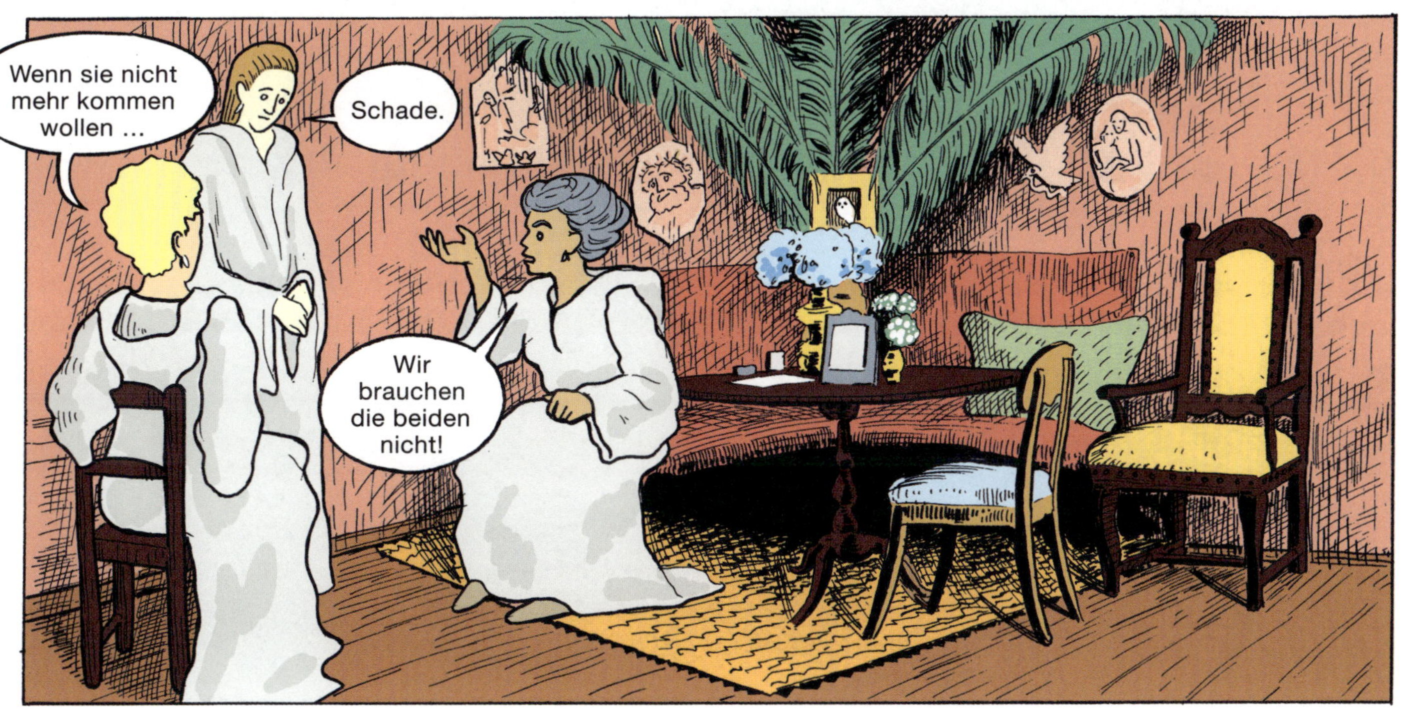
Wenn sie nicht mehr kommen wollen …
Schade.
Wir brauchen die beiden nicht!

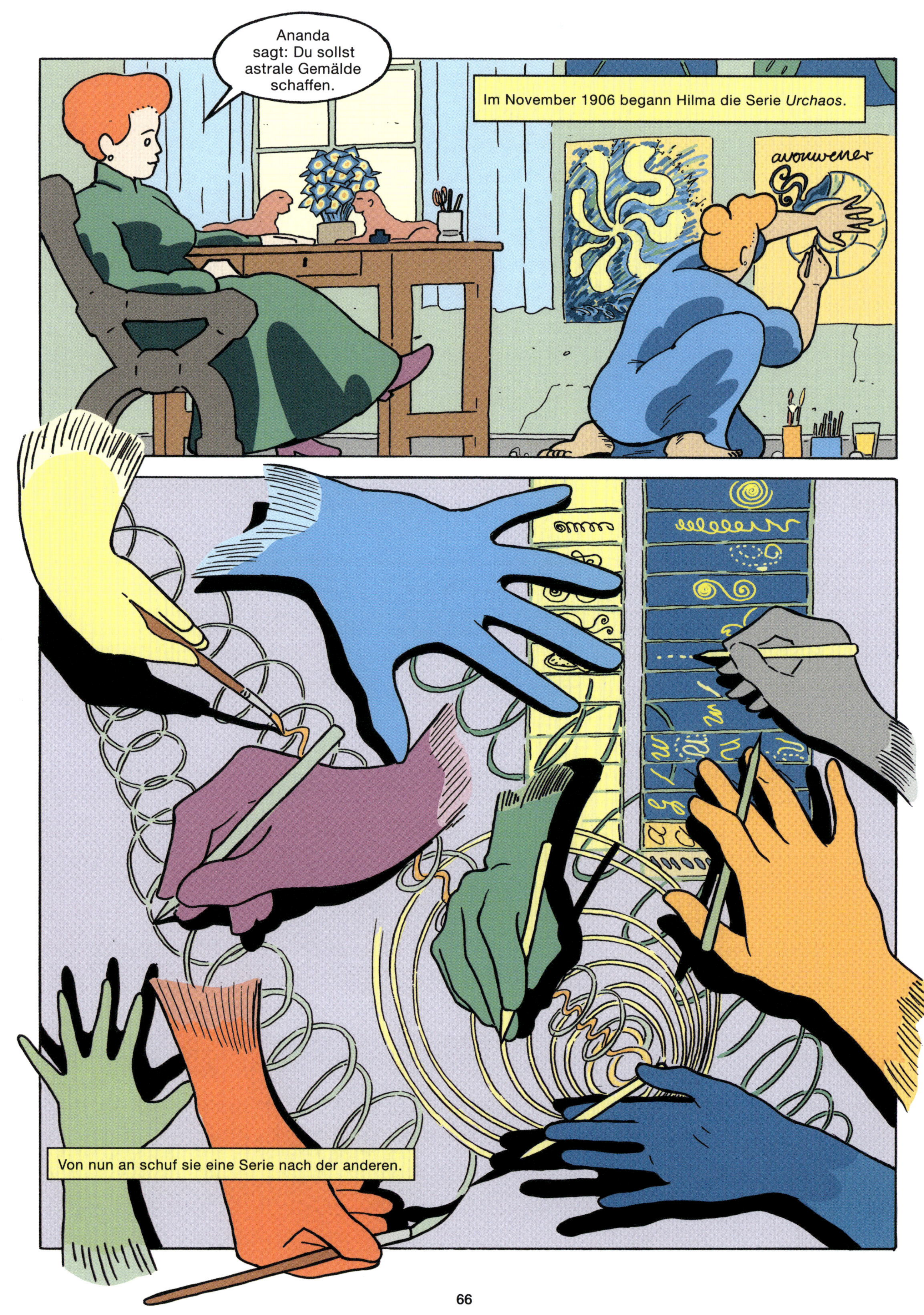
Ananda sagt: Du sollst astrale Gemälde schaffen.
Im November 1906 begann Hilma die Serie *Urchaos*.
Von nun an schuf sie eine Serie nach der anderen.

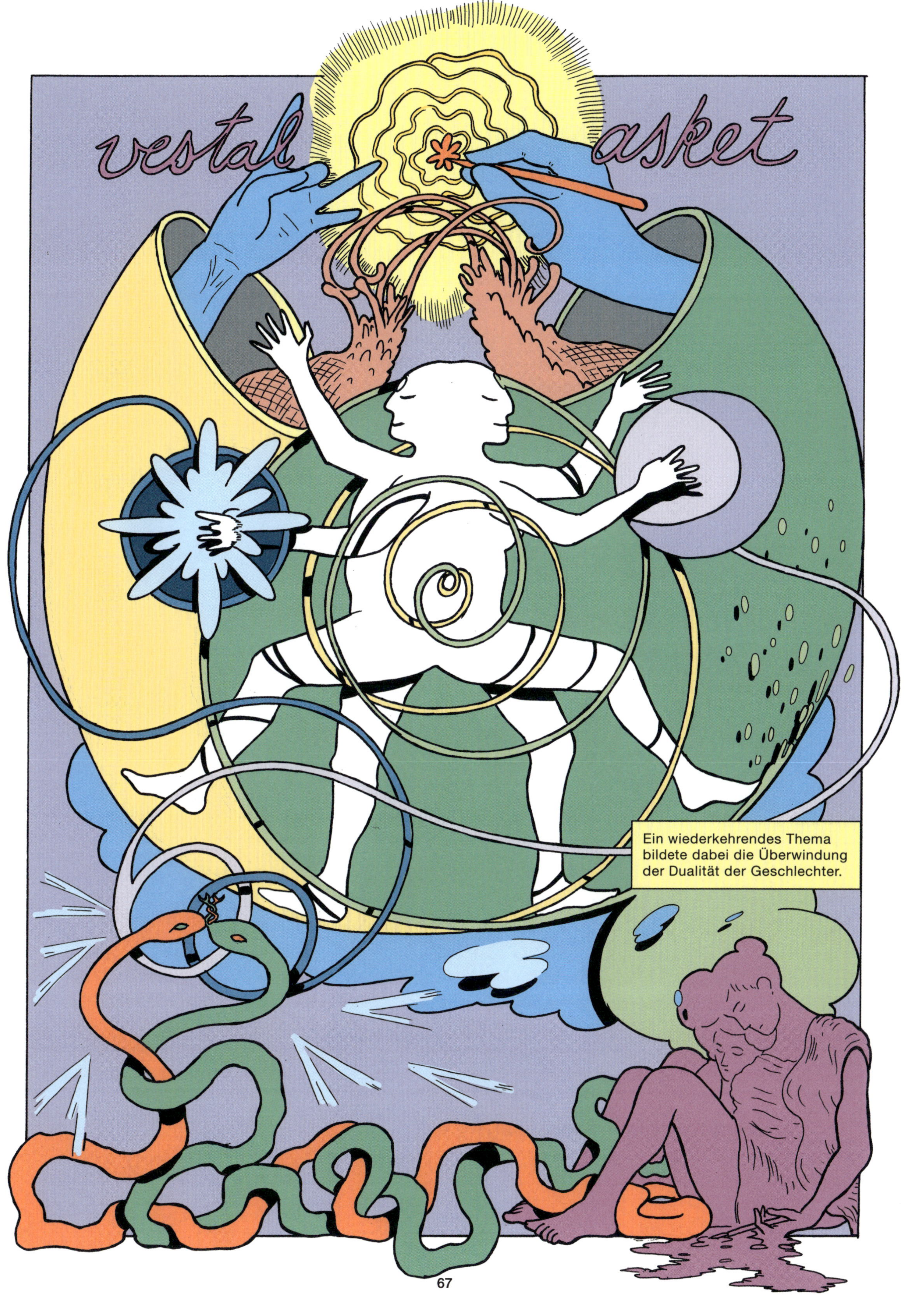
vestal
asket
Ein wiederkehrendes Thema
bildete dabei die Überwindung
der Dualität der Geschlechter.

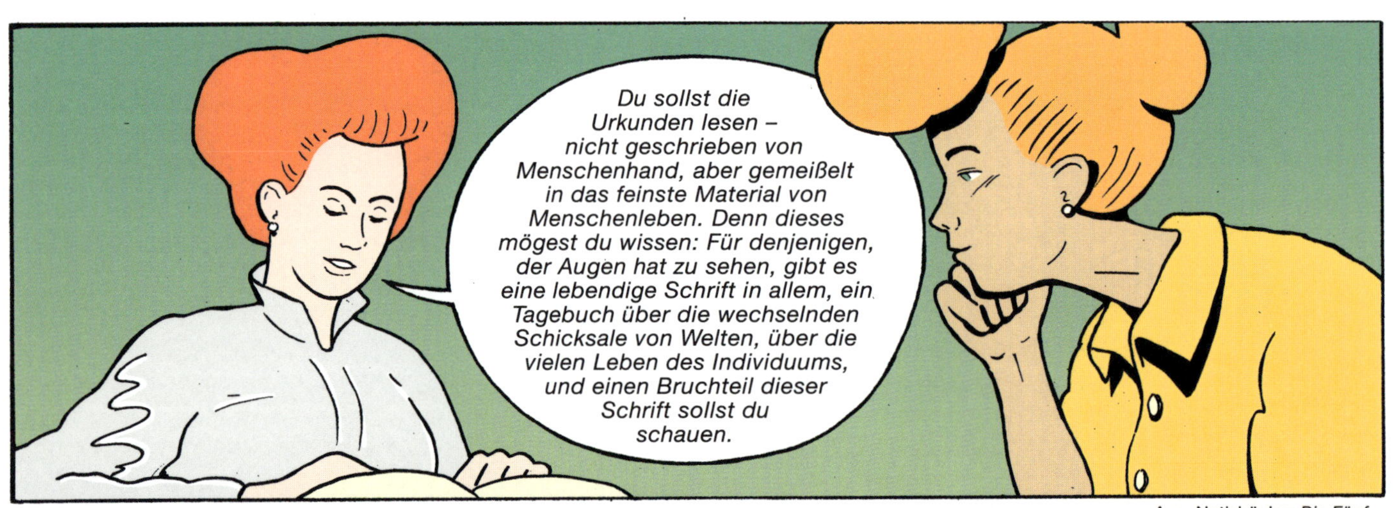

Aus: Notizbücher *Die Fünf*

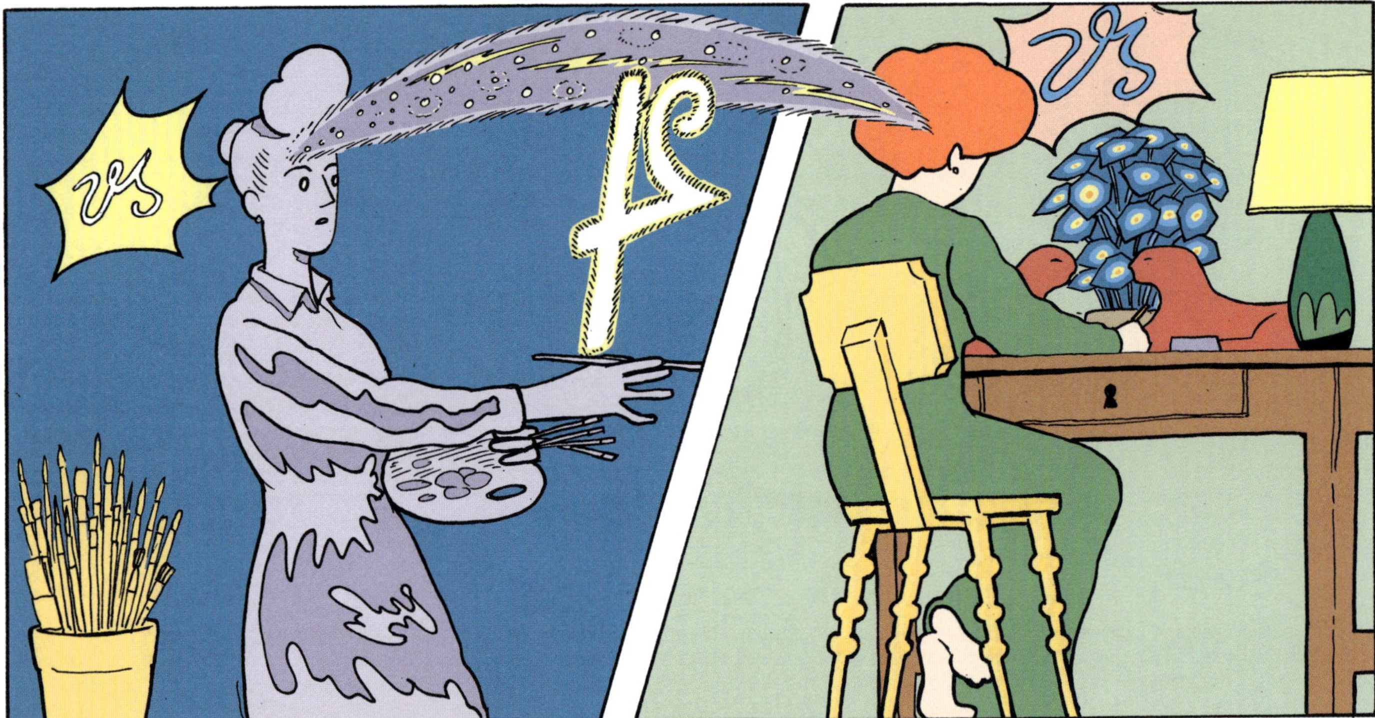

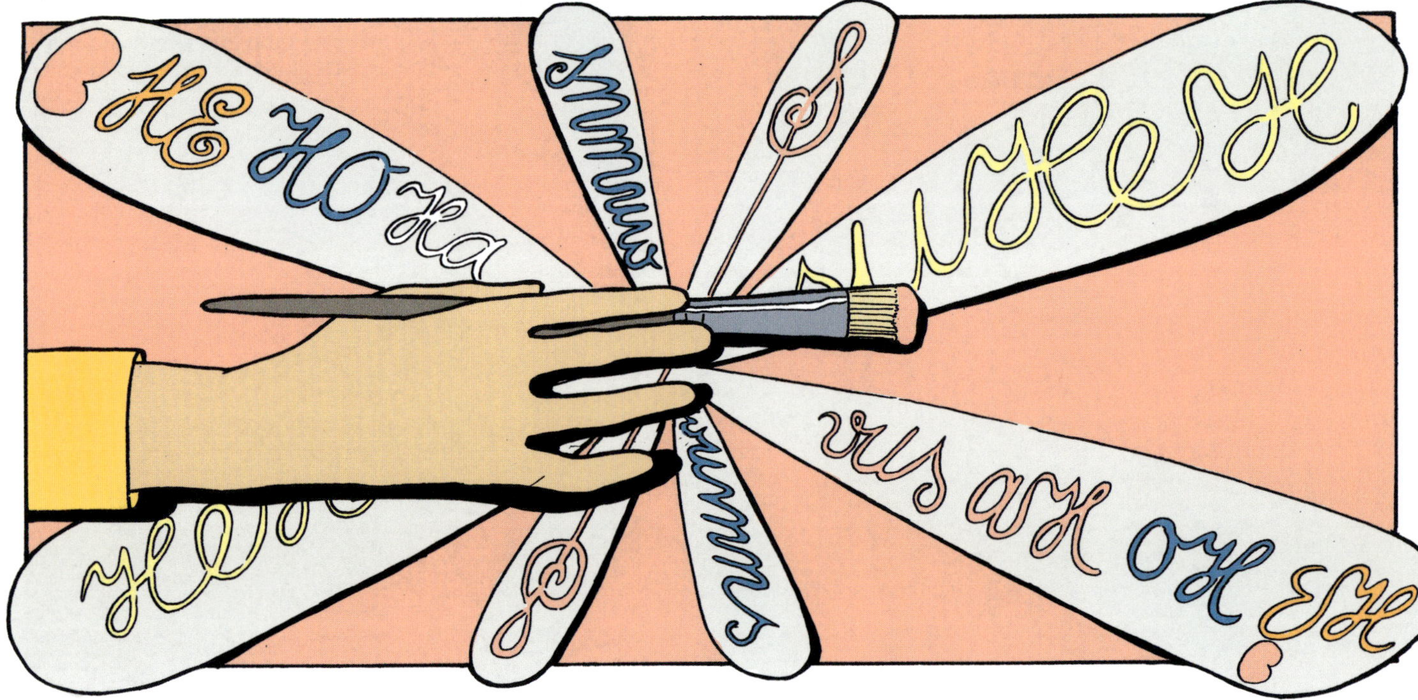

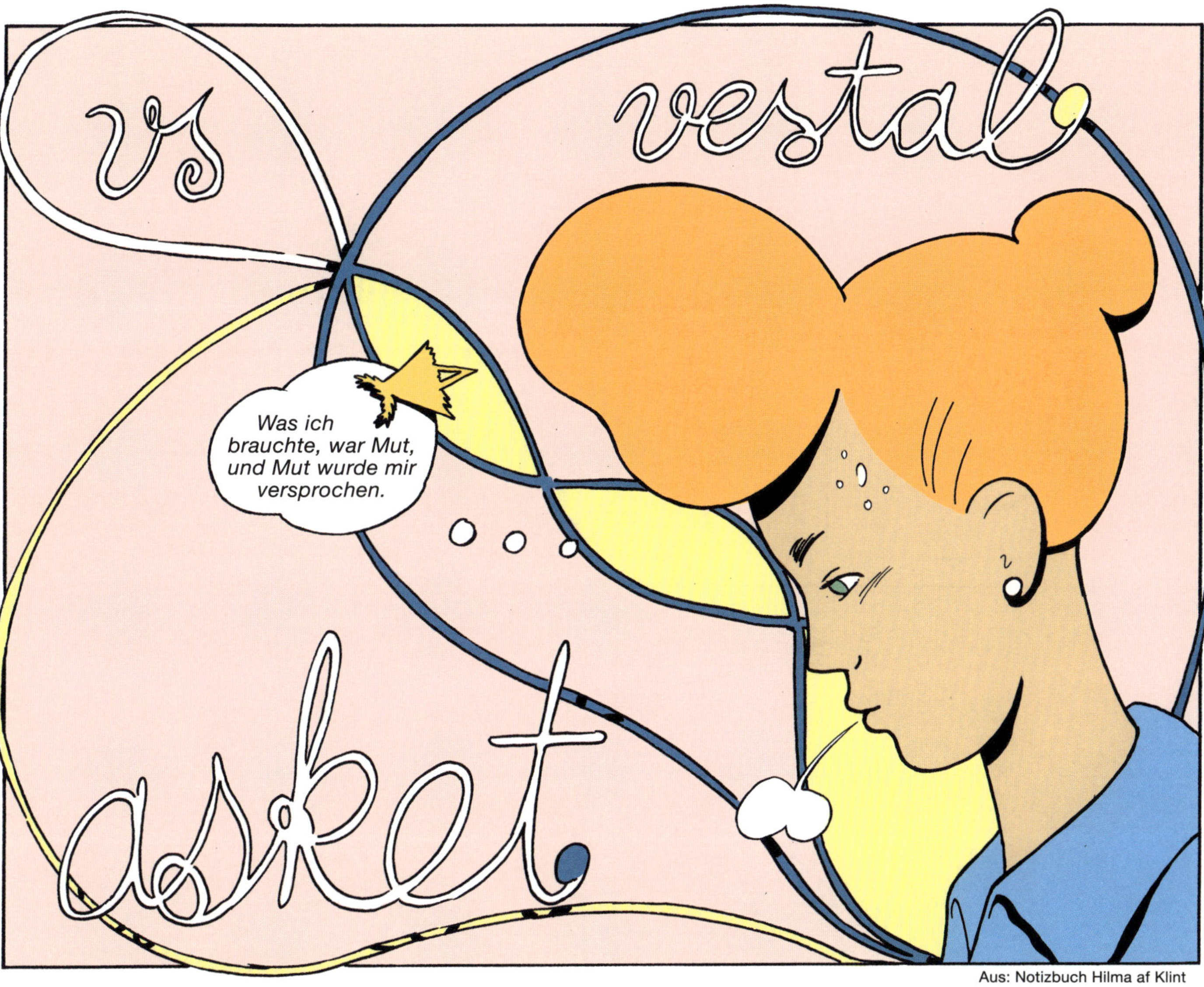

vs

vestal

Was ich brauchte, war Mut, und Mut wurde mir versprochen.

asket

Aus: Notizbuch Hilma af Klint

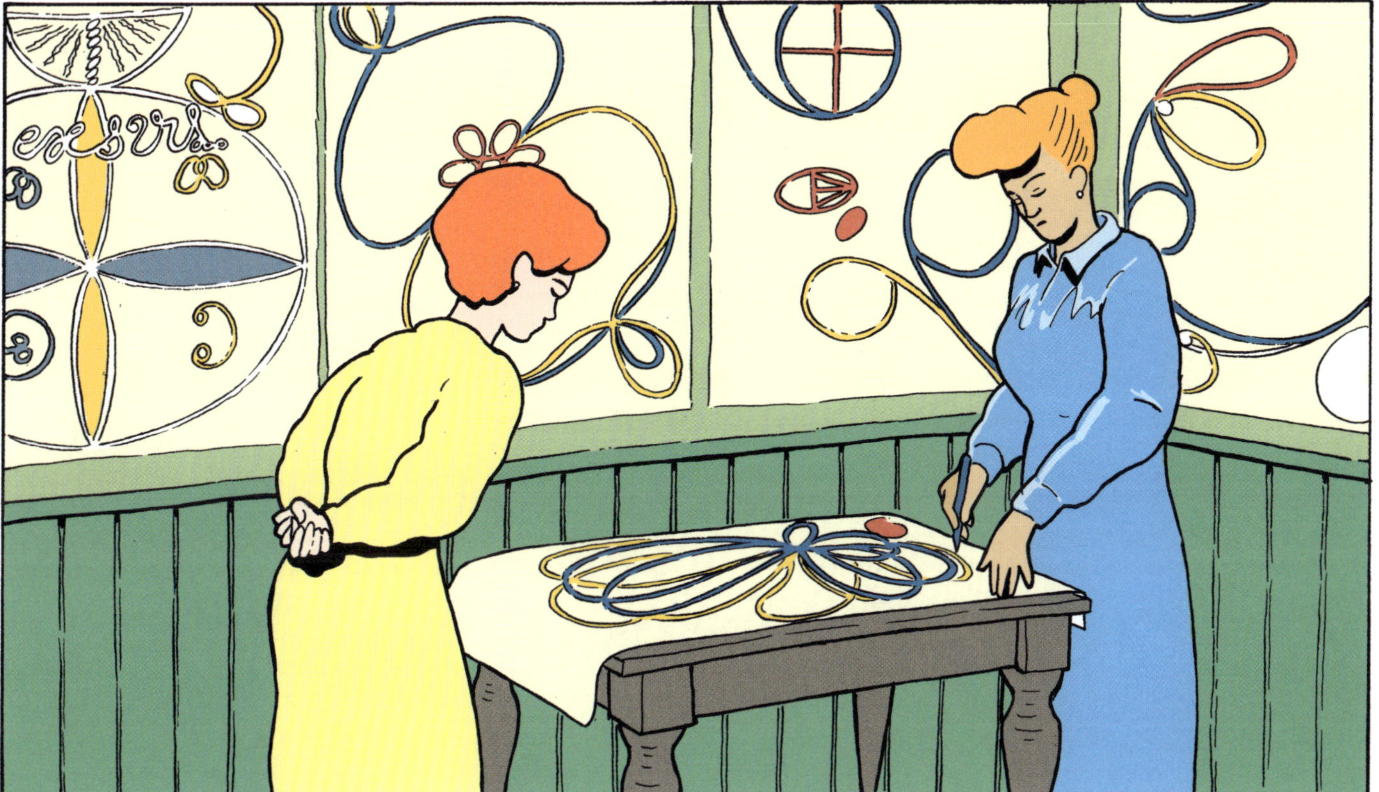

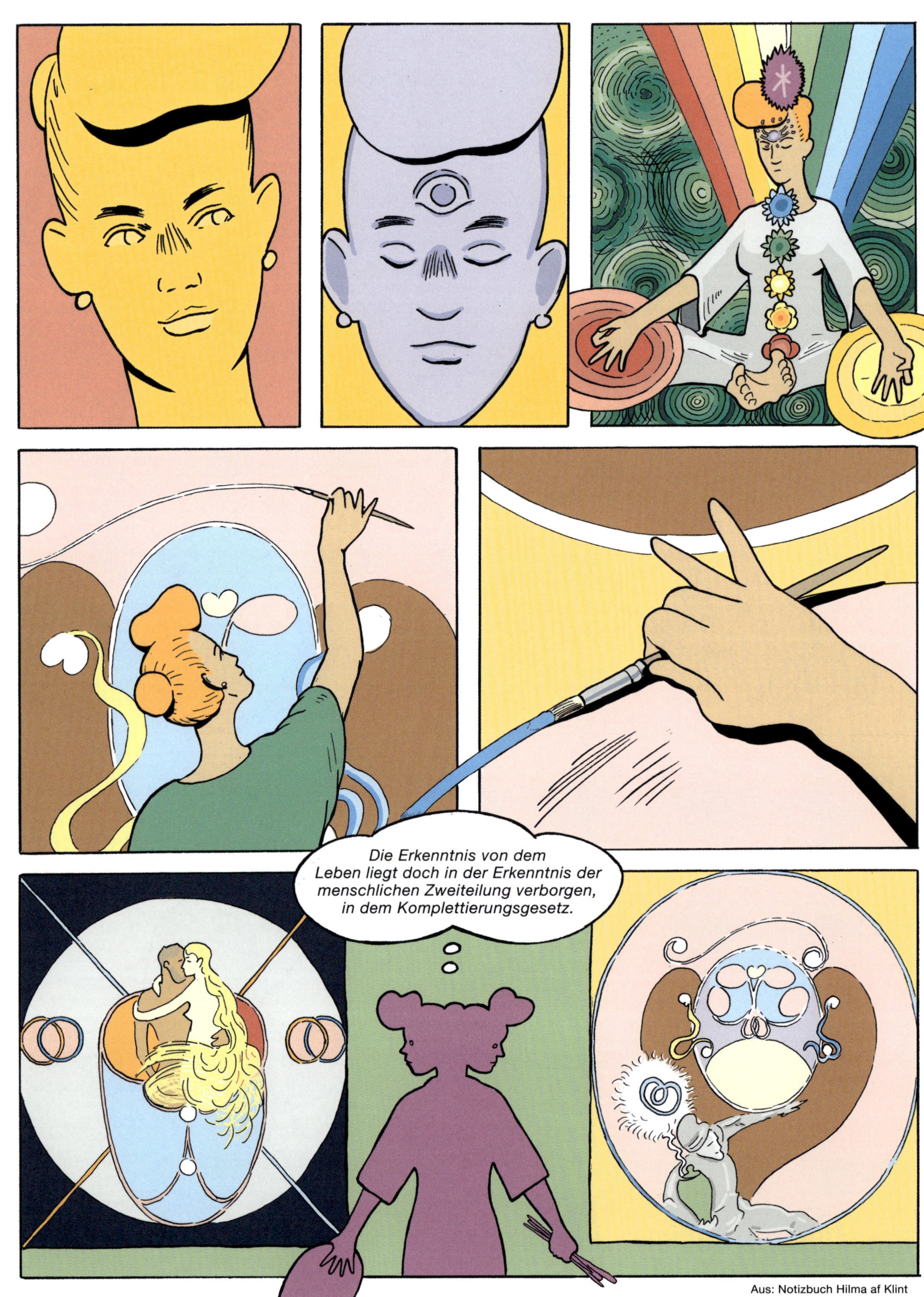

Aus: Notizbuch Hilma af Klint

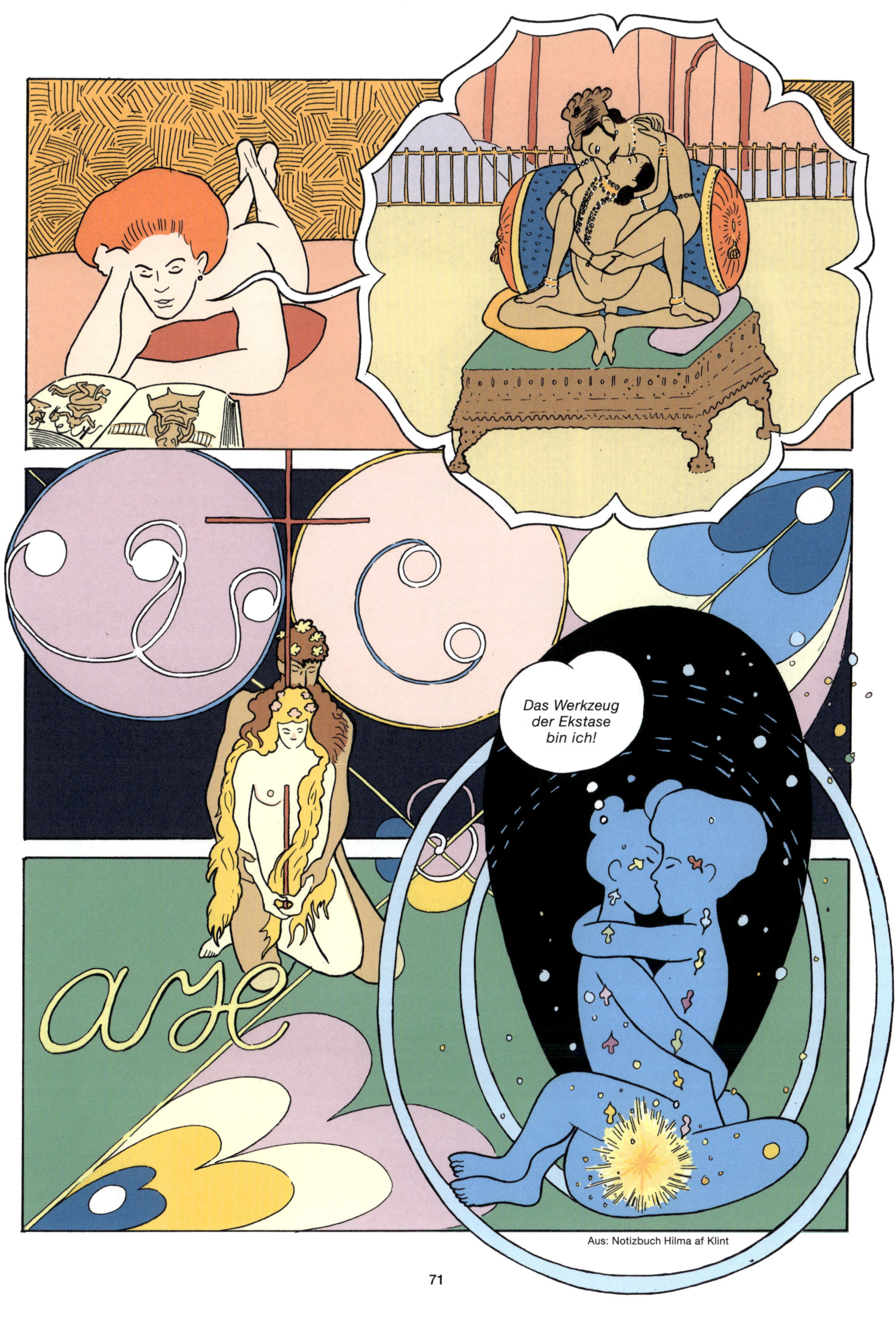
Das Werkzeug
der Ekstase
bin ich!
Aus: Notizbuch Hilma af Klint

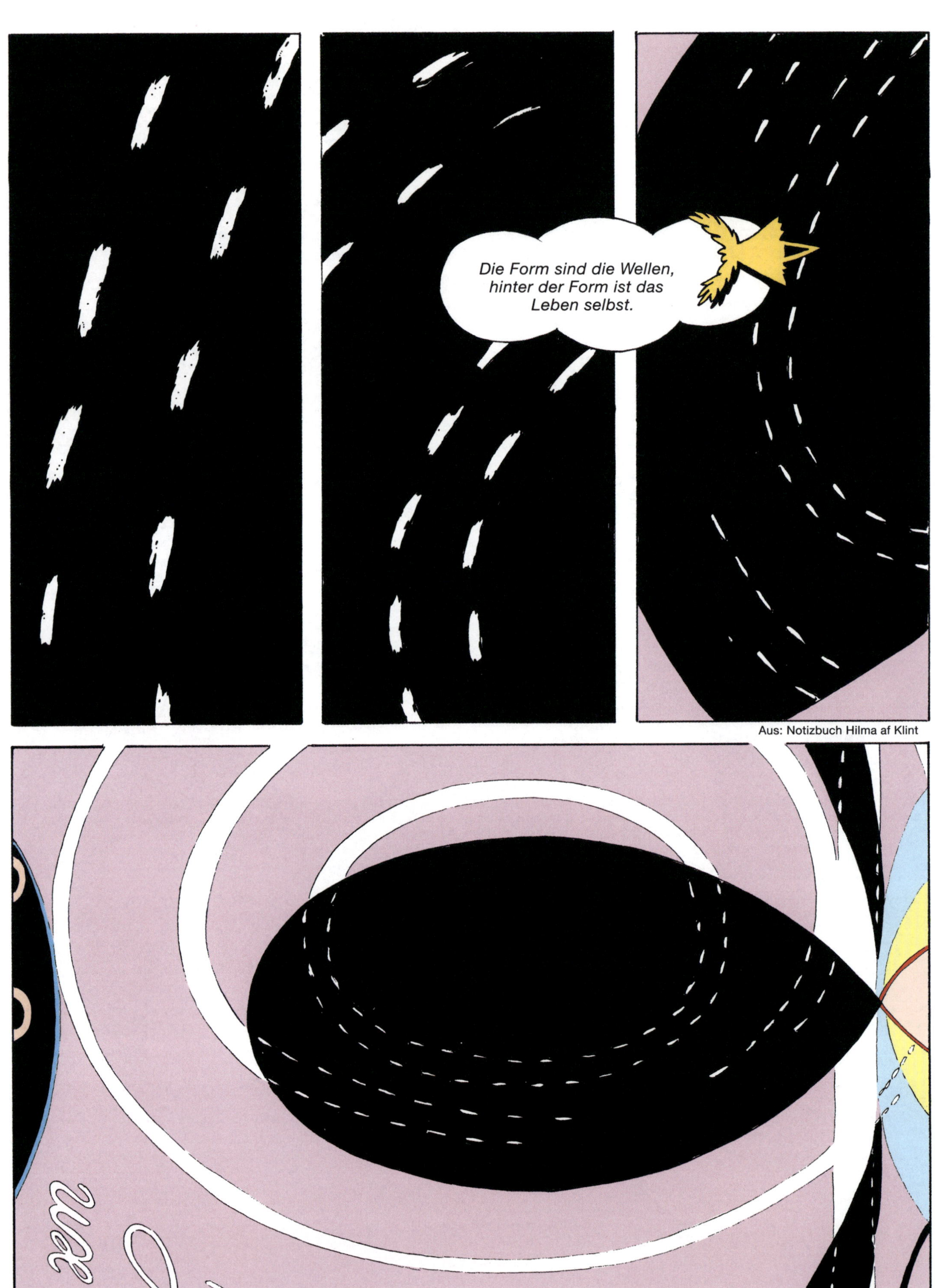
Die Form sind die Wellen, hinter der Form ist das Leben selbst.
Aus: Notizbuch Hilma af Klint

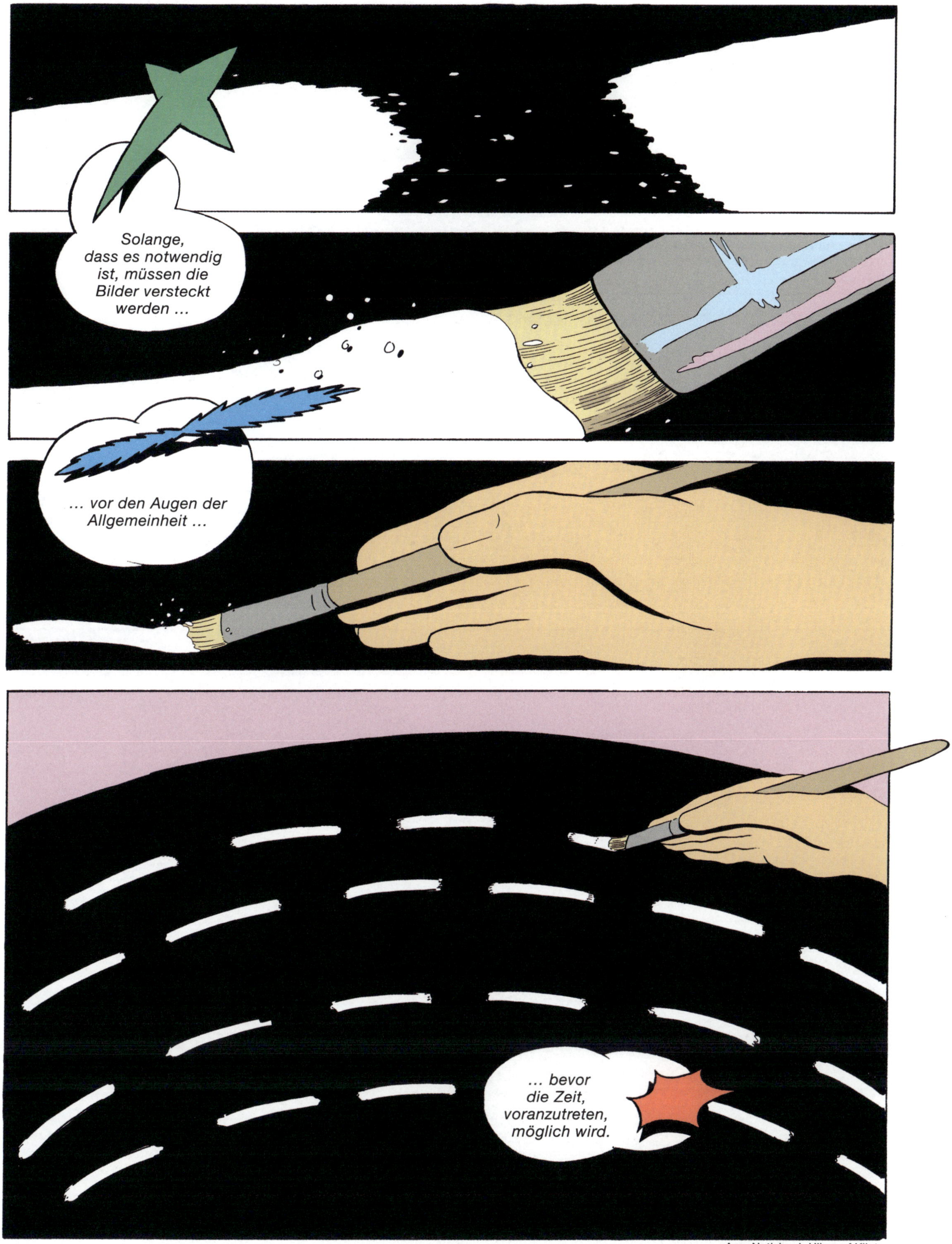

Solange, dass es notwendig ist, müssen die Bilder versteckt werden …
… vor den Augen der Allgemeinheit …
… bevor die Zeit, voranzutreten, möglich wird.

Aus: Notizbuch Hilma af Klint

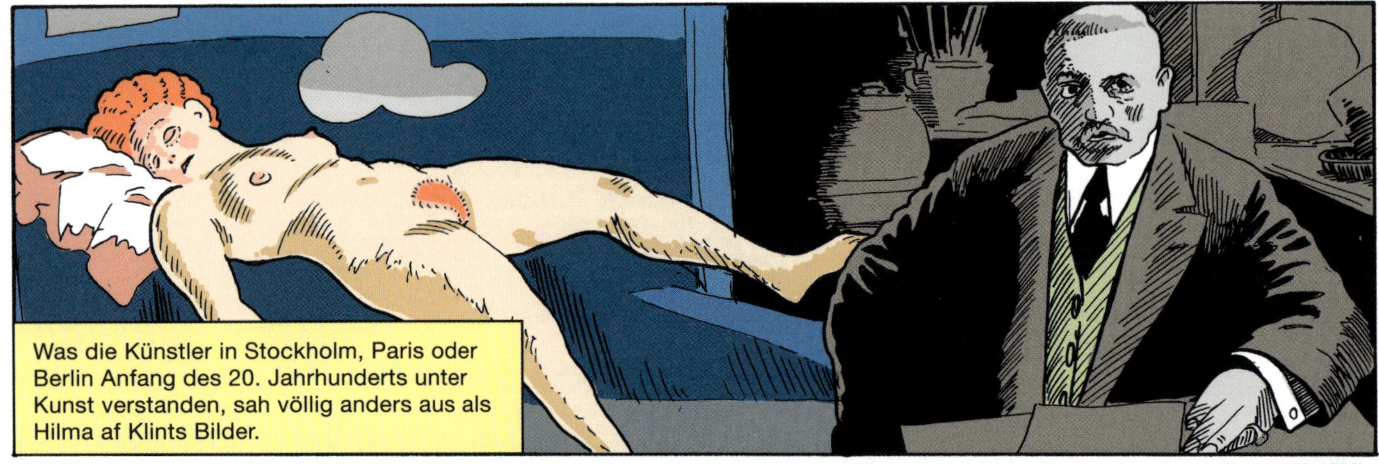

Anders Zorn (1860–1920)

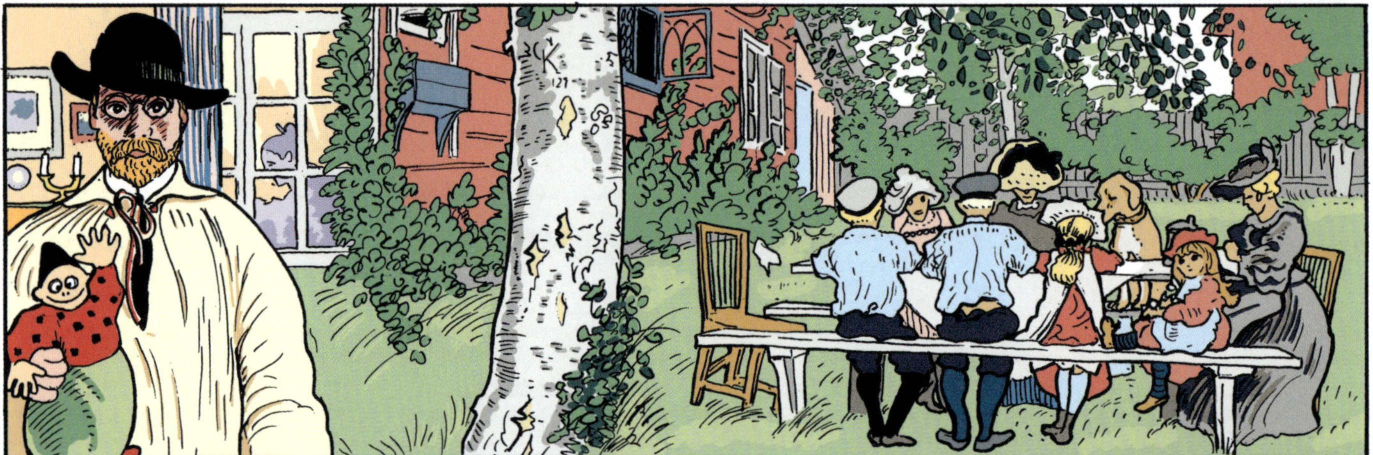

Carl Larsson (1853–1919)

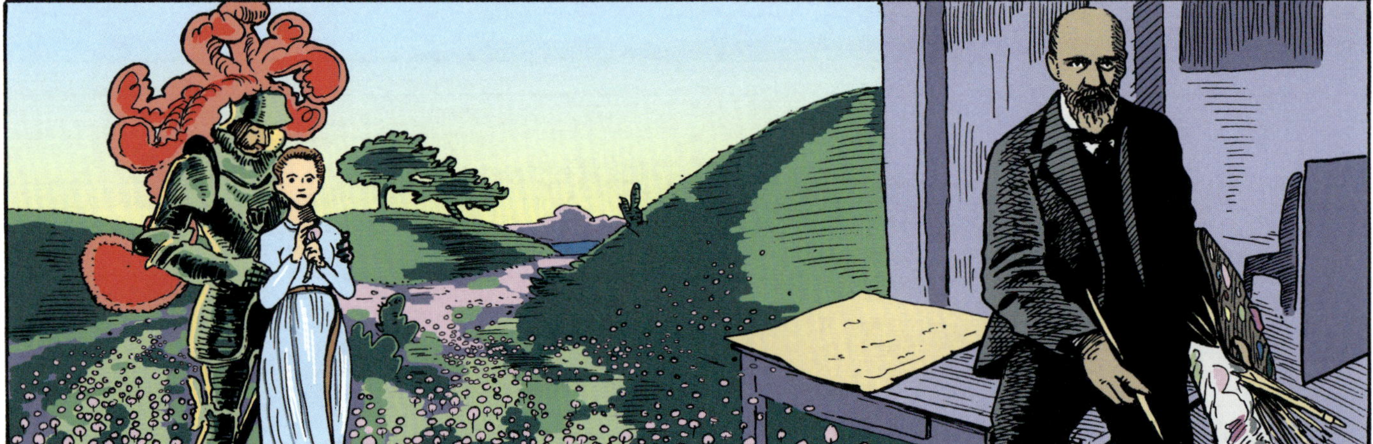

Richard Bergh (1858–1919)

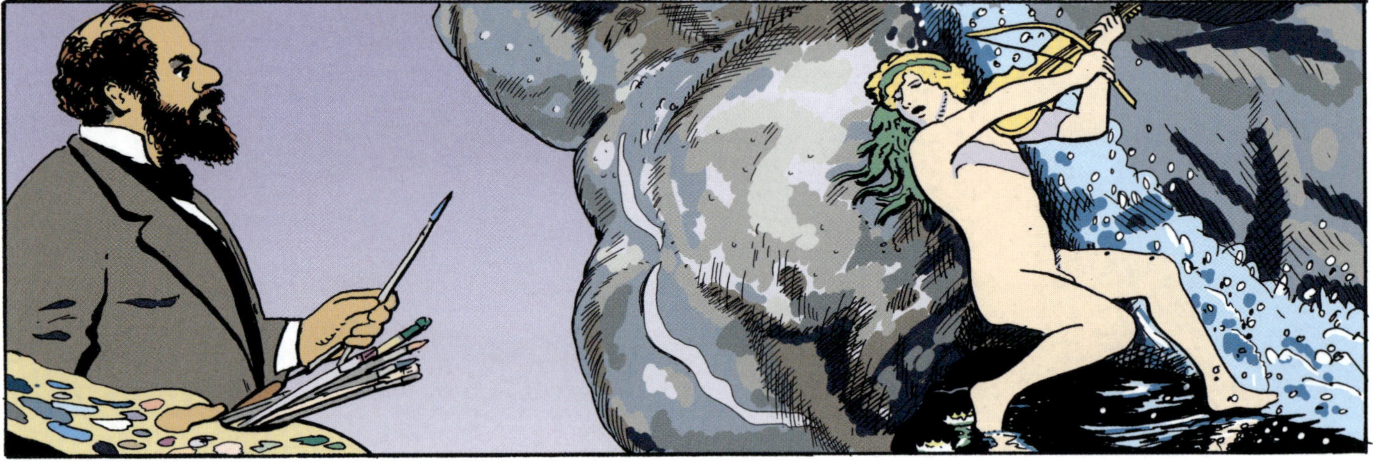

Ernst Josephson (1851–1906)

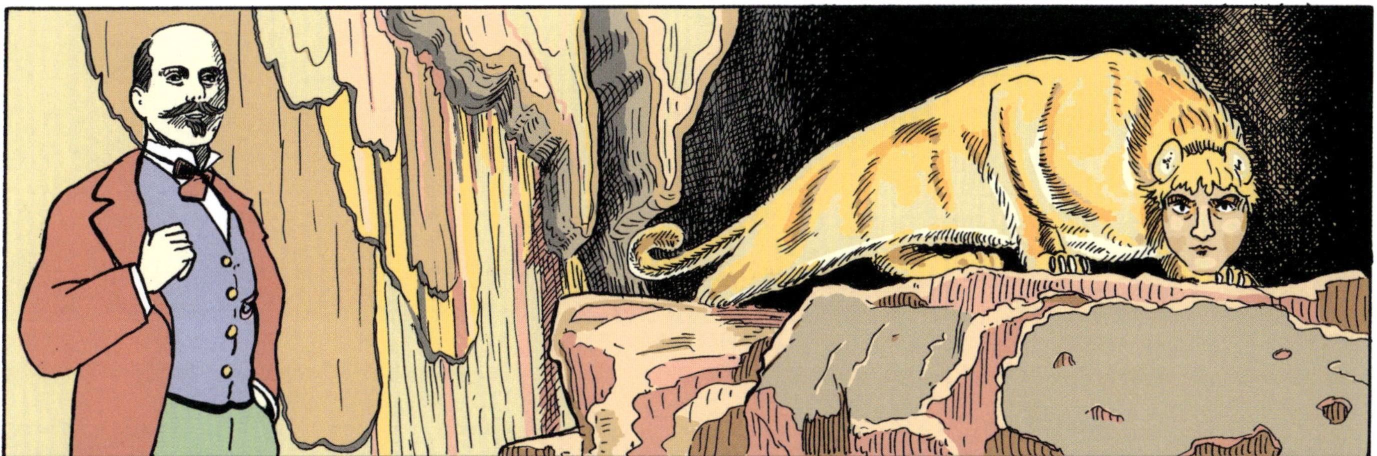
Georg von Rosen (1843–1923)

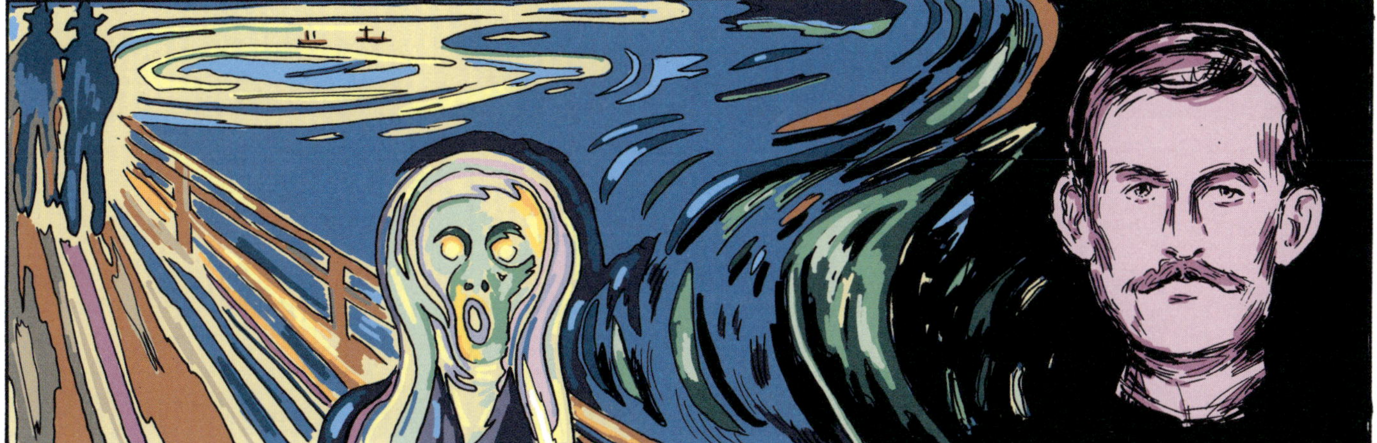
Edvard Munch (1863–1944)

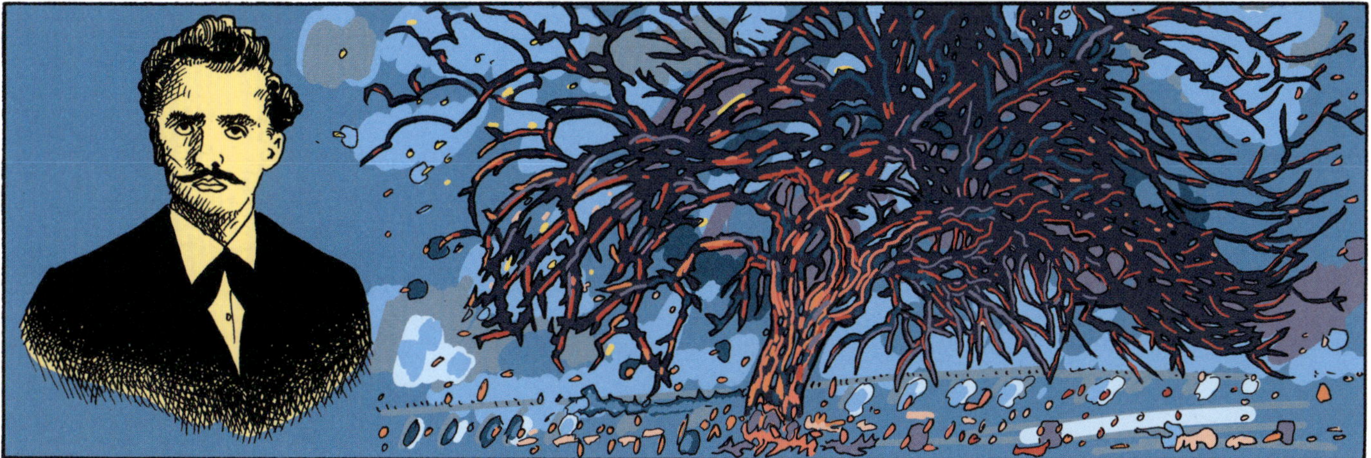
Piet Mondrian (1872–1944)

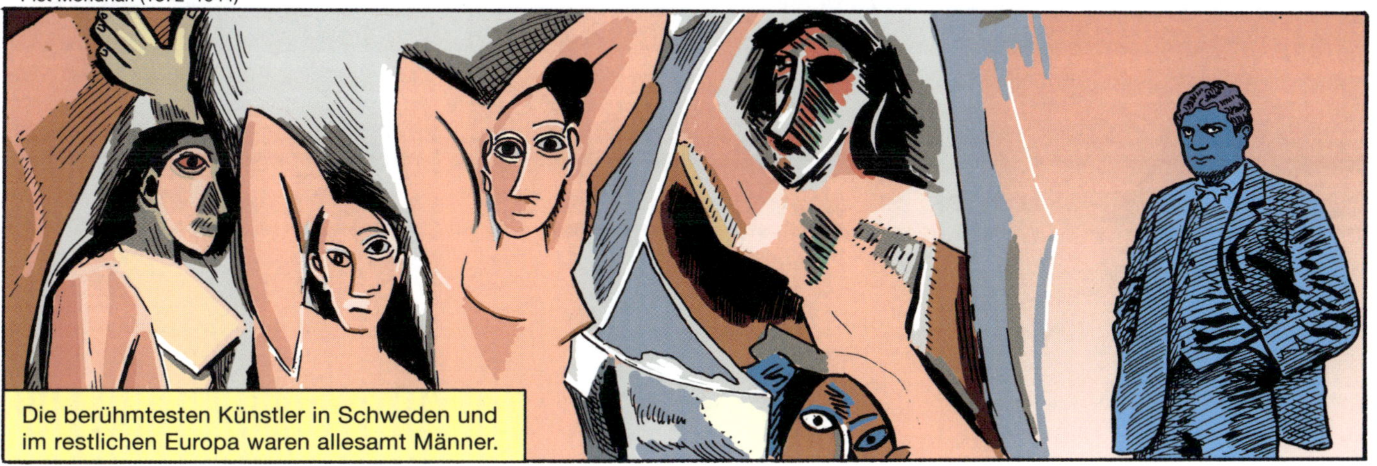

Pablo Picasso (1881–1973)

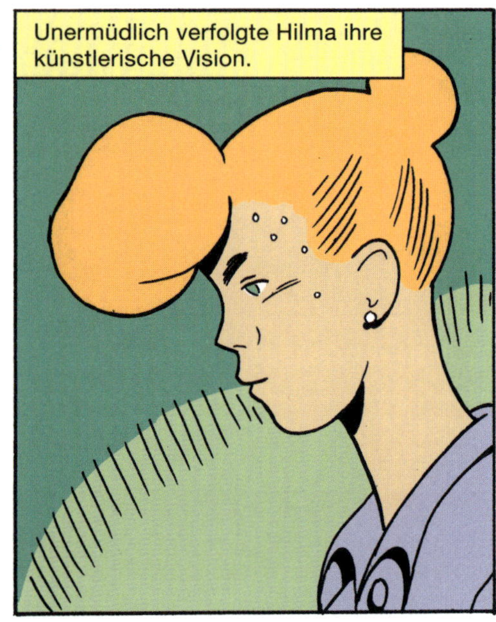
Unermüdlich verfolgte Hilma ihre künstlerische Vision.

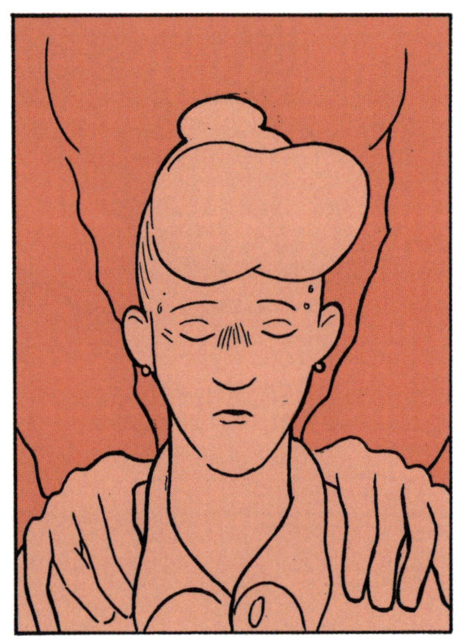

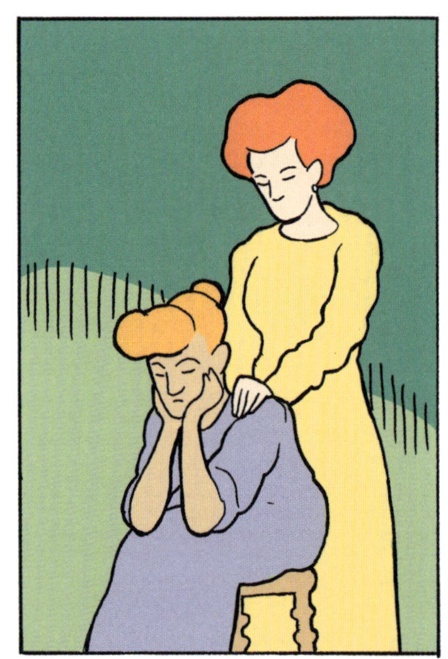

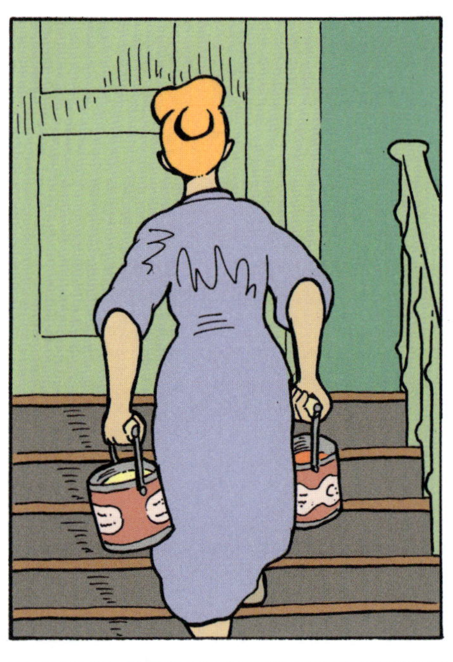

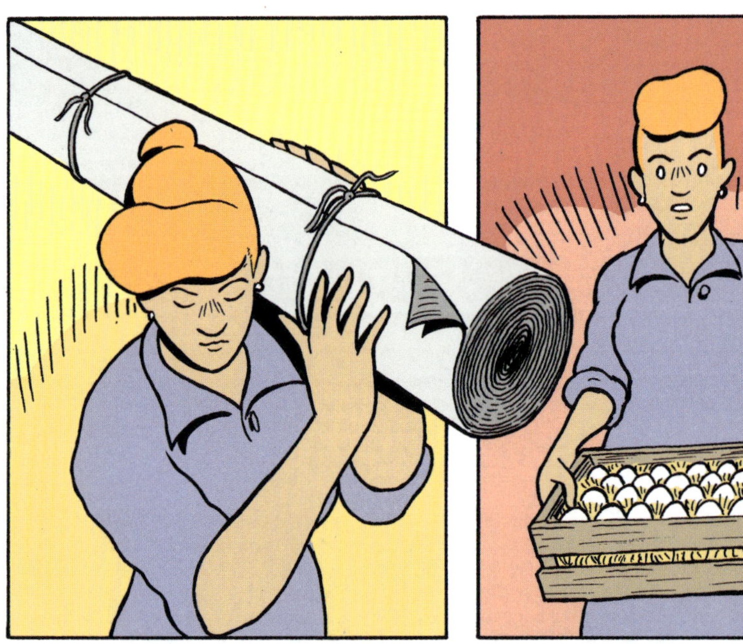

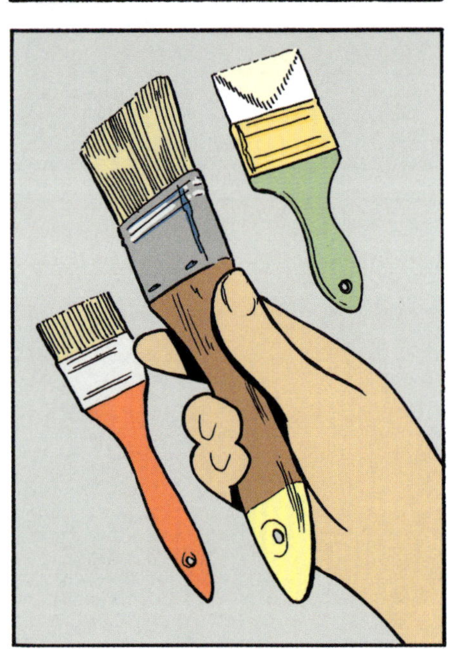

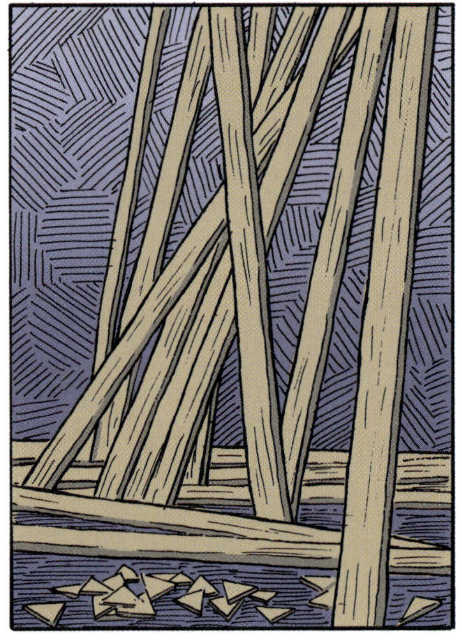

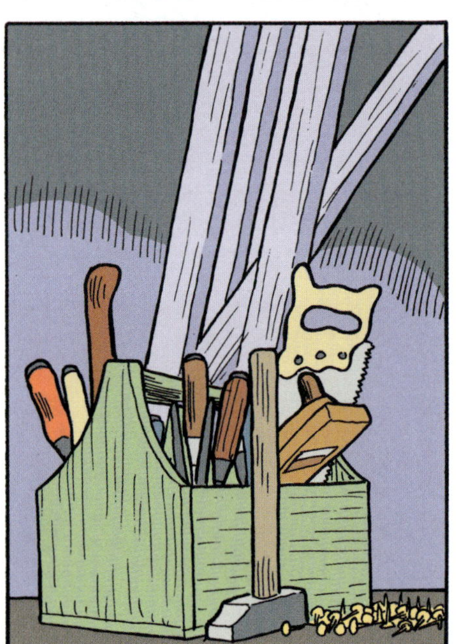

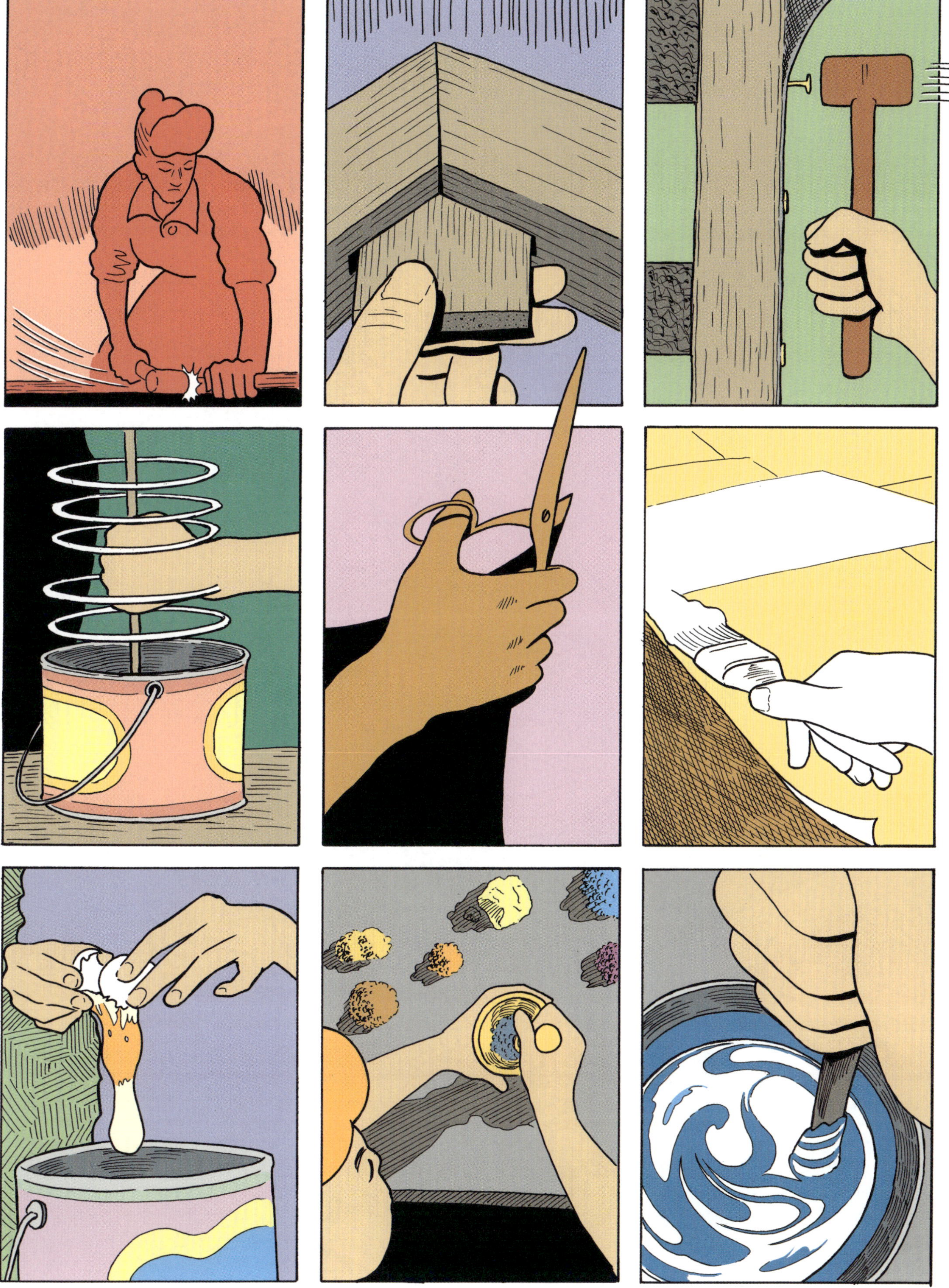

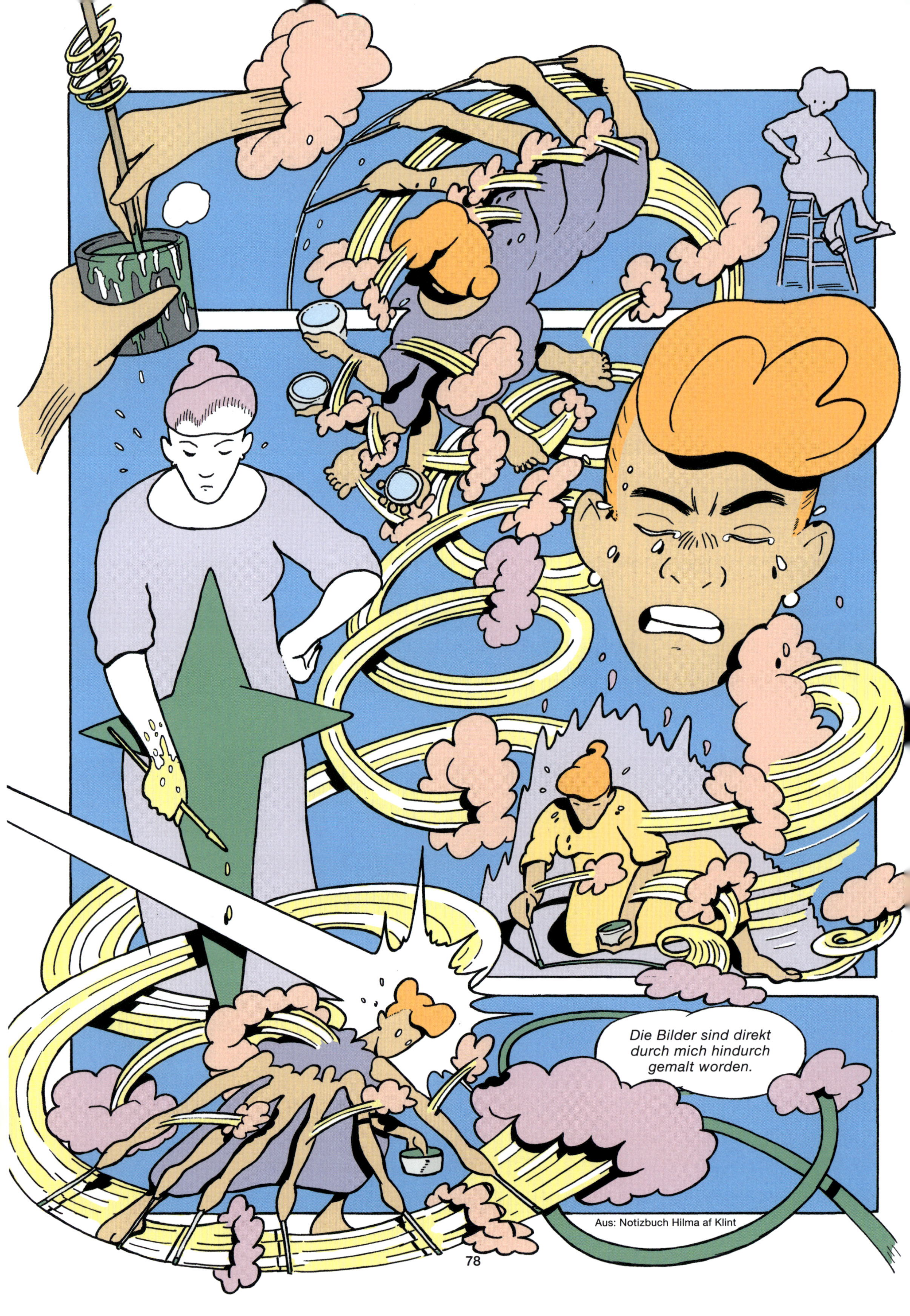
Die Bilder sind direkt durch mich hindurch gemalt worden.
Aus: Notizbuch Hilma af Klint

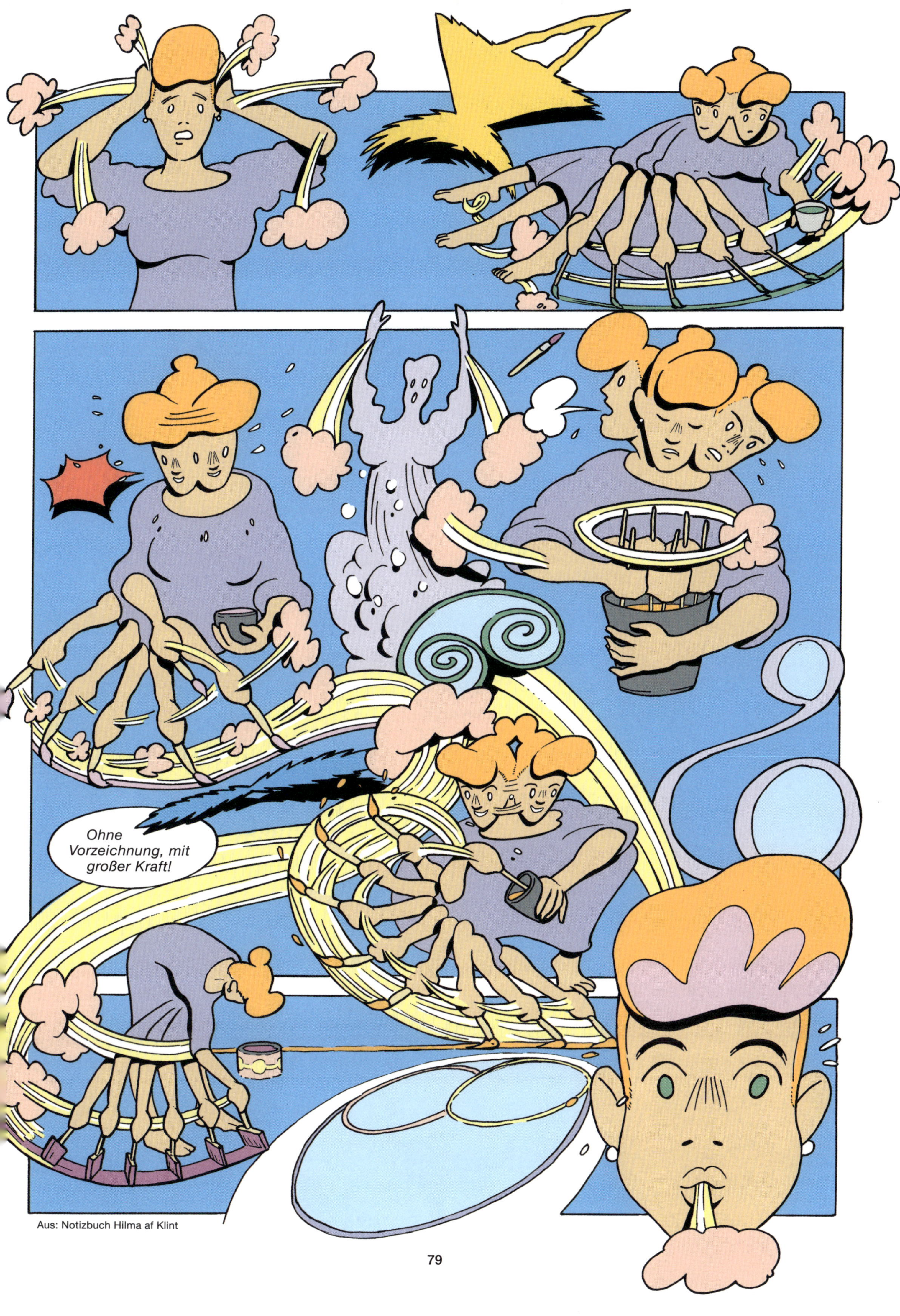

Aus: Notizbuch Hilma af Klint

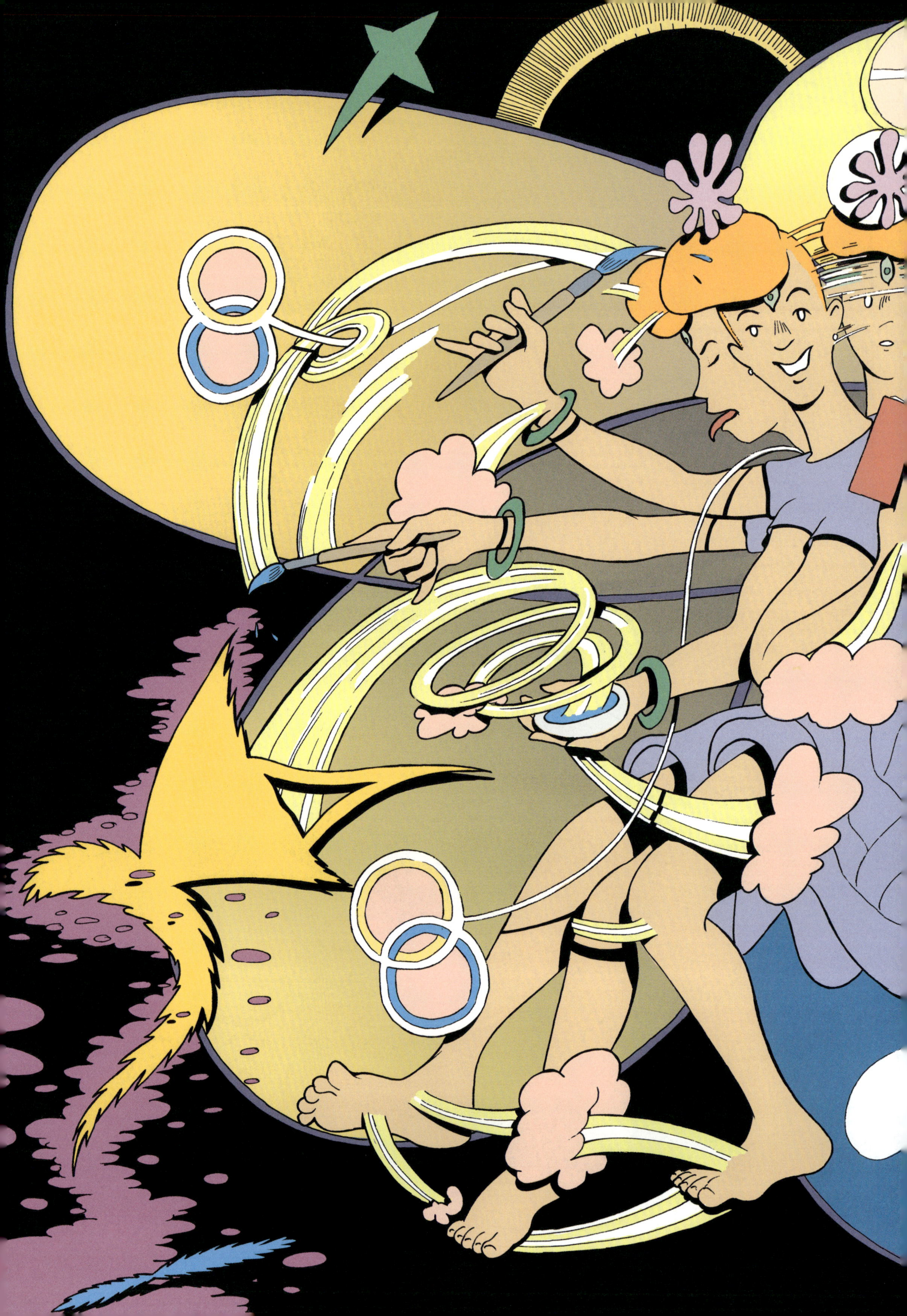

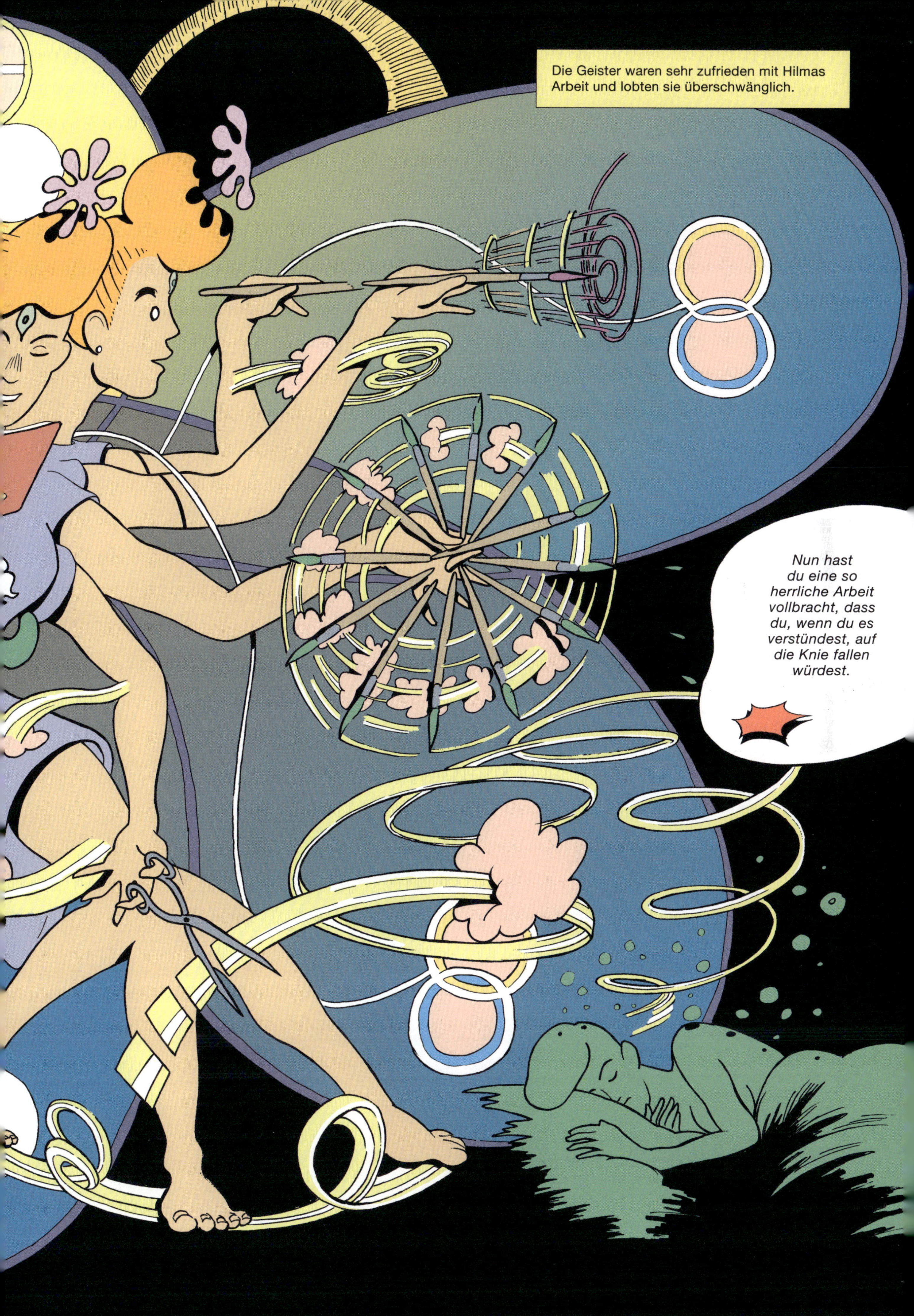
Die Geister waren sehr zufrieden mit Hilmas Arbeit und lobten sie überschwänglich.
Nun hast du eine so herrliche Arbeit vollbracht, dass du, wenn du es verstündest, auf die Knie fallen würdest.

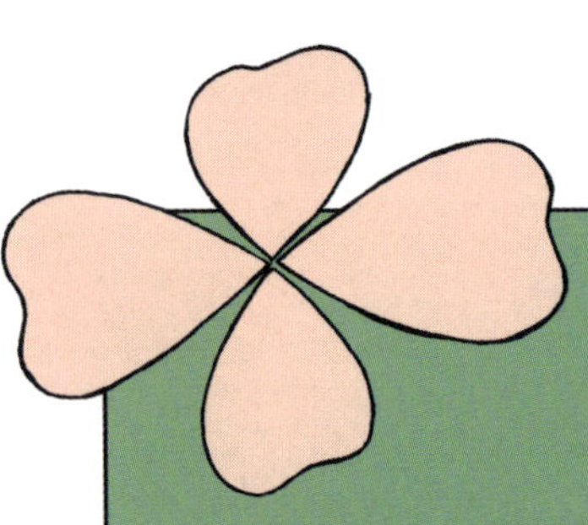

IV. Das Koffermuseum

Hilma af Klints Gemälde waren im wörtlichen Sinne überwältigend: Viele waren so groß, dass sie sich nur schwer transportieren ließen. Wer die Bilder sehen wollte, musste zu ihr ins Atelier kommen. Um 1920 herum kam der Künstlerin aber ein genialer Einfall. Sie entwarf ein Koffermuseum. Darin gab es zwei Miniaturversionen von jedem Werk – als farbiges Aquarell und als schwarz-weiße Fotografie. Diese klebte sie in zehn Alben und ging damit auf Reisen.

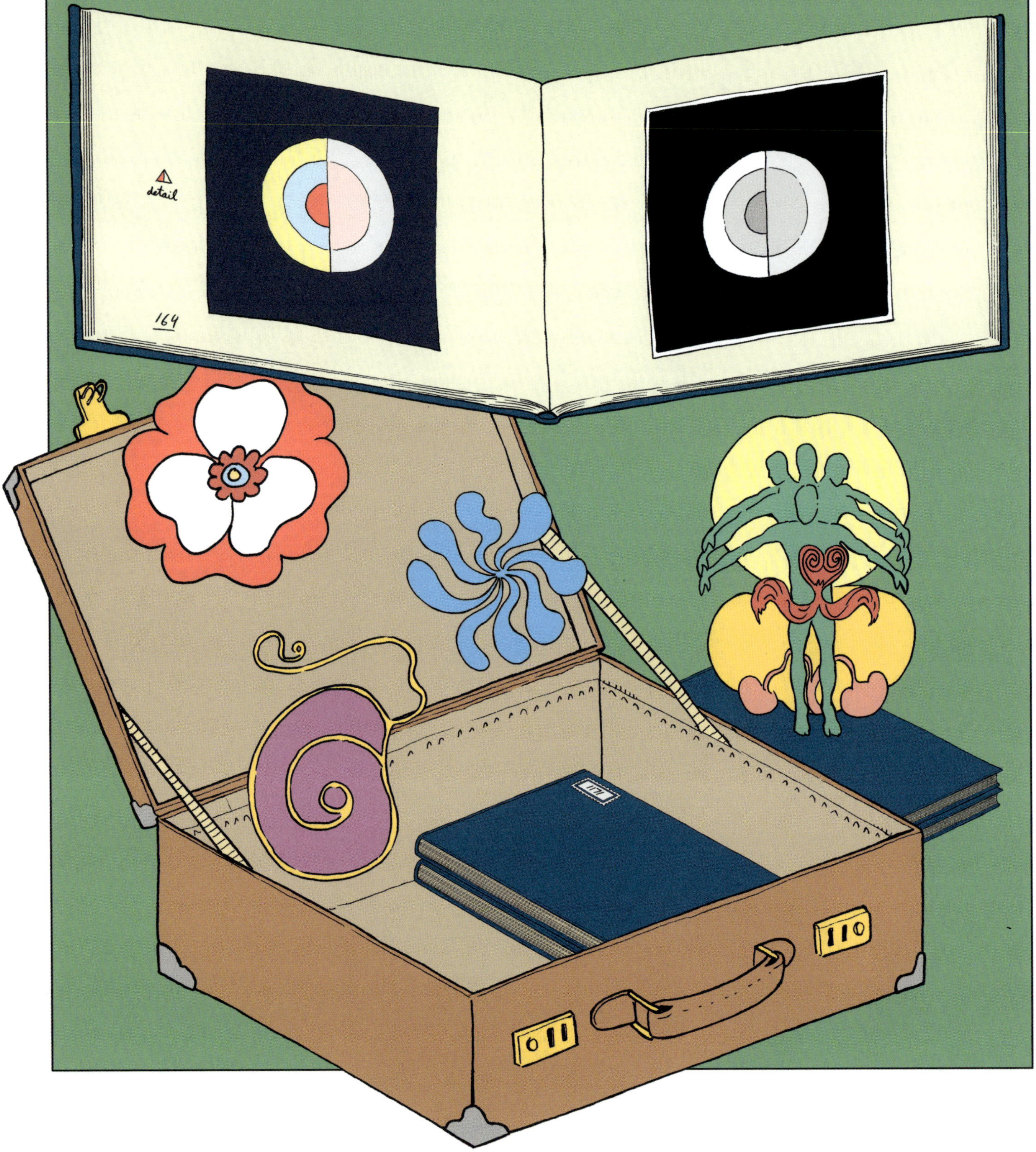

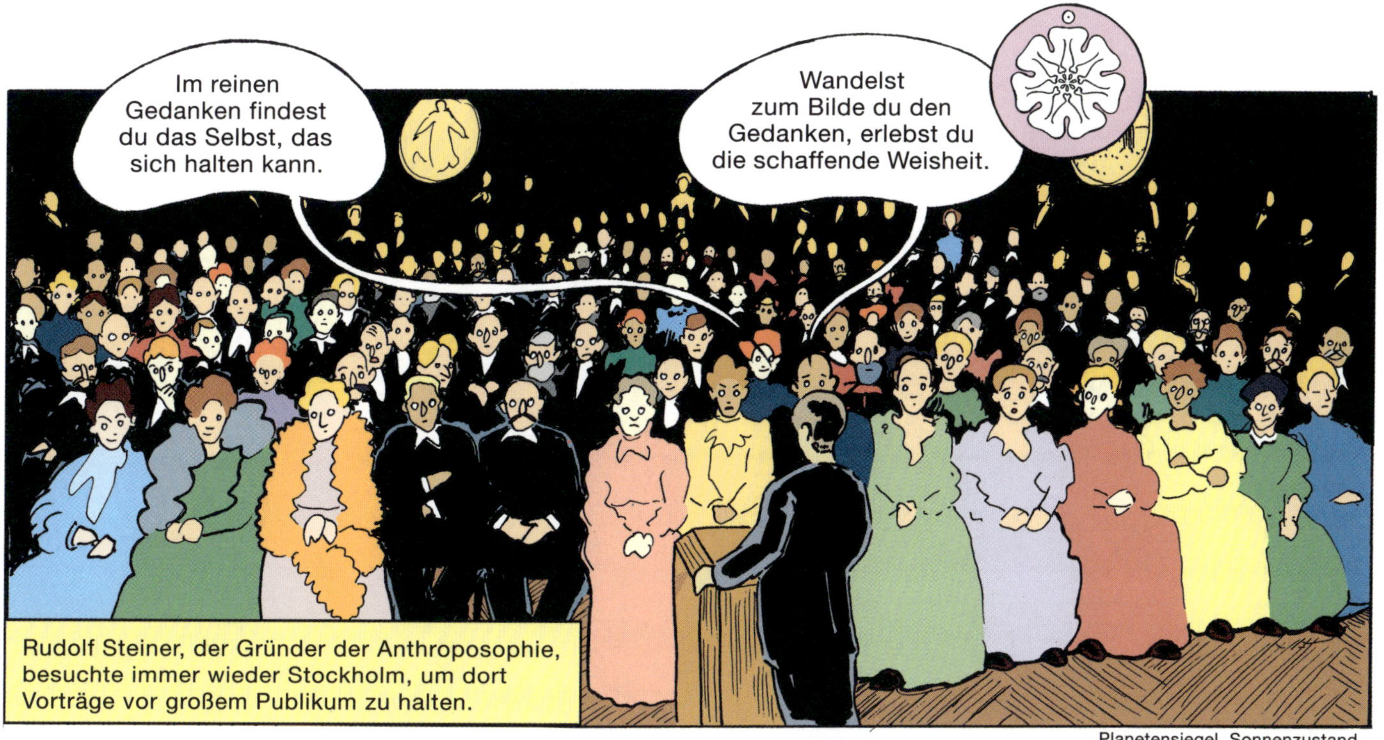

Planetensiegel, Sonnenzustand

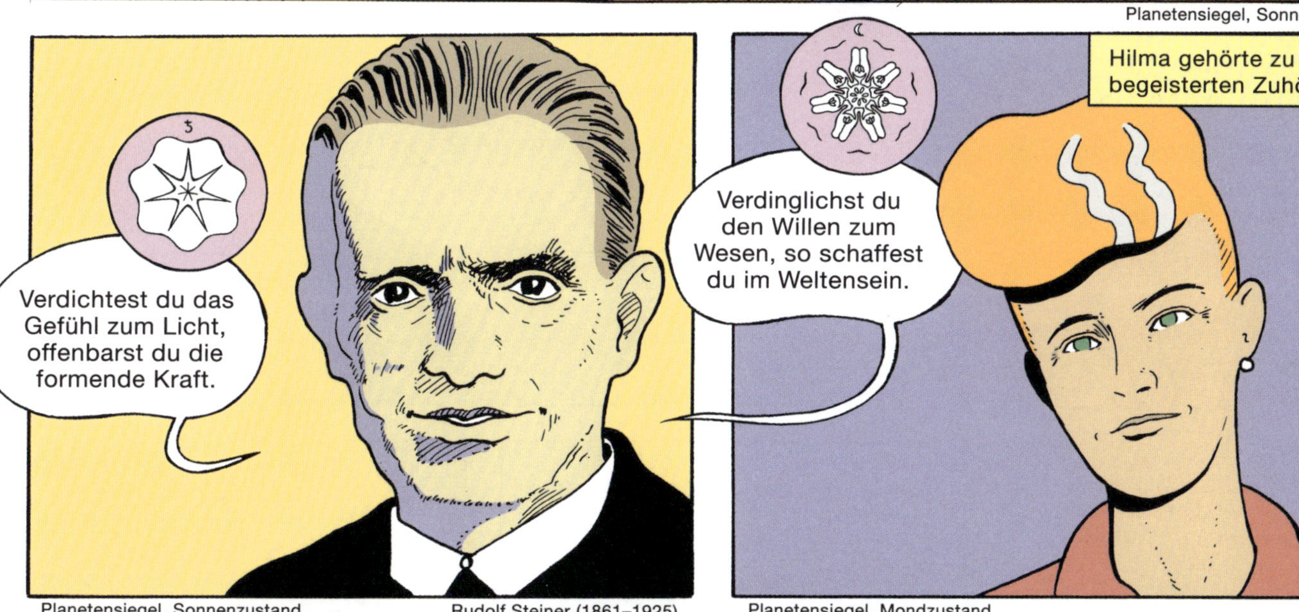

Planetensiegel, Sonnenzustand

Rudolf Steiner (1861–1925)

Planetensiegel, Mondzustand

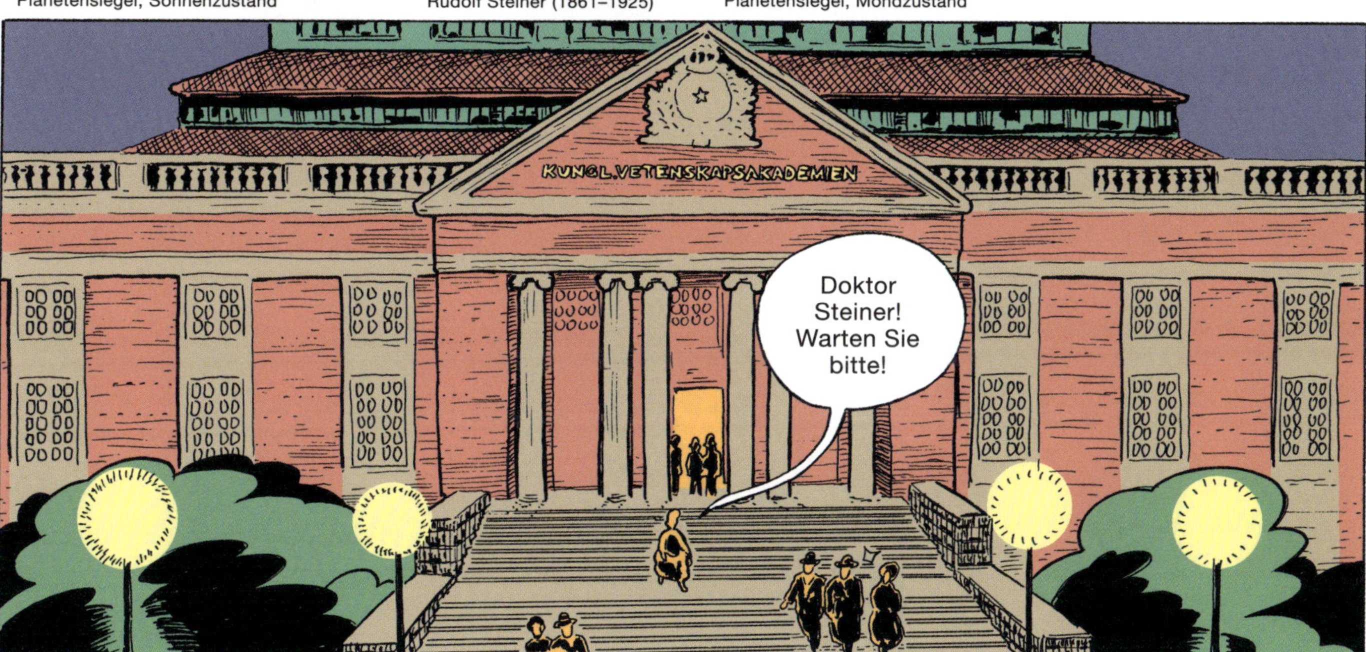

Königlich Schwedische Akademie der Wissenschaften

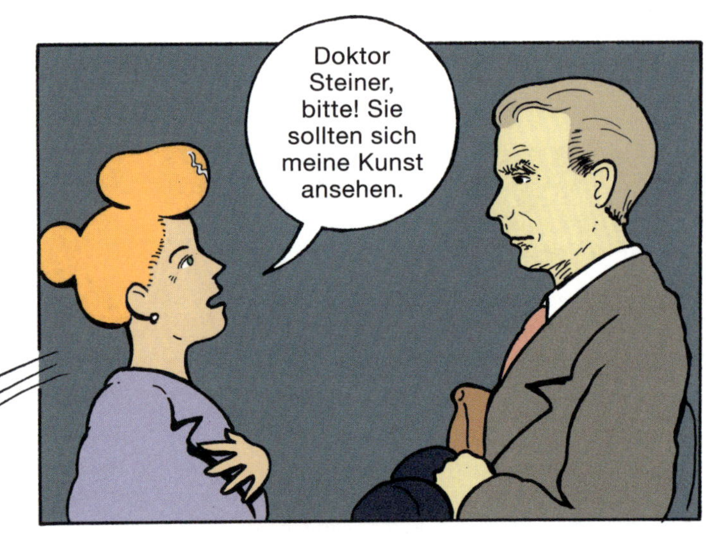
Doktor Steiner, bitte! Sie sollten sich meine Kunst ansehen.

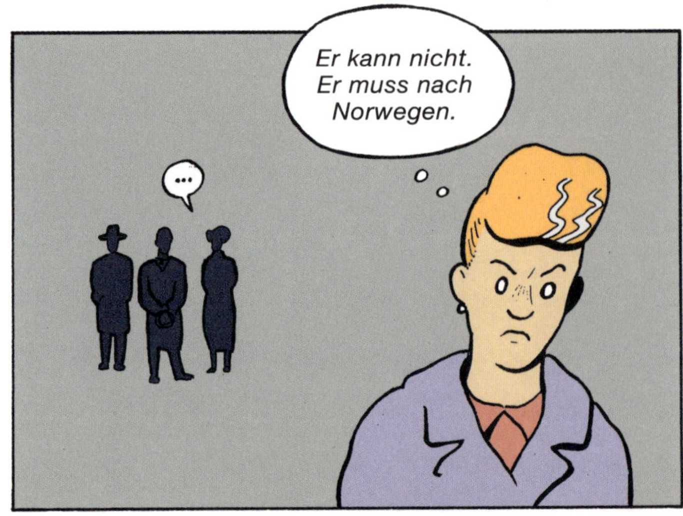
Er kann nicht. Er muss nach Norwegen.
...

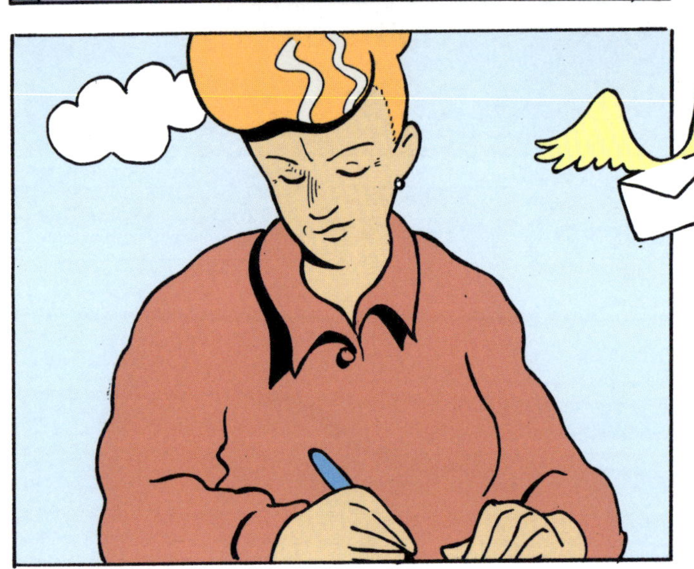

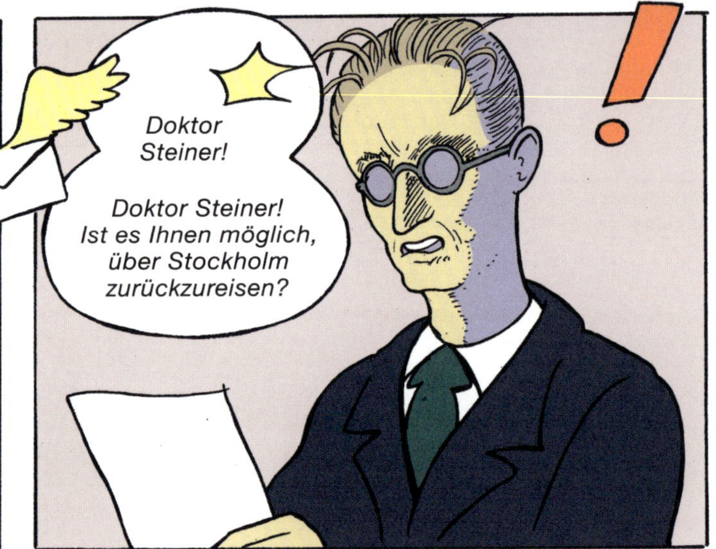
Doktor Steiner!
Doktor Steiner! Ist es Ihnen möglich, über Stockholm zurückzureisen?
!

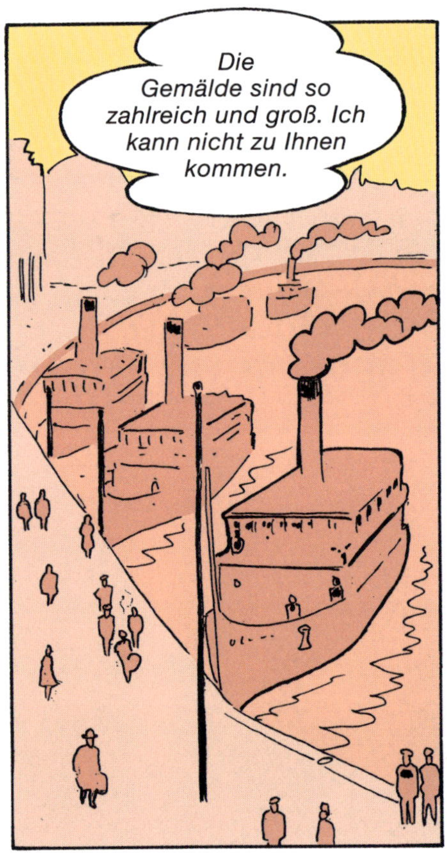
Die Gemälde sind so zahlreich und groß. Ich kann nicht zu Ihnen kommen.

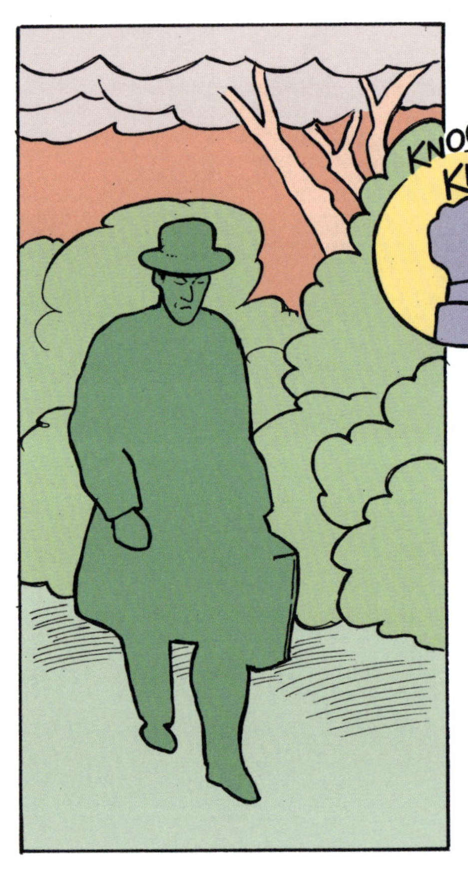

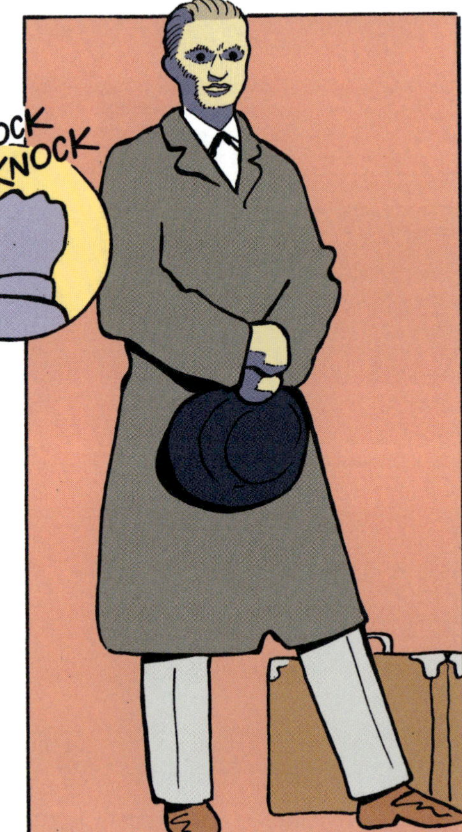
KNOCK
KNOCK

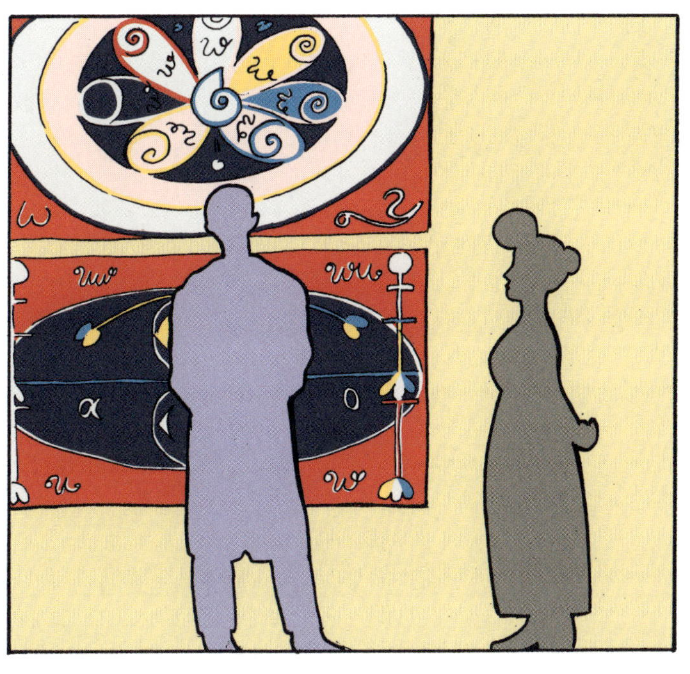
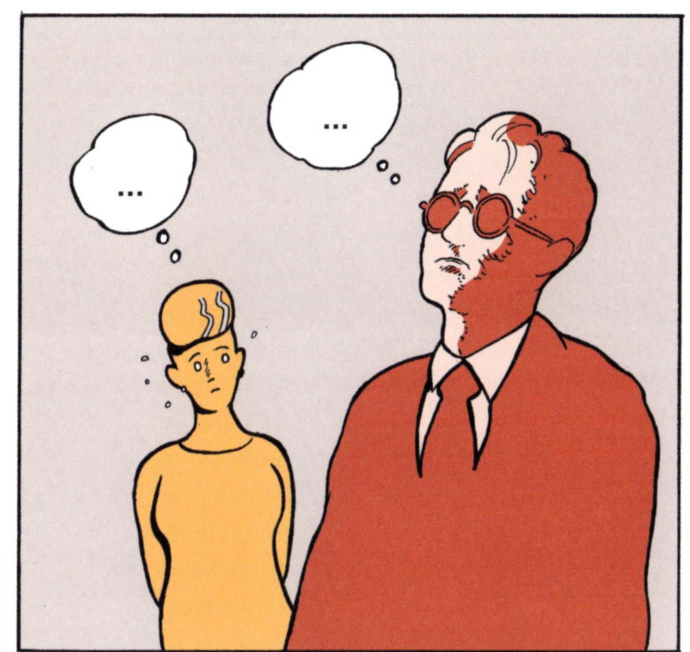

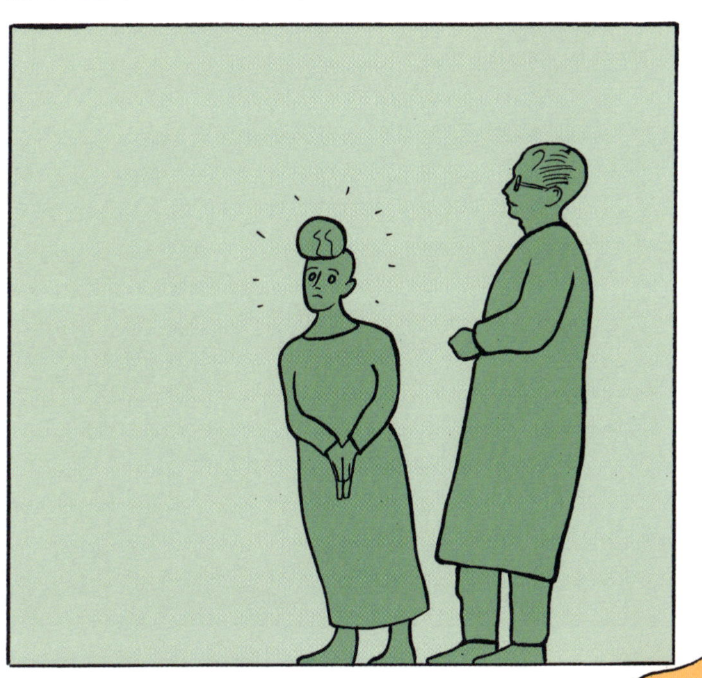
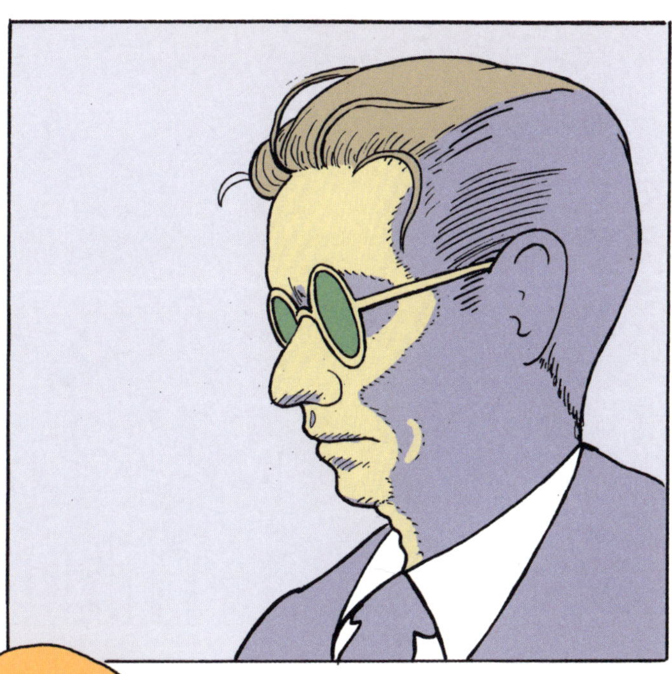
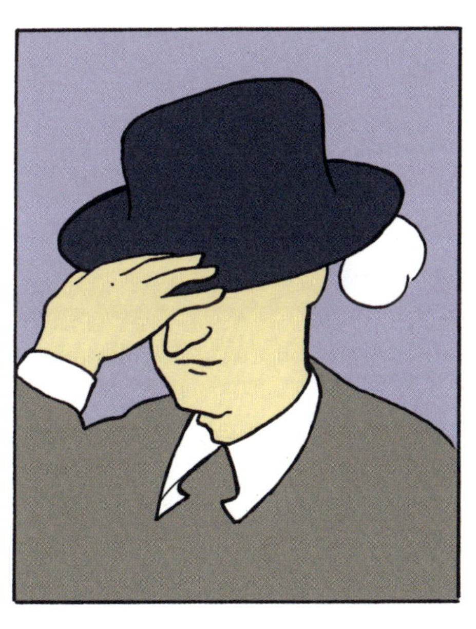
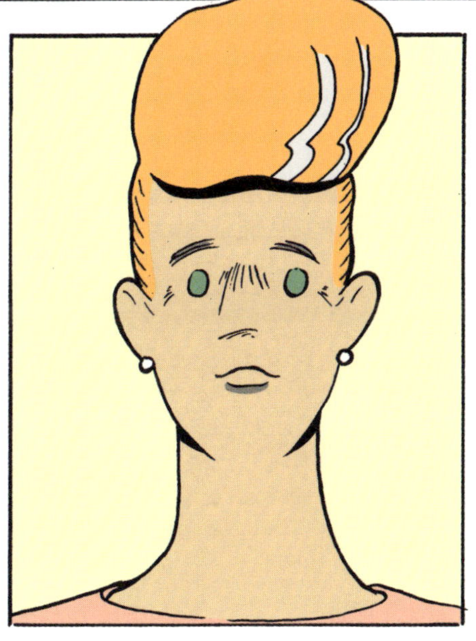
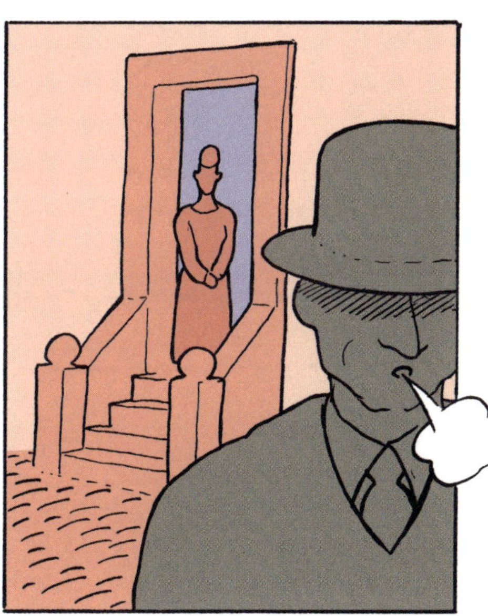

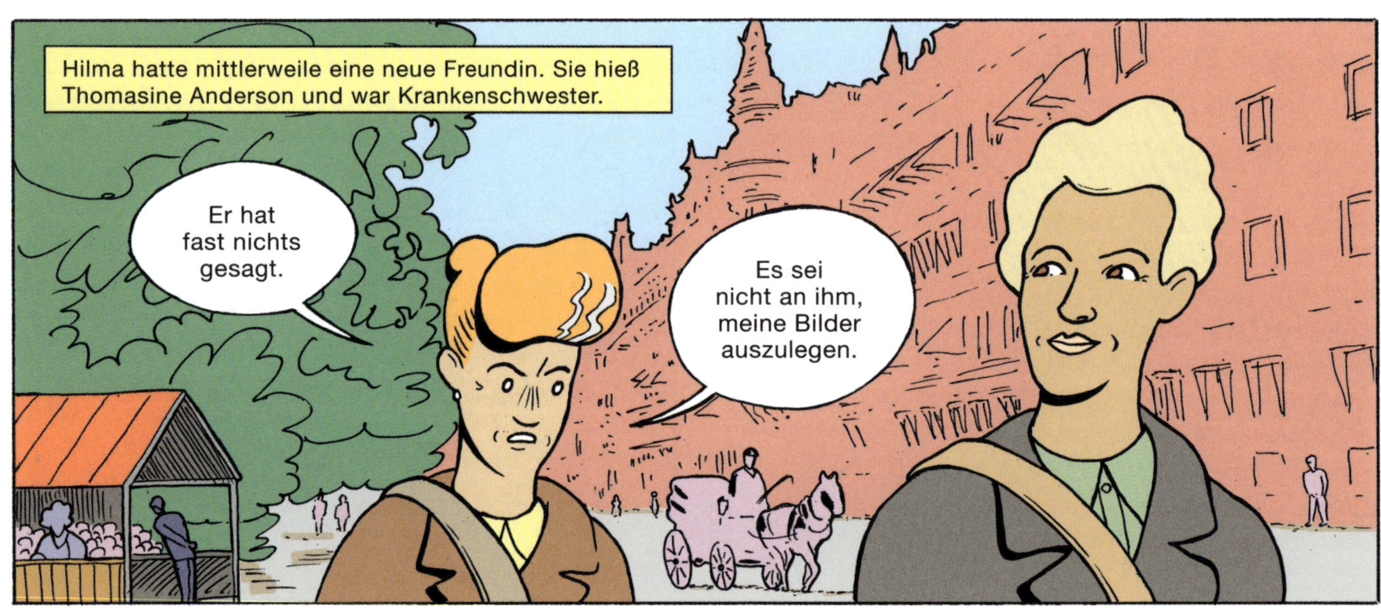
Hilma hatte mittlerweile eine neue Freundin. Sie hieß Thomasine Anderson und war Krankenschwester.
Er hat fast nichts gesagt.
Es sei nicht an ihm, meine Bilder auszulegen.

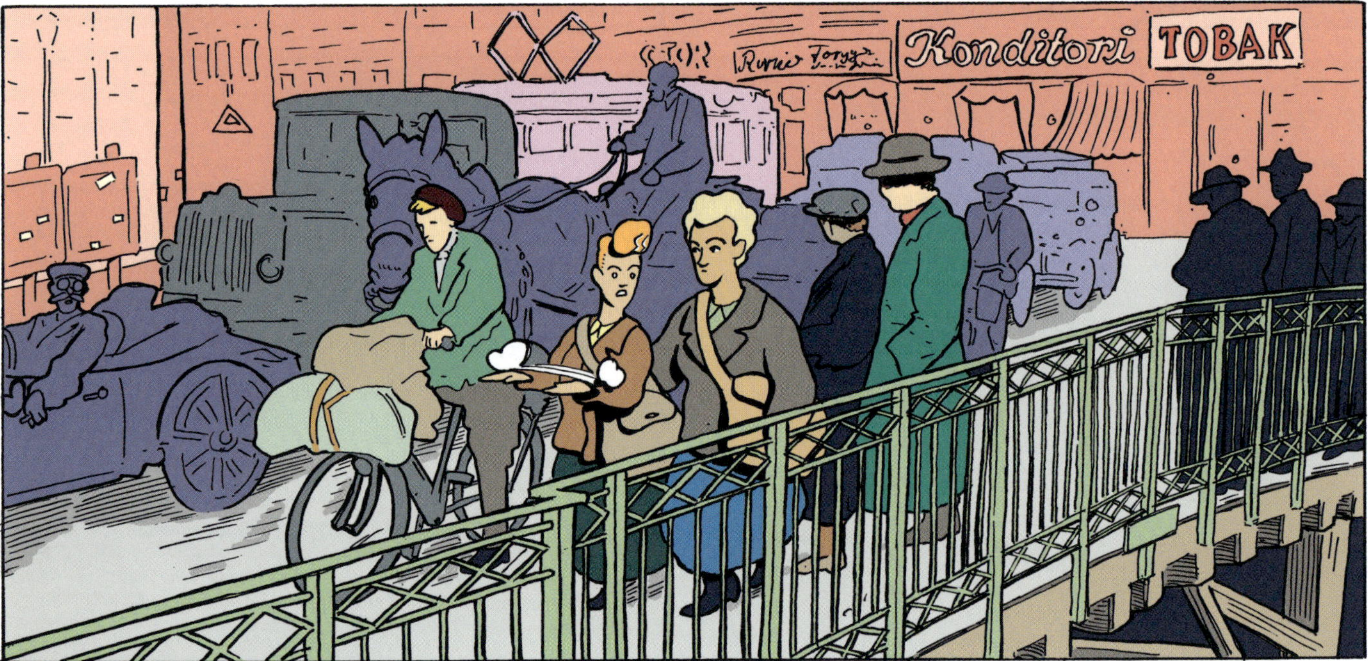
Konditori
TOBAK

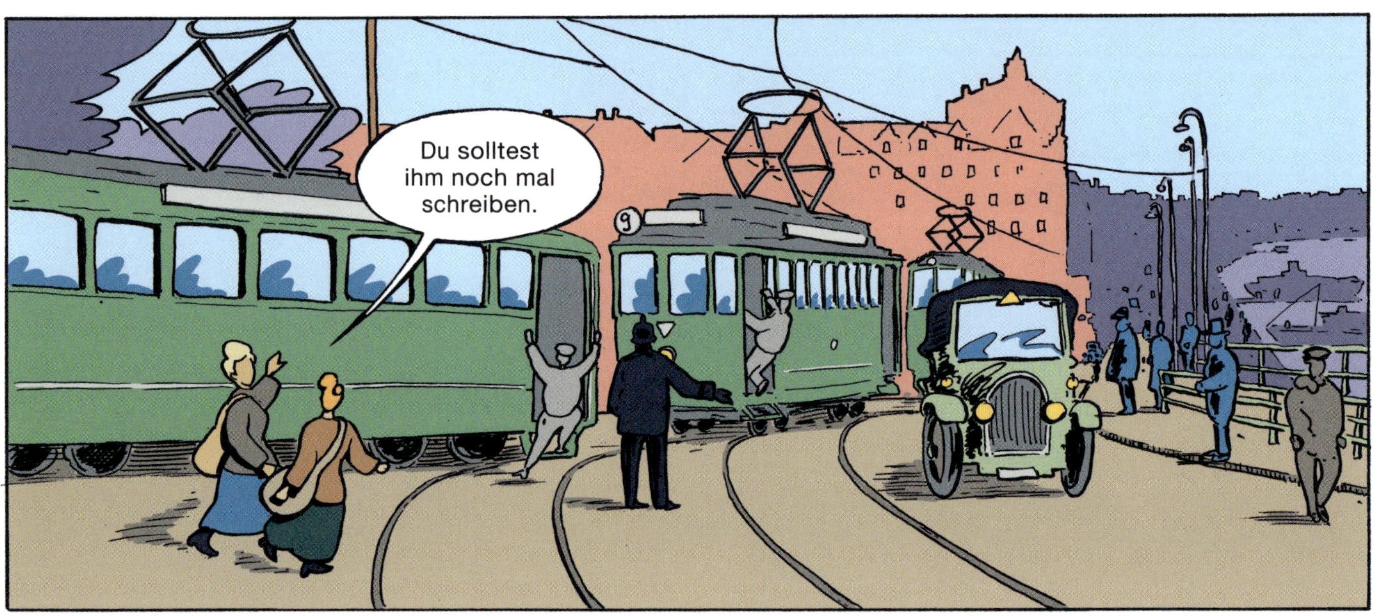
Du solltest ihm noch mal schreiben.
9

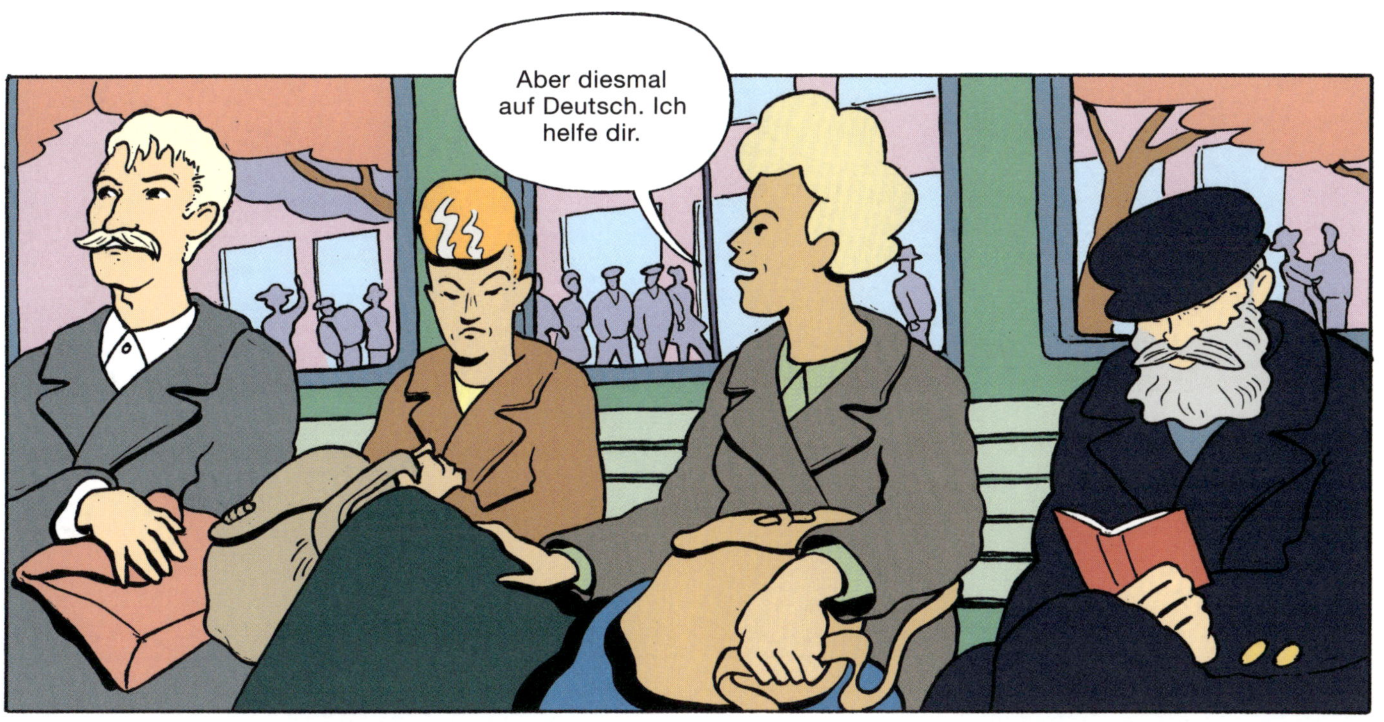
Aber diesmal auf Deutsch. Ich helfe dir.

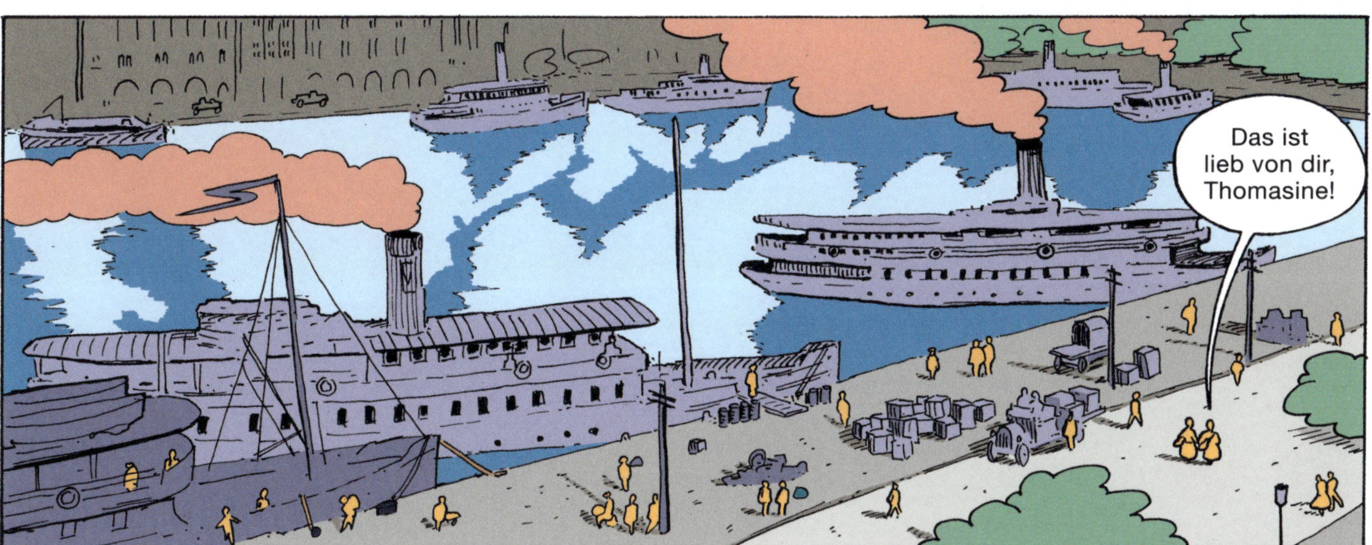
Das ist lieb von dir, Thomasine!

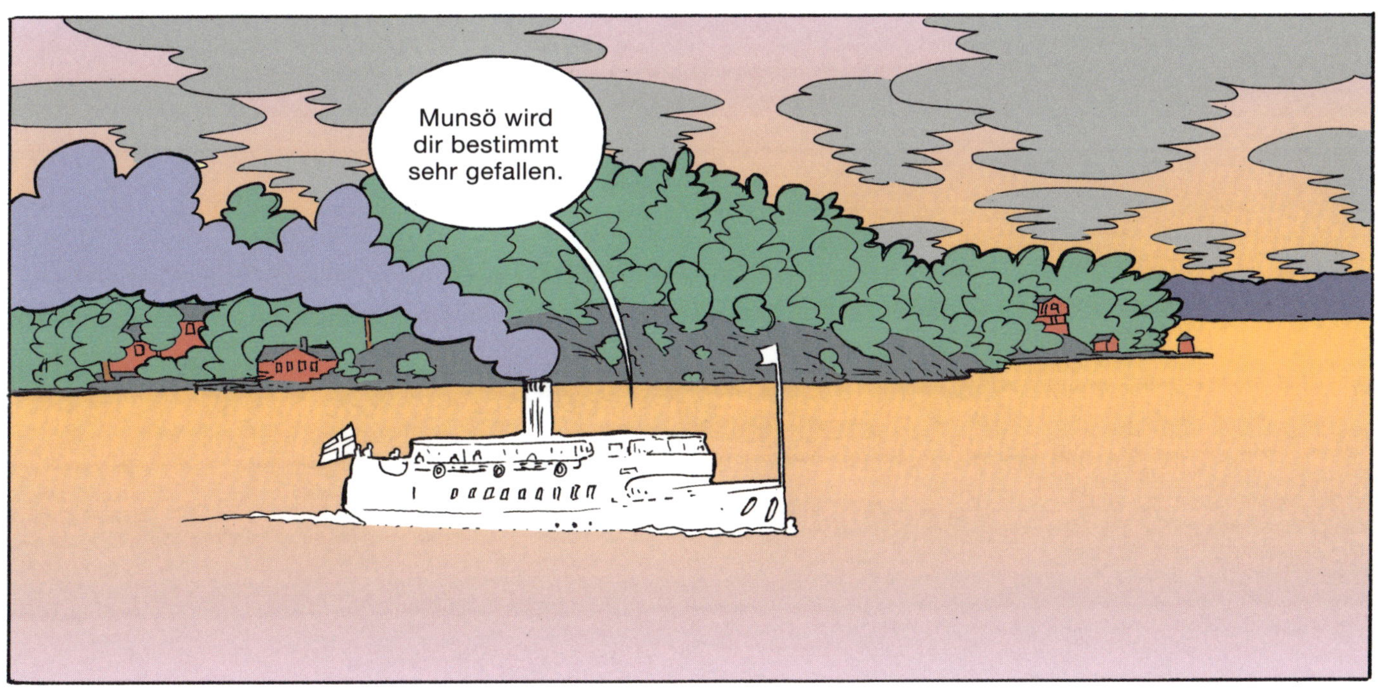
Munsö wird dir bestimmt sehr gefallen.

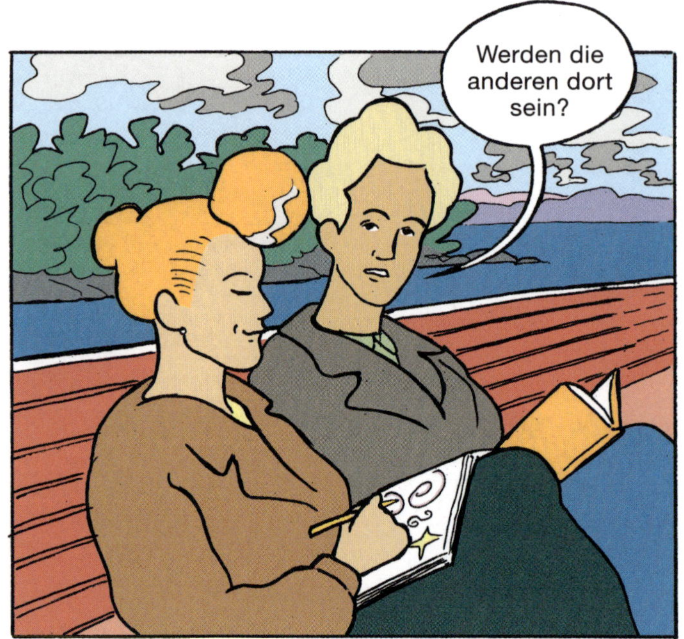
Werden die anderen dort sein?

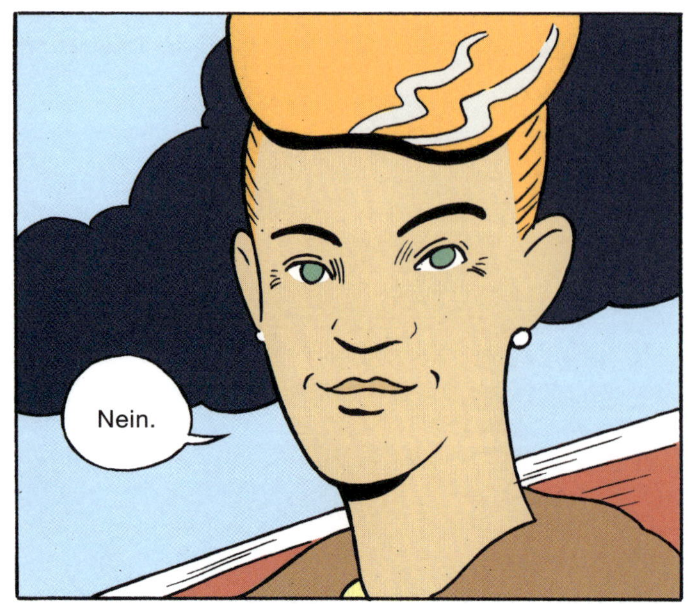
Nein.

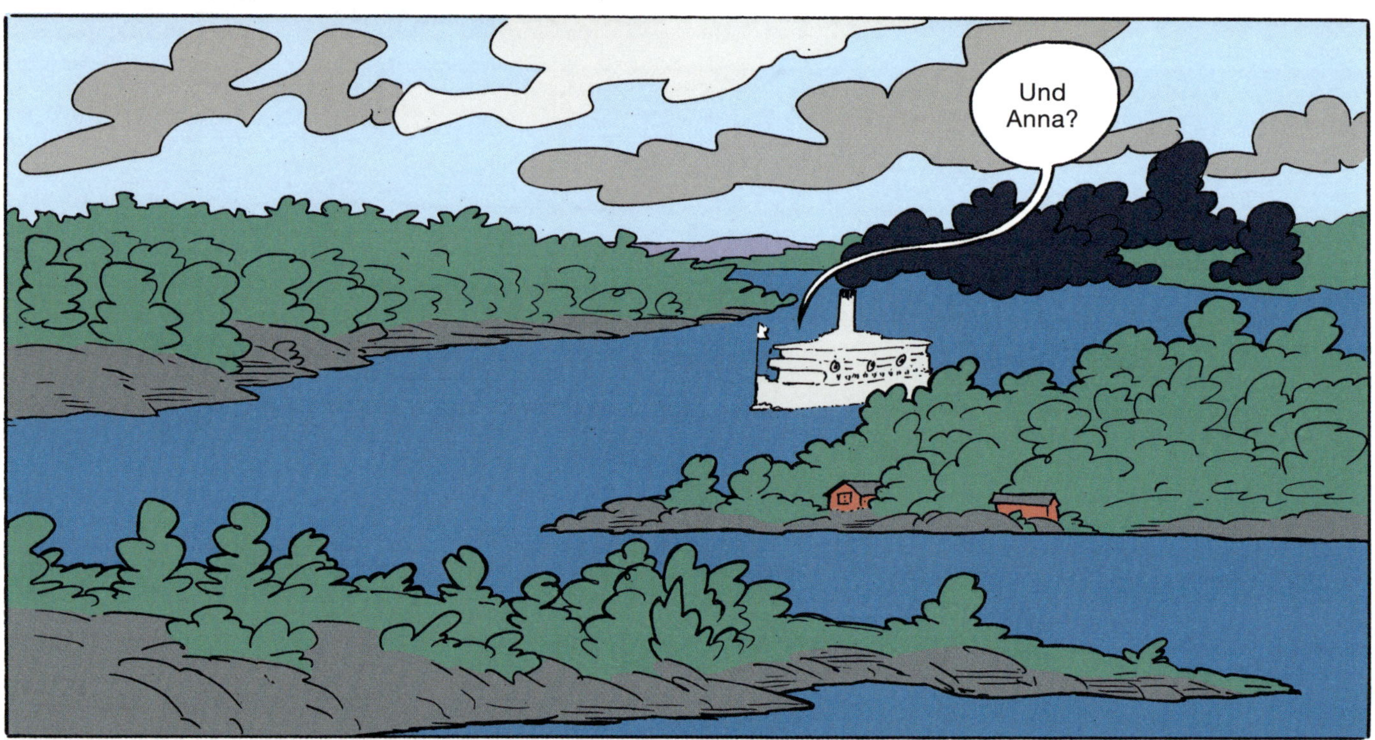
Und Anna?

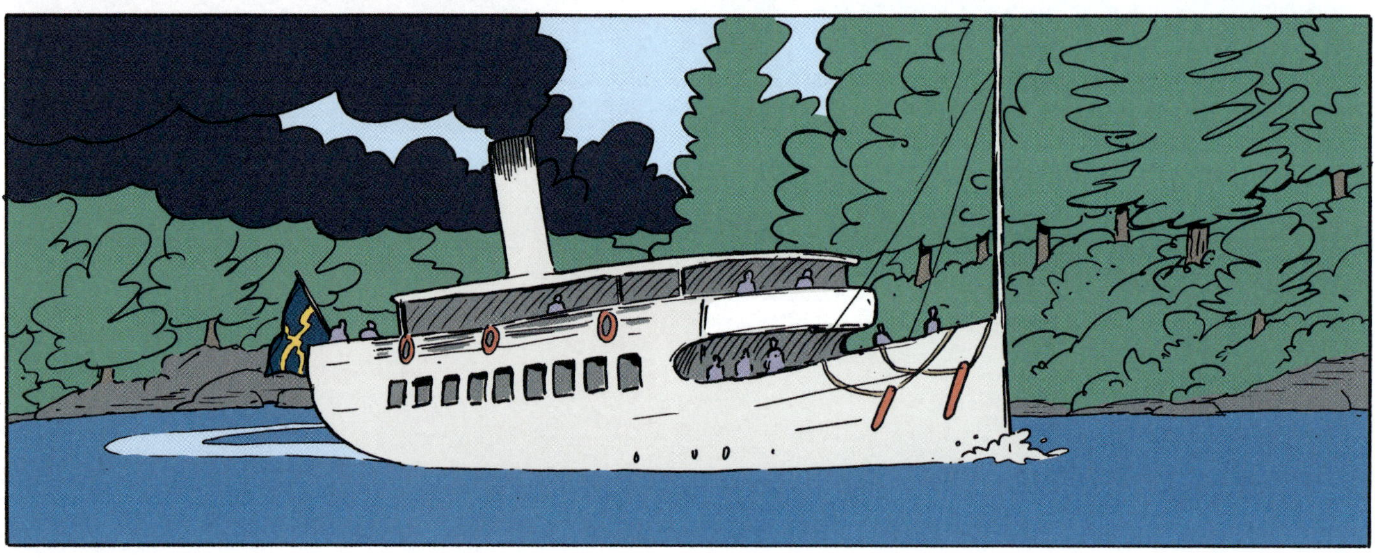

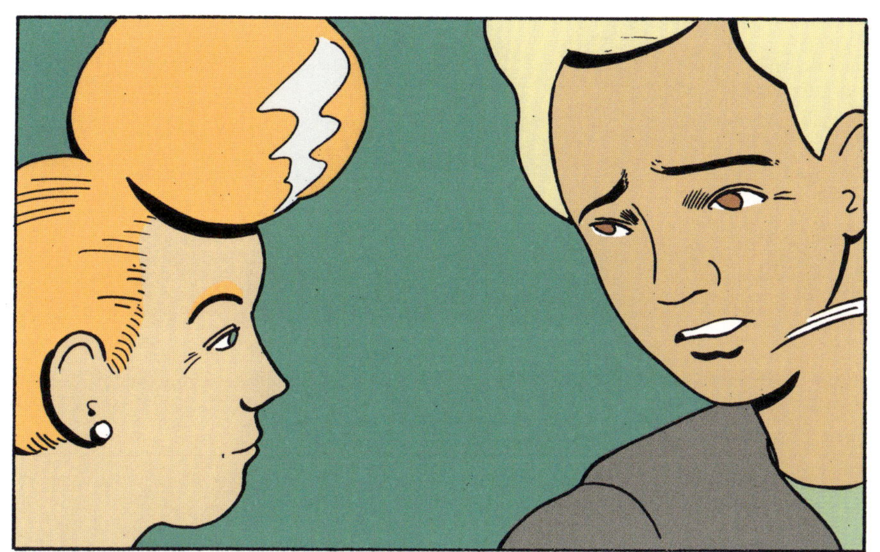

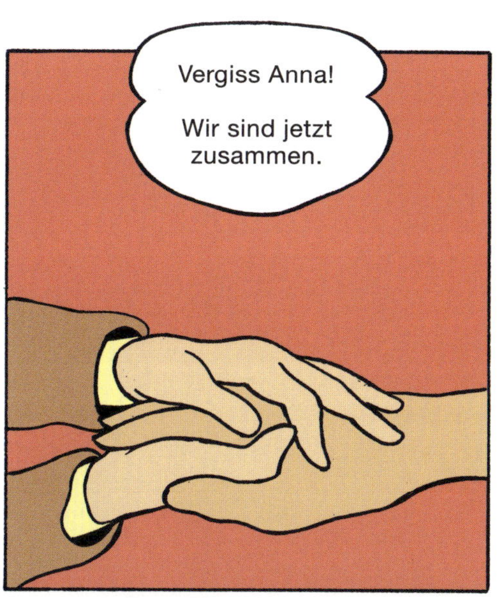
Vergiss Anna!
Wir sind jetzt zusammen.

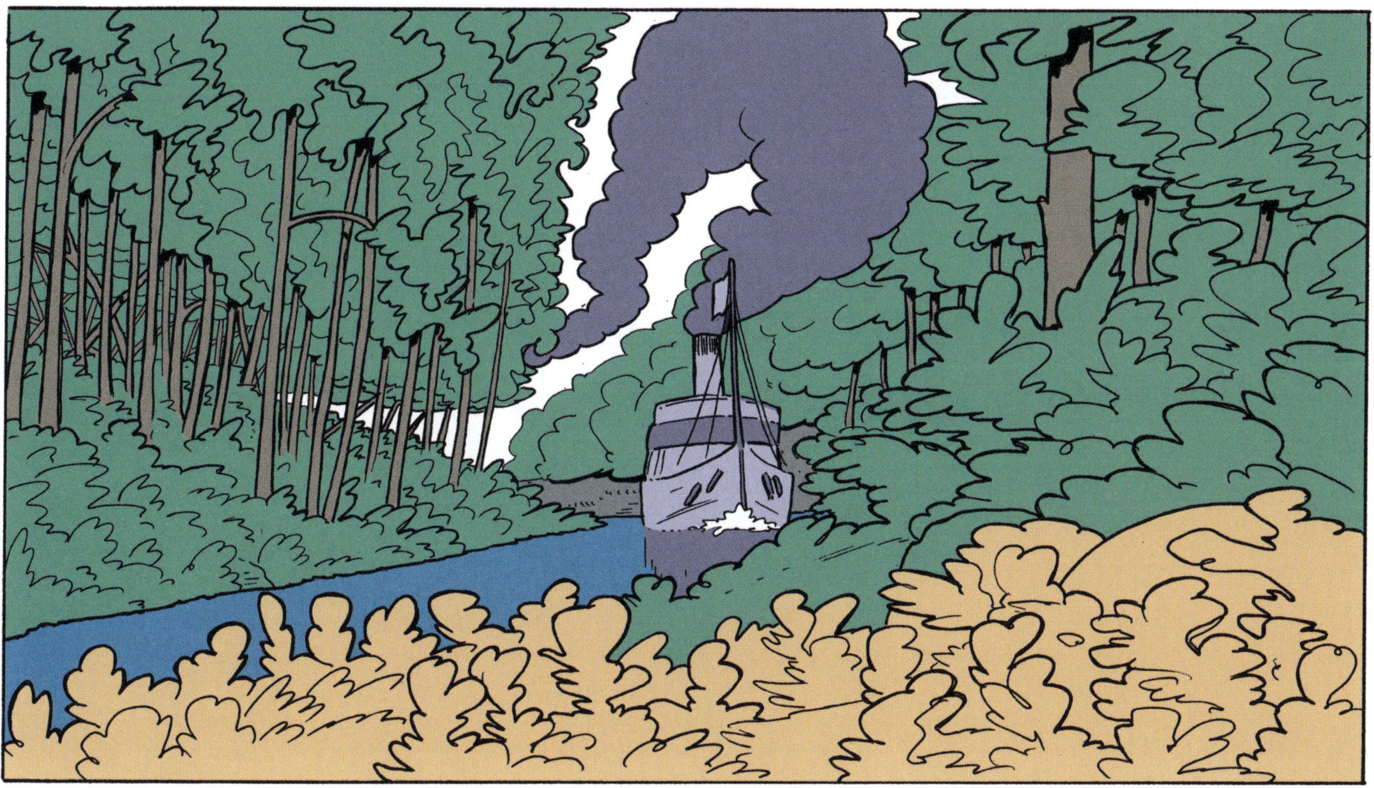

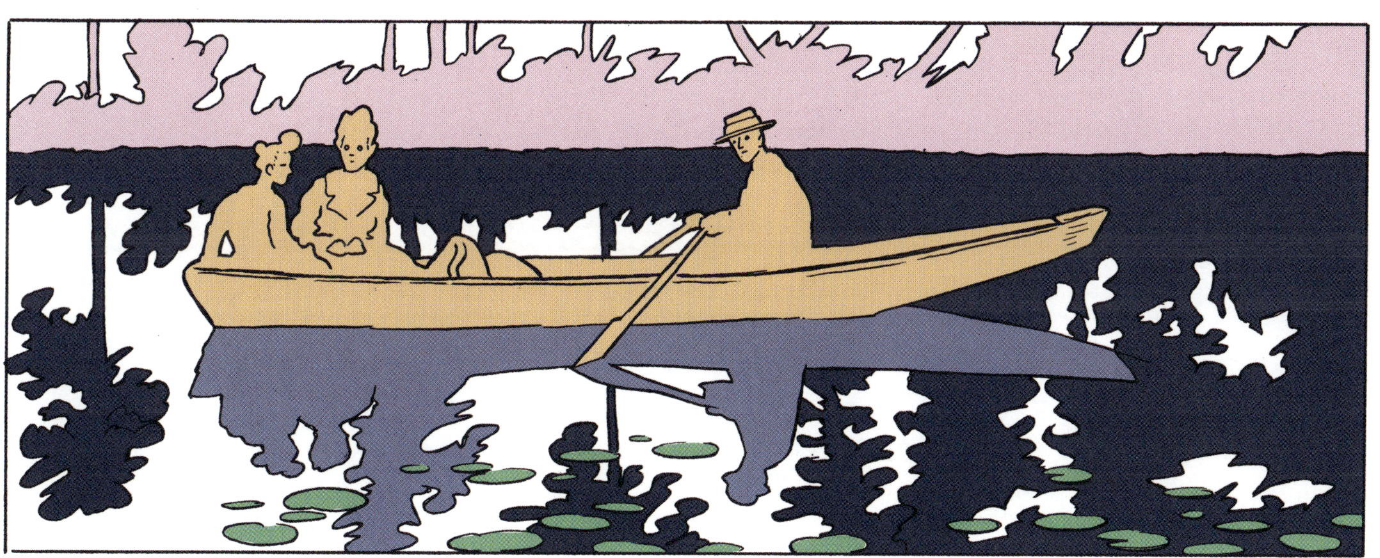

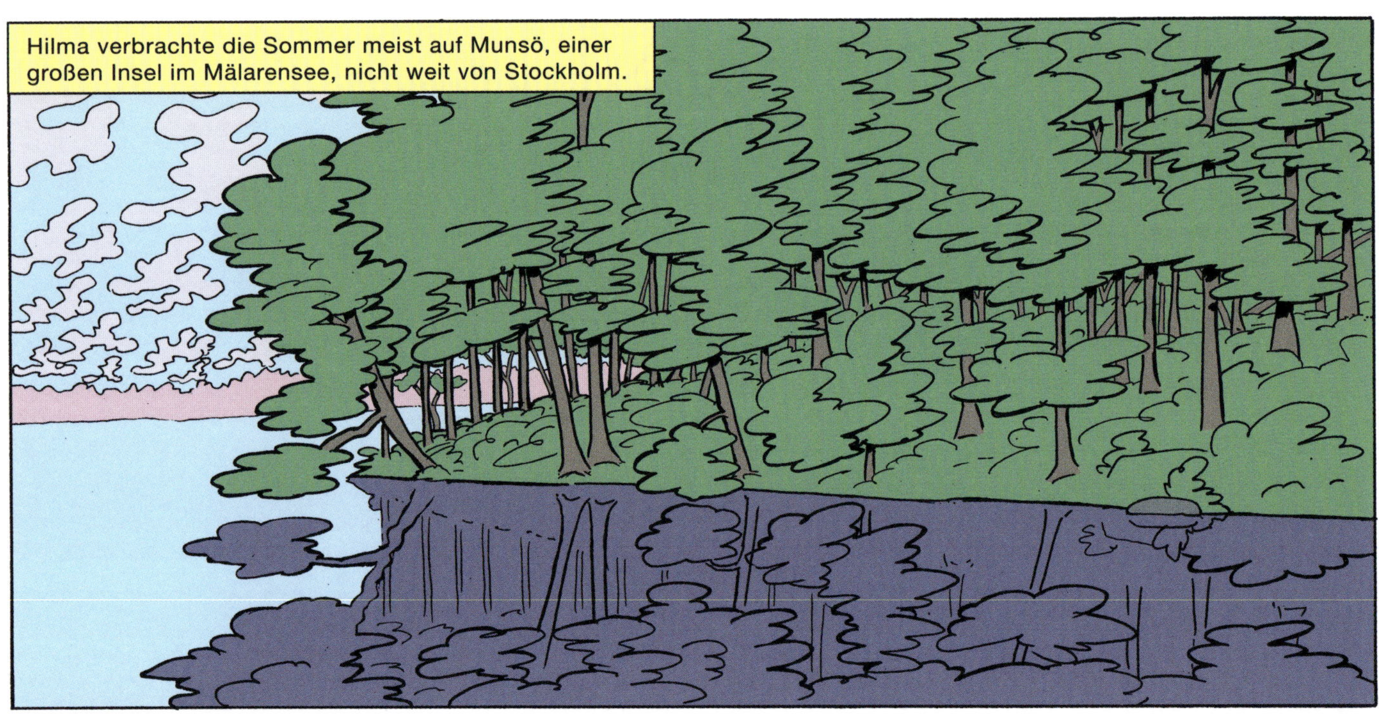
Hilma verbrachte die Sommer meist auf Munsö, einer großen Insel im Mälarensee, nicht weit von Stockholm.

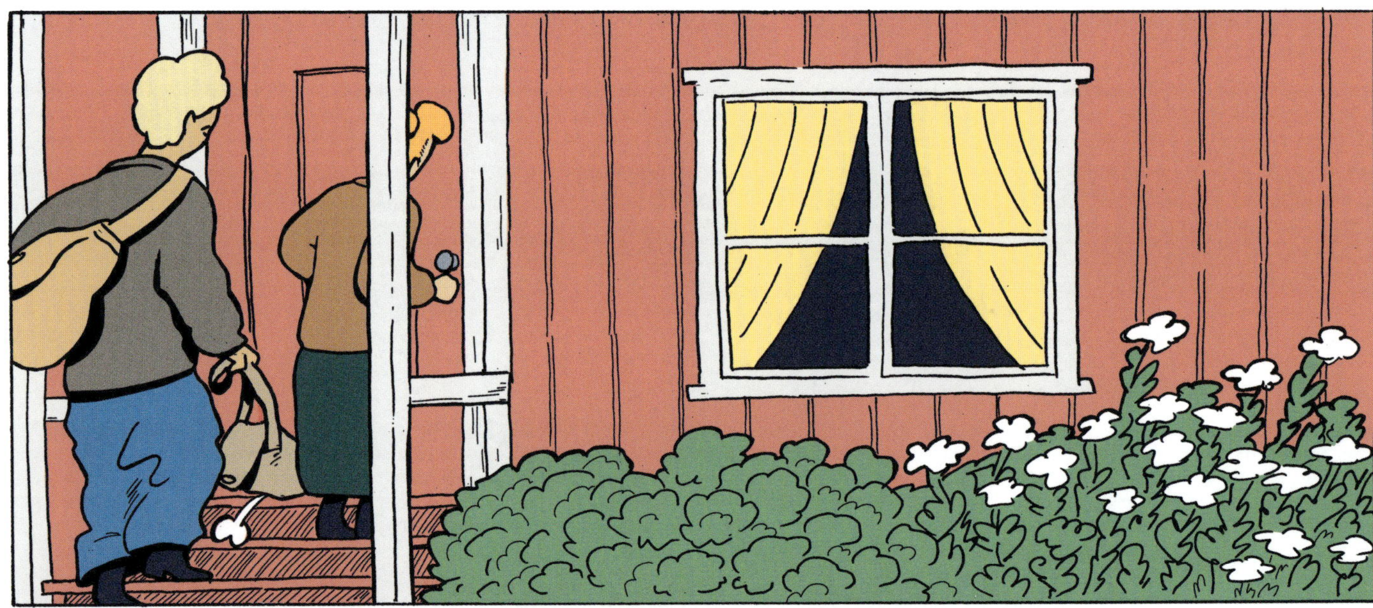

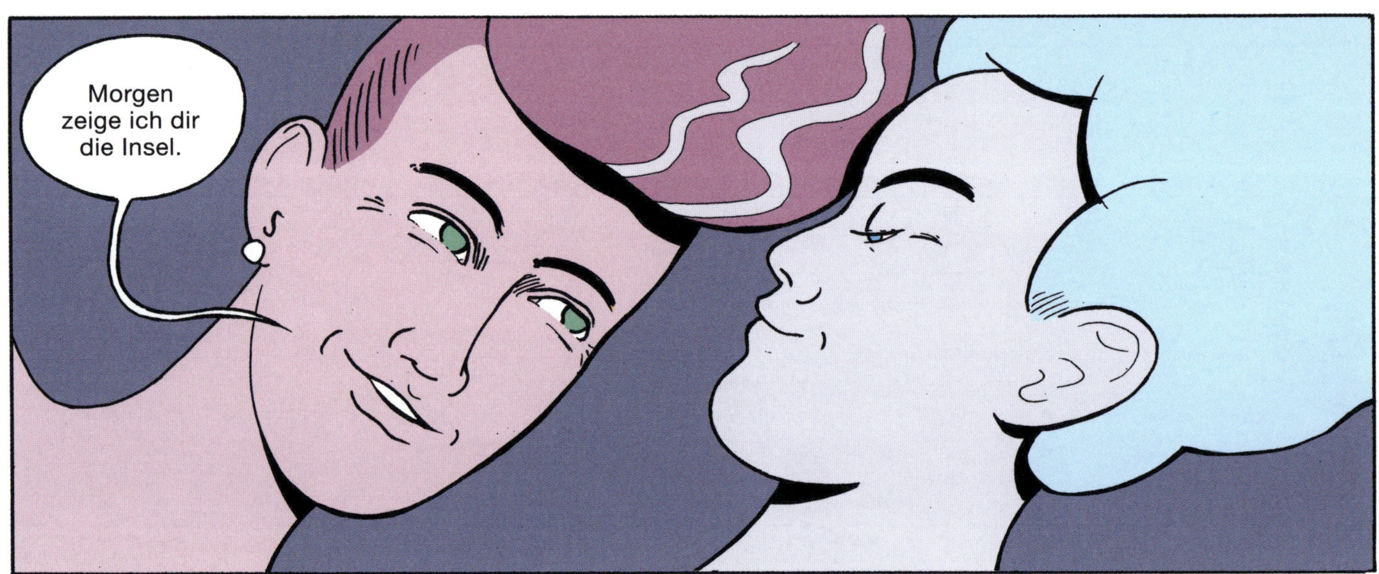
Morgen zeige ich dir die Insel.

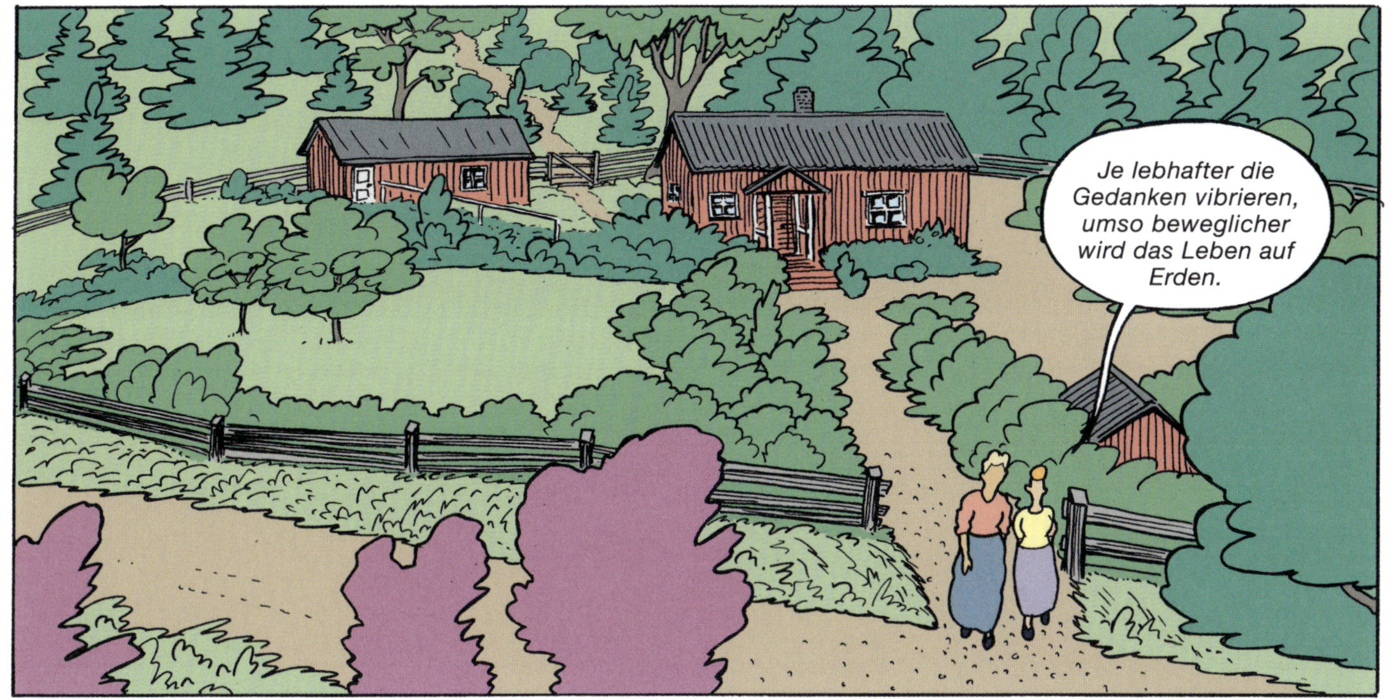

Aus: Notizbuch Hilma af Klint

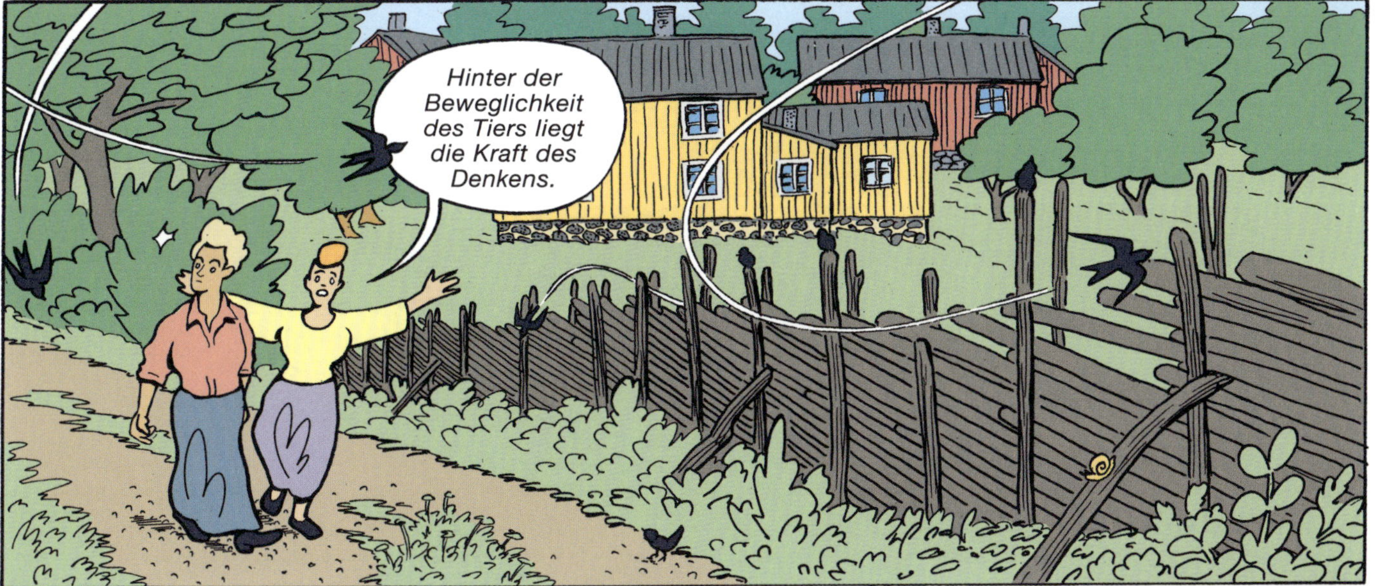

Aus: Notizbuch Hilma af Klint

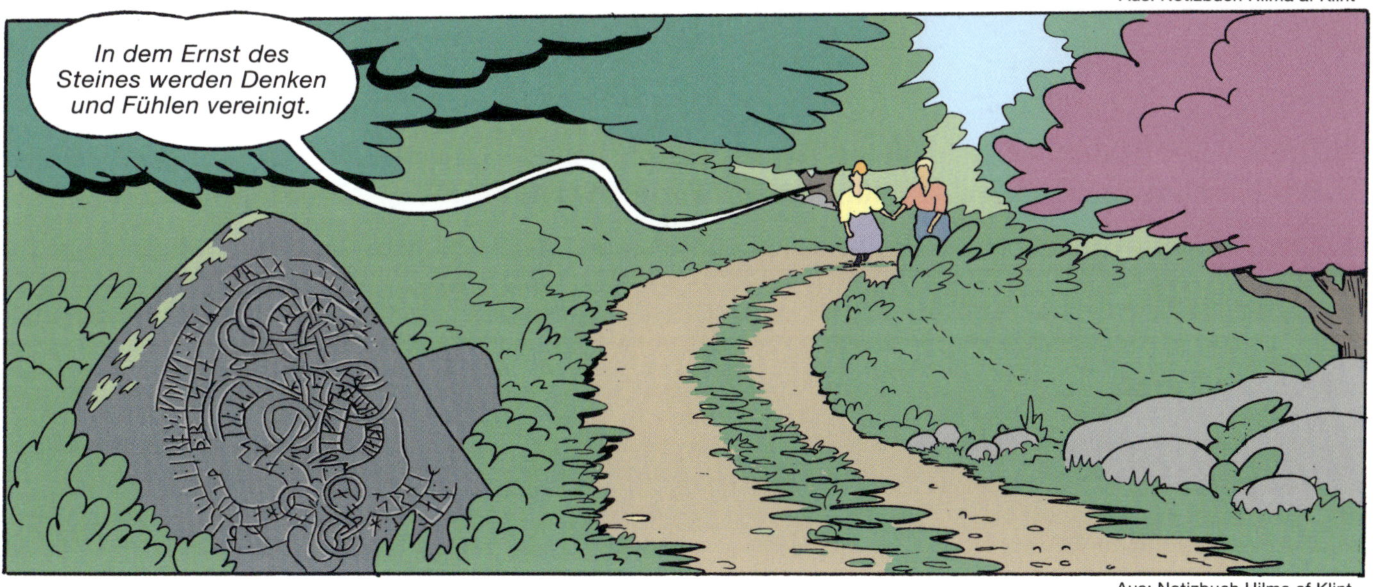

Aus: Notizbuch Hilma af Klint

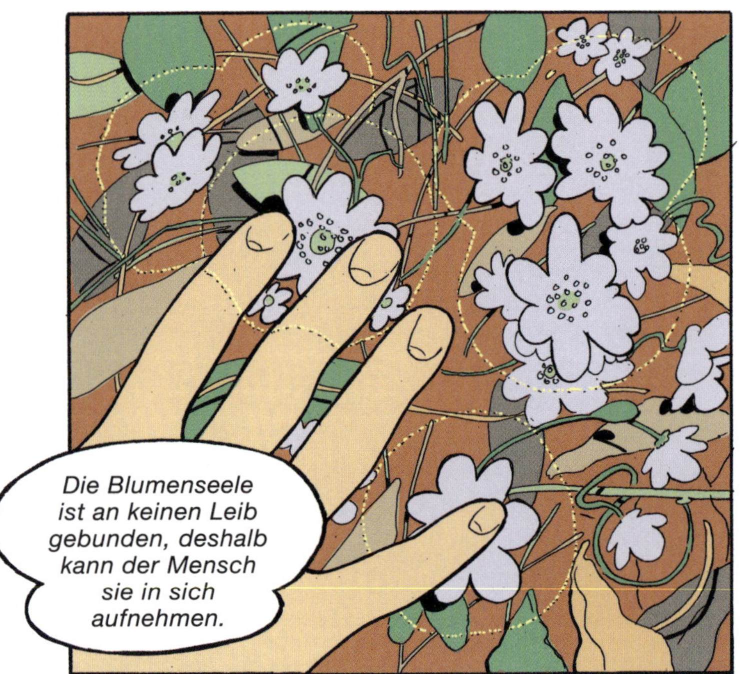

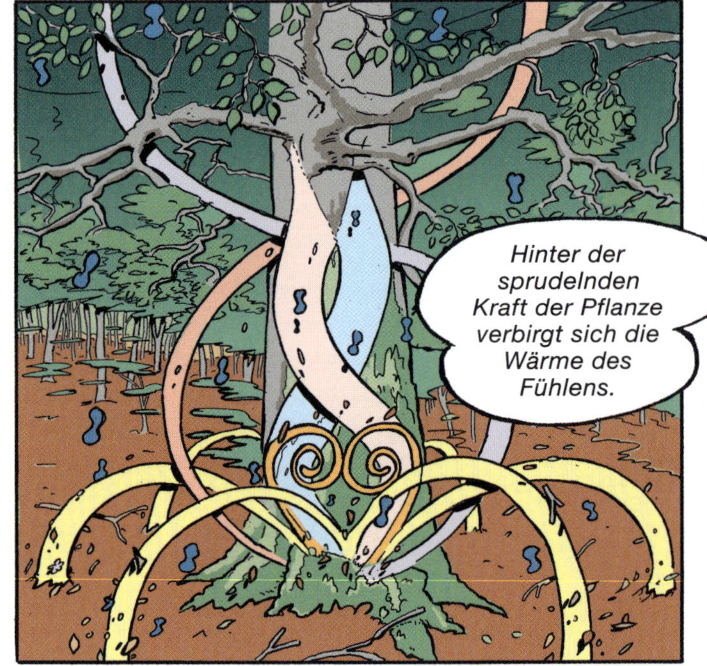

Aus: Notizbuch Hilma af Klint

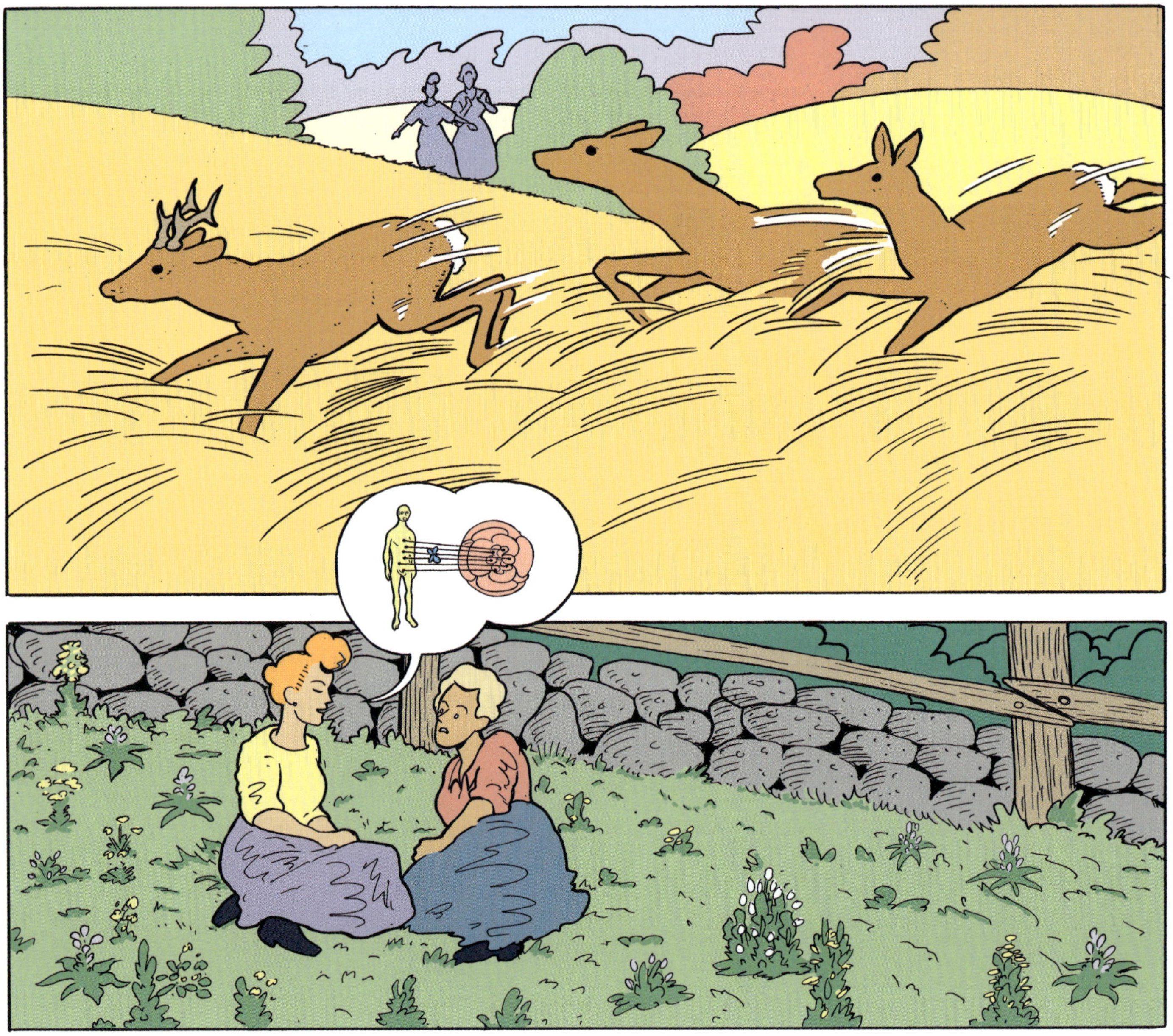

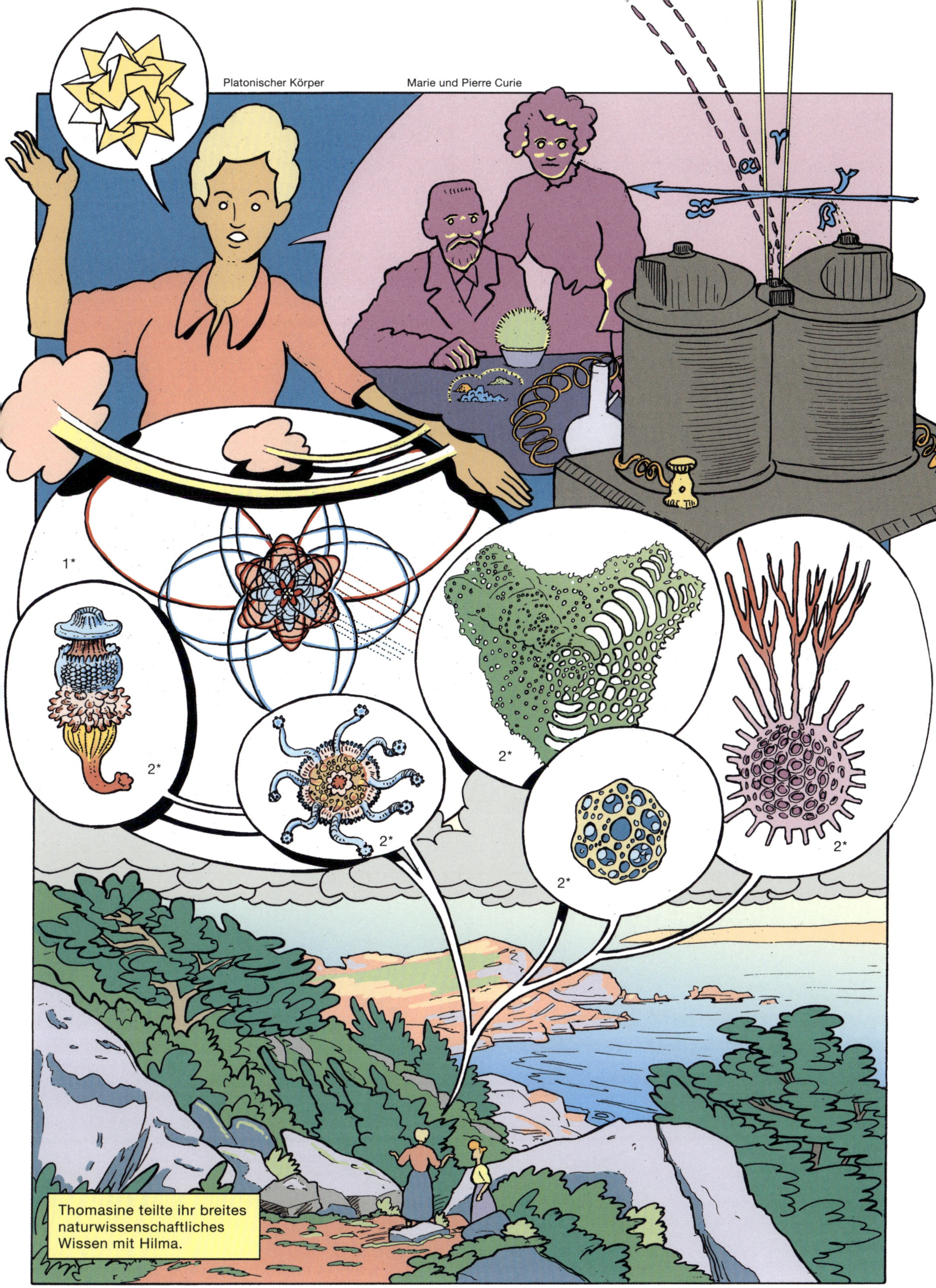

1* Atommodel von Radium, Niels Bohr

2* Aus: *Kunstformen der Natur,* Ernst Haeckel

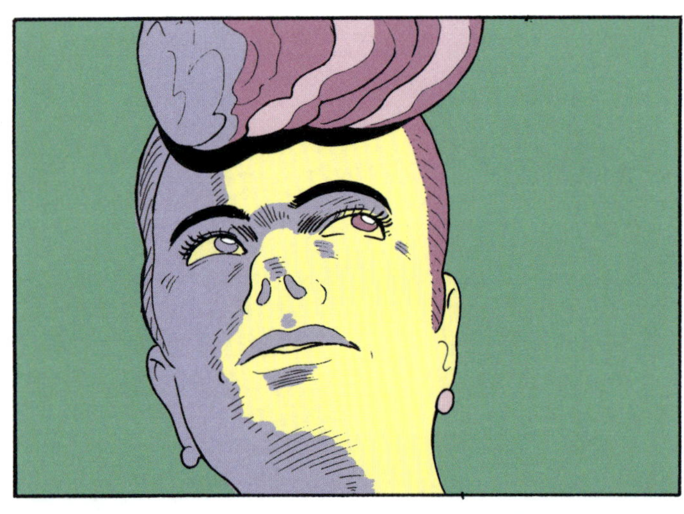

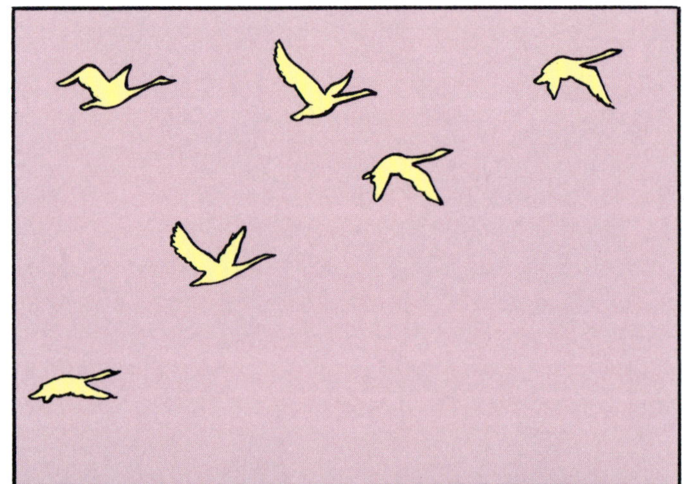

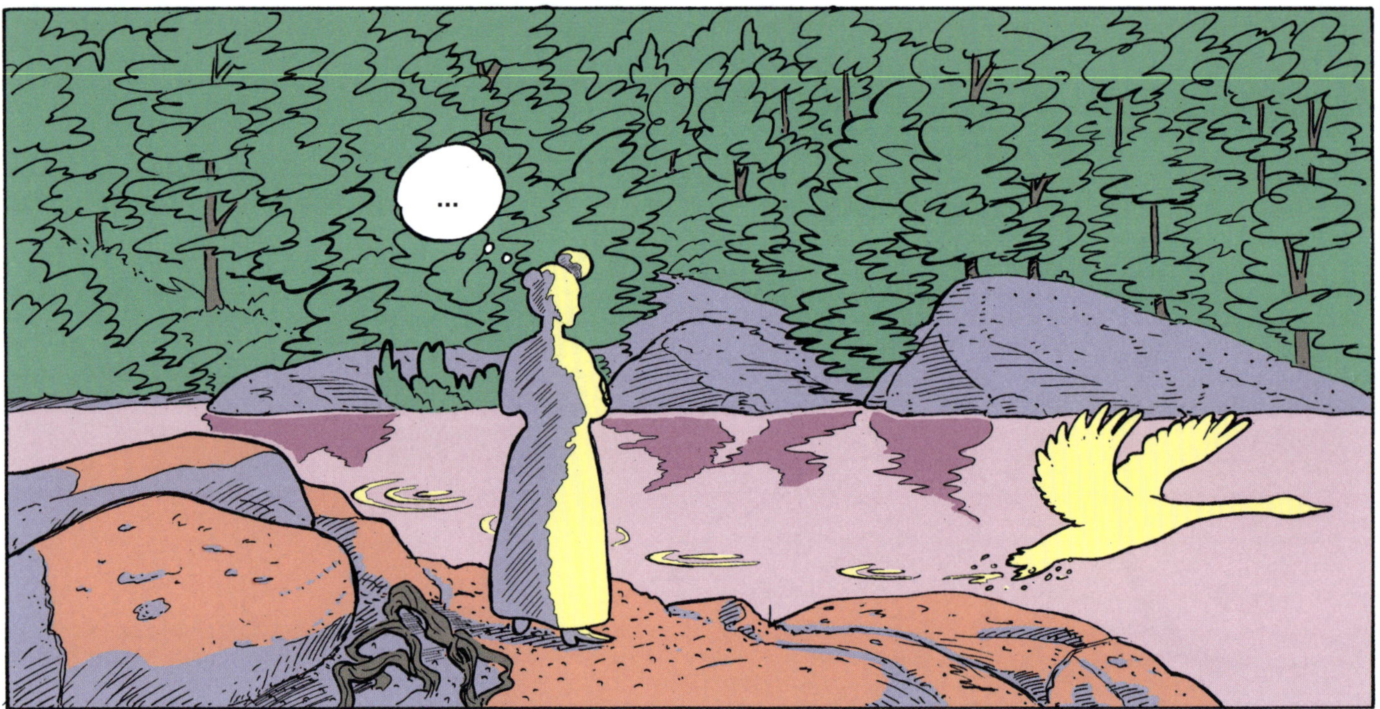

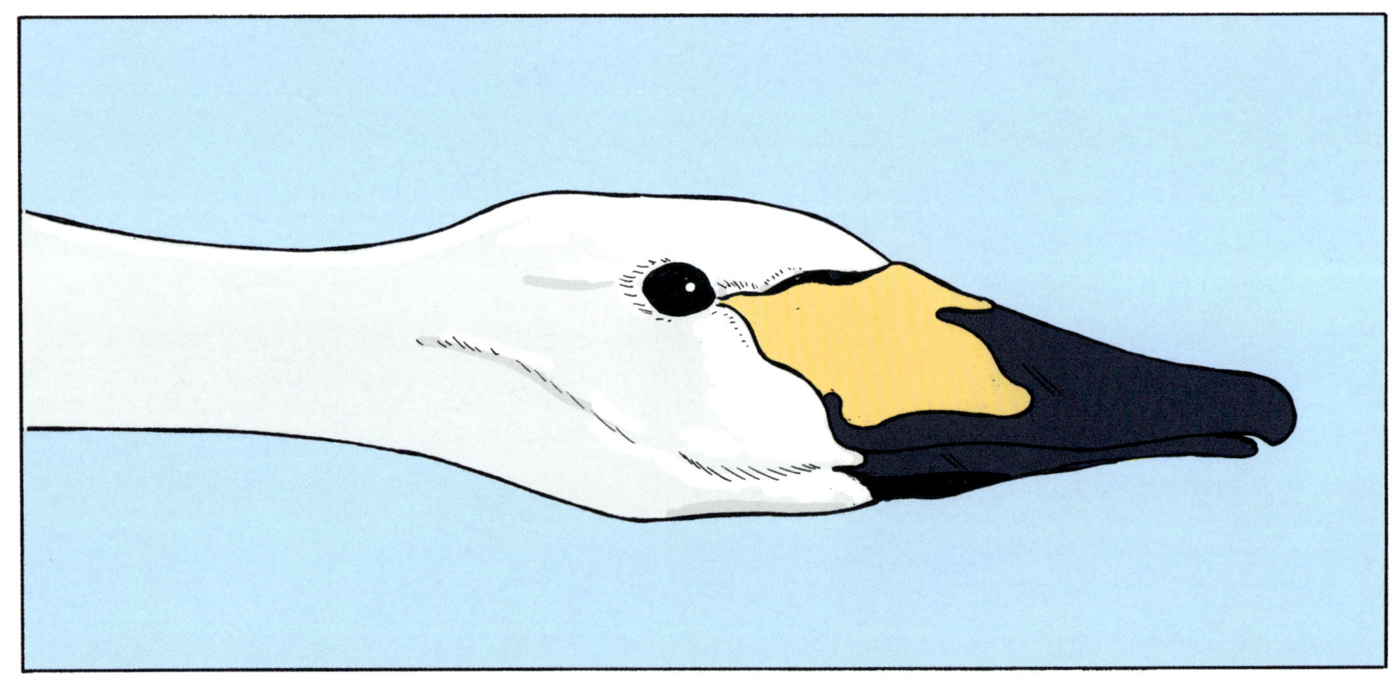

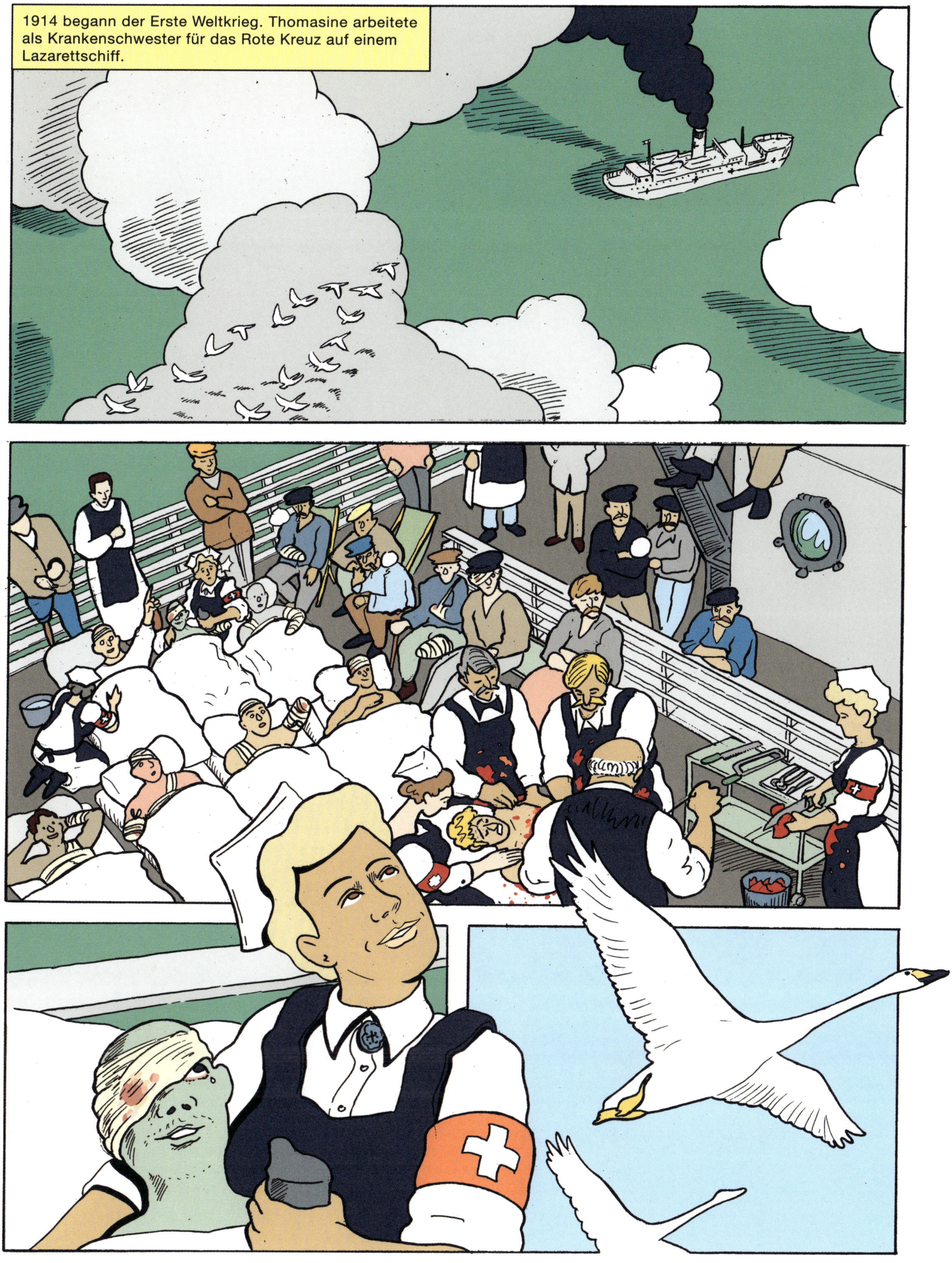

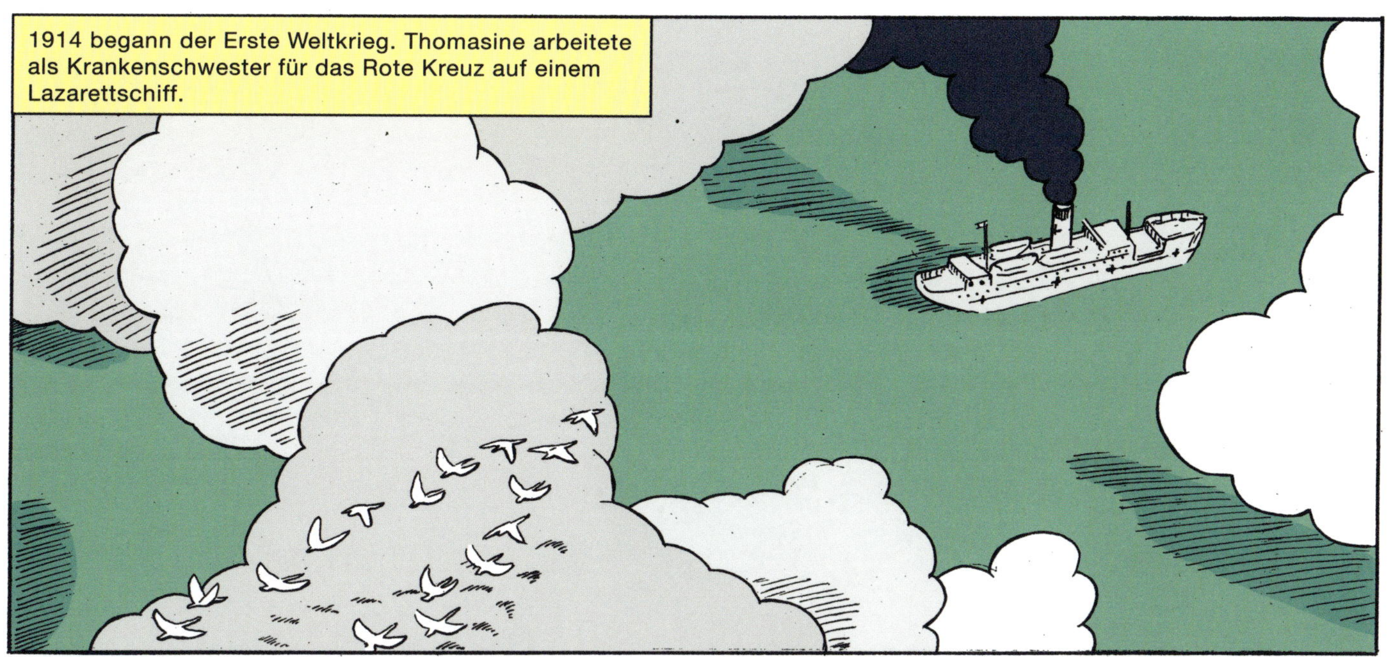
1914 begann der Erste Weltkrieg. Thomasine arbeitete als Krankenschwester für das Rote Kreuz auf einem Lazarettschiff.

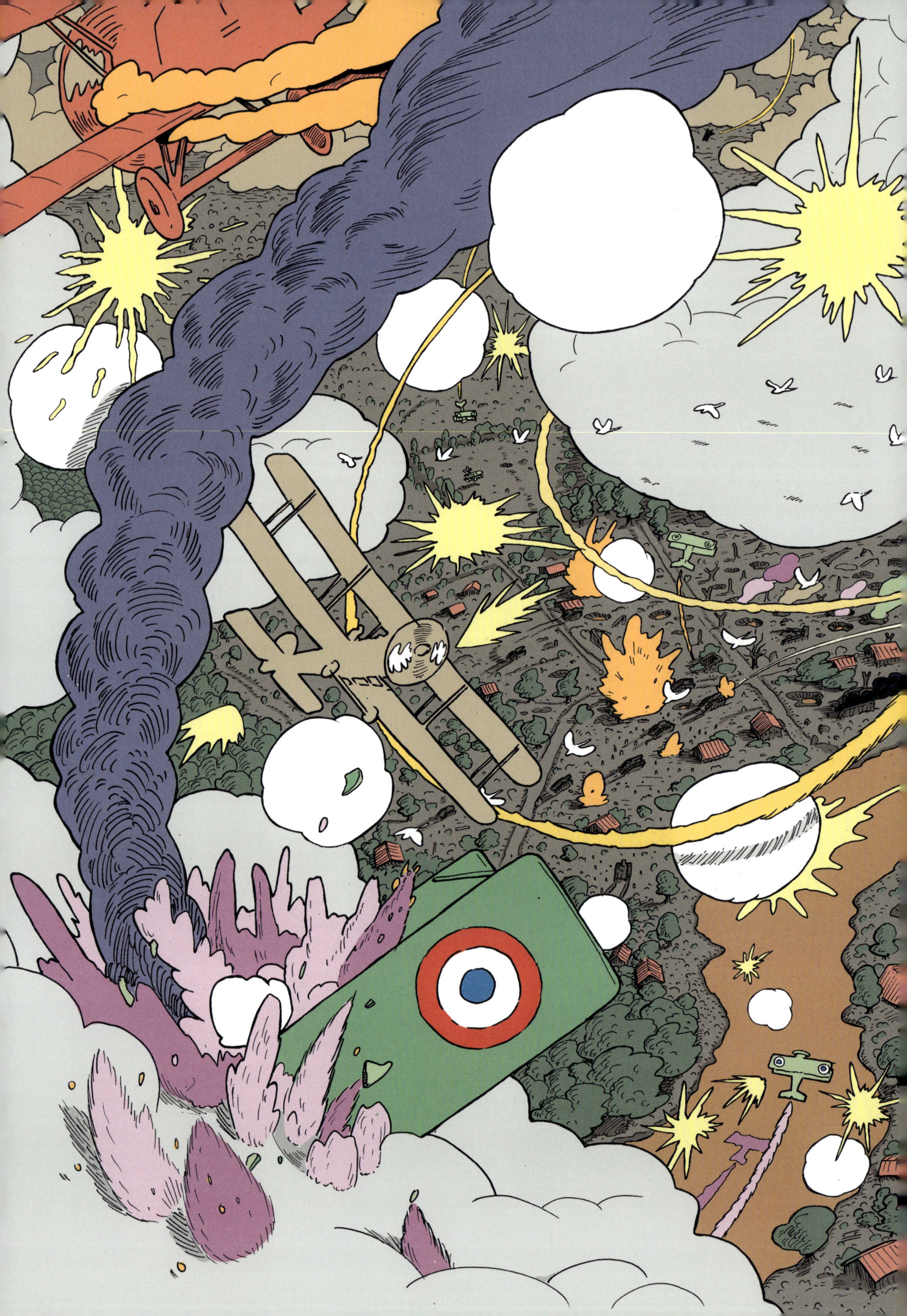

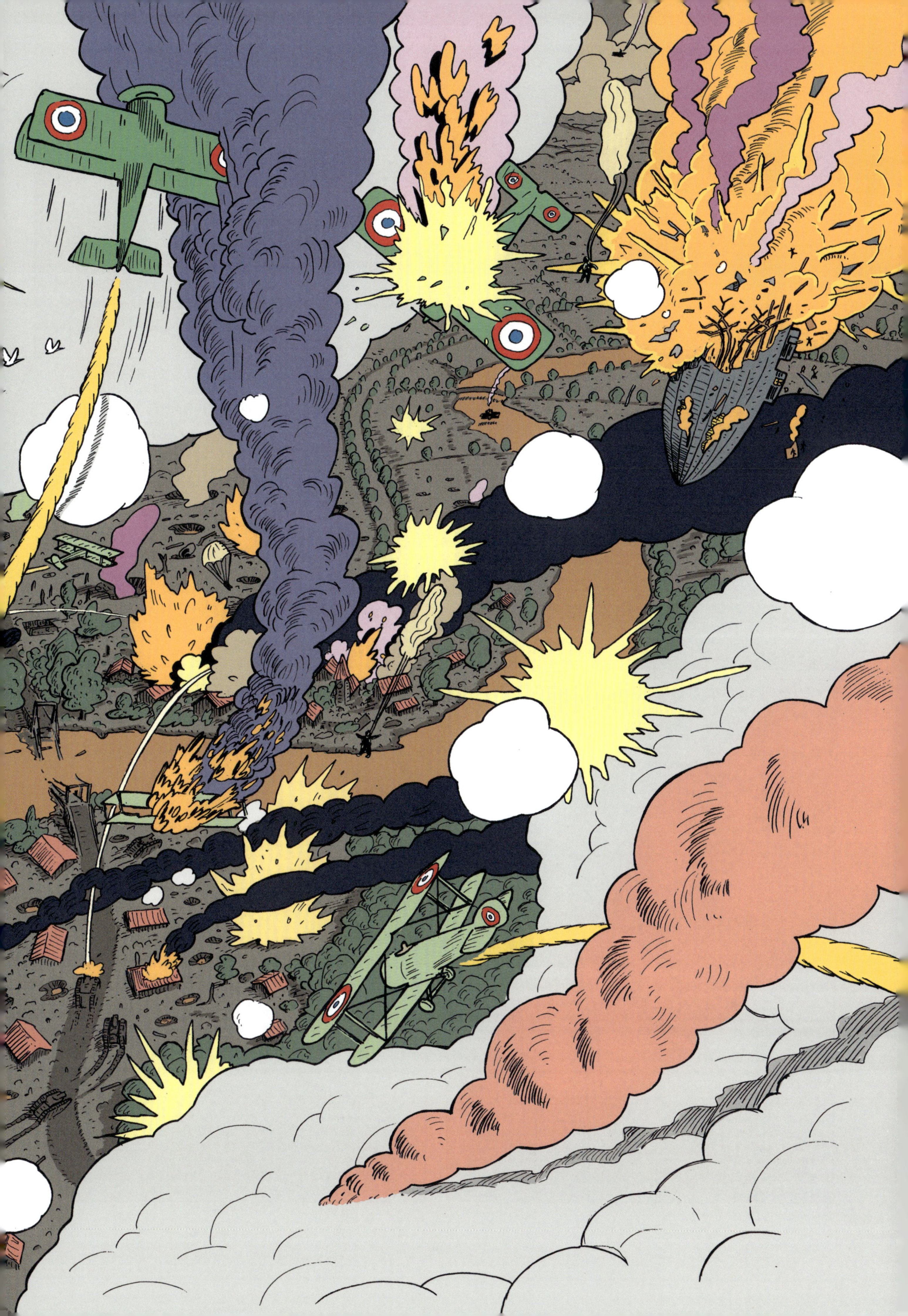

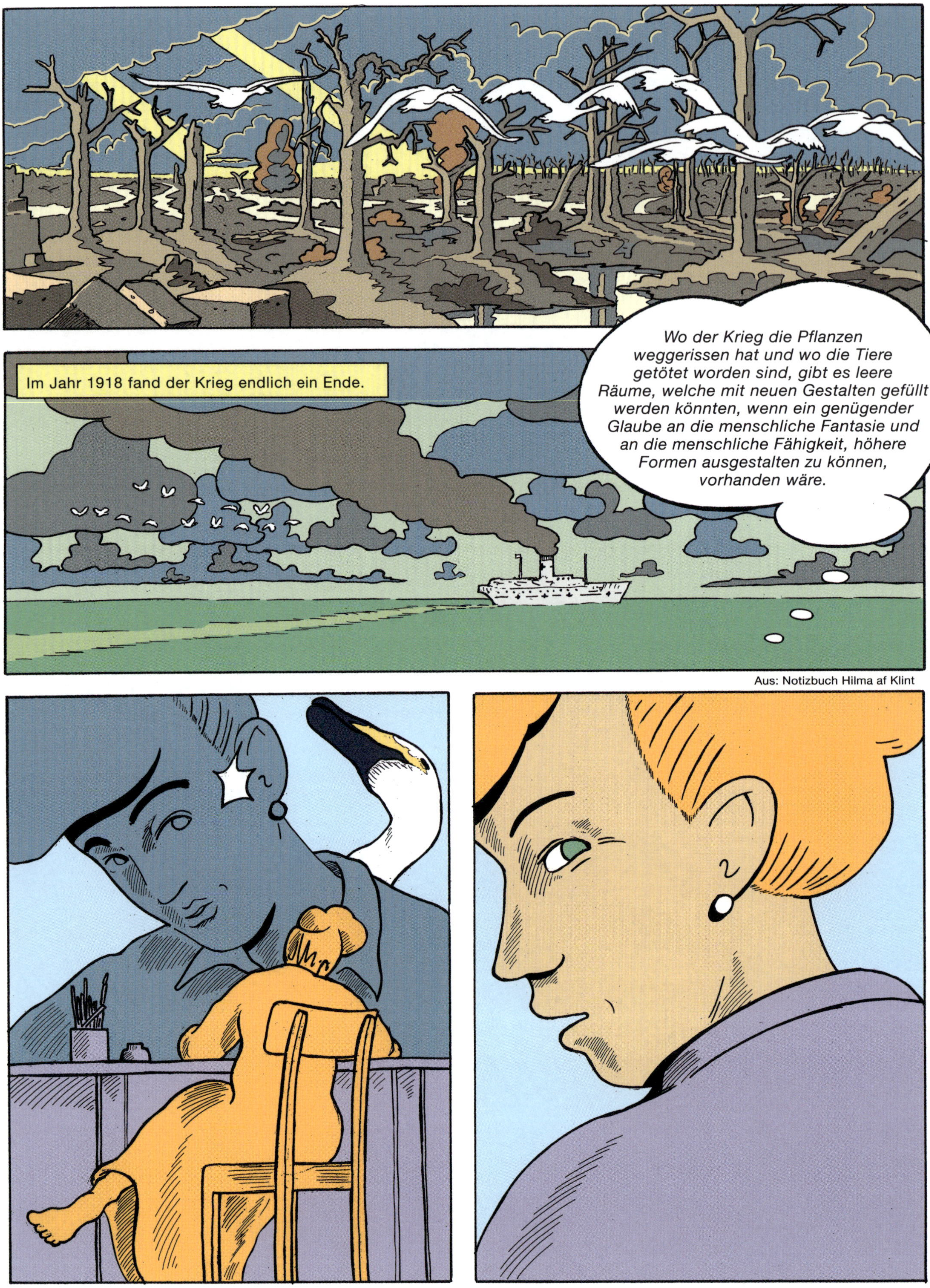

Im Jahr 1918 fand der Krieg endlich ein Ende.

Wo der Krieg die Pflanzen weggerissen hat und wo die Tiere getötet worden sind, gibt es leere Räume, welche mit neuen Gestalten gefüllt werden könnten, wenn ein genügender Glaube an die menschliche Fantasie und an die menschliche Fähigkeit, höhere Formen ausgestalten zu können, vorhanden wäre.

Aus: Notizbuch Hilma af Klint

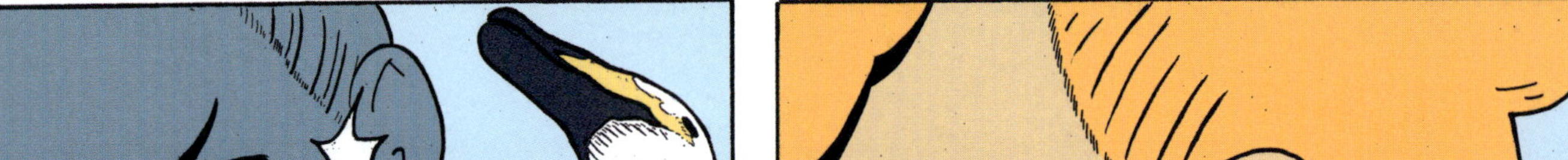

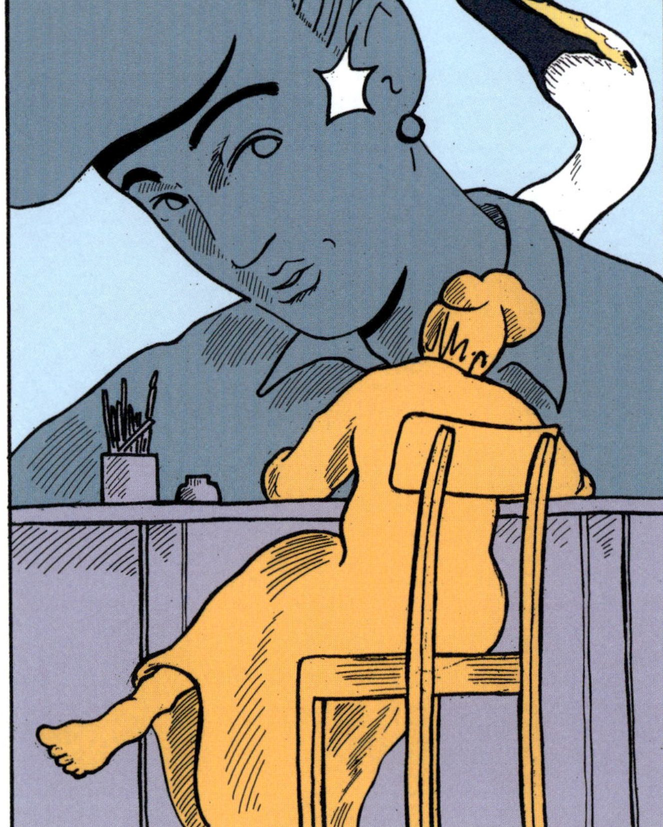

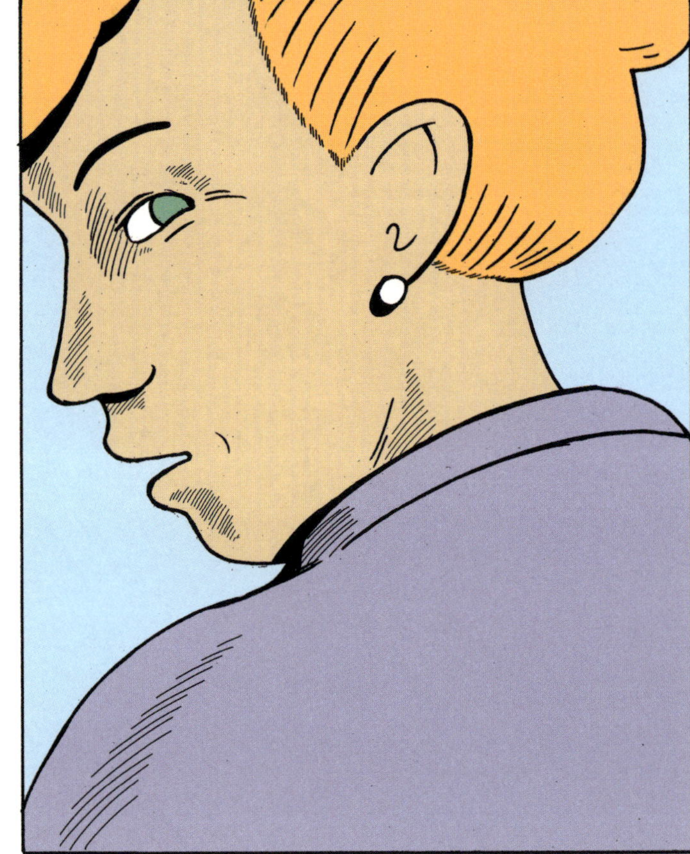

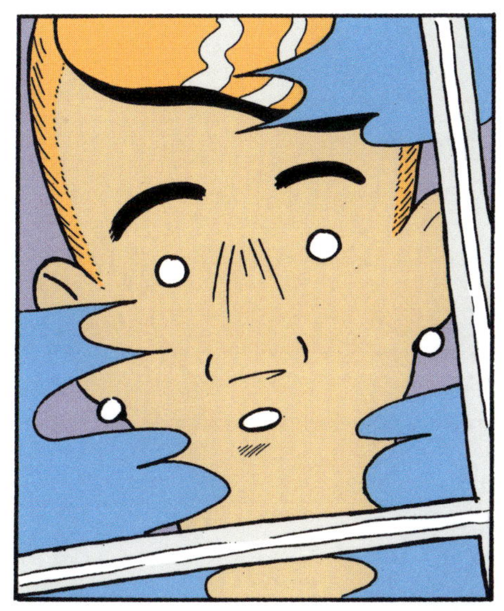

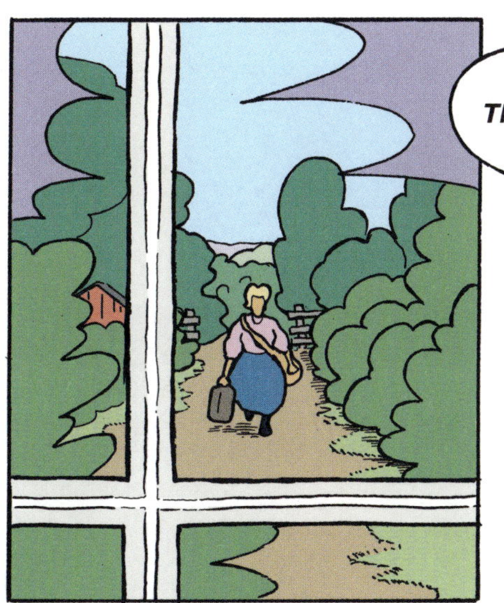

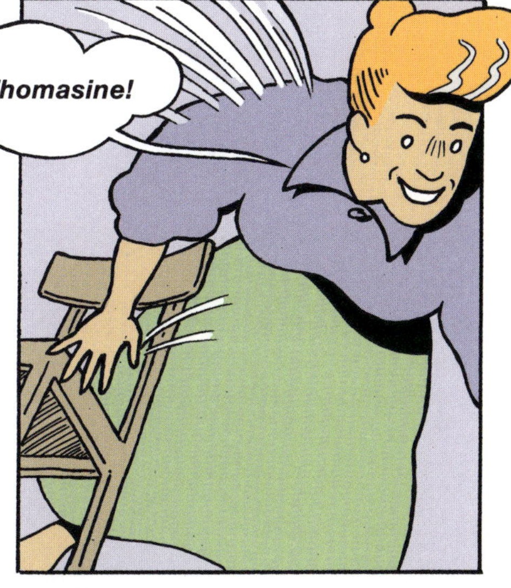
Thomasine!

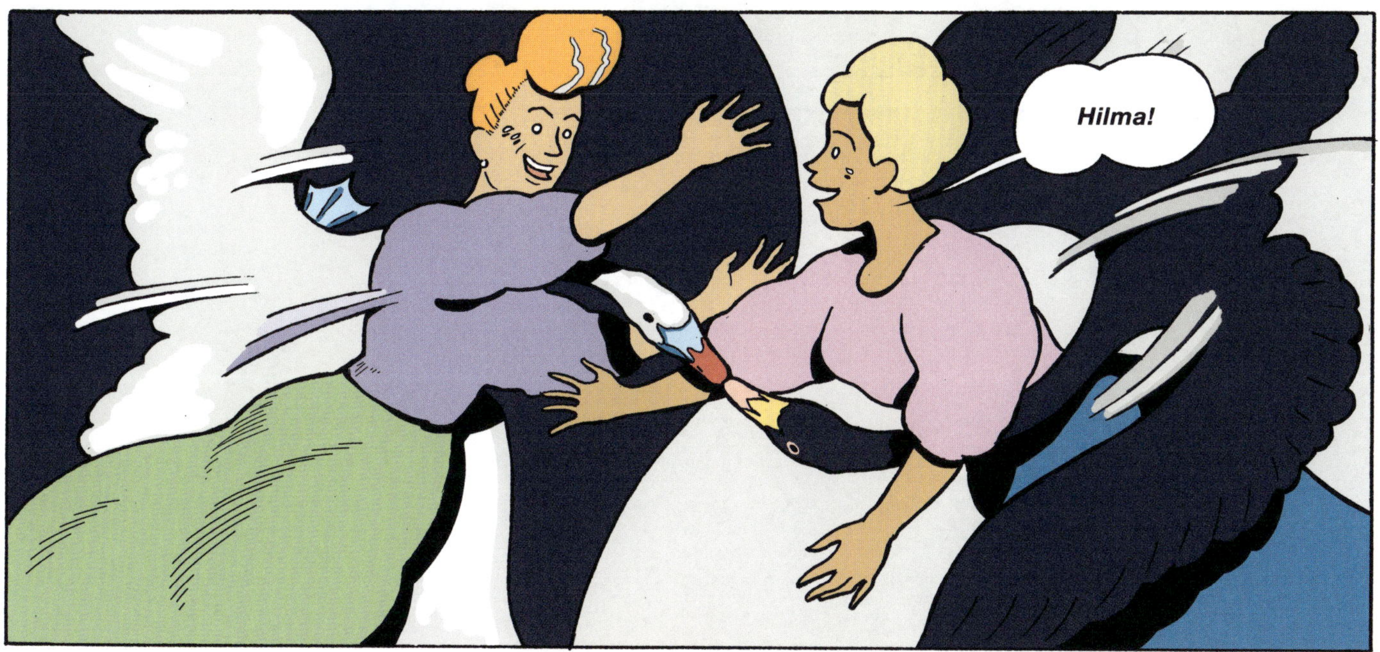
Hilma!

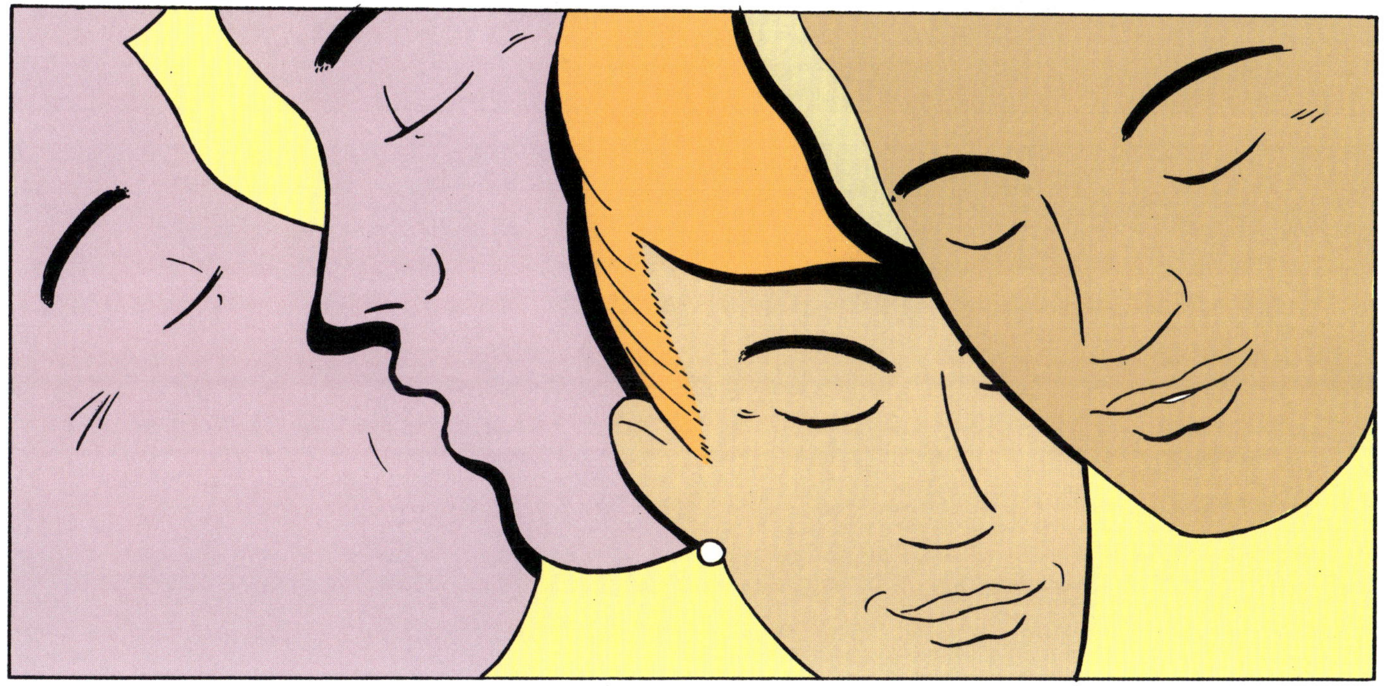

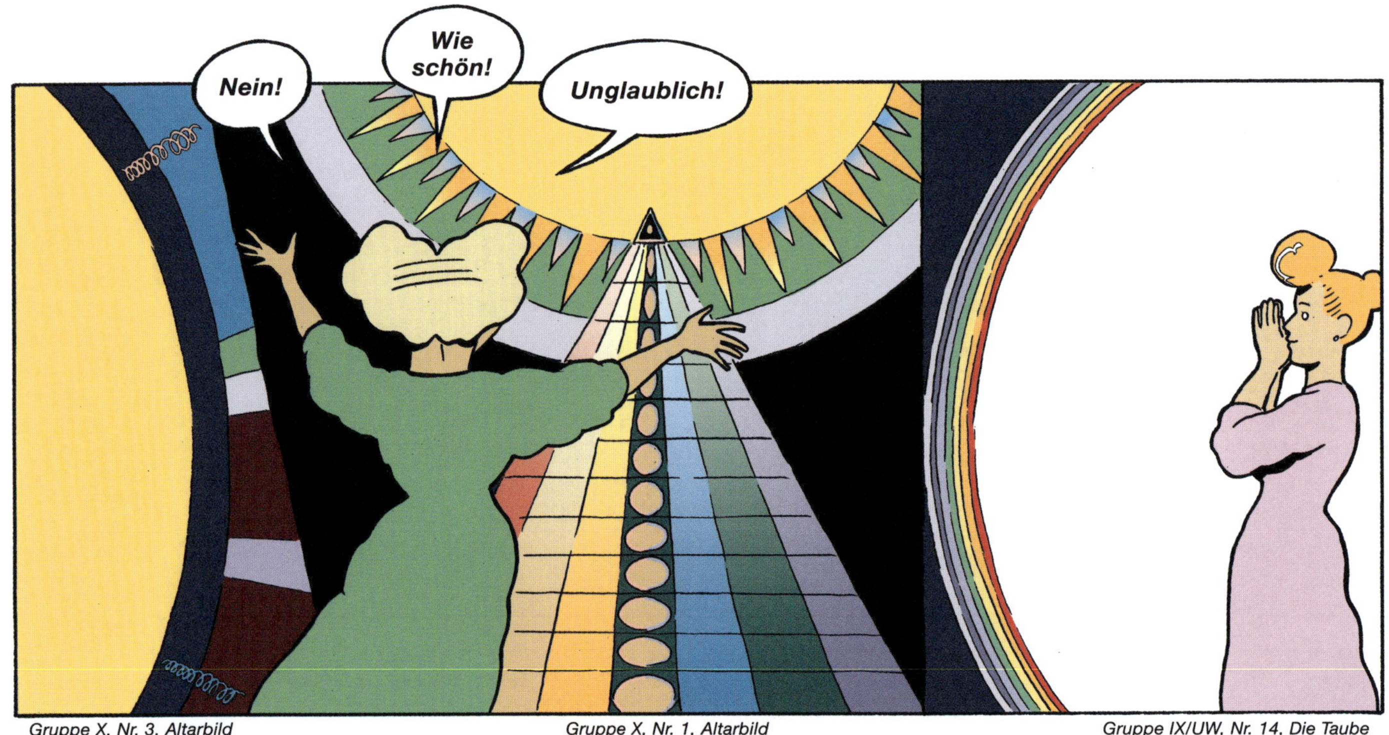

Gruppe X, Nr. 3, Altarbild *Gruppe X, Nr. 1, Altarbild* *Gruppe IX/UW, Nr. 14, Die Taube*

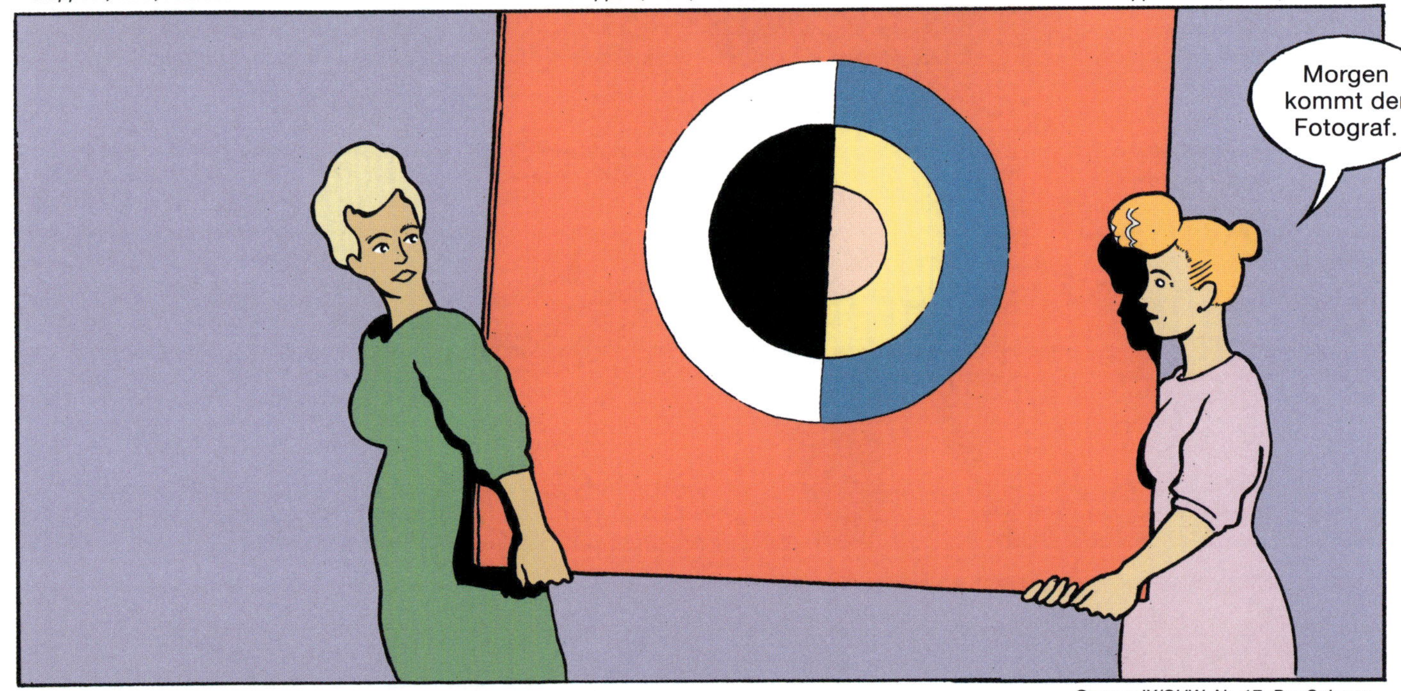

Gruppe IX/SUW, Nr. 17, Der Schwan

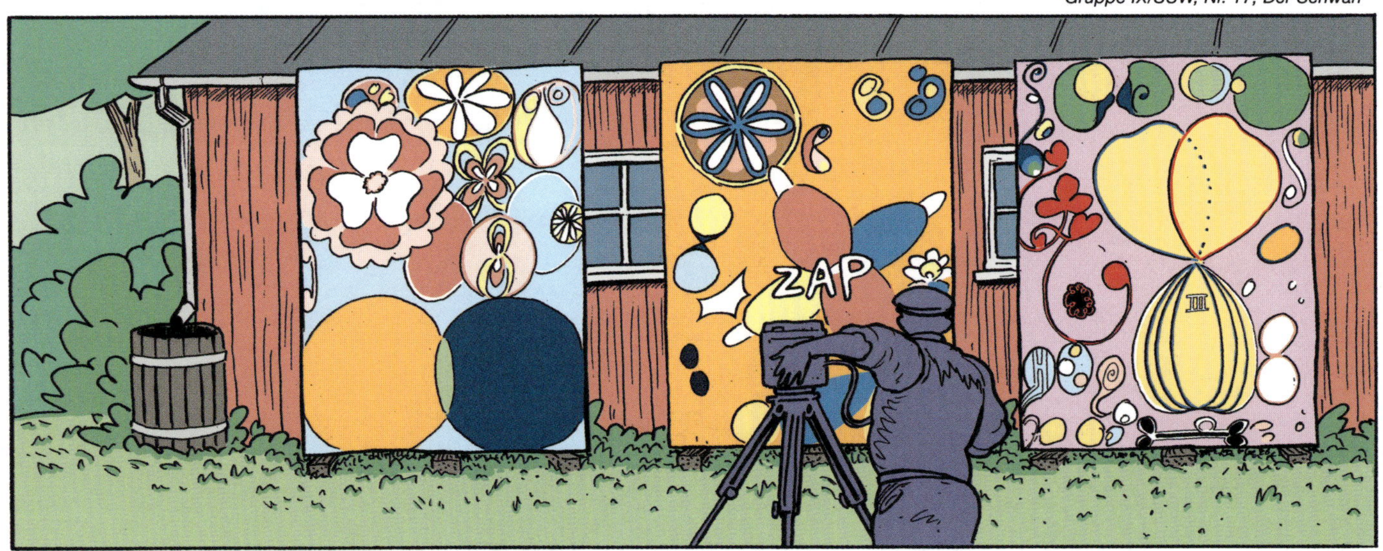

Gruppe IV, Die zehn Größten, Nr. 2, Kindheit *Gruppe IV, Die zehn Größten, Nr. 4, Jugend* *Gruppe IV, Die zehn Größten, Nr. 7, Erwachsenenalter*

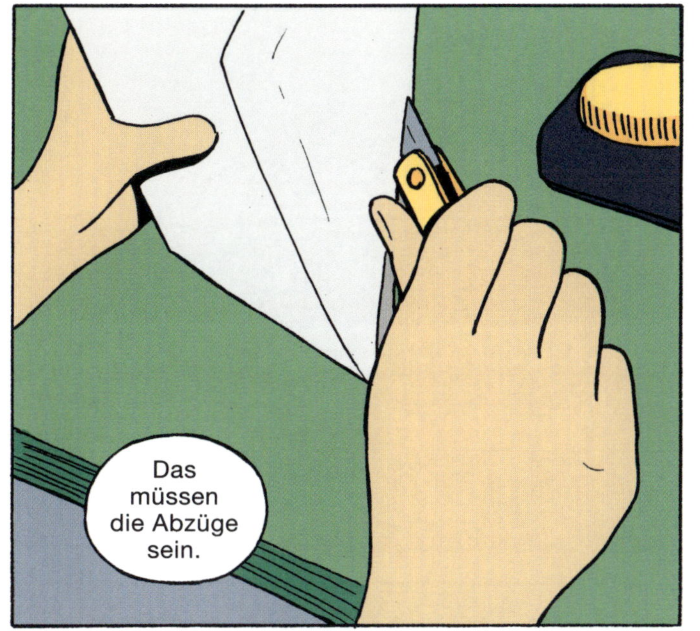
Das müssen die Abzüge sein.

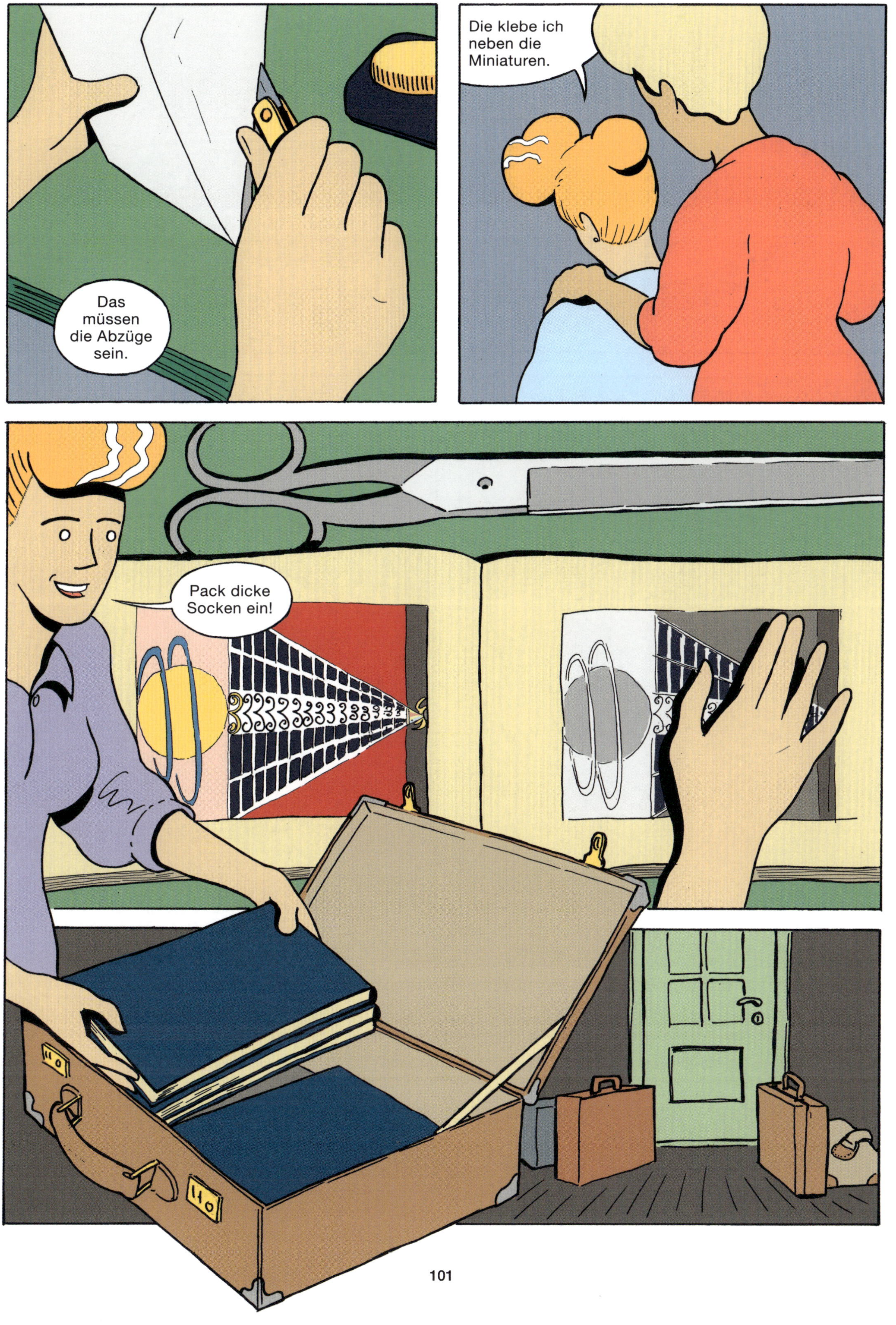

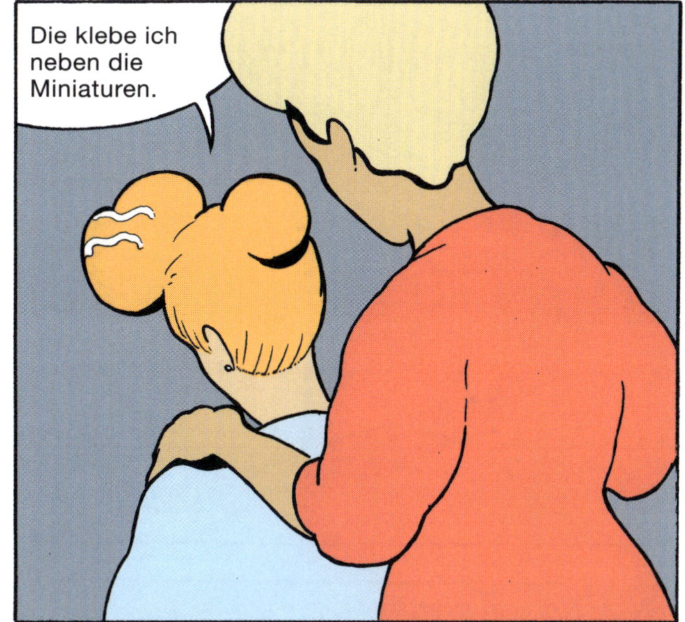
Die klebe ich neben die Miniaturen.

Pack dicke Socken ein!

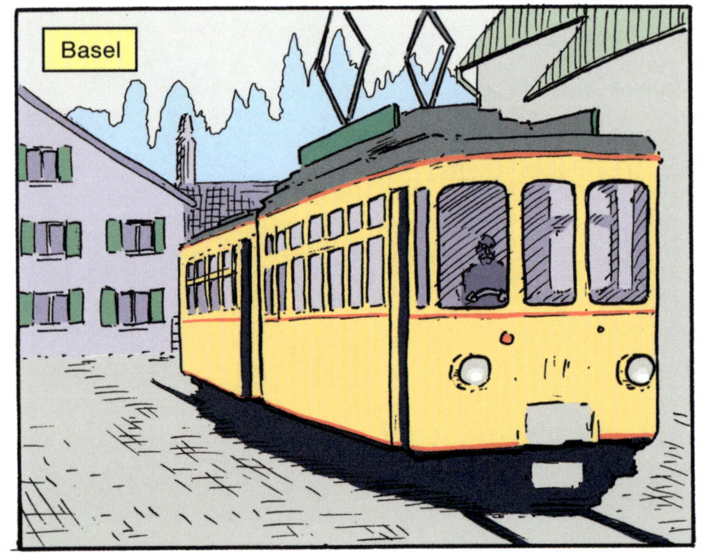
Basel

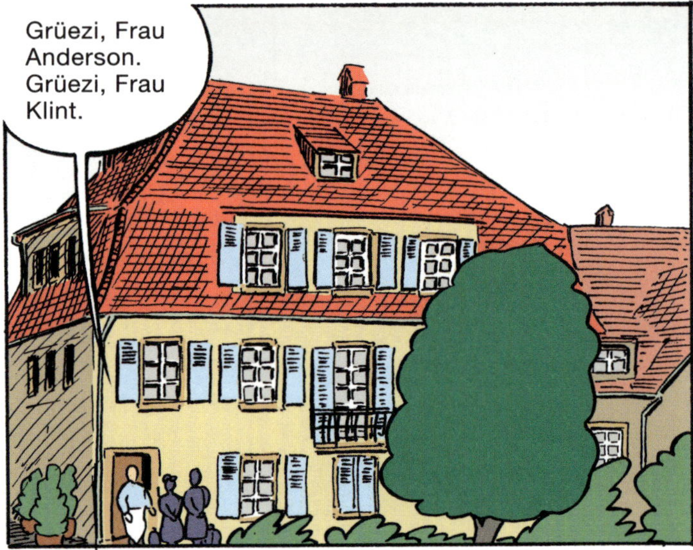
Grüezi, Frau Anderson. Grüezi, Frau Klint.

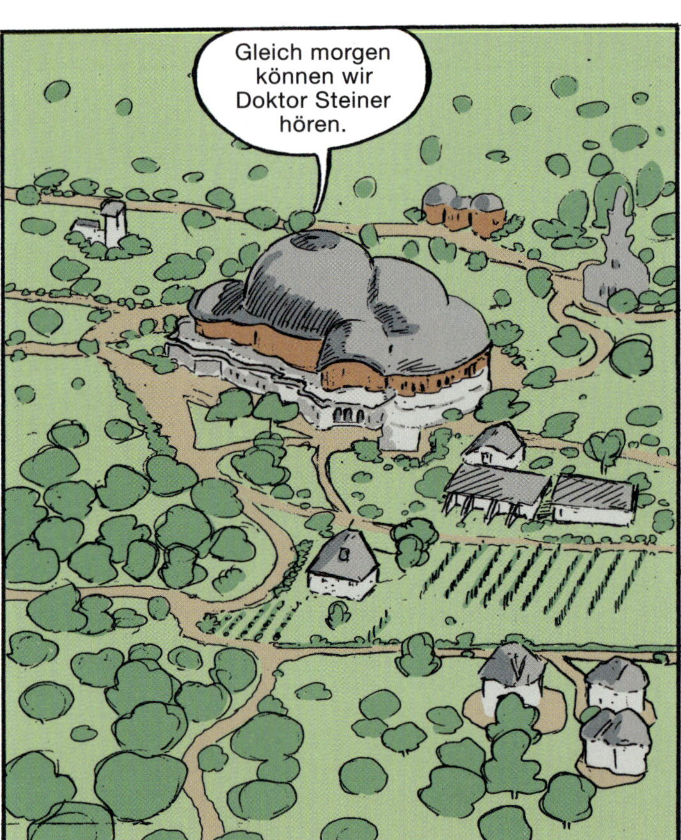
Gleich morgen können wir Doktor Steiner hören.

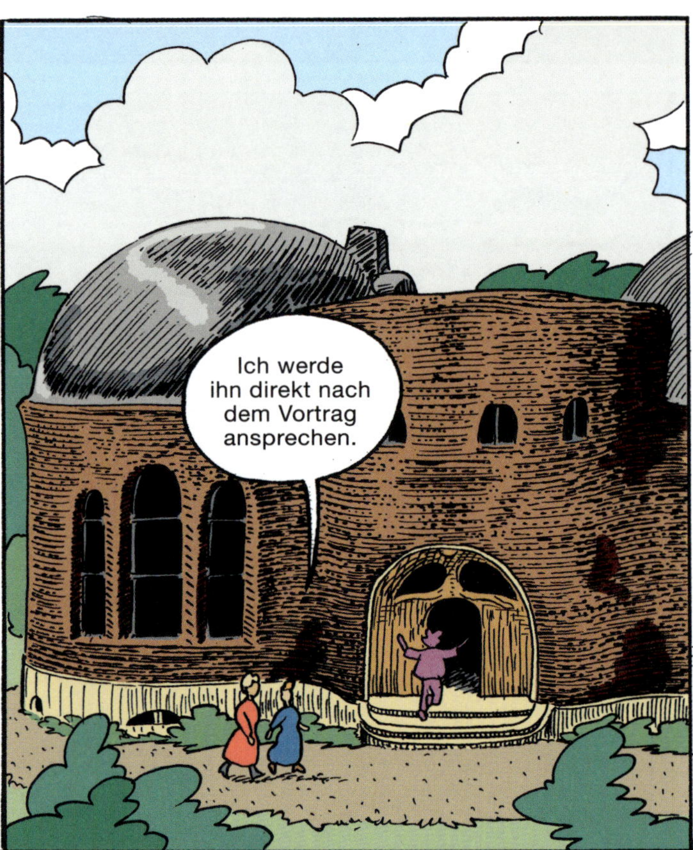
Ich werde ihn direkt nach dem Vortrag ansprechen.

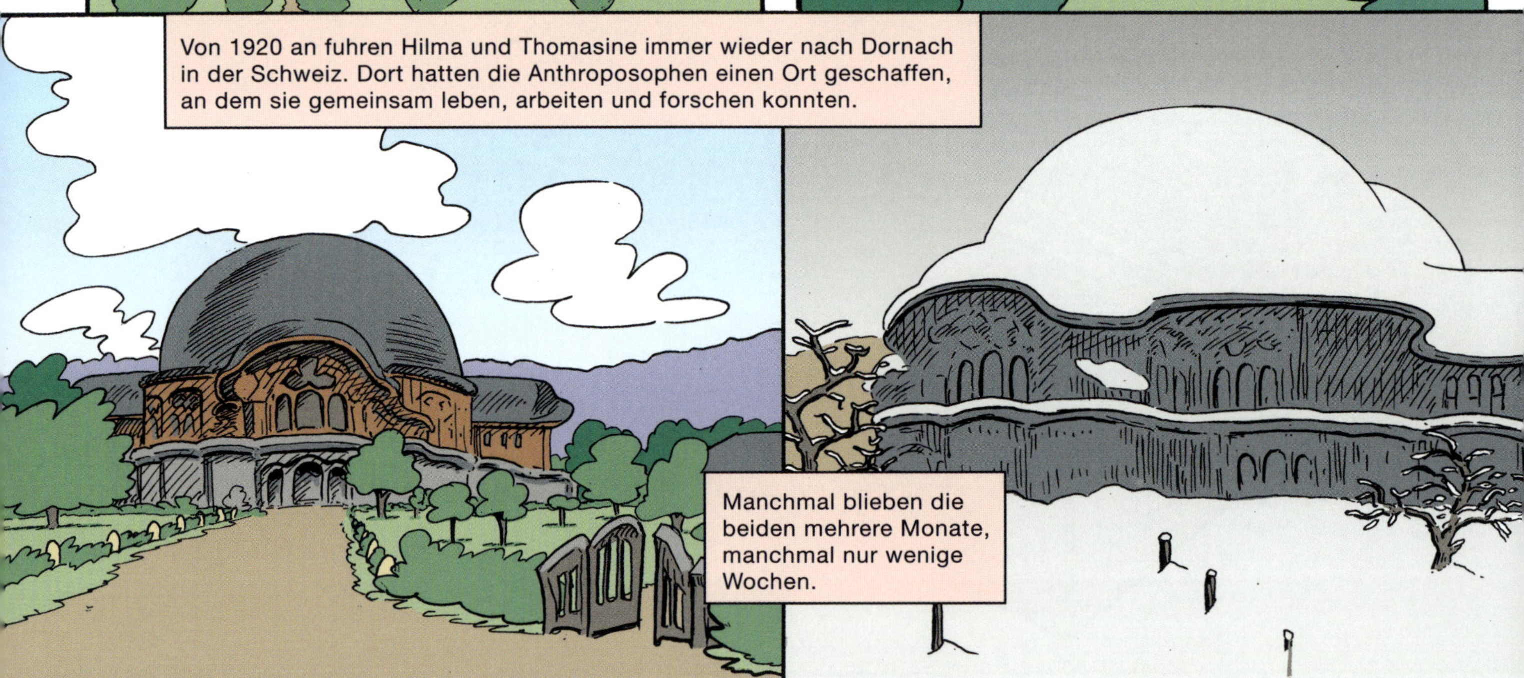
Von 1920 an fuhren Hilma und Thomasine immer wieder nach Dornach in der Schweiz. Dort hatten die Anthroposophen einen Ort geschaffen, an dem sie gemeinsam leben, arbeiten und forschen konnten.
Manchmal blieben die beiden mehrere Monate, manchmal nur wenige Wochen.

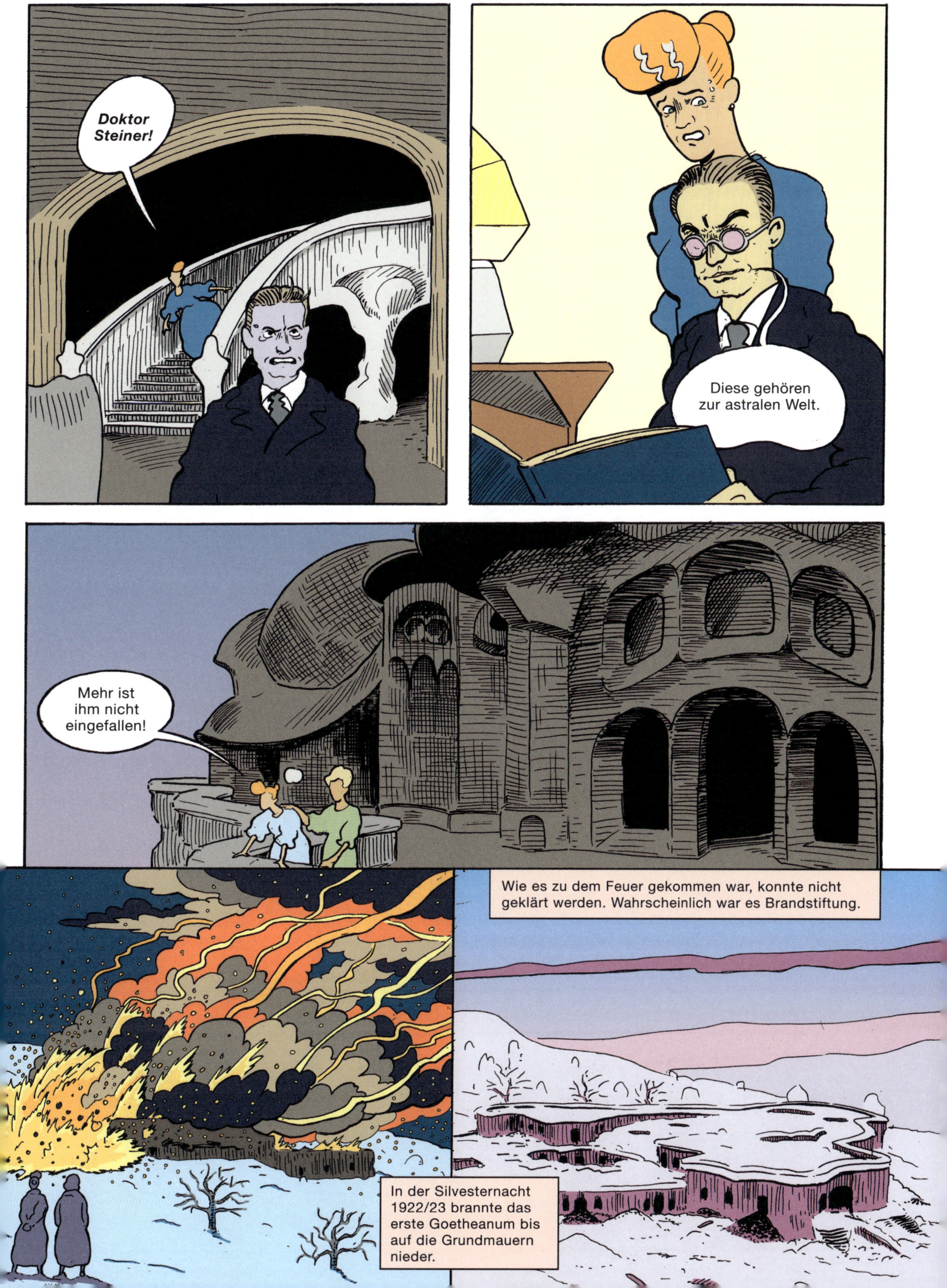

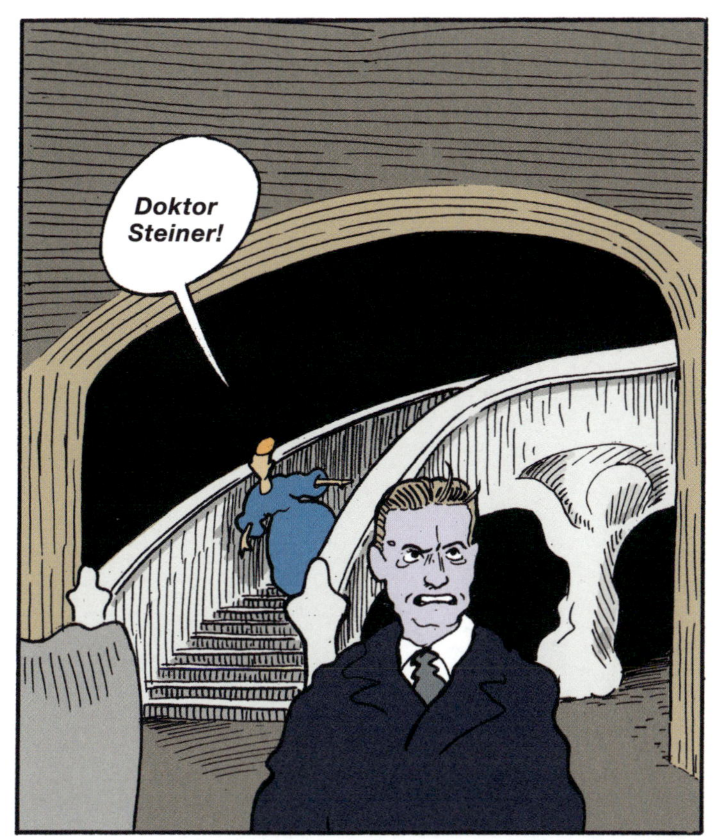

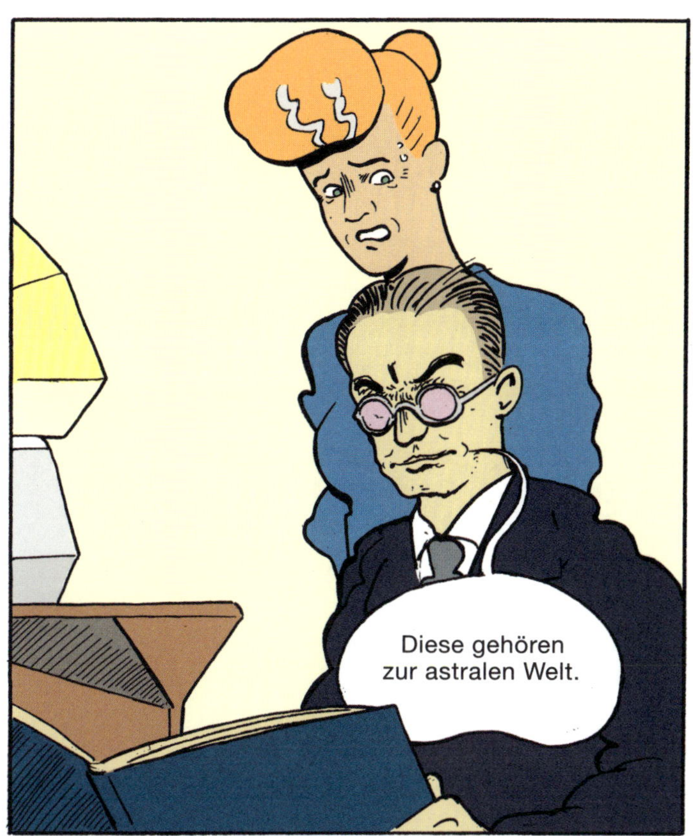

Mehr ist ihm nicht eingefallen!

In der Silvesternacht 1922/23 brannte das erste Goetheanum bis auf die Grundmauern nieder.

Wie es zu dem Feuer gekommen war, konnte nicht geklärt werden. Wahrscheinlich war es Brandstiftung.

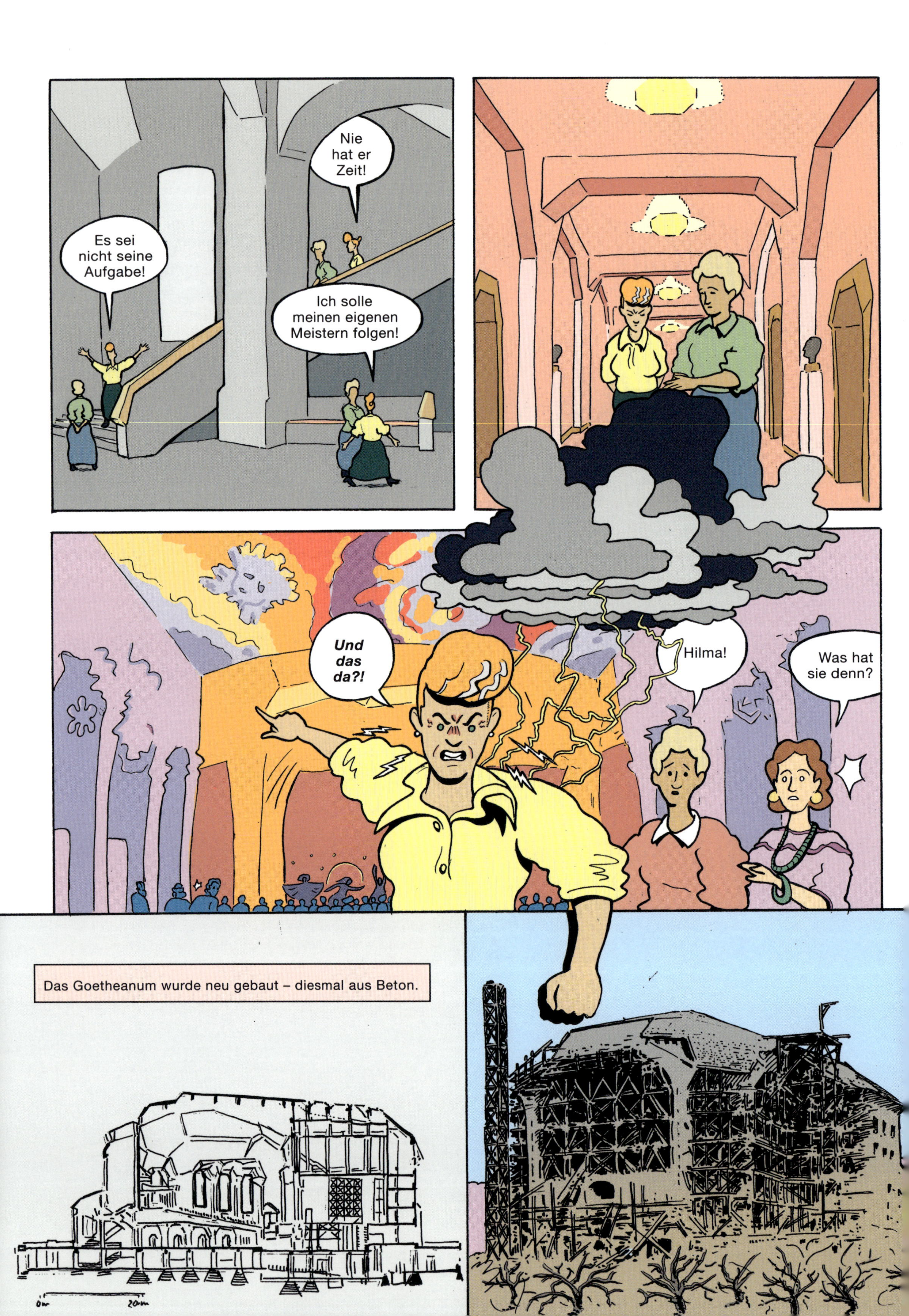

Es sei nicht seine Aufgabe!
Nie hat er Zeit!
Ich solle meinen eigenen Meistern folgen!
Und das da?!
Hilma!
Was hat sie denn?
Das Goetheanum wurde neu gebaut – diesmal aus Beton.

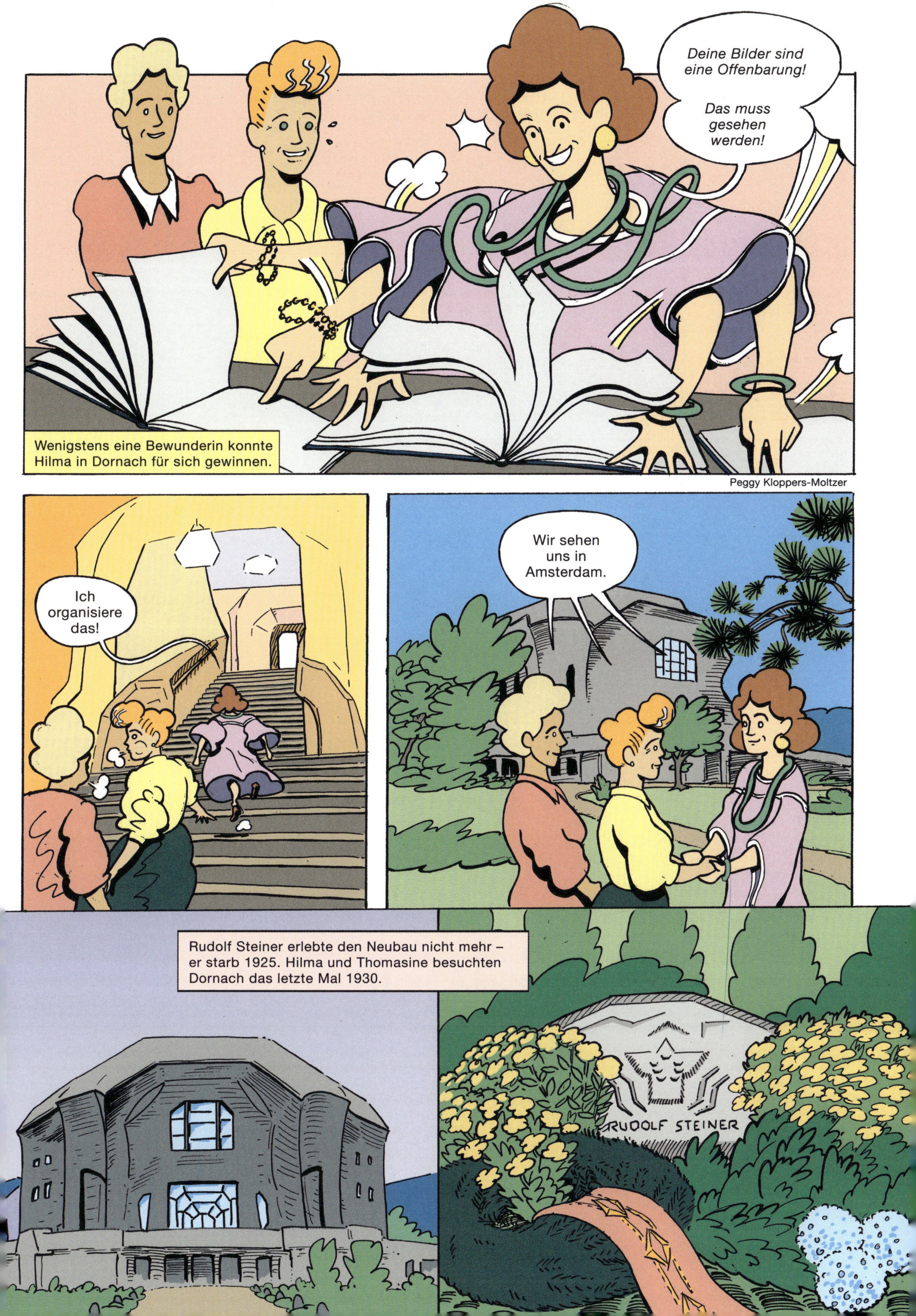

Deine Bilder sind eine Offenbarung!

Das muss gesehen werden!

Wenigstens eine Bewunderin konnte Hilma in Dornach für sich gewinnen.

Peggy Kloppers-Moltzer

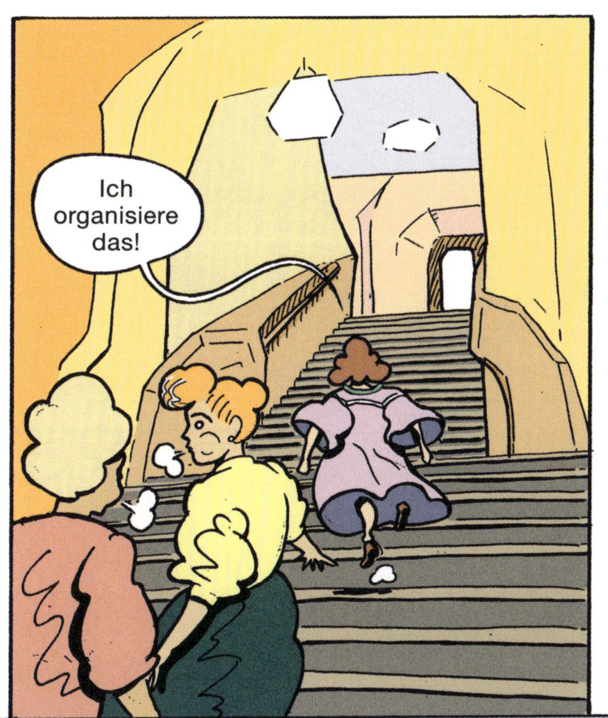

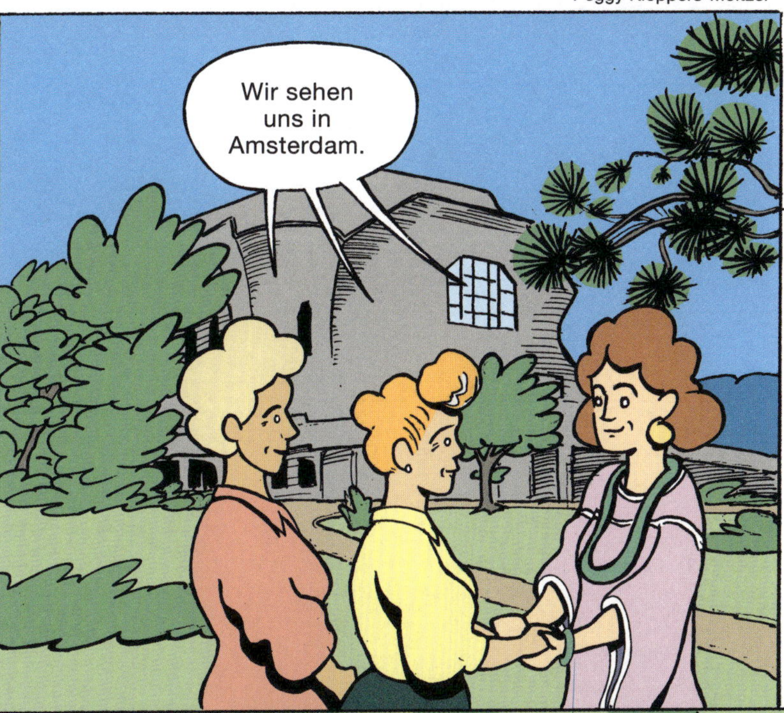

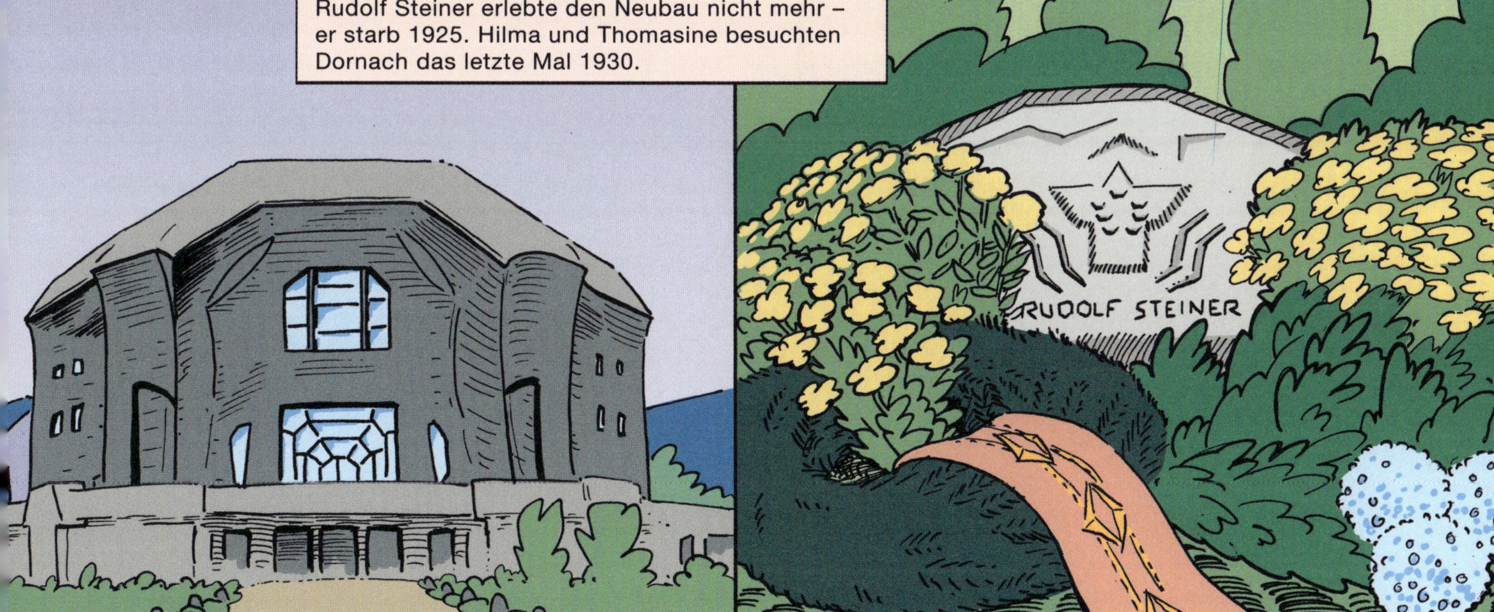

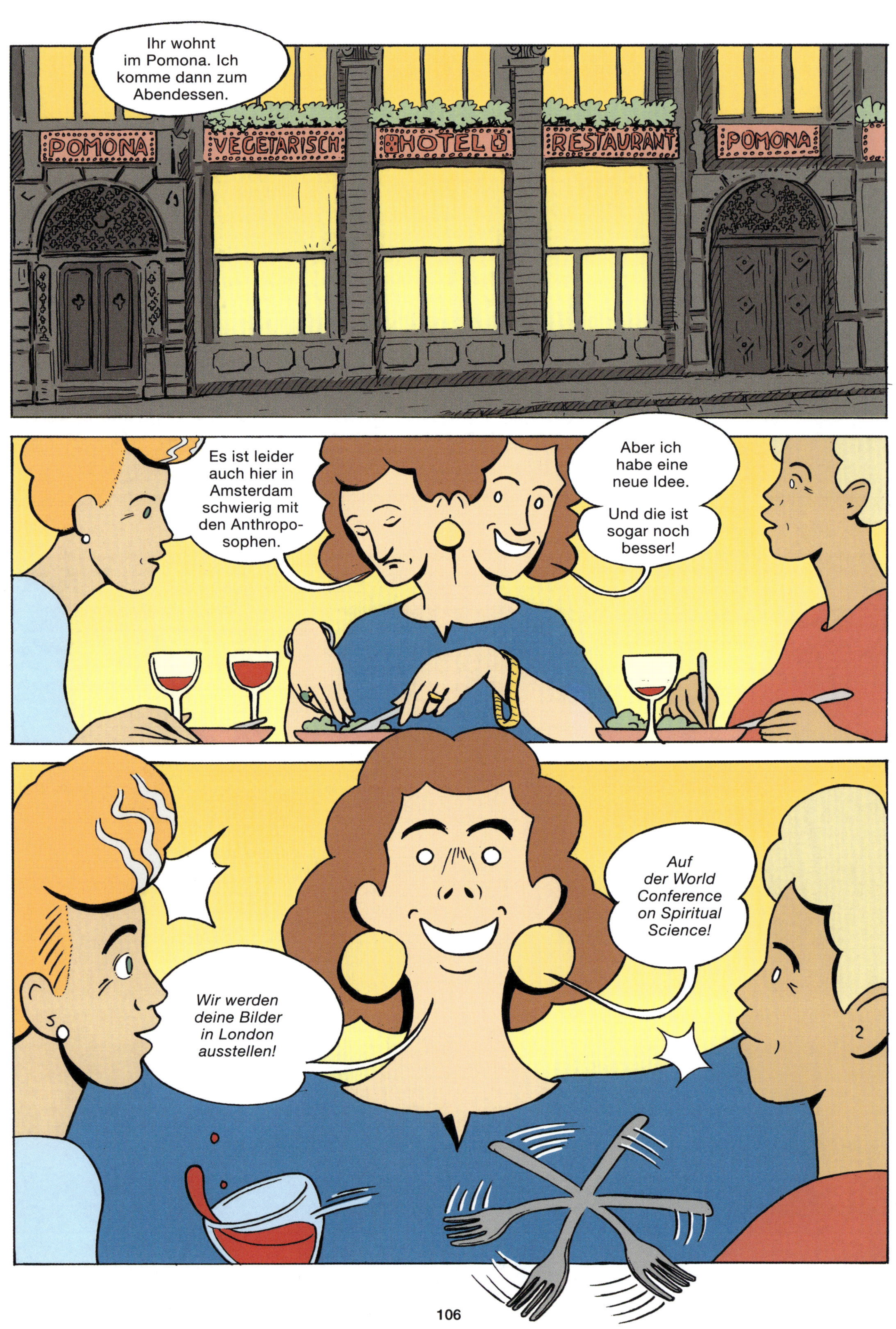
Ihr wohnt im Pomona. Ich komme dann zum Abendessen.
POMONA
VEGETARISCH
HOTEL
RESTAURANT
POMONA
Es ist leider auch hier in Amsterdam schwierig mit den Anthropo-sophen.
Aber ich habe eine neue Idee.
Und die ist sogar noch besser!
Wir werden deine Bilder in London ausstellen!
Auf der World Conference on Spiritual Science!

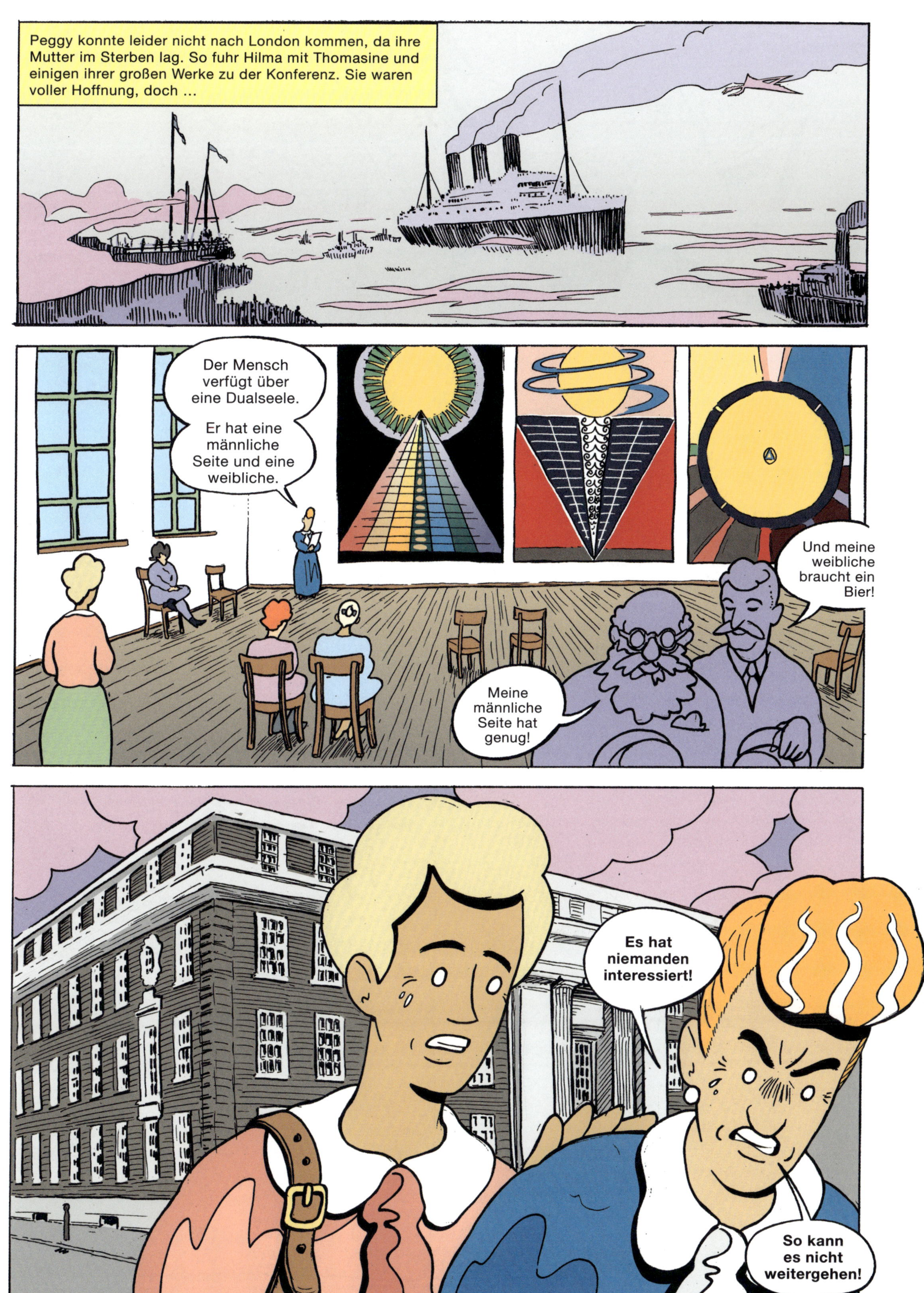
Peggy konnte leider nicht nach London kommen, da ihre Mutter im Sterben lag. So fuhr Hilma mit Thomasine und einigen ihrer großen Werke zu der Konferenz. Sie waren voller Hoffnung, doch …
Der Mensch verfügt über eine Dualseele.
Er hat eine männliche Seite und eine weibliche.
Und meine weibliche braucht ein Bier!
Meine männliche Seite hat genug!
Es hat niemanden interessiert!
So kann es nicht weitergehen!

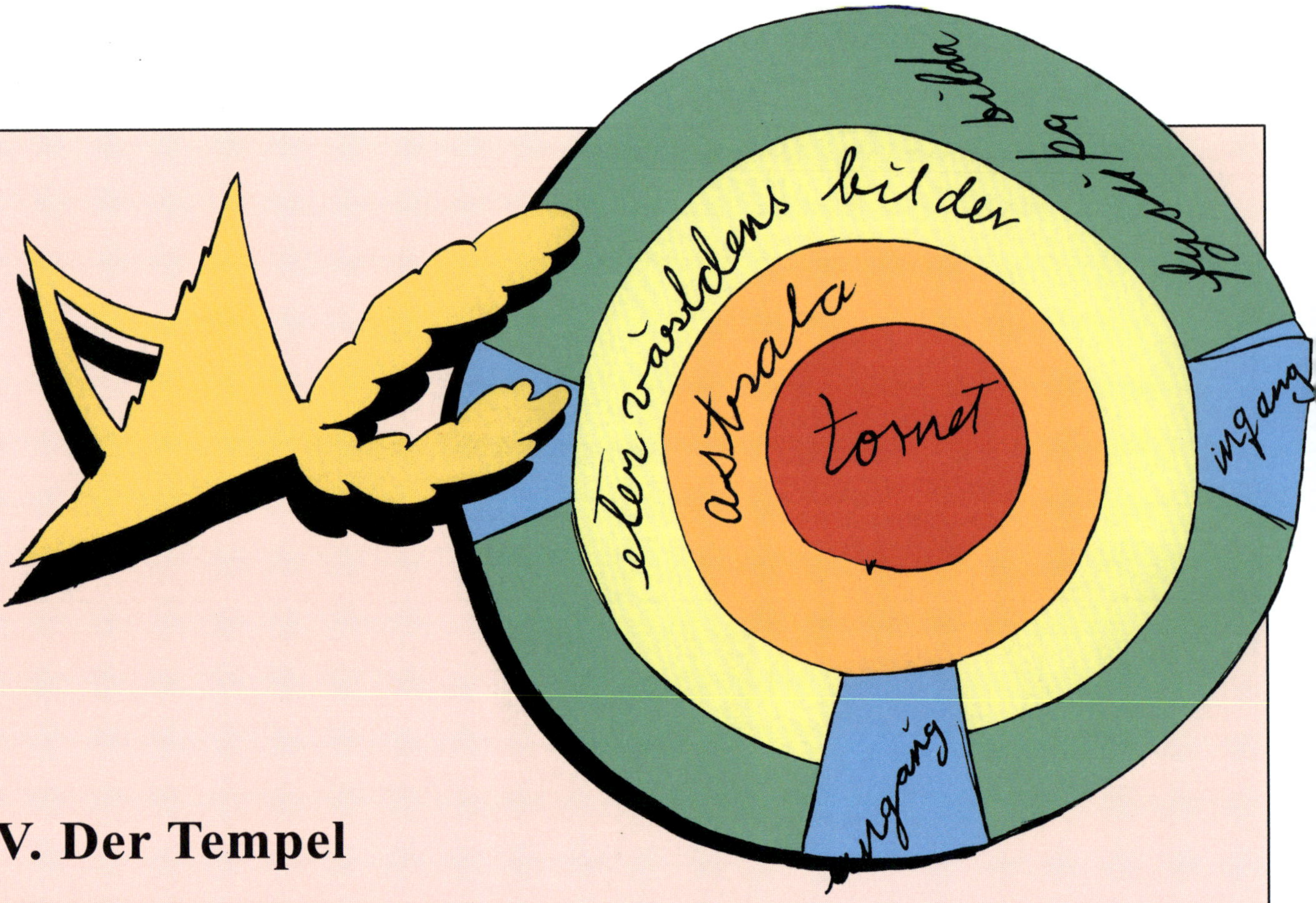

V. Der Tempel

Nach der Ausstellung ihrer Gemälde in London musste Hilma af Klint einsehen, dass ihre Kunst bei den Zeitgenossen immer wieder dieselben Reaktionen hervorrief: Widerstand. Desinteresse. Arroganz. Sie zog daraus einen klaren Schluss: Die Zeit war noch nicht reif für ihre Bilder. Ihre Kunst würde erst in der Zukunft verstanden werden. Diese Einsicht war für sie kein Ende, sondern ein Anfang. Mithilfe ihrer Freundinnen begann Hilma, ihren Nachlass zu bearbeiten. Einige Notizbücher verbrannten sie, andere wurden abgeschrieben und übertragen.

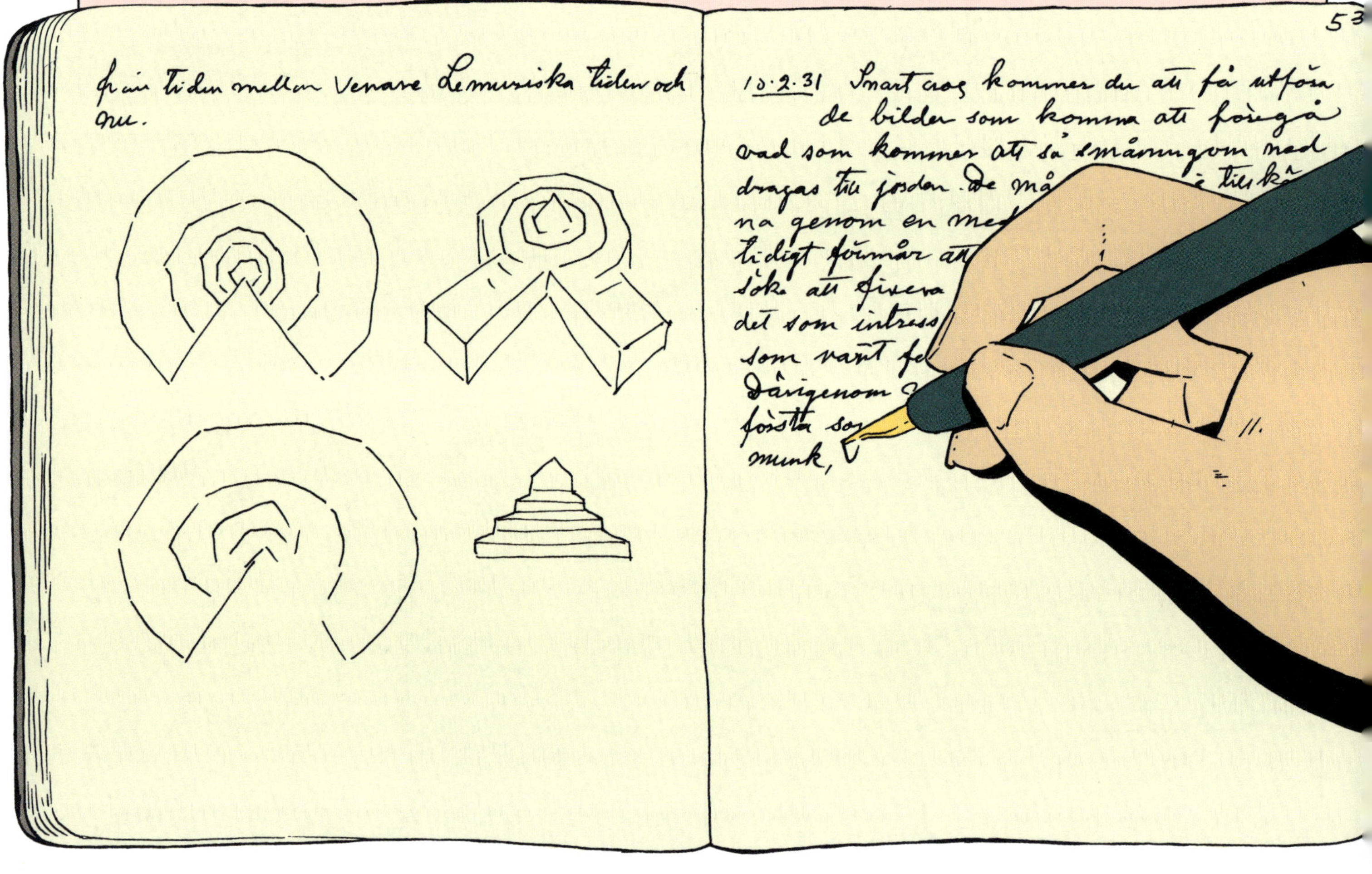

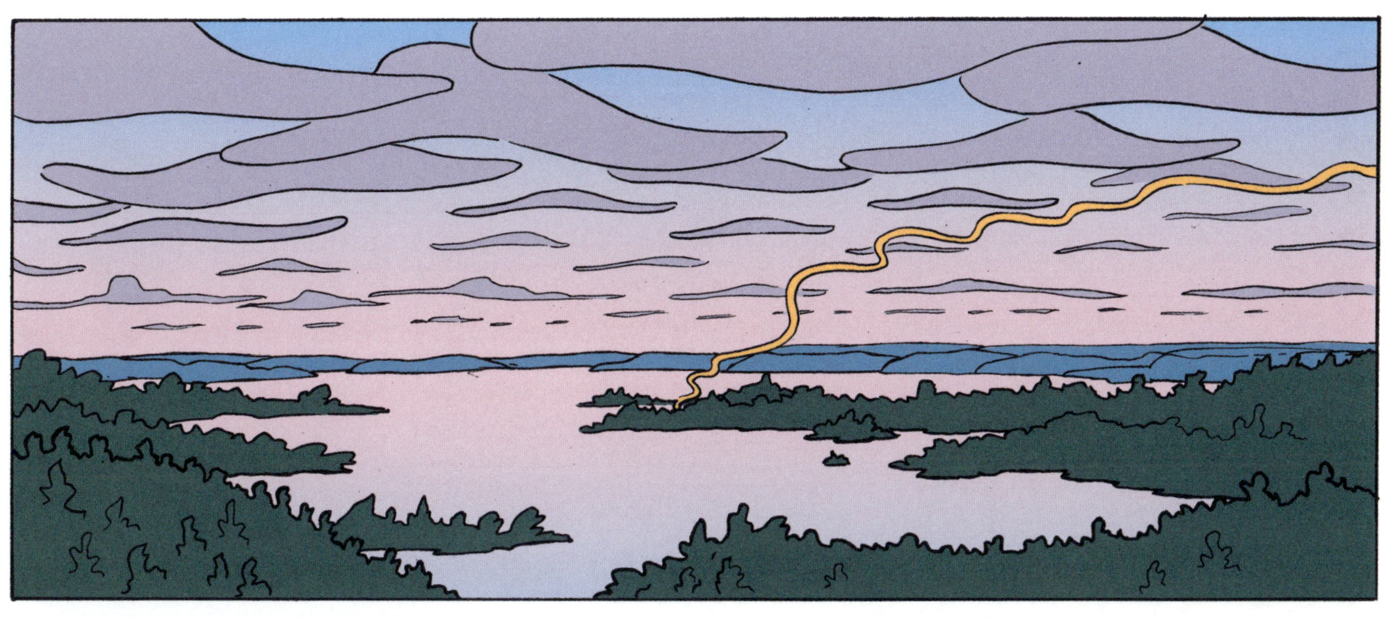

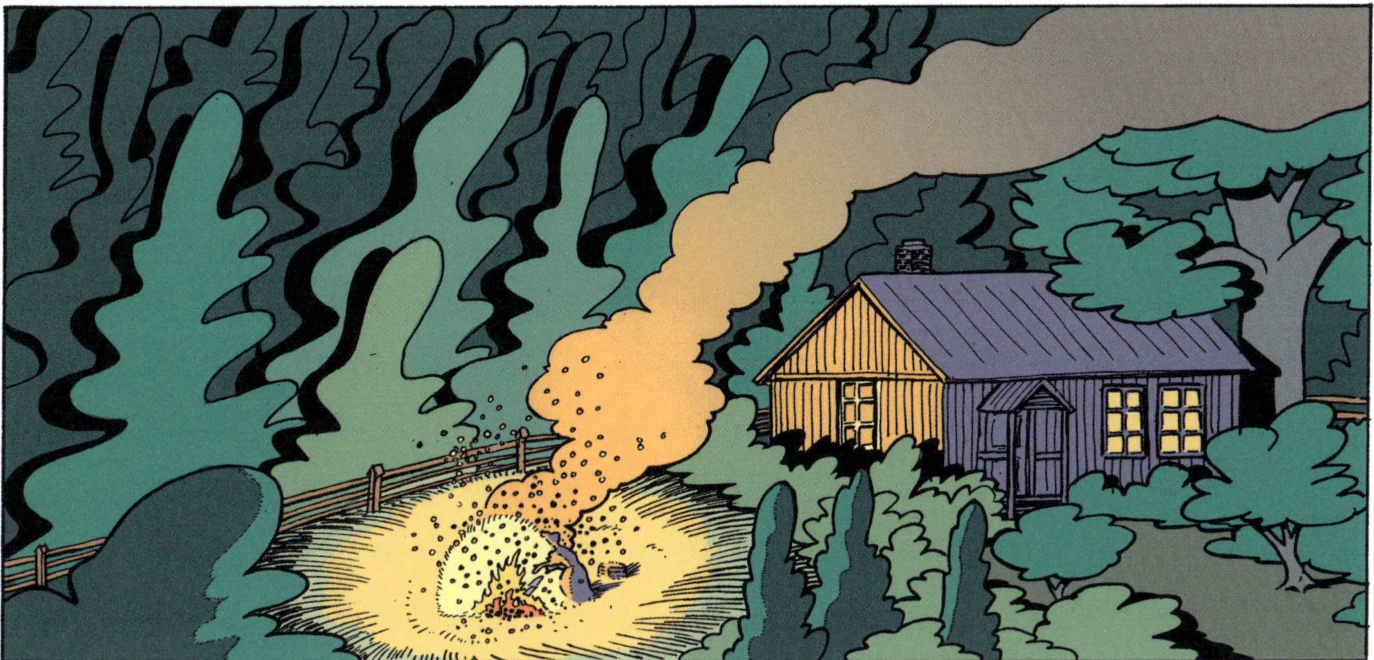

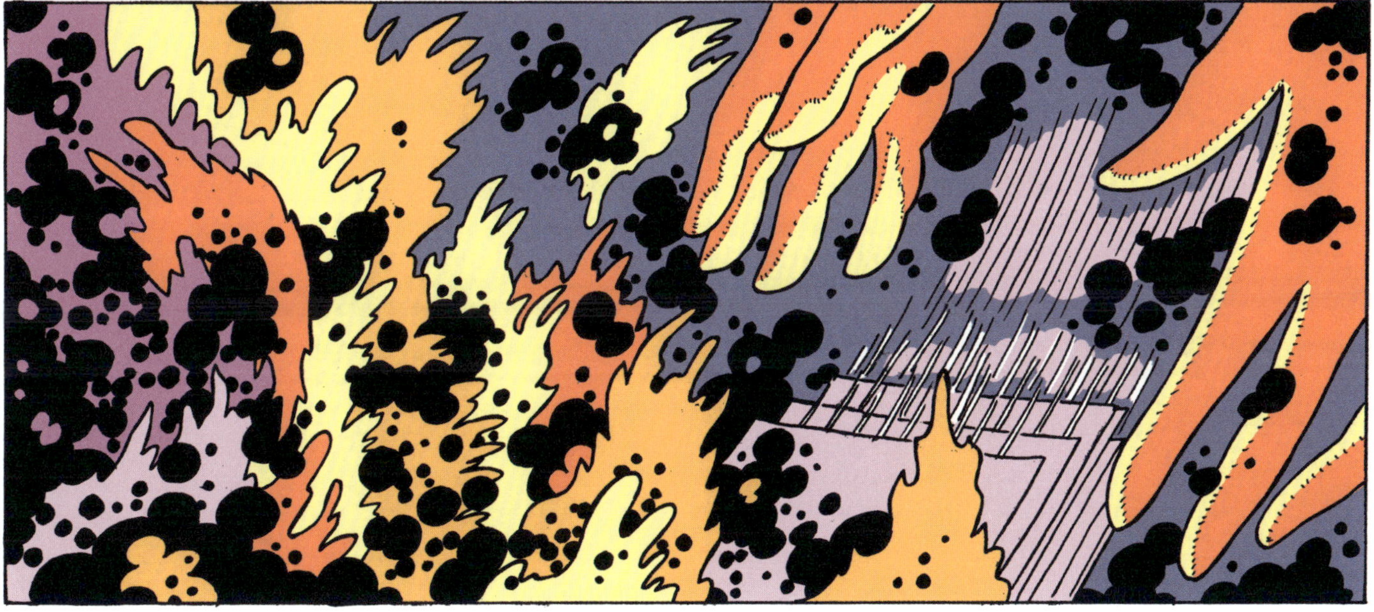

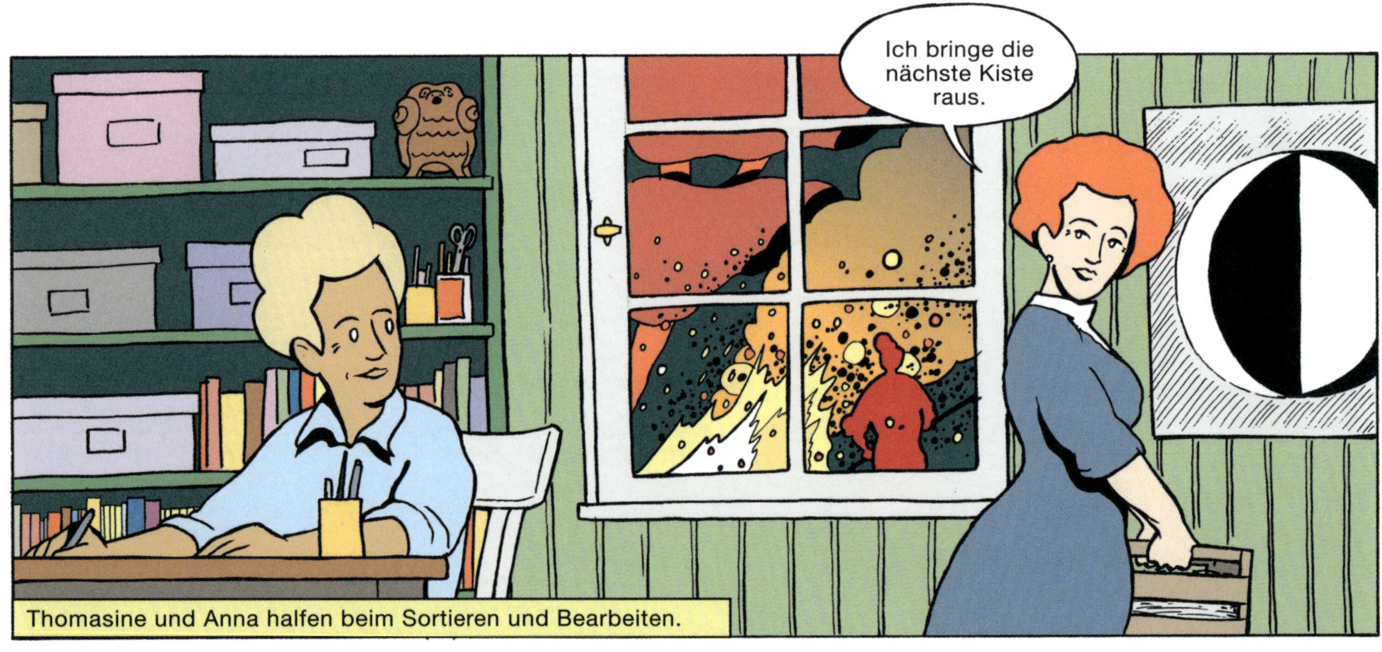
Ich bringe die nächste Kiste raus.
Thomasine und Anna halfen beim Sortieren und Bearbeiten.

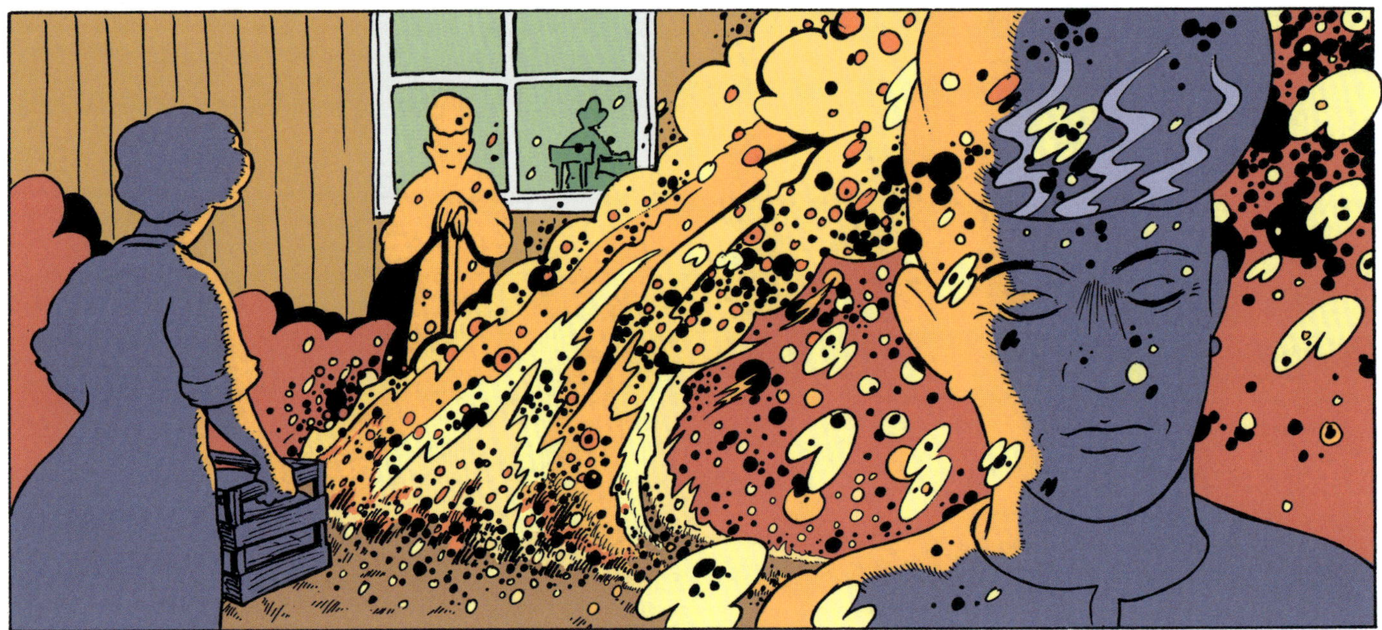

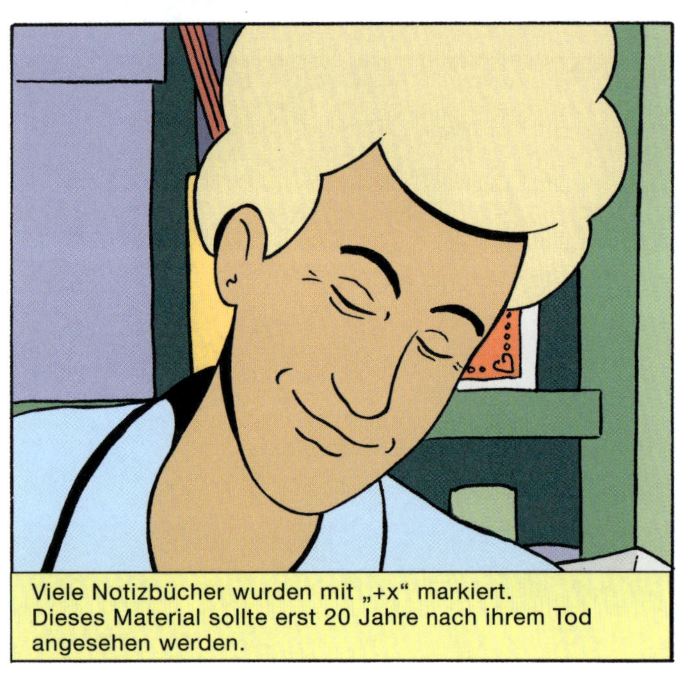
Viele Notizbücher wurden mit „+x“ markiert.
Dieses Material sollte erst 20 Jahre nach ihrem Tod angesehen werden.

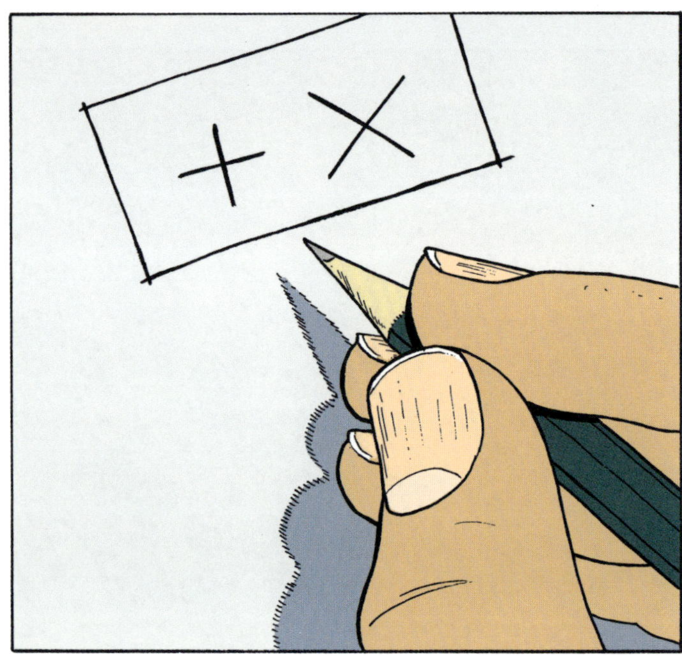
+ X

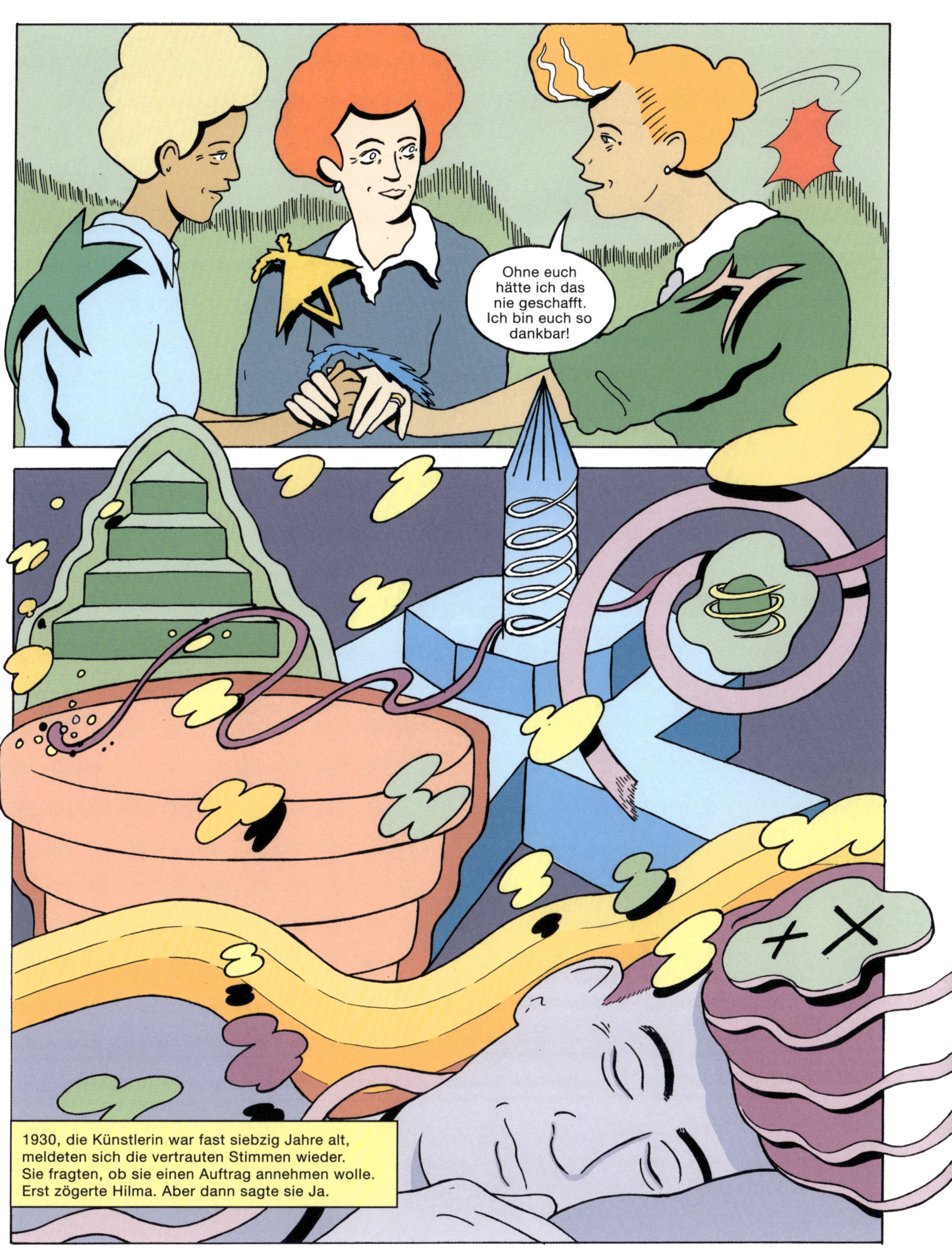
Ohne euch hätte ich das nie geschafft. Ich bin euch so dankbar!
1930, die Künstlerin war fast siebzig Jahre alt, meldeten sich die vertrauten Stimmen wieder. Sie fragten, ob sie einen Auftrag annehmen wolle. Erst zögerte Hilma. Aber dann sagte sie Ja.

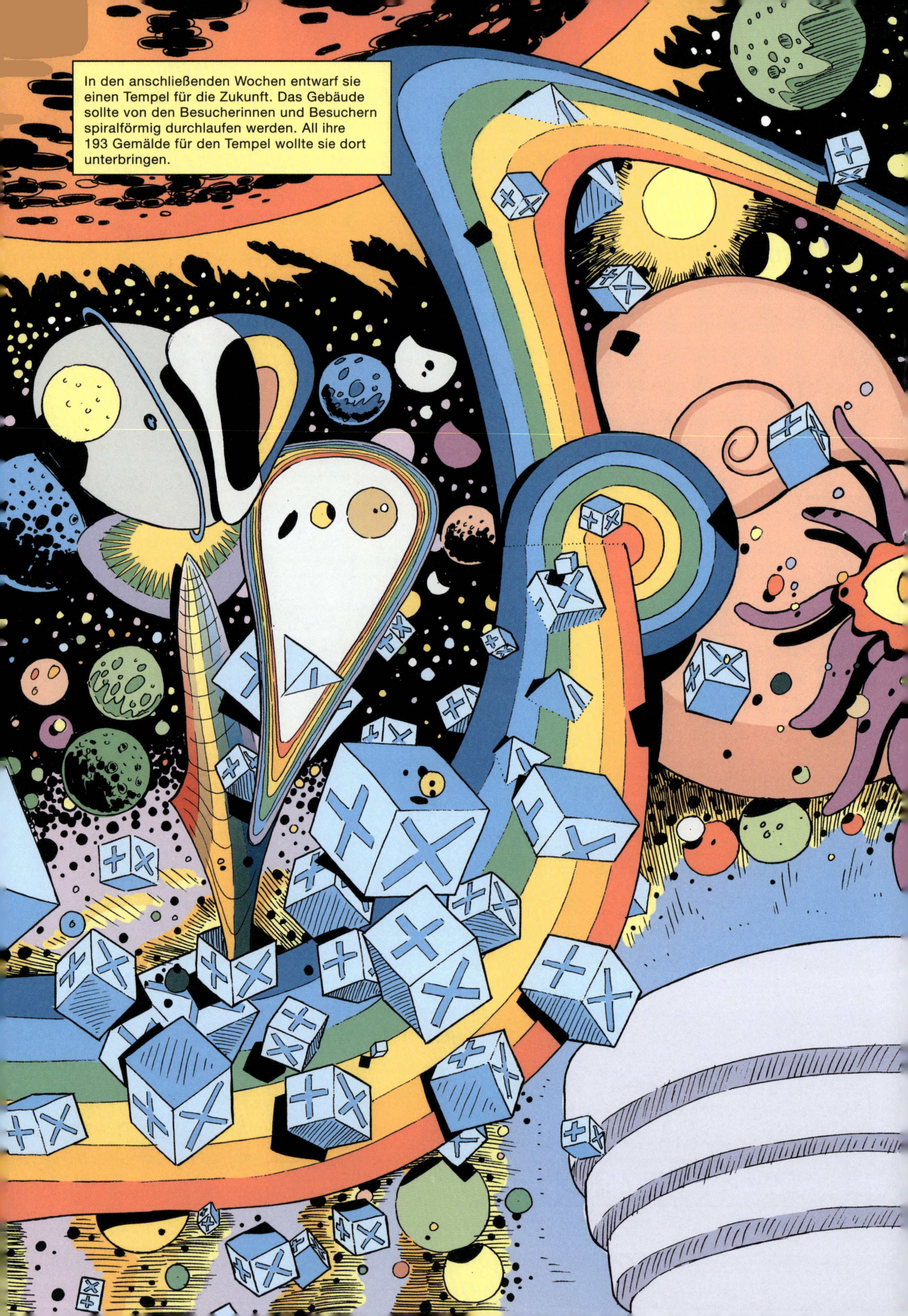
In den anschließenden Wochen entwarf sie einen Tempel für die Zukunft. Das Gebäude sollte von den Besucherinnen und Besuchern spiralförmig durchlaufen werden. All ihre 193 Gemälde für den Tempel wollte sie dort unterbringen.

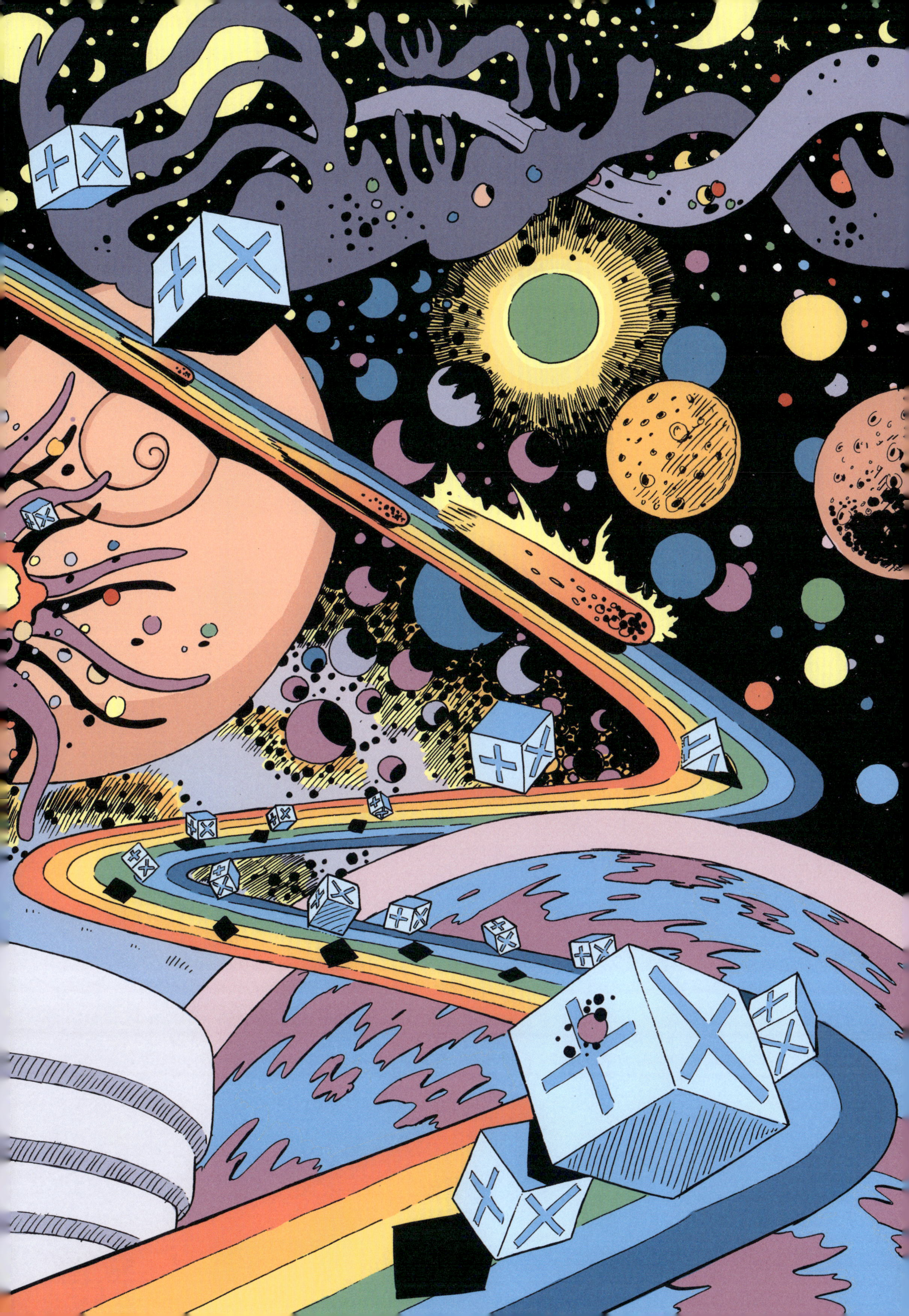

2018 eröffnete das Solomon R. Guggenheim Museum in New York eine große Retrospektive von Hilma af Klint. Die Ausstellung wurde zur meistbesuchten Schau in der Geschichte des Museums. Hilma af Klints Gemälde hingen, so wie sie es gewünscht hatte, in einer Spirale.

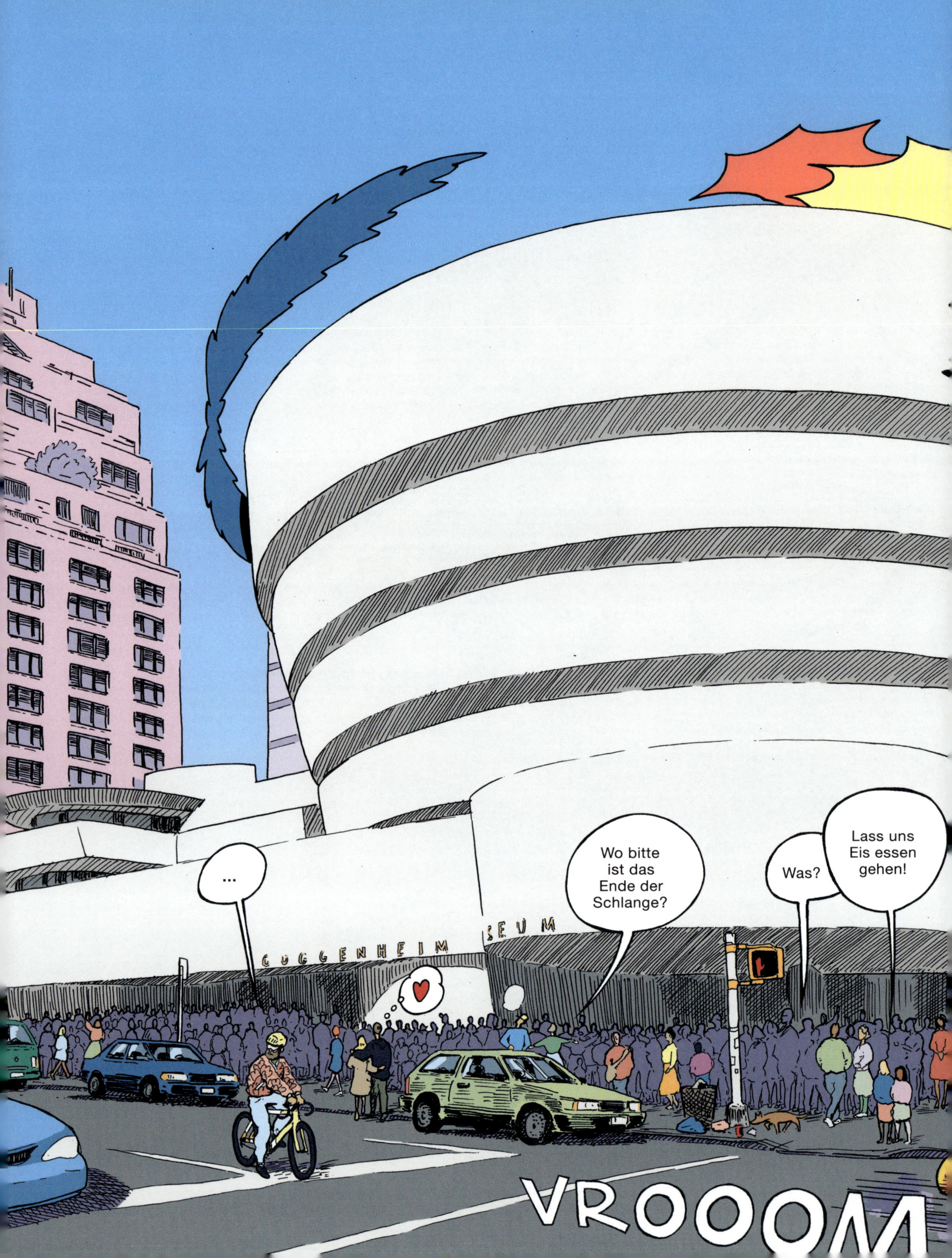

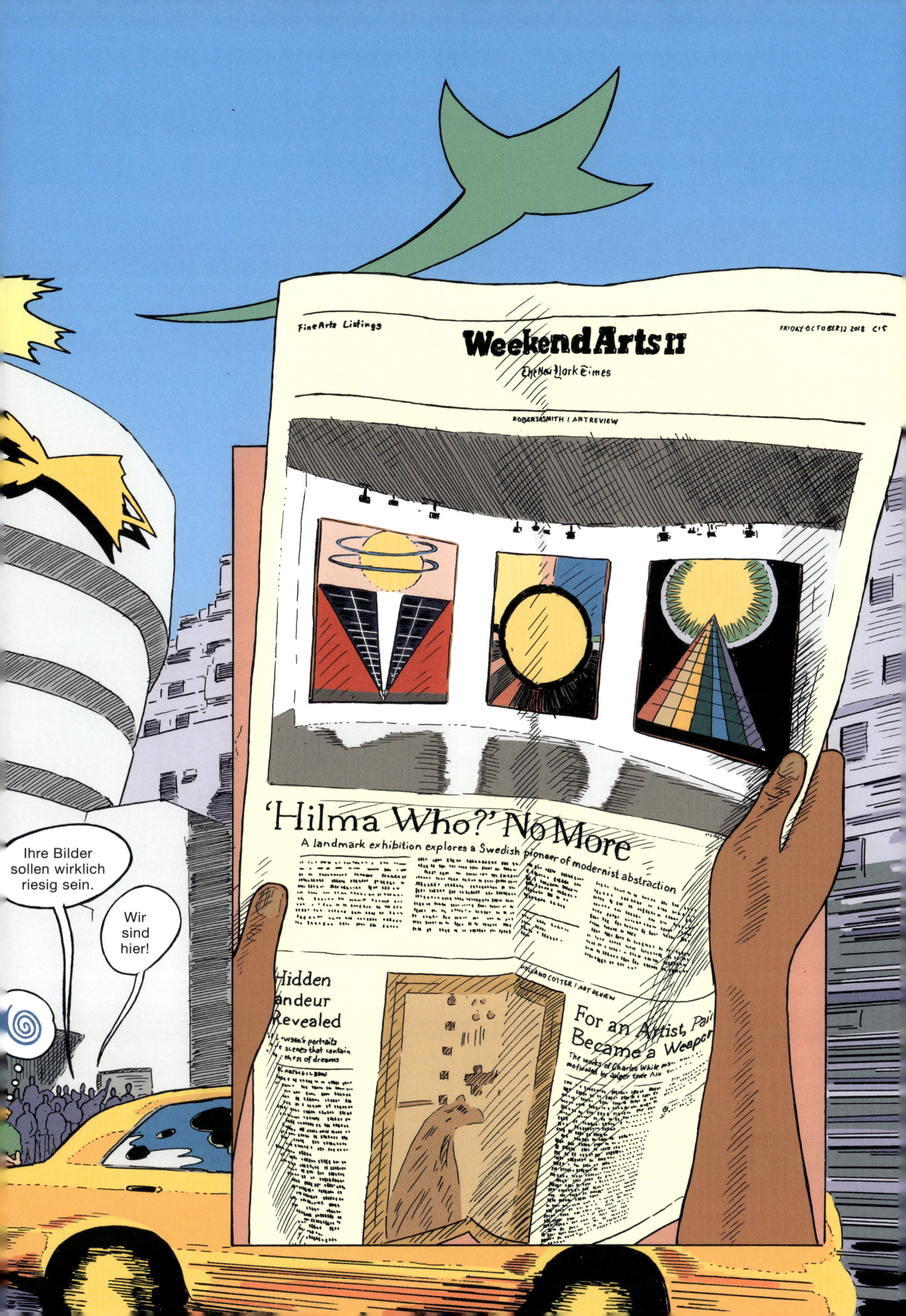
Fine Arts Listings
Weekend Arts II
The New York Times
FRIDAY OCTOBER 12 2018 C15
ROBERTA SMITH | ART REVIEW
'Hilma Who?' No More
A landmark exhibition explores a Swedish pioneer of modernist abstraction
Revealed
HOLLAND COTTER | ART REVIEW
Ihre Bilder sollen wirklich riesig sein.
Wir sind hier!

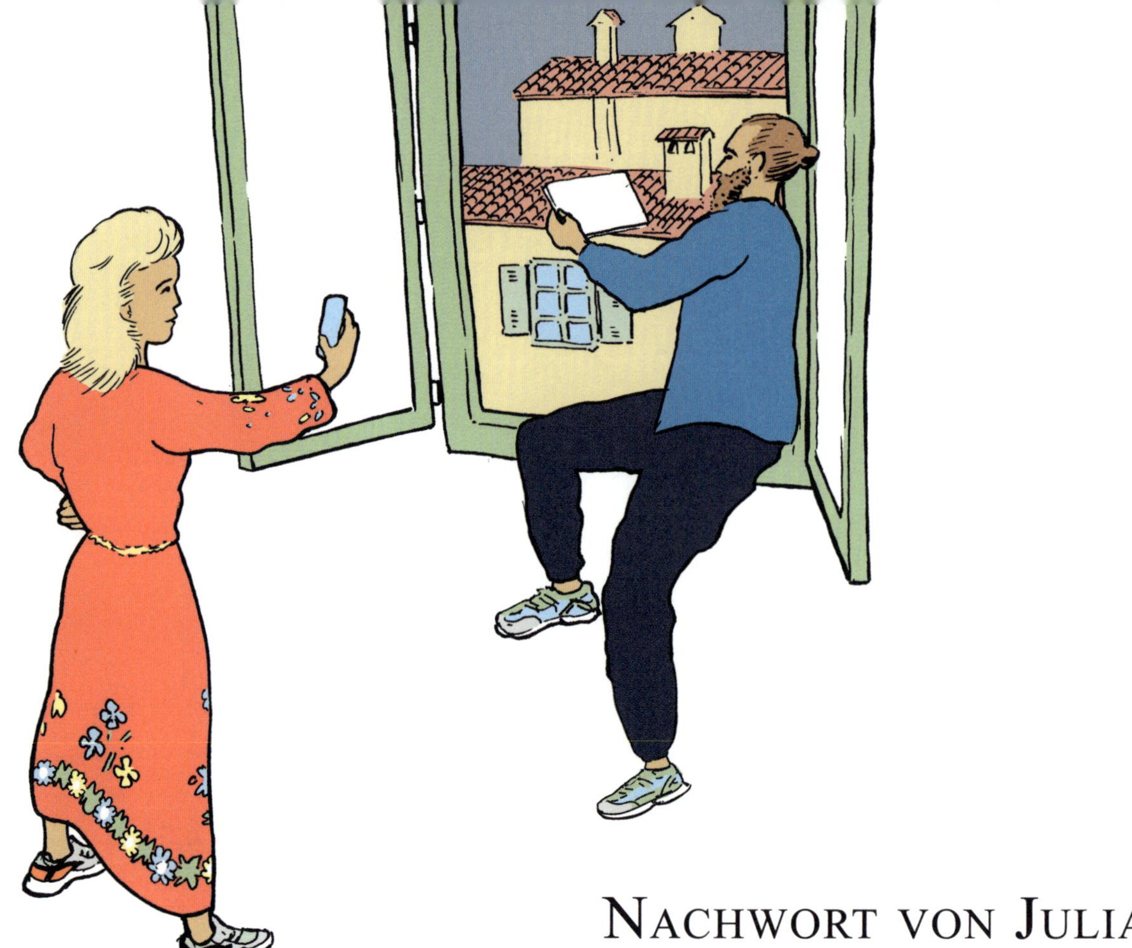

Nachwort von Julia Voss

Im Jahr 2008 sah ich zum ersten Mal ein Gemälde von Hilma af Klint.

Damals arbeitete ich noch als Redakteurin bei der *Frankfurter Allgemeinen Zeitung* und war nach Stockholm gereist, um über eine Ausstellung im Moderna Museet zu schreiben. Als ich den Raum betrat, in dem das Bild Nr. 17 aus der Schwan-Serie hing, schlug mein Herz schneller.

„Was ist das denn?“, fragte ich Iris Müller-Westermann, die Kuratorin des Moderna Museet, die mich führte. „Das ist von Hilma af Klint“, antwortete sie und erzählte mir, was sie über die Künstlerin wusste: Diese bislang fast unbekannte Schwedin hatte an der Königlichen Akademie in Stockholm Malerei studiert, schließlich mit 44 Jahren ihr Leben auf den Kopf gestellt und von da an in immer neuen bahnbrechenden Stilen gemalt. Ihr Nachlass umfasste mehr als 1000 Bilder, viele davon abstrakt. Die frühesten ungegenständlichen Werke stammten aus dem Jahr 1906.

Ich war fassungslos. Genauso glücklich wie wütend. Einerseits freute ich mich darüber, auf dieses ungewöhnliche Gemälde gestoßen zu sein, von dem ich ahnte, dass es viel mehr sein könnte als nur ein gutes Bild. Andererseits ärgerte ich mich darüber, dass ich schon wieder auf eine Künstlerin gestoßen war, die man aus der Kunstgeschichte gestrichen hatte. Ich hatte Kunstgeschichte studiert, in diesem Fach eine Doktorarbeit geschrieben und bereits einige Jahre als Kunstkritikerin gearbeitet. Wie konnte es sein, dass ich nicht einmal den Namen kannte?!

Seitdem haben mich zwei Fragen beschäftigt: Warum malte Hilma af Klint, wie sie malte? Und warum ist sie so lange nicht nur mir unbekannt geblieben? Im Jahr 2013 kuratierte Iris Müller-Westermann die sagenhafte Ausstellung *Hilma af Klint.*

Abstrakt pionjär (Hilma af Klint. Eine Pionierin der Abstraktion) im Moderna Museet, die auch nach Berlin wanderte, in den Hamburger Bahnhof – Museum für Gegenwart. In der *Frankfurter Allgemeinen Zeitung* schrieb ich daraufhin den Artikel „Die Kunstgeschichte muss umgeschrieben werden". Es gab Zustimmung und Gegenwind, in Museen, in Kunstgeschichte, Kunstkritik und in meiner Redaktion. Einige Kolleginnen und Kollegen teilten meine Begeisterung, andere fürchteten, wir würden unseren guten Ruf aufs Spiel setzen. Es wurden viele Stimmen laut, die Hilma af Klint nicht im Kanon der Abstraktion sehen wollten.

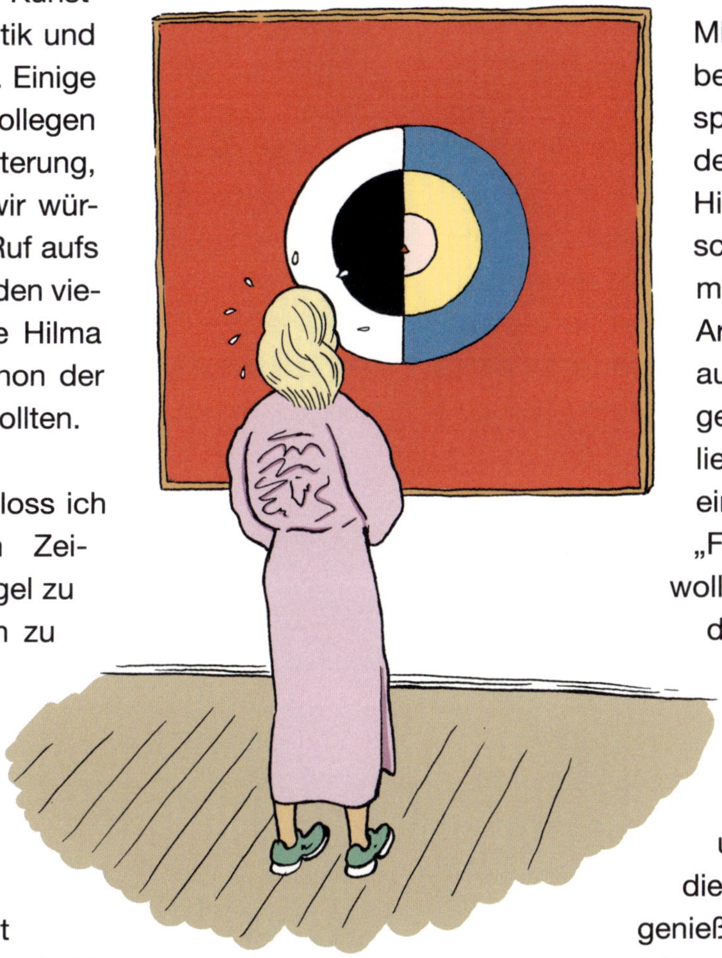

Im Jahr 2017 beschloss ich schließlich, meinen Zeitungsjob an den Nagel zu hängen, schwedisch zu lernen und die Biografie dieser ungewöhnlichen Frau zu schreiben. Für meine Familie kam der Entschluss nicht überraschend. Unsere beiden Kinder konnten „Hilma af Klint" sagen, bevor sie von Pablo Picasso oder Leonardo da Vinci hörten. In den Sommerferien reisten wir nun in Richtung Norden statt wie früher in den Süden. In Schweden führte uns Johan af Klint, der Großneffe von Hilma af Klint, an die Orte, an denen seine Großtante gelebt hatte. Johan zeigte mir Hilma af Klints Archiv. Meine Familie und mich lud er in sein Sommerhaus ein. Seine Frau Christina suchte mit uns Pilze im Wald und machte daraus das beste Sandwich, das wir je gegessen haben. Als Johan mit den Kindern auf einem der glasklaren Seen Kanu fuhr, lernten unsere Söhne eine wichtige Lektion: In Schweden ist seltener Badewetter als an unseren früheren Urlaubsorten. Dafür ist das Wasser aber überall so sauber, dass man einfach hineinspringen kann. Über die Schönheit der schwedischen Natur staunen wir alle bis heute.

Mit meinem Mann Philipp begann ein besonderes Gespräch. In dem Frühjahr, in dem ich mich entschied, Hilma af Klints Biografie zu schreiben, flogen wir gemeinsam nach Florenz. Im Archiv der Künstlerin war ich auf ein dünnes Notizbuch gestoßen, das den Titel „Italienische Reise" trug. Unter eine Zeichnung hatte sie „Florenz" geschrieben. Wir wollten den genauen Ort finden, von dem aus sie skizziert hatte. Schließlich entdeckte Philipp das Hotelfenster, von dem man bis heute einen fast unveränderten Ausblick auf die Kuppel von San Lorenzo genießen kann. Als uns ein Hotelangestellter das Zimmer aufschloss, waren wir beide sehr bewegt. Genau hier hatte Hilma af Klint gestanden. Mit ihrem Bleistift in der Hand.

Von da an wollten wir es genau wissen. Saß sie auf dem Fensterbrett? Wohin ging sie zum Essen? Wie reiste sie? Philipp begann zu zeichnen: Hilma af Klint im Hotel. Hilma af Klint am Bahnhof. Im Zug. Im Atelier. Oder am Meer, auf den Felsen, nach denen ihre Familie benannt ist. „Klint" ist ein altes schwedisches Wort für „Klippe". Direkt übersetzt bedeutet ihr Name „Hilma von der Klippe".

Je mehr Philipp zeichnete, desto weniger blieb von der weltabgewandten Person übrig, als die Hilma af Klint die längste Zeit beschrieben worden war. Währenddessen recherchierte ich die Biografie der Künstlerin und fand heraus, was wir bis dahin nicht über ihr Leben gewusst hatten. Hilma af Klint reiste viel und gerne, nach Italien, Deutschland, in die Niederlande, nach Großbritannien oder in die Schweiz. Entgegen der Behauptung, sie habe ihre spirituellen Werke zu Lebzeiten geheim gehalten, stellte sie diese aus. Sie führte Adressbücher mit vielen Namen. Sie arbeitete und lebte nicht nur mit Freundinnen – einige liebte sie, auch physisch. Es gab Phasen der Ekstase. Herzen wurden gebrochen. Hilma af Klint führte fast ihr gesamtes Leben einen Dialog mit Geistern, die sie mit Botschaften und Visionen versorgten. Gleichzeitig aber stand sie fest mit beiden Füßen auf dem Boden. In ihrem Universum war Platz für mehr als nur ein Leben.

Aus den Gesprächen zwischen mir und meinem Mann Philipp erwuchs die Idee für eine Graphic Novel. Für jemanden, der sich Hilma af Klints Leben zeichnend ausmalt, bieten sich andere Möglichkeiten als für die Autorin einer kunsthistorischen Biografie. Es gibt mehr Freiheiten. Zugleich muss die Fantasie sehr konkret arbeiten. Wie reagierte das Publikum, das 1928 Hilma af Klints Ausstellung in London besuchte? Wie fand sie die Kunst, die sie im Goetheanum im schweizerischen Dornach sah? Wie verliefen die Séancen, über die ihr Neffe Erik af Klint berichtet, dass sie bereits als Teenager an ihnen teilgenommen habe?

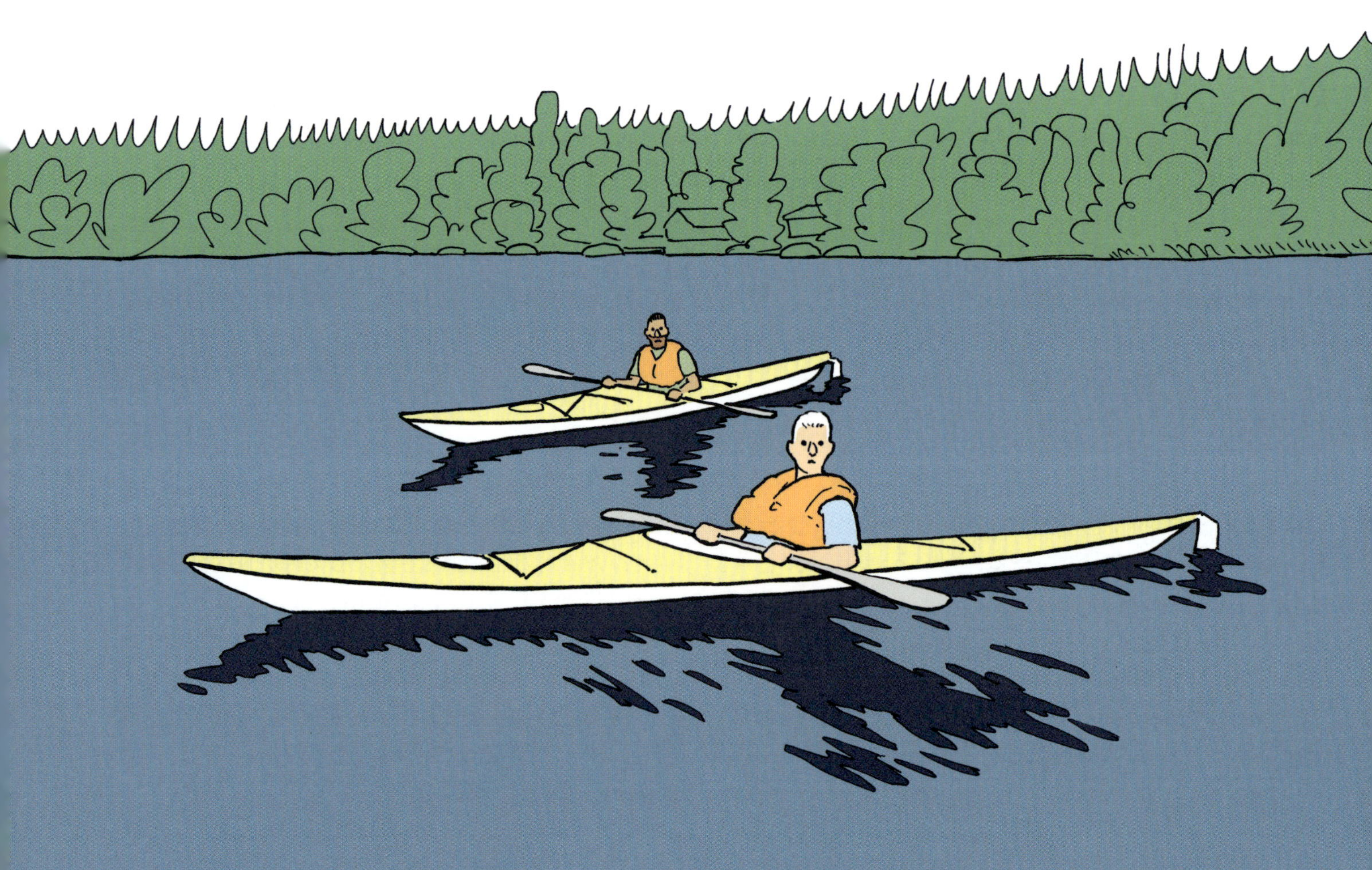

Philipp und ich tauschten uns viel aus – über die Welt, die Hilma af Klint schuf und über die Welt, in der sie sich bewegte.

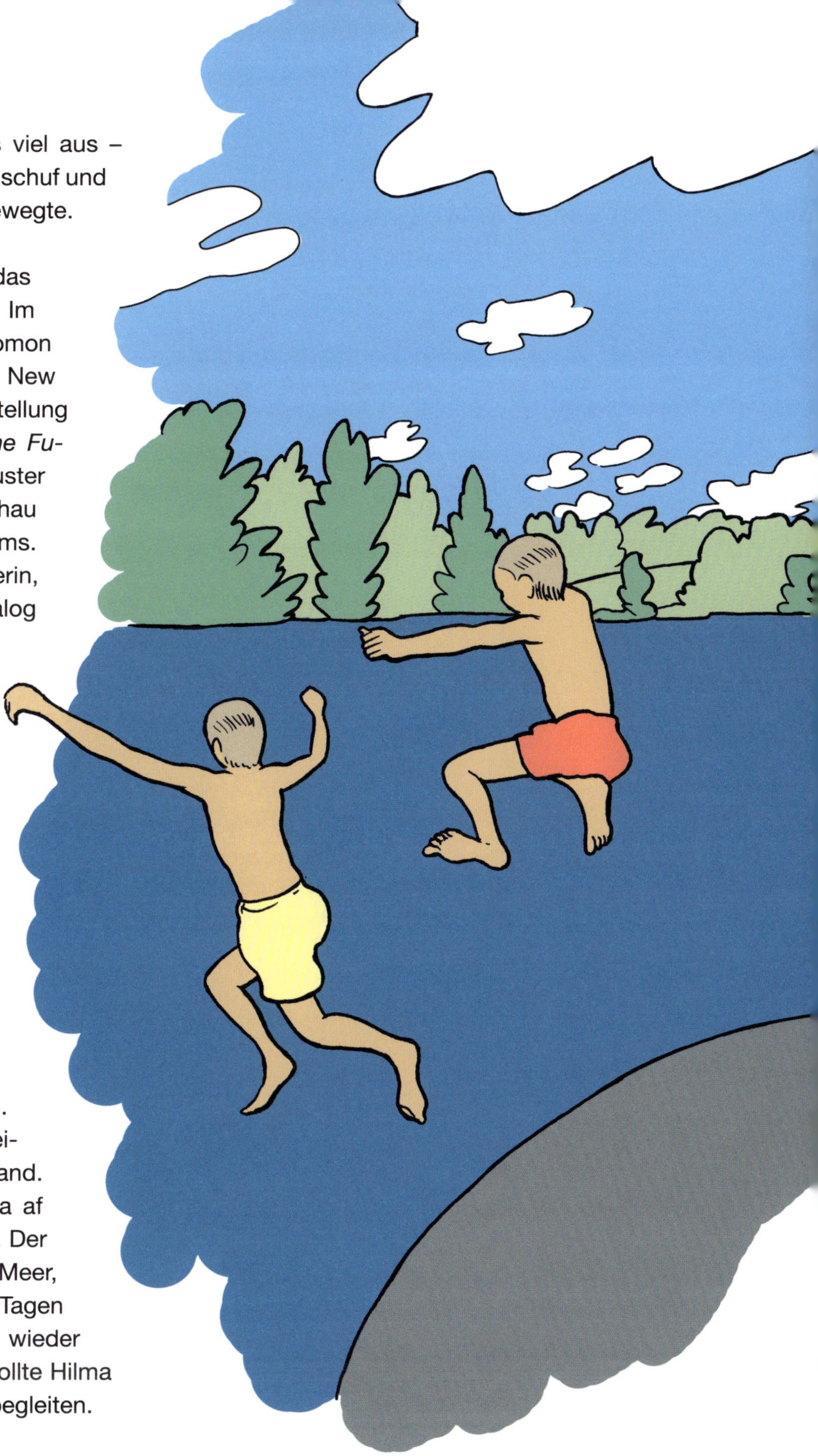

In der Zwischenzeit stieg das Ansehen von Hilma af Klint. Im Herbst 2018 zeigte das Solomon R. Guggenheim Museum in New York die fantastische Ausstellung *Hilma af Klint. Paintings for the Future*. Sie wurde zum Blockbuster und zur meistbesuchten Schau in der Geschichte des Museums. Hilma af Klint, die Außenseiterin, wurde zum Star. Für den Katalog schrieb ich einen Beitrag. 2020 erschien schließlich meine Biografie *Hilma af Klint. Die Menschheit in Erstaunen versetzen* im S. Fischer Verlag. Die englische Übersetzung wird Chicago University Press im Herbst 2022 publizieren.

Wenn ich mich für meine Recherchen auf den Weg machte, um in Bibliotheken oder Archive zu fahren, saß Philipp an seinem Zeichentisch. Manchmal sah ich im Vorbeigehen, wie gerade etwas entstand. Der Hafen, von dem aus Hilma af Klint eine Fahrt beginnen sollte. Der Dampfer, den sie bestieg. Das Meer, das sie überquerte. An solchen Tagen konnte ich es kaum abwarten, wieder nach Hause zu kommen. Ich wollte Hilma af Klint auf ihrer ganzen Reise begleiten.

Die Freude, die mich dann angesichts der fertigen Zeichnungen erfüllte, die wünsche ich den Leserinnen und Lesern dieser Graphic Novel!

PHILIPP DEINES (*1980) ist Zeichner und Künstler. Er hat einen Kunst-Offspace betrieben, designt Poster für Technoclubs, entwirft Mode und stellt seine Arbeiten im Kunstkontext aus. Dies ist seine erste Graphic Novel.

JULIA VOSS (*1974) ist Honorarprofessorin an der Leuphana Universität Lüneburg. Sie studierte Kunstgeschichte, Neuere Deutsche Literatur und Philosophie in Berlin und London. Sie ist als Kunstkritikerin, Kuratorin und Journalistin tätig und war stellvertretende Leiterin des Feuilletons der Frankfurter Allgemeinen Zeitung.

Die beiden sind verheiratet und leben mit ihren Kindern in Berlin.

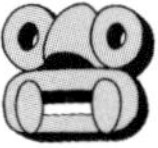

Der Autor dankt der Stadt Berlin für die Unterstützung seines Projekts
im Rahmen eines Comicstipendiums.
Danke ebenfalls an den Deutschen Comicverein, insbesondere Stefan
Neuhaus, für seinen unermüdlichen Einsatz für die Comicszene.

Die 5 Leben der Hilma af Klint
Philipp Deines

Erschienen im
Hatje Cantz Verlag GmbH
Mommsenstraße 27
10629 Berlin
www.hatjecantz.de
Ein Unternehmen der Ganske Verlagsgruppe

Redaktion: Lena Kiessler
Projektmanagement: Valerie Hortolani
Satz und Herstellung: Thomas Lemaître
Lektorat: Pia Oddo
Schrift: Helvetica Neue
Papier: Munken Lynx Rough 120g/m²
Druck und Bindung: Livonia Print, Riga

ISBN: 978-3-7757-5152-0

Printed in Latvia